VERLAG DER
ÖSTERREICHISCHEN
AKADEMIE DER
WISSENSCHAFTEN

Beiträge zur Rechtsgeschichte Österreichs

Zeitschrift der Kommission für Rechtsgeschichte Österreichs
der Österreichischen Akademie der Wissenschaften

15. Jahrgang
Heft 2 / 2025

Christoph Schmetterer,
Stefan Wedrac (Hgg.)

Juristinnen und Juristen als Menschen

Zwischen privatem Umfeld und öffentlichem Wirken

Redaktion:
Forschungsstelle für
Rechtsquellenerschließung
der Universität Wien

Beiträge zur Rechtsgeschichte Österreichs

Zeitschrift der Kommission für Rechtsgeschichte Österreichs
der Österreichischen Akademie der Wissenschaften

https://www.oeaw.ac.at/rechtsgeschichte/brgoe

Kontaktadresse zur Produktsicherheit:
Verlag der Österreichischen Akademie der Wissenschaften
Dr. Ignaz Seipel-Platz 2, A-1010 Wien
Tel.: +43-1-51581-3420
E-Mail: verlag@oeaw.ac.at

Die Deutsche Nationalbibliothek verzeichnet diese Publikation
in der Deutschen Nationalbibliografie;
detaillierte bibliografische Daten sind im Internet über https://dnb.de abrufbar.

Die verwendete Papiersorte ist aus chlorfrei gebleichtem Zellstoff hergestellt,
frei von säurebildenden Bestandteilen und alterungsbeständig.
Als internationale wissenschaftliche Zeitschrift mit peer-review von der ÖAW gefördert

ISBN 978-3-7001-5116-6
ISSN 2221-8890

Druck und Bindung: Prime Rate, Budapest
https://epub.oeaw.ac.at/5116-6
https://verlag.oeaw.ac.at
Made in Europe.

Inhaltsverzeichnis

Vorwort

Auch in ihrem Fachgebiet bekannte Juristinnen und Juristen sind üblicherweise nicht im eigentlichen Sinn prominent, so wie das etwa Politikerinnen und Politiker, Künstlerinnen und Künstler oder auch Sportlerinnen und Sportler sind. Daher ist die Zahl umfassender monographischer Darstellungen der Lebensläufe von Juristinnen und Juristen deutlich geringer als die vergleichbarer Werke über echte „Promis". Biographische Darstellungen juristisch Tätiger beschränken sich oft auf kurze Einträge in Lexika oder vergleichbaren Werken, Nachrufe oder sonstige Angaben in der Fachliteratur.

Dennoch sind juristische Biographien ein wichtiger Teilaspekt der Geschichte sowohl der Rechtswissenschaft als auch der juristischen Praxis. Aus dem eingangs Ausgeführten ergeben sich folgende Besonderheiten bei der Beschäftigung mit ihnen: Das Material kann vergleichsweise spärlich sein, ist oft durchaus verstreut und in der Regel für die berufliche Tätigkeit deutlich ergiebiger als für das private Umfeld.

Am 7. und 8. November 2024 fand im Theatersaal der ÖAW eine Tagung statt, deren Ziel es war, ausgewählte juristische Lebensläufe darzustellen und anhand dieser Lebensläufe auch methodische Fragen zu behandeln. Dieses Heft der BRGÖ enthält die Schriftfassungen der dort gehaltenen Vorträge.

Wir bedanken uns bei Gerald Kohl, Christian Neschwara und Philipp Scheibelreiter, die diese Tagung gemeinsam mit uns organisiert haben, sowie bei Thomas Olechowski und Karin Windsteig für ihre Unterstützung.

Wien und Halle a.d. Saale im Oktober 2025

Christoph Schmetterer
Stefan Wedrac

BRGÖ 2025
Beiträge zur Rechtsgeschichte Österreichs

Gerald Kohl, Wien

Robert Bartsch – zur Mobilität eines vielseitigen Juristen

Robert Bartsch – on the mobility of a versatile lawyer

The article examines the mobility behaviour of the versatile lawyer Robert Bartsch. His everyday life was dominated by tram journeys and by walking. The railway was used for longer distances; it also allowed political activity far from his home. The bicycle provided the first experience of private transport, but was only used during his bachelor years and only as a leisure and sports device. A profound change in lifestyle resulted from the purchase of his own car. Its financing was closely linked to the changes in the political system, resulting in changing opportunities for legal publishing activities.

Keywords: bicycle – car use in the 1930s – mobility – railway – Robert Bartsch (1874–1955) – voting rights of honorary citizens

Im Gegensatz zu anderen Protagonisten dieses Bandes ist Robert Bartsch (1874–1955) nicht allgemein bekannt. Seinen Namen kennen jenseits der österreichischen Rechtshistorikerzunft im Wesentlichen wohl nur zwei Personengruppen, nämlich einerseits Spezialisten des Insolvenzrechts, andererseits Kenner der Geschichte des Waldviertels. Erstere denken fast reflexartig an einen Kommentar zu den Insolvenzgesetzen, den Bartsch 1916/17 mit Rudolf Pollak auf den Markt brachte,[1] sowie an das 1923 begründete Lehrbuch des Ausgleichs- und Konkursrechtes, das seinen Platz noch im ausgehenden 20. Jahrhundert behaupten konnte.[2] Letztere assoziieren mit Robert Bartsch dessen bis heute grundlegende Monographie über den sogenannten „Räuberhauptmann" Johann Georg Grasel, der am Beginn des 19. Jahrhunderts das nördliche Niederösterreich sowie die angrenzenden Gebiete Böhmens und Mährens unsicher gemacht hatte.[3] Während die Beschäftigung mit dem Insolvenzrecht eine Konsequenz aus Bartschs hauptberuflicher Tätigkeit im Justizministerium war, resultierten seine Forschungen über Grasel aus familiengeschichtlichem Interesse – an der Verhaftung des „Räuberhauptmanns" hatte Bartschs Urgroßvater Franz Joseph Schopf bedeutenden Anteil gehabt.[4] Weil es zwischen den Gruppen der Insolvenzrechtsexperten und der Kenner Waldviertler Geschichte jedoch nur geringe

[1] Bartsch, Pollak, Konkursordnung; Riel, Bartsch 12–15.

[2] Bartsch, Grundriß.

[3] Bartsch, Grasel; vgl. Pauser, Bartsch 361–379.

[4] Kohl, Schopf.

https://doi.org/10.1553/BRGOE2025-2s289 *This article was peer-reviewed*

Überschneidungen gibt, blieb die Vielschichtigkeit von Bartschs Biographie weitgehend verborgen. Daher soll sie hier zumindest in Grundzügen skizziert werden.

1. Biographische Grundlagen

Robert Bartsch[5] wurde 1874 als ältester Sohn einer gutbürgerlichen Familie geboren: Sein Vater war Dr. Heinrich Bartsch (1842–1910), Richter und zuletzt Hofrat des Obersten Gerichtshofes, ein führender Experte des österreichischen Grundbuchsrechts,[6] seine Mutter Marie Bartsch geb. Benesch (1853–1927) die Tochter des höchsten weltlichen Beamten der St. Pöltner Bischofskanzlei. Der Großvater Dr. Franz Bartsch (1800–1861) wirkte als Universitätsprofessor der Geburtshilfe für Hebammen in Wien; er hatte Amalia Schopf geheiratet, die Tochter des bereits erwähnten Franz Joseph Schopf, der um die Mitte des 19. Jahrhunderts einer der produktivsten juristischen Schriftsteller Österreichs war.[7] Auch Robert Bartschs Brüder wurden Juristen: Heinrich jun. (1877–1959) war zuletzt 2. Präsident des OGH,[8] Franz (1879–1965) beendete seine berufliche Laufbahn als Generaldirektor der Österreichischen Nationalbank.[9]

Robert Bartsch selbst begann 1892 das Studium der Rechte an der Universität Wien, das er (unterbrochen durch Einjährig-Freiwilligen Militärdienst) 1897 beendete; seine Promotion erfolgte 1898. Dem väterlichen Rat folgend, begann er noch 1897 seine Gerichtspraxis. Weil der richterliche Vorbereitungsdienst wegen des gestiegenen Personalbedarfs infolge der Ziviljustizreform 1898 stark gekürzt worden war, konnte er schon nach eineinhalb Jahren die Richteramtsprüfung ablegen und wurde im März 1899 zum Gerichtsadjunkten (Richter) ernannt. In der Folge war er am Bezirksgericht Wieden tätig.[10] Um verstärkt wissenschaftlich arbeiten zu können, nahm er 1901 die Stelle als Juristenpräfekt am Theresianum an; hier verfasste er seine erste Monographie.[11] Nachdem er das Sommersemester 1904 als Schüler von Karl von Amira in München verbracht hatte, publizierte er 1905 eine Studie zur Geschichte des Ehegüterrechts[12] und wurde für Deutsches Recht habilitiert. Zwar zerschlugen sich seine Hoffnungen auf rechtshistorische Professuren, doch wurde er von Franz Klein ins Justizministerium berufen, wo er 1906 bis 1917 in den legislativen Abteilungen für Zivilrecht sowie für Handels- und Konkursrecht Verwendung fand, zuletzt als Sektionsrat. Er arbeitete an einem Theatergesetz (später Schauspielergesetz 1920) und an der Konkursreform (Konkurs- und Ausgleichsordnung 1914); daran knüpften auch viele Veröffentlichungen an. Ebenfalls von der Arbeit im Justizministerium geprägt sind Untersuchungen über die Uneigennützigkeit im Privatrecht[13] und über die Kraftfahrzeughaftpflicht.[14] Später beteiligte er sich an dem von Heinrich Klang herausgegebenen Kommentar zum ABGB[15] sowie mit dem

5 Grundlage dieses Beitrags, soweit nicht ergänzend belegt, sind BARTSCH, Erinnerungen (OeStA Wien, HHStA SB NL Bartsch; hier zitiert als RBE); weiters BARTSCH, Rechts- und Staatswissenschaften 21–39; JABLONER, Abschied 295–311; KOHL, Grundbuchsrecht 325–341; KOHL, Richter 77–82; LENTZE, Nachruf 49–50; OLECHOWSKI, STAUDIGL-CIECHOWICZ, Deutsches Recht 303; PAUSER, Bartsch 361–379; RATHKOLB, Fakultät 212–213; RIEL, Bartsch 12–15; SCHALEK, Senatspräsident 11; STAUDIGL-CIECHOWICZ, Privatrecht 365–369; weiters: Die Stunde, 21. 7. 1934, 3; Neues Wiener Journal, 21. 7. 1934, 10; Der Tag, 22. 7. 1934, 6; Juristische Blätter 63, 28. 7. 1934, 331–332; Öffentliche Sicherheit 1934/8, 7; Kleine Volks-Zeitung, 1. 8. 1939, 10; Neues Wiener Tagblatt, 1. 8. 1939, 6; Kleine Volks-Zeitung, 25. 7. 1944, 3; Illustrierte Kronen-Zeitung 25. 7. 1944, 5.

6 KOHL, Grundbuchsrecht.

7 KOHL, Schopf.

8 KOHL, Grundbuchsrecht.

9 RATHKOLB, VENUS, Reichsbankanstalten 17, 26, 40.

10 OeStA, AVA, Justiz, JM, Präs., A 126a.221.

11 BARTSCH, Rechtsstellung.

12 BARTSCH, Güterrecht.

13 BARTSCH, Uneigennützigkeit.

14 BARTSCH, Kraftfahrzeuggesetz.

15 BARTSCH, Kommentar.

Band Erbrecht[16] an Ernst Swobodas ABGB-Kommentar; schließlich verfasste er nach 1945 noch ein zivilrechtliches Lehrbuch.[17]

Die universitäre Lehrtätigkeit[18] setzte Bartsch nebenberuflich bis 1945 fort. Schon 1911 erhielt er den Titel eines außerordentlichen Professors, 1918 jenen eines ordentlichen Professors. Der infolge seiner legislativen Arbeiten veränderten inhaltlichen Schwerpunktsetzung entsprach die Erweiterung seiner Lehrbefugnis auf österreichisches Bürgerliches Recht (1912). Außerhalb der Universität Wien lehrte er von 1908 bis 1920 an der Konsularakademie (1909 Dozent, 1910 Professor),[19] an der Hochschule für Welthandel (1919–1945) und an den Verwaltungsakademien in Wien, Linz und Salzburg (1938–1944); volksbildnerisch war er in der Urania tätig (im wissenschaftlichen Leitungsgremium 1917–1933).

1918 wechselte Bartsch als Ministerialrat und legislativer Referent in das neu geschaffene Ministerium für soziale Fürsorge (1920 „Ministerium für soziale Verwaltung"), wo er rasch zum Sektionsleiter aufstieg. Weil legislative Fortschritte auf diesem Gebiet wegen Kompetenzstreitigkeiten nicht zu erzielen waren, entwickelte sich Bartsch durch rege Reise- und Vortragstätigkeit zu einem erfolgreichen Propagandisten des Jugendfürsorgegedankens. Zwar richteten die Länder sukzessive Jugendämter ein, und auch über mangelnde persönliche Bestätigung konnte Bartsch als „geschäftsführender Vizepräsident der Zentralstelle für Jugendfürsorge" nicht klagen; die erhoffte Ernennung zum Sektionschef scheiterte jedoch. Bartsch trat daraufhin von der Sektionsleitung zurück und wurde nach einjähriger schwieriger Übergangsphase 1923 zum Rat am Verwaltungsgerichtshof ernannt, 1933 zum Senatspräsidenten. Im März 1938 führte er als dienstältestes Mitglied interimistisch den 1934 aus dem Verwaltungsgerichtshof hervorgegangenen Bundesgerichtshof; 1939 trat er in den Ruhestand. 1938 ruhte Bartschs Lehrbefugnis für einige Monate. Zwar war er (z.B. als Mitglied des Deutschen Klubs) dem NS-Regime positiv gegenübergestanden, doch schien es verdächtig, dass ein von ihm seit 1934 herausgegebenes Loseblatt-Großprojekt Geleitworte von Schuschnigg enthielt. Die Tatsache, dass Bartsch durch viele Jahre intensiv in jüdischen Kreisen verkehrt hatte, etwa in jenem von Eugenie Schwarzwald,[20] schien weniger schwerwiegend bzw. durch sein Engagement in der Deutsch-österreichischen Arbeitsgemeinschaft gleichsam „kompensiert". In der Folge kam es sogar noch einmal zu einer Intensivierung von Bartschs universitärer Lehrtätigkeit: Als Honorarprofessor vertrat er 1938 bis 1940 eine vakante Lehrkanzel für deutsches Recht an der Universität Wien. Darüber hinaus wirkte er, seit 1. 10. 1940 NSDAP-Mitglied, in der Akademie für Deutsches Recht mit (Volksgesetzbuch-Unterausschuss für eheliches Güterrecht).

2. Bartschs „Erinnerungen" und die Mobilität

Zwischen 1943 und 1951 verfasste Bartsch autobiografische „Erinnerungen" im Umfang von etwa 2.000 Seiten. Dieses im Österreichischen Staatsarchiv aufbewahrte Typoskript[21] ist in acht Abschnitte gegliedert, in denen nach einer Darstellung der familiären Herkunft jeweils rund ein Lebensjahrzehnt thematisiert wird. Innerhalb dieser Abschnitte werden einzelne Themen in annähernd gleicher Abfolge abgehandelt; dazu gehören etwa Quellen, hauptberufliche Tätigkeit, nebenberufliche Tätigkeit, Publikationen, Reisen, Freunde und Bekannte etc.. Vor mehr als zehn Jahren wurde damit begonnen, diese einzigartige Quelle wenigstens zum Teil für eine Edition vorzubereiten:[22] Aus dem umfangreichen Material wurden die rechtshistorisch relevanten Teile ausgewählt und mit

16 Bartsch, Erbrecht.

17 Bartsch, Österreichisches Bürgerliches Recht.

18 Dazu OeStA, AVA, Unterricht, UM, allg. Akten, 609.9.

19 Dazu OeStA, HHStA, SB, AKA, 96-3, Fasz. Robert Bartsch.

20 Vgl. Holmes, Langeweile.

21 Bartsch, Erinnerungen: OeStA, HHStA, SB, NL Bartsch; in der Folge zitiert als RBE. (Eine Teiledition ist in Vorbereitung: Kohl, Pauser, Bartsch.) Vgl. zur Textgeschichte RBE VII, 284; weiters WStLA, BG Döbling, 1A 372/1955.

22 Kohl, Pauser, Bartsch.

bio-bibliografischen Erläuterungen versehen, die in das geplante Namensregister integriert werden sollen. Hier lag auch eine besondere Herausforderung, weil die Erinnerungen Bartschs von intensiv betriebenem „Namedropping" gekennzeichnet sind.

Im Sinne des Tagungskonzeptes sollten Juristinnen und Juristen als Menschen zwischen privatem Umfeld und öffentlichem Wirken dargestellt werden. Angesichts der eingangs skizzierten Breite der haupt- und nebenberuflichen Tätigkeiten Bartschs drängte es sich auf, dieser Aufgabenstellung durch Blick auf eine oft übersehene Voraussetzung der Vielseitigkeit zu entsprechen und die persönliche Mobilität des Protagonisten ins Zentrum zu stellen. Die folgenden Ausführungen sind also weder chronologisch nach den von Bartsch selbst unterschiedenen Lebensphasen noch thematisch nach Bartschs Berufsfeldern gegliedert, sondern in etwas ungewöhnlicher, vielleicht experimenteller Weise nach den Verkehrsmitteln, die er benützte und die ihm seine vielfältige Wirksamkeit – sowie die Erholung davon – erst ermöglichten. Auch auf diesem Wege können wesentliche Eckpunkte der Biografie schlaglichtartig sichtbar werden.

Die Verkehrsmittel selbst waren Bartsch nur ausnahmsweise Überschriften seiner Erinnerungen wert. „Das Fahrrad" und der „Hanomag" begegnen primär im wirtschaftlichen Kontext, dem „Kraftwagen" ist ein eigenes Kapitel im Abschnitt über die „Jahre der Erfüllung" gewidmet. Das Zu-Fuß-gehen, die Straßenbahn und die Eisenbahn, gelegentlich sogar Wasserfahrzeuge, kommen zwar vor, haben es aber nicht in eigene Zwischenüberschriften geschafft. Pferde begegnen überhaupt nur am Rande: Bartsch charakterisierte damit den Lebensstandard, in dem sein Vater aufgewachsen war und der sich nach dem Börsenkrach 1873 nicht aufrechterhalten ließ.[23]

3. Zu Fuß unterwegs

Sieht man von Spaziergängen mit dem Hund ab, den das Ehepaar 1907 angeschafft hatte,[24] so verlor Bartsch über die gewöhnliche innerstädtische Fortbewegung des Gehens kaum ein Wort. Anders sah das bei jenem bewussten Gehen aus, das Wanderungen oder gar Fußmärsche kennzeichnet. An sie erinnerte er sich durchaus und zwar sehr detailreich. So beschrieb er den 1898 zu Fuß zurückgelegten Teil des Weges von der „elterlichen Sommerfrische" in Hainfeld nach Mariazell ganz genau. Die Brüder Bartsch marschierten „zu Fuss auf der Strasse nach Gscheid, assen dort zu Mittag und gingen dann durch das schöne Walstertal über den Haberteursattel auf die Bürgeralpe. Dort waren wir um etwa 5 Uhr [...] dann ging es hinab nach Mariazell".[25] Im folgenden Jahr wanderten sie „vier Tage durch die Dolomiten vom Grödnertal ins Fassatal, dann durch das Vajolettal auf den Schlern immer bei schönem Wetter nach Bozen."[26] Auch die Wienerwald-Sommerfrischen waren von Wanderungen gekennzeichnet: So marschierte er von Pressbaum etwa 18 Kilometer über Breitenfurt nach Perchtoldsdorf, um die Familie seiner späteren Frau zu besuchen.[27] Nach der Hochzeit wurde es gemächlicher; die Eheleute spazierten von ihrem neuen Sommerfrischeort Eichgraben gerne nach dem etwa fünf Kilometer entfernten Hart und bewunderten die Aussicht.[28]

23 Kohl, Grundbuchsrecht; RBE I, 85. Später kommen noch vereinzelt Fiaker vor, deren sich Bartsch vor seiner Eheschließung zu Familienbesuchen bediente, weil es damals noch keine Taxis gab (RBE 621). Mit „Blumen geschmückte Pferdewagen" werden uns noch begegnen (siehe unten 6.).

24 RBE IV, 24.

25 RBE 452.

26 RBE 455.

27 RBE 608.

28 Kohl, Entdeckung 112.

4. Das Fahrrad

Im April 1898 erwarb Bartsch ein Fahrrad.[29] Es war die erste größere Investition nach seinem Studienabschluss 1897, deshalb berichtete er darüber in einem Kapitel „Finanzielles": „Schon im Jänner 1898 nahm ich mir ein Einlagebuch bei der Neuen Wiener Sparkasse und legte dort meine verfügbaren Gelder ein. Anfangs April hatte ich dort bereits über 195 fl. liegen. Ursprünglich wollte ich 10 fl. monatlich dem Fond für ein Fahrrad zuwenden und ich hatte geglaubt, den für ein Fahrrad nötigen Betrag erst in mehr als Jahresfrist beisammen zu haben. Durch die Stundenhonorare [juristischer Nachhilfetätigkeit] aber war der Radfond schon im April 1898 auf 100 fl. angewachsen. Ich kaufte daher schon in diesem Monat ein Rad um 120 fl., wozu allerdings noch einiges Zugehör kam. Dadurch wurde der Radfond zwar passiv, aber infolge der reichen Zuflüsse war er im Juni wieder aktiv, und ich stellte in diesem Monat die regelmäßige Dotation dieses Fondes ein."

Die ersten Versuche mit dem Fahrrad gaben Bartsch die Gelegenheit, persönliche Eigenschaften positiv herauszustreichen: „Ich kaufte mir ein Rad der Wiener Firma Goldeband, auf wessen Rat weiss ich nicht mehr. Es war verhältnismässig hoch und man konnte es nur über den Dorn der Hinterradachse besteigen. Ich erlernte das Radfahren in einer mit Ziegeln gepflasterten Halle der Fabrik in Favoriten und als ich dort das erste Mal mit dem eigenen Rade fuhr, stürzte ich so unglücklich, dass ich mir den grossen linken Schneidezahn des Oberkiefers abbrach. […] Ich hatte auch hier wie so oft Anfangsschwierigkeiten, die manchen anderen von der Verfolgung des Zieles abgeschreckt hätten. Auch dieser Unfall gab meinem Vater Anlass, Schreckbilder auszumalen und mir nahe zu legen, ich solle das Radfahren aufgeben und das Rad wieder verkaufen. Ich bin froh, dass ich diesem Drängen nicht nachgegeben habe, denn das Rad hat mir acht Jahre hindurch viel Freude und Genuss gebracht."

Schon an dieser Beschreibung wird deutlich, dass das Fahrrad weniger als Fortbewegungsmittel diente, sondern eher als Freizeitgerät. Die zahlreichen Ausfahrten, „meist an Sonntag Vormittagen", führten nach Laxenburg oder in den Prater, „durch den ein eigener Radfahrweg noch fünf km hinter das Lusthaus durch dichten Auwald bis zum Praterspitz führte. Auf solchen Vormittagsausflügen wurde meist in einem Gasthaus Station gemacht und ein kleines Gabelfrühstück (Würstel, Gollasch, Leber u. dgl.) mit einem Achtel Gespritzten eingenommen." Dabei blieb Bartsch auch nicht allein; er „fuhr in Wien meist in Gesellschaft" von Verwandten und Freunden, wobei sich radfahrende Frauen als „wenig leistungsfähig" erwiesen. Auch „Tagestouren" wurden „von Wien aus" unternommen, „oft kombiniert mit der Eisenbahn, auf der das Rad als Gepäck transportiert wurde"; die Erinnerungen nennen als Ziele Bruck/Leitha, Hainfeld (über Alland-Hafnerberg, mit einem „im Triestingtal heftigen Gegenwind") sowie die Wachau. Zu Pfingsten 1899 reiste Bartsch mit Bahn und Rad („durch das Kamptal und auf dem Rückweg durch das Kremstal") nach Gratzen zu seinem Großonkel Wilhelm Schopf, von dem er Jahre später jene Familienpapiere erben sollte, die sich mit der Verhaftung des „Räuberhauptmanns" Grasel beschäftigten und Bartschs Grasel-Buch initiierten.

„Das Rad wurde natürlich jedes Mal in die Sommerfrische mitgenommen." In diesem Zusammenhang nennen die Erinnerungen zahlreiche niederösterreichische Routenziele. Vom Sommerfrischeort „Pressbaum seit 1900 machte ich viele Touren in den inneren Wienerwald, den ich dadurch erst recht kennenlernte. Nach Sulz, Sparbach, Klausen-Leopoldsdorf, Wolfsgraben, Hochroterd, Breitenfurt und besonders gern nach Heiligenkreuz" sowie auch „über den Riederberg und von St. Pölten nach Melk bin ich gefahren". Nur im Sommer 1905 gewann das Fahrrad über seine sportlich-touristische Nutzung hinaus praktische Bedeutung als günstiges Fortbewegungsmittel, weil Bartsch regelmäßig von der Sommerfrische in Pressbaum, westlich von Wien, in die Sommerfrische seiner künftigen Frau nach Perchtoldsdorf, süd-

29 Zum Folgenden RBE 348–356.

lich von Wien, fuhr.[30] Mit dem Rad ersparte er sich den Umweg über Wien und konnte diese ca. 20 Kilometer lange Strecke mit knapp 250 Höhenmetern in etwa 1¼ Stunden bewältigen.

Auch bei weiteren Reisen wollte Bartsch auf das Fahrrad nicht verzichten. So erkundete er von Salzburg aus Reichenhall, Berchtesgaden, Grossgmain, Ischl, Lambach, Bad Hall und Steyr, von Gmunden aus den Attersee und Gosau. 1904 begleitete ihn das Fahrrad nach München, wo er nicht nur bei Amira das altnordische Recht studierte, sondern auch „mehrfach Ausflüge zum Starnberger- und Ammersee (Andechs), Ebersberg, über Tegernsee zum Achensee u.s.w" machte. „Auf der Rückreise fuhr ich mit dem Rad über Wasserburg zum Chiemsee, dann von Freilassing nach Grossgmain und von dort über Salzburg nach Ischl." Geplanten Fernreisen „durch das Ampezzotal ins Venezianische" und „durch die Dolomiten" kam seine Eheschließung zuvor.

Nur „mit großem Bedauern" gab Bartsch das Radfahren nämlich „nach [s]einer Verheiratung" auf. Was für einen jungen Akademiker, selbst für einen Richter, eine adäquate Form der Fortbewegung in der Freizeit gewesen war, schien für den Ehemann nicht mehr passend. Offenbar kamen für ihn – oder für seine Frau, darüber schweigen die Erinnerungen – weder gemeinsame Radausflüge noch ein Tandem in Frage. Zum Ende seiner Radfahrerzeit zog Bartsch jedenfalls Bilanz über dieses Verkehrsmittel: „Das Radfahren befriedigte meinen Bewegungs-, Wander- und Reisetrieb und brachte mich der Natur näher als das von der Eisenbahn aus möglich ist; es erstreckte meinen Radius weit über das, was durch Fußmärsche erreichbar war und es gab bei allen Erlebnissen in Landschaft, Städten und vor Kunstwerken das mit Hochgefühl verbundene Bewusstsein, diese Erlebnisse durch eigene Kraft erarbeitet zu haben. So wurde das Radfahren die horizontale Ergänzung zu dem vertikalen Erlebnis des Bergsteigens. An Erlebnisreichtum ist das Radfahren erst durch das Fahren im eigenen Auto übertroffen worden, doch fehlte dabei das Hochgefühl der eigenen Kraftleistung."[31]

5. Straßenbahn

Während es beim Radfahren also um Erlebnisse und Gefühle ging, wurden die alltäglichen Wege mit der Straßenbahn zurückgelegt – jedenfalls sobald die zu überwindenden Entfernungen über jenen Kreis hinausgingen, in dem sich Kinder und Jugendliche für Schule und Studium bewegen. Bartschs Eltern hatten zunächst in der heutigen Loidoldgasse (Georgsgasse 1, hinter dem Rathaus), seit 1892 dann in der Schwarzspanierstraße 22 (Ecke Währingerstraße) gewohnt, also fußläufig zum Arbeitsplatz des Vaters im Justizpalast ebenso wie zu Schottengymnasium und Universität, den von Bartsch und seinen Brüdern besuchten Bildungseinrichtungen.[32] Die erste eigene Wohnung bezogen Robert Bartsch und seine Ehefrau nach ihrer Hochzeit (1906) in der Alserbachstraße 4a; nach einem Intermezzo in der Pokornygasse 25 (1915–1921) wohnten sie seit 1921 in der Döblinger Hauptstraße 56. Alle drei Wohnungen waren verkehrsgünstig gelegen, worauf die Erinnerungen eigens hinwiesen. Die erste Wohnung lag an einem „Kreuzungspunkt zahlreicher Straßenbahnlinien",[33] die zweite „nahe dem Steilhang gegen die Heiligenstädterstrasse, zu der eine Stiege mit 100 Stufen hinabführte. Unten war eine Haltestelle der Straßenbahn, die einerseits nach Nussdorf, anderseits zur Börse führte und auf der Wagen über die Ringstraße zum Süd- und Ostbahnhof führten. Am anderen Ende […] der Pokornygasse kam man in die Döblinger Hauptstrasse, in der eine Strassenbahnlinie zur Hohen Warte anderseits zur Schottengasse führte, mittels der man leicht die Lastenstrassenlinie Nr. 2, die Ringlinie und auch die Stadtbahnhaltestelle Nussdorferstrasse erreichen konnte."[34] Wenn Bartsch morgens seine Vorlesung hielt, begab er sich anschließend „zu Fuss [ins Ministerium], wenn die Vorlesung um 9 h zu Ende war, wenn die um

30 RBE 609, 611.

31 RBE 353.

32 Vgl. neben den Angaben in RBE auch Lehmann, Wohnungsanzeiger.

33 RBE IV, 4.

34 RBE V, 42.

¾ 10 endete mit der Strassenbahn."[35] Die letzte Wohnung, knapp vor Bartschs Ernennung zum Hofrat des Verwaltungsgerichtshofs bezogen, ermöglichte durch die fast direkte Verbindung von Wohnung und Büro einen besonders reibungslosen Alltag, der in den Erinnerungen wie folgt beschrieben wird: „Um ½ 10 h fuhr ich mit der Strassenbahn mit der Linie G 2 von Döbling zur Sezession und begab mich in den Verwaltungsgerichtshof, wo die Sitzungen und Verhandlungen um 10 h begannen. Um 2 h verliess ich das Amt und fuhr nachhause, wo um ½ 3 h das Mittagsmahl stattfand. Nach Tisch setzte ich mich in den Lehnstuhl am Fenster und las ausführlicher [als morgens] die Zeitung […]. Das dauerte, selten durch einen Einnicker unterbrochen, bis gegen 4 h. Dann ging ich zum Schreibtisch und arbeitete dort von einem kleinen Spaziergang mit [dem Hund] unterbrochen bis gegen 8 h."[36]

Wenig genutzt wurde die Straßenbahn, zumindest vor dem Ersten Weltkrieg, für Ausflüge, weil „man damals keine Hunde mitnehmen" durfte – dies motivierte die Verwendung der dampfbetriebenen Stadtbahn und der Eisenbahn.[37]

6. Eisenbahn

Während Fahrrad und Straßenbahn zwei getrennten Lebensbereichen zuzuordnen waren, wurde die Eisenbahn von Bartsch sowohl privat als auch beruflich genützt. Die Bahn war auch nicht immer ein Instrument der Mobilität, ganz im Gegenteil. Die ersten vier Wochen seiner Militärdienstzeit im Ersten Weltkrieg hatte er als „Bahnhofsoffizier" am Wiener Ostbahnhof verbracht: Als solcher „musste ich bei jedem abgehenden oder einlangenden Zug anwesend sein, Militärpersonen perlustrieren, ihre Dokumente prüfen und allenfalls für ihre weitere Beförderung sorgen, bei einlangenden Verwundetenzügen für Krankenwagen sorgen usw. Die Papiere der Soldaten waren oft sehr schmutzig und es bestand Gefahr einer Infektion. Ich begnügte mich nicht, dabei Handschuhe anzuhaben, sondern ließ mich auch gegen die gefährlichsten Seuchen, insbesondere Cholera impfen […]. Gesellschaft bot nur der Labedienst [des Roten Kreuzes,] freiwillig gemeldete Frauen und Mädchen, alle aus guten Kreisen in Schwesterntracht […], aber es war doch Gesellschaft, mit der man die Zeit des Wartens totschlug." Nach etwa einem Monat wurde Bartsch dann an die Artilleriekadettenschule Traiskirchen versetzt, wo er Rechtslehre, Deutsch und Geschichte unterrichtete.[38]

Übrigens war der Ostbahnhof dann ein Vierteljahrhundert später, im April 1939, auch Ausgangspunkt seiner letzten beruflich bedingten „Reise nach Berlin zur 1. Tagung des Ausschusses der Akademie für Deutsches Recht, der sich mit dem ehelichen Güterrecht befassen sollte": Er „fuhr um ½ 9 vom Wiener Ostbahnhof durch Mähren und Schlesien mit Mittagessen im Speisewagen bis zum Bahnhof Zoo in Berlin, wo ich 20.49 pünktlich ankam."[39]

An der Grenze zwischen privatem Umfeld und öffentlichem Wirken lag eine letztlich politisch motivierte Bahnreise, die Bartsch schon Jahrzehnte zuvor unternommen hatte: Als in der mährischen Stadt Leipnik „die Gemeindeverwaltung aus den Händen der Deutschen in die der Tschechen überzugehen" drohte, „ernannte die Gemeinde eine größere Anzahl von Personen, die sich um das Deutschtum verdient gemacht hatten, zu Ehrenbürgern", um ihnen im Rahmen des „Dreiklassenwahlrechts" eine hochwertige Stimme zu verschaffen. So wurde auch Bartsch 1905 zum Ehrenbürger von Leipnik.

35 RBE IV, 15.

36 RBE VII, 3.

37 RBE IV, 25.

38 RBE V, 15–18.

39 RBE VII, 259. Diese Bahnfahrt war also ein positives Erlebnis; sie unterschied sich damit von jener Fahrt, die Roberts Bruder Heinrich zum Antritt des Amtes als Reichsgerichtsrat nach Leipzig unternahm: Infolge eines Kofferdiebstahls und einer Erpressung mit dem politisch brisanten Inhalt des Gepäckstücks war diese Fahrt der Auslöser für Heinrich Bartschs Zwangspensionierung und seine Karriere nach 1945. Vgl. dazu Kohl, Grundbuchsrecht 330–332.

Ein Jahr später wurde dies schlagend und die Bahn zu einem Vehikel politischer Aktivität: „Bald nach meiner Verheiratung im Spätherbst 1906 fanden Gemeindewahlen in Leipnik statt, und ich erhielt die Aufforderung zur Teilnahme an der Wahl. Ich kam der Aufforderung nach und begab mich am Nachmittag des Tages vor der Wahl mit dem Nordbahnschnellzug in die Abzweigestation Prerau, wo im Bahnhofsgebäude ein Hotel war. Als ich spät abends dort ankam, waren bereits sämtliche Zimmer besetzt. Versuche, in der Stadt unterzukommen, schlugen gleichfalls alle fehl. So musste ich im Wartesaal I. Kl. die Nacht verbringen. Als ich mich am Morgen zum Frühstück in das Restaurant begab, sah ich die Gäste aus den Zimmern kommen, großenteils mir bekannte Schulvereinsleute und andere Wiener Deutsche, die alle zur Leipniker Wahl kamen. Nun fuhr ich in größerer Gesellschaft mit dem Personenzug die kurze Strecke bis Leipnik. Dort wurden wir vom Wahlkomitee feierlich begrüßt, mit Bändern und Blumen geschmückte Pferdewagen [!] führten uns in die Stadt. Nach einem kleinen Imbiss begaben wir uns in das Wahllokal. Dabei mussten wir ein dichtes Spalier von Menschen passieren, die uns tschechisch, daher uns unverständlich, höhnisch anschrieen und verspotteten. Die Wahl geschah mündlich. Man hatte uns Zettel mit den Namen der deutschen Kandidaten in die Hand gedrückt, die wir, von Zwisch[en]rufen der anwesenden Tschechen oft unterbrochen, laut ablesen und in das Wahlprotokoll diktieren mussten. Dann fand ein gemeinsames Mittagessen statt, an dessen Ende Spenden für den Wahlfond gesammelt wurden. Ich beschloss mit dem Abendschnellzug aus Oderberg nach Wien zurück zu fahren, der nicht in Leipnik, wohl aber in der zwei Stunden entfernten Stadt Mährisch-Weisskirchen hielt. Den Weg dahin machte ich auf der Landstraße durch die Spätherbstlandschaft in Gesellschaft des späteren Ministers Weidenhoffer, den ich schon in der Studentenzeit kennen gelernt hatte. Es war schon dunkel, als wir Weisskirchen erreichten und im dortigen Kaffeehaus landeten, nachdem wir auf dem Marsch tüchtig gefroren hatten. Abends war ich wieder in Wien." Dies war das einzige Mal, dass Bartsch in Leipnik wählte. Bald nach dieser Farce wurde das Wahlrecht der Ehrenbürger an einen Wohnsitz in der Gemeinde gebunden.[40]

Es ist erstaunlich, dass die große Zahl der Leipniker Ehrenbürger nicht gleich mit einem Sonderzug befördert wurde. Dieses heute eher seltene Beförderungsmittel konnte Bartsch mehrmals in seinem Leben benützen. So fuhr er zur Schulvereinsversammlung 1905 „am Pfingstsamstag in einem Sonderzug nach Linz; von hier fand am Pfingstmontag ein Tagesausflug nach Gmunden mit Sonderzug in 17 Waggons statt".[41] Einen Sonderzug gab es auch für die dritte Wiener „Universitätsreise", die 1912 Professoren und Studenten der Universität Wien nach Budapest und an die Adria führte; von dort kehrte die Reisegesellschaft dann mittels „Nachtfahrt durch den Tauerntunnel nach Gastein" und weiter über die Westbahnstrecke nach Wien zurück.[42]

Sowohl am Traunsee als auch an der Adria wurden die Bahnfahrten durch Schiffsrund- oder -überfahrten ergänzt. Auch auf rein privaten Reisen kam es gelegentlich zu einer Kombination dieser Verkehrsmittel.[43]

7. Automobilismus I: Der Hanomag

Im Frühsommer 1928 kam Bartsch, der sich schon seit 1913 juristisch mit dem Kraftfahrwesen beschäftigt hatte,[44] erstmals in persönliche Berührung mit dem Automobilismus.[45] Ursächlich dafür war eine „geschäftliche Transaktion meines Schwagers Richard", die Bartsch „nicht nur Geld gekostet, sondern [...] auch seelisch schwer hergenommen und eine viele Monate dauernde tiefe Depression

40 RBE 448–449.

41 RBE 445. Daran schloss sich eine Dampfer-„Rundfahrt bis Traunkirchen" an: RBE 446.

42 RBE IV, 185ff.

43 Z.B. 1899 Dampfschiff Linz – Greifenstein: RBE 457.

44 Bartsch, Kraftfahrzeuggesetz.

45 Das Folgende: RBE VI, 146–152.

verursacht" hatte. Das Problem begann mit einer Mitteilung von Bartschs Ehefrau Hilda, wonach ihr Bruder „die Vertretung der Automobilfabrik Hanomag erhalten [habe], die Kleinwagen herstellte. Er hoffe mit dem Verkauf solcher Wagen viel zu verdienen, er müsse jedoch selbst einen Wagen kaufen, um ihn den von ihm zu erwerbenden Kunden vorzuführen, er lerne jetzt chauffieren. Er bekomme den Wagen billig auf Raten, bedürfe jedoch einer Unterschrift, die ich ihm geben solle. Ich wusste sofort, dass es sich um eine Bürgschaft handle und lehnte grundsätzlich ab. Ich war bereit, eine grössere Summe zu leihen oder selbst zu schenken, aber eine Bürgschaft gäbe ich nicht. Ich hatte immer in Privatgesprächen wie in Vorlesungen auf die Gefahren einer Bürgschaft hingewiesen und erklärt, dass der Bürge in der Regel mit der Begründung, dass seine Unterschrift bloss Formsache sei, zur Übernahme verlockt werde und dann regelmässig schwer erträgliche Zahlungen leisten müsse."

Bartschs Schwager hatte bereits „einen Vertrag mit einem Finanzierungsinstitut, der ‚Eisenbahnverkehrsanstalt' geschlossen, die ihm den Kaufpreis für den Wagen gegen 24 Monatsraten zu etwa 225 S zur Verfügung stellte", jedoch einen guten Bürgen für die Ratenzahlungen verlangte. Der Vertrag machte Bartsch „einen recht unangenehmen Eindruck, denn er strotzte von Vorsichten gegen Diebstahl, Veruntreuung und Betrug" durch den Kreditnehmer. Dies erstaunt nicht, denn nach zeitgenössischen Berichten war die fremdfinanzierte Motorisierung gerade richtig in Schwung gekommen. Während „Der österreichische Volkswirt" die gesamtwirtschaftliche Bedeutung der „Absatzfinanzierung von Kraftwagen" thematisierte und einen Überblick über die Anbieter lieferte,[46] prangerte „Der Morgen" just im Jahr 1928 die Tendenz an, „Autos unter die Leute und Geld unter die Autos zu bringen". Die Finanzierungsinstitute würden sich in einem „förmliche[n] Konditionenrun" überbieten. Wer „zwei Wagen auf einmal schuldig bleib[e]", bekäme „50 % Sonderrabatt"; die Österreicher könnten „mit höchster Genugtuung darauf hinweisen, in einem Lande der schier unbegrenzten Kilometerpumpmöglichkeiten zu auteln". Ausdrücklich genannt wurde dabei die „Eva", jene „Eisenbahnverkehrsanstalt", die auch den Wagen von Bartschs Schwager finanzierte.[47]

Bartsch „sträubte [s]ich weiterhin und sagte Hilda, das Resultat [s]einer Bürgschaft werde sein, dass [er] zwei Jahre lang jede Rate aus eigener Tasche würde bezahlen müssen". Sie erklärte ihren Mann „für einen Schwarzseher", seine Weigerung als „doktrinäre Prinzipienreiterei" und war „tagelang tief verstimmt und hatte schlaflose Nächte. Da liess ich mich herbei, meine Unterschrift zu geben, nicht aus Leichtsinn oder Dummheit, sondern in Erkenntnis der Folgen im Bewusstsein, etwas Unverantwortliches zu tun. Ich schämte mich dessen was ich tat und verbot Hilda und Richard, irgend jemande[m] von meiner Bürgschaft zu erzählen [...], die ich wie eine Erniedrigung empfand." Alle akademische Einsicht hatte also nichts genützt.

Und tatsächlich kam es so, wie Bartsch befürchtet hatte, vielleicht sogar noch schlimmer. Zunächst wurde er bereits ab der zweiten Rate in Anspruch genommen. Von Juli 1928 bis Jänner 1929 summierten sich die Zahlungen auf 1.600 Schilling. Im Jänner 1929 kündigte Richard an, demnächst werde wegen des Wagens eine Verhandlung beim Handelsgericht Wien stattfinden. Dabei stellte sich heraus, dass Bartschs Schwager gar nicht die Vertretung von Hanomag übernommen, sondern den Wagen beim Generalvertreter Pilis & Co gekauft hatte; nur für den Fall der Vermittlung weiterer Käufer hatte man ihm einen Preisnachlass versprochen. Dieser Nachlass war nun fällig gestellt worden, weil Richard keine Käufer akquiriert hatte. Als der Hanomag wegen einer kleinen Reparatur in der Werkstatt war, verweigerte Pilis & Co dessen Ausfolgung, solange neben den Reparaturkosten dieser Kaufpreisrest offen war.

Nach dem Gerichtstermin und anschließenden schwierigen Vergleichsverhandlungen war es letztlich Bartsch, der gegen eine Zahlung von 500 Schilling den Hanomag unrepariert herausbekam. Die Reparatur kostete

46 Der österreichische Volkswirt, 11. 5. 1929, 364.

47 Der Morgen, 9. 8. 1928, „Auto-Morgen".

weitere 400 Schilling und überdies waren noch 15 Raten offen. Mehr als diese finanziellen Fragen machten ihm die persönlichen Aspekte zu schaffen; er fühlte sich „arg hinter das Licht geführt" und „tief deprimiert". Gegen den Widerstand seines Schwagers betrieb er den Verkauf des Hanomag,[48] und nachdem er sich mit der Eisenbahnverkehrsanstalt auf eine vorzeitige Zahlung der Restschuld gegen Diskont geeinigt hatte, fand sich schließlich auch ein Käufer, der den Wagen um 2.100 Schilling übernahm. Das Resümee war bitter: „Im ganzen hat mich der Hanomag 6.404 S gekostet, denen nur der Verkaufspreis von 2.100 S gegenübersteht. So war mir Richard 4.304 S schuldig geworden. Ich gab ihm eine detaillierte Abrechnung und begehrte, da ich ihm schon früher gesagt hatte, ich würde ihm die im Vorjahr gezahlten Raten von 1.600 S erlassen, nur den Rest von 2.704 S." Diesen Betrag sollte er aber nie erhalten.

Der Ausgang der Hanomag-Angelegenheit war für Bartsch ein biografischer Einschnitt: „Die ganze Affäre war für mich von schwerer Bedeutung. Sie brachte nicht nur die Aufzehrung aller Ersparnisse, die ich seit dem Ende der Inflation gemacht und die ich als den Anfang einer Vermögensrücklage betrachtet hatte. Ich habe von dieser Zeit an alle Versuche in gleicher Richtung aufgegeben und mein ganzes Einkommen restlos aufgezehrt. Aber der materielle Verlust war nicht das Schlimmste. Ich litt seelisch schwer und eine durch viele Monate dauernde tiefe Verstimmung, die mir alle Lebensfreude raubte, war die Folge. Ich hatte Gewissensbisse wegen der Untreue gegen meine Grundsätze und zugleich das beschämende Gefühl hintergangen und ausgebeutet zu sein. Es mag sein, dass Richard anfangs gutgläubig war, aber er hat sich im Laufe der Angelegenheit nicht tadellos gegen mich betragen. Und am schwersten empfand ich es, dass Hilda lange Zeit die Interessen Richards über die meinen gestellt, meine Sorgen zu bagatellisieren und meine Verstimmung als unberechtigt hinzustellen versuchte hatte. Ich habe ohne ihr Wissen manchmal bitterlich geweint. Erst als sie sah, welcher seelische Schaden bei mir eingetreten war, bekam sie Angst und suchte mich auf jede mögliche Art zu zerstreuen. Sie hat auch nie wieder versucht, mich zu einer solchen Aktion zu verleiten."[49]

8. Automobilismus II: Führerschein und eigener Wagen

Nach den Erfahrungen mit dem Hanomag seines Schwagers hätte man annehmen können, dass Bartsch mit dem Automobilismus innerlich abgeschlossen hatte. In seinen „Jahren der Erfüllung" rückte jedoch „Der Kraftwagen" als eigenes Kapitel prominent ins autobiographische Blickfeld.[50] Wie schon das Fahrrad verknüpfte Bartsch auch das Auto durch Reflexionen über die eigene Persönlichkeit mit seinem Lebensbild und begann das Kapitel mit der Feststellung: „Technisches hat mich immer sehr interessiert." Das galt auch für „das Technische des Autofahrens [...], besonders seit ich oft an der Seite eines Amateurfahrers [...] gesessen war. Aber Genaueres wusste ich nicht, ich habe darum mit grossem Interesse eine Anleitung zum Chauffieren durchstudiert", die ein Besucher „im Winter 1932/33 einmal bei uns liegen liess. Ich habe daraus den Viertaktmotor, die Gänge und das Differential kennen gelernt, das mich um seines Namens willen interessierte, weil ich glaubte, dass er mit höherer Mathematik zusammenhänge."

Den unmittelbaren Anstoß, sich intensiver mit dem Autofahren zu beschäftigen, lieferte Bartschs Mitgliedschaft im „Deutschen Klub", einem Sammelbecken von Großdeutschen und NS-Sympathisanten.[51] Hier erging „anfangs 1934 [...] eine Aufforderung an die Mitglieder [...] sich zu Chauffierkursen zu melden". Das dafür „angegebene Klubmitglied, Minist. Rat [Dr. Robert] Möckel im Unterrichtsministerium", empfahl „einen Kurs in der Fahrschule Lattermann am Hernalsergürtel". Nach längerem Schwanken, weil „es an Gelegenheit einen Kraftwagen zu führen

[48] Vgl. Inserat in: Wienerwald-Bote, 18. 5. 1929, 6.

[49] RBE 151–152.

[50] Das Folgende: RBE VII, 188–200.

[51] Huber, Erker, Taschwer, Klub; RBE VI, 6–7.

gänzlich mangelte", schrieb er sich doch in der Fahrschule ein. Als mittlerweile 60-jähriger Senatspräsident des Verwaltungsgerichtshofes saß Bartsch ab Mai 1934 „nun dreimal die Woche an Nachmittagen meist von 3–5 h auf der Schulbank. [...] Einmal in der Woche waren ‚Gesetze', die mir sehr leicht fielen, da ich die Fahrvorschriften selbst herausgegeben hatte. Das Technische war mir interessant, ich verstand es auch sehr gut, nur musste ich bemerken, dass mein Gedächtnis nicht mehr so gut wie in der Jugend war." Der Vergleich mit den „Kurskollegen, [...], meist Arbeiter, viele junge Leute, die Berufschauffeure werden wollten" war wohl etwas deprimierend. Im Juni 1934 begannen „viele Fahrstunden [...], meist morgens von 8–9 Uhr"; diese „Ausfahrten machten mir viel Vergnügen", obwohl sie „der Prüfung halber meist durch die Innere Stadt oder die Mariahilferstrasse" gingen.

Dem „Vergnügen" entsprach jedoch keine sichere Beherrschung des Wagens. „Am 21. Juli [1934] fand die Prüfung statt, Früh hatte ich noch eine Fahrstunde genommen, alles ging gut. Um ½ 1 Uhr war die Prüfung im Verkehrsamt auf dem Deutschmeisterplatz. Die theoretische Prüfung sowohl im Technischen wie im Rechtlichen ging leicht und anstandslos vor sich, beim Reversiernen [!] auf dem Schlickplatz hatte ich dagegen Malheur. Ich lenkte den Wagen gegen den Fussteig, trat aber dann statt auf die Bremse auf den Gashebel, der Wagen fuhr bis an das Gartengitter und drückte es etwas ein. Damit war die Prüfung missglückt und ich begab mich in sehr gedrücktem Zustand nach Hause."

Bartsch gab aber nicht auf; man erinnere sich an seine Selbstbeschreibung aus Anlass seiner ersten Radfahrversuche. Nach weiteren Fahrstunden bestand er am 11. Oktober 1934 die praktische Prüfung; eine Wiederholung der theoretischen hatte man ihm erlassen. „Ich bekam den Führerschein an dem selben Tage, an dem abends das von Späth und Linde veranstaltete Souper für die Mitarbeiter am Neuen Oesterreichischen Recht stattfand. Meine Stimmung war dabei gehoben."

Hier berühren einander erstmals Bartschs Automobilität und „Das Neue Österreichische Recht" des „Industrieverlags Späth & Linde". Dies war eine Loseblattsammlung „der seit Mitte März 1933 erlassenen Rechtsquellen des Bundes mit Erläuterungen", die Bartsch „unter Mitarbeit von Ministerialreferenten aller Bundesministerien" herausgab, ein gewaltiges Projekt, das sich der Protektion Schuschniggs erfreute.[52] Das Werk hatte „ungeahnte[n] Erfolg", was nicht zuletzt den politischen „äußeren Umständen" geschuldet war: „Nie war ein solches Werk so dringend notwendig wie in einer Zeit, da es weder Motivenberichte noch eine öffentliche Beratung in den an der Gesetzgebung mitwirkenden Körperschaften gibt." So entstand „Authentizität" dadurch, dass die „Erläuterungen [...] vom Sachbearbeiter des jeweils zuständigen Bundesministeriums" stammten, „der in der Regel an der Entstehung des Gesetzes unmittelbar beteiligt ist oder doch die Absichten des Gesetzgebers kennt und sich der internen Auslegungsbehelfe bedienen kann". Die „Benützer" wurden also „mit dem Sinn der einzelnen Rechtsnormen in authentischer Weise vertraut gemacht, wenngleich dem Werk an sich keinerlei amtlicher Charakter zukommt".[53]

Vom Charakter eines Surrogats parlamentarischer Gesetzgebung profitierte neben dem Verlag auch Bartsch als Hauptherausgeber, und zwar durchaus auch finanziell. Im März 1935 hatte er „das grosse Honorar [von 7.000,- Schilling][54] bekommen und es war Aussicht, dass ich auch in Zukunft eine stattliche Einnahme haben würde. So kam es, dass ich mich bei einem Besuch der Frühjahrsmesse im Prater [...] für Autos interessierte und mit dem Gedanken eines Autokaufs spielte. [...] Da telefonierte mir am 28. März vormittags Lattermann, es sei Gelegenheit, einen Steyr 100 wie neu zu kaufen, der Motor sei gut und das Exterieur fabelhaft. Am folgenden Tag erschien Lattermann mit einem Herrn Scholz um 4 h bei unserer Wohnung, Hilda und ich machten in dem Wagen eine Probefahrt. Scholz führte den Wagen durch die Krottenbachstrasse bis Neustift und zurück

52 RBE VII, 91–99; vgl. Subskriptionseinladung in: Anzeiger für den Buch- und Musikalienhandel 1934, 22.

53 Der österreichische Volkswirt, 25. 4. 1936, 19.

54 RBE VII, 113–115. Bartschs Jahresgehalt war damals 18.638,- Schilling.

(auf Geschwindigkeit), dann über Grinzing über die Himmelstrasse auf den Kobenzl (auf Bergsteigen). Die Fahrt fiel zu unserer Zufriedenheit aus." Nach dem Austausch einer defekten Achse kam der Kauf zustande; „wir nahmen den Wagen für 7.000 S" am 16. April 1935, „am Dienstag der Charwoche".

Noch nach einem Jahrzehnt kam Bartsch ins Schwärmen, wenn er an das Auto dachte: „Der Wagen war tatsächlich sehr schön, ein Kabriolet mit vier Sitzen, niedrig gebaut, daher sicher gegen das Umfallen, das Verdeck zu öffnen, Wagen und Motorhaube mittelgrau, das Verdeck gleichfalls grau, Räder und Kotflügel Schwarz. Der Motor hatte vier Zylinder, es gab vier Gänge, Hand- und Fussbremse. Der Wagen ging leicht und sicher, nur das Starten war immer schwierig, trotz wiederholter Reparatur. Der Wagen führte das Kennzeichen A 28494."

Einen Umstand verschwieg Bartsch in seinen sonst sehr detailreichen Erinnerungen: Der Wagen wurde auf Hilda Bartsch zugelassen,[55] die ebenfalls den Führerschein erwarb. „In der ersten Zeit, die wir den Wagen hatten, haben die Fahrlehrer wenig Zutrauen zu meiner Fahrkunst gehabt, Lattermann redete Hilda zu mich nicht fahren zu lassen, sondern nur selbst zu chauffieren. Sie war darum ängstlich, wenn ich fuhr, und hätte am liebsten den Wagen ganz aufgegeben. Ich bin aber dann doch ganz gut, dauernd und ohne Unfall gefahren."

Vielleicht deshalb hielt Bartsch auch Details der Fahrzeugnutzung fest: „Wir fuhren nie allzu schnell, auf guten Strassen wenn kein Hindernis war, etwa 70 km die Stunde, auf der Reichsautobahn 90 km. Wir hatten auch niemals einen Unfall, der einen Menschen gefährdet hätte. Weder ein Fahrgast noch ein Passant, auch kein Tier wurde durch uns verletzt. Polizeiliche Anstände gab es nur wegen Kleinigkeiten." Und natürlich wurde ein am 29. Juni 1935 von Hilda verursachter Unfall verzeichnet, durch den Reparaturkosten von 875 S entstanden. „Wir waren damals noch nicht auf Beschädigung des Wagens versichert, das haben wir erst nachher getan und die Versicherung niemals in Anspruch genommen."

Bartsch „führte ein genaues Bordbuch über jede Fahrt mit Fahrtzielen, Kilometerzahl und Benzinverbrauch. Der Wagen brauchte bei hindernisloser Fahrt auf grösseren Strecken etwa 11 Liter per 100 km, in der Stadt mit kurzen Fahrten und oftmaligem Bremsen mehr, im Winter bis zu 16 Liter." Wohl auf dieser Grundlage berichten die Erinnerungen penibel über die Autonutzung, Fahrziele, Begleitung, besondere Vorfälle; dies kann hier aus Platzgründen nicht dargestellt werden. Es lässt sich jedenfalls feststellen, dass der Wagen ab Mitte Mai 1935 „fast täglich" verwendet wurde, und zwar sowohl innerstädtisch als auch für Ausflüge und größere Reisen. Die erste solche Fahrt fand im Juni 1935 statt, dauerte vier Tage und führte nach Bad Hall und Gmunden.

Das Auto brachte große Veränderungen des Lebensstils, die Bartsch durchaus registrierte. Seiner Buchhaltung ist zu entnehmen, dass die Straßenbahnkosten von 289 Schilling im Jahr 1934 auf 164 Schilling 1936 sanken.[56] „Im Sommer [1935] nahmen wir den Wagen nach Grundlsee mit", wo Bartschs seit Jahren in Eugenie Schwarzwalds „Seeblick" urlaubten. In den folgenden Jahren bewirkte die erhöhte Mobilität eine schrittweise Verkürzung der stationären Sommerfrische: Von 1934 auf 1936 halbierte sich die Aufenthaltsdauer von 40 Tagen auf 20 Tage: „In den Jahren 1936 bis 1938 waren es die mehrwöchigen Wagenreisen, die den Aufenthalt in Grundlsee auf drei Wochen beschränkten."[57]

Ab Sommer 1935 also „war der Wagen in vollem Betrieb, wir sind jahrelang überhaupt nicht in der Eisenbahn oder mit einem Taxi gefahren.[58] […] Der Wagen hat unser ganzes

[55] https://www.technischesmuseum.at/kfz-datenbanken (16. 6. 2025).

[56] RBE VII, 115.

[57] RBE VII, 215.

[58] Eine Ausnahme war z.B. der Besuch des Opernballes 1936: „Wir fuhren aber nicht in unserem Wagen, weil ich fürchtete, in der Nähe der Oper keinen Parkplatz zu finden. Wir nahmen ein Taxi […]." RBE VII, 279. Eine „Winterreise nach Berlin" war „jahrelang die einzige Eisenbahnfahrt." RBE VII, 231.

Leben in der nun kommenden Zeit bis in den Sommer 1939 tiefgreifend beeinflusst. Wir haben beide sehr gerne den Wagen geführt und darin regelmässig abgewechselt. Wir haben uns auch prächtig ergänzt, weil Hilda sehr gut und sicher, dabei vorsichtig fuhr und ich mich auf Karten und im Gelände rasch orientierte und zugleich alle Strassentafeln im Vorbeifahren rasch und sicher las. Für mich war das Fahren auch Sportbetätigung, wie ich sie immer erstrebt habe. Das Fahren erforderte äusserste Konzentration, rasche Entschlüsse, Wagnis und volle Verantwortung, es brachte auch Gefahren, aber es erforderte wenig Muskelkraft und strengte darum das Herz nicht an, was bei meinem Alter schon zu berücksichtigen war. Wir haben Schwierigkeiten nicht vermieden, sind im Gedränge der Grosstadt, wie auf ganz schmalen Landstrassen, in engen Kurven und an schwindligen Abhängen [...] gefahren.

Der Wagen war in dieser Zeit unser fast ausschliessliches Verkehrsmittel. Zu den täglichen Fahrten in das Amt habe ich zwar immer die Strassenbahn benützt, aber wir sind doch oft in die Innere Stadt gefahren, wenn es etwas zum Transportieren gab, ferner regelmässig zu Theatern, Konzerten, bei Abendeinladungen und auf Friedhöfe zu Begräbnissen. Viel wichtiger war aber der Wagen als Ausflugsmittel, wir sind an Sonntagen und nicht selten auch in der Woche zu Halbtags- und Ganztagsausflügen ausgefahren." Bei solchen „Tagesausflügen [wurden] meist Strecken von 200 km gefahren." Dazu kamen „Mehrtagesausflüge und Reisen nach Graz, Klagenfurt[59] und Salzburg in das Salzkammergut und nach Tirol" sowie „weitere Reisen [...] in das Engadin und an den Bodensee, wiederholte Fahrten nach München, eine Fahrt nach Niederbayern, [...] nach Stuttgart, an den Rhein und durch Thüringen" sowie zuletzt „an den Chiemsee." Bedauernd vermerkte Bartsch auch, wozu es nach dem Anschluss nicht mehr kam: „So unterblieb eine schon bis ins Einzelne ausgearbeitete Reise nach Holland. Und eine ebensolche an den Comosee und nach Mailand, auf der ich endlich einmal Vicenza zu sehen hoffte."

Die Lektüre von Bartschs Erinnerungen vermittelt einen ausgezeichneten Eindruck davon, wie der Automobilismus die Menschen emotional berührte, selbst wenn man das verklärende Element des Rückblicks mitbedenkt. Zwar war der private PKW in den Dreißigerjahren des 20. Jahrhunderts noch Luxus, doch wird durch dieses Zeugnis aus erster Hand nachvollziehbar, welche Gründe nach dem 2. Weltkrieg das Auto zu einem Massenphänomen werden ließen:

„Der Wagen befriedigte aber auch meine Wanderlust, den Trieb in die Ferne und das geschah hier noch umfassender als es jemals durch Wanderungen oder durch Radfahren zu erreichen war. Nun konnte ich wieder Touren planen, wie ich es immer so gerne getan habe. Neben dem Reisehandbuch stand aber jetzt nicht der Fahrplan mit Abfahrtszeiten und Zugsanschlüssen, sondern die Strassenkarte mit Kilometerzahlen und das Kunsthandbuch von Dehio.

Und wie viel Neues war dabei zu sehen, nicht wie von der Eisenbahn aus Städte und Dörfer nur von aussen, meist verdeckt durch Bahnhöfe und abgestellte Züge, sondern es ging mitten durch die Ortschaften. Da gab es Ortsbilder, Kirchen, Schlösser und Rathäuser zu sehen.[60] Man konnte sie auch besichtigen, konnte beliebig anhalten, aussteigen und verweilen so lange man wollte, ohne an eine Abfahrtszeit gebunden zu sein.

Und dann die Bequemlichkeit. In meiner Jugend hat sie beim Reisen keine Rolle gespielt, ich habe grosse Strapazen und Unbequemlichkeiten wie Nachtfahrten in der dritten Klasse, schlechtes Quartier und Märsche in Hitze oder Regen ohneweiteres auf mich

59 „An der kärntner Landesgrenze war Richtungswechsel, bis dahin Linksfahren, nun Rechtsfahren." RBE VII, 237.

60 Bartsch relativierte dies nur im Vergleich zur Flussschifffahrt, konkret zur Fahrt entlang des Rheins 1938: Den blasseren Eindruck der Autoreise schrieb er u.a. „dem Umstand zu, dass eine Dampferfahrt doch viel mehr bietet als eine Wagenfahrt, die nicht immer unmittelbar am Fluss entlang geht. Dafür haben wir in kurzer Zeit weit mehr gesehen und mehr Orte aufgesucht, als bei einer Reise im Dampfschiff oder in der Eisenbahn möglich gewesen wäre." RBE VII, 249.

genommen. Aber ich konnte gleiches Hilda nicht zumuten und mit den Jahren bin ich auch bequemer geworden.

Und wie bequem war hier ein Ausflug oder eine Reise. Da gab es keinen Fahrplan mit Abfahrtszeiten, keine Formalitäten des Kartenkaufs oder Platzbelegen, keine Behelligung durch Mitreisende, keinen Kofferträger auf den man warten musste, kein Gepäckschleppen, keine Sorge um ein Taxi. Man stieg in den Wagen vor der Haustür oder in der Garage, wann man wollte, das Gepäck wurde hineingelegt und dann hatte man erst nach dem Ende der Fahrt wieder auszupacken. Auf Reisen fuhr man von Hoteltür bis zu Hoteltür, da gab es kein unnötiges an den Nerven zehrendes Warten, keine Sorge um einen Sitzplatz oder um ein Aussichtsfenster, um Erreichung eines Anschlusses.

Natürlich musste man dafür stets in Spannung sein, es gab während der Fahrt keinen Augenblick der Ruhe, kein Schlafen oder Lesen, auch kein Aufstehen, wie man es auf der Eisenbahn zu tun pflegte. Auch wenn Hilda chauffierte, hatte ich wenigstens anfangs kein Ausspannen. Ich achtete vielmehr auch dann auf die Strasse und die möglichen Hindernisse. Später aber, da ich wusste wie gut Hilda fuhr[,] habe ich unbesorgt die Aussicht aus dem Wagen genossen oder die Landkarten gelesen und auch wohl ein wenig ausgespannt, wenn es durch bekannte Gegenden ging."

Das Auto wirkte aber nicht nur unmittelbar auf seine Eigentümer. „Der Wagen hat auch unsere Geselligkeit stark beeinflusst, wir hatten vier Sitzplätze und haben oft und gern jemand mitgenommen. [...] In der Liste unserer Wagengäste zeigt sich auch der Wandel in unserem Verkehr".

Das Ende des eigenen Wagens kam rascher als Bartsch erwartet hatte, und es war wieder mit dem „Neuen Österreichischen Recht" verbunden: „Wir hatten von Anfang an die Absicht, den Wagenbetrieb nur bis zu meiner Versetzung in den Ruhestand aufrecht zu halten, die für Ende Dezember 1[9]39[61] zu erwarten war. Als der Anschluss mit dem Fortfall meiner Bezüge aus Gesetzausgaben eine bedeutende Verminderung meines Einkommens zu bewirken schien, haben wir den Betrieb, um Versicherungsprämien zu sparen[,] im Oktober 1938 stillgelegt. [...] Da stellte uns im März 1939 unser Garagenbesitzer [...] den Antrag, den Wagen ihm zu verkaufen, damit er ihn als Leihwagen verwenden könne. Wir verkauften ihm den Wagen um den Schätzwert von 1.500 RM. Wir waren bis dahin rund 40.000 km gefahren, also den Erdumfang gleich. Wir haben dann den Wagen vom April bis Juni 1939 noch öfter als Leihwagen benützt"; die „Leihgebühren wurden zur Tilgung des Kaufpreises aufgerechnet. Wir sind auf diese Weise weitere 1.600 km gefahren." Erst 1943 erhielt Bartsch die letzte Zahlung, obwohl das Auto seit Kriegsbeginn außer Betrieb war und „später durch einen Bombentreffer in die Garage zugrunde" ging.

Die Autonutzung des Jahres 1938 wirft schließlich noch ein Schlaglicht auf die politische Situation der Familie Bartsch. Robert und Hilda Bartsch sympathisierten mit dem NS-Regime; das zeigte sich deutlich zu Beginn der NS-Herrschaft: „Der 10. April war Abstimmungstag. Wir hatten unseren Wagen zur Verfügung gestellt [...]. Davon wurde ein paarmal vor dem Abstimmungstag und an diesem selbst Gebrauch gemacht und rund 100 km gefahren." Einer der Gründe, warum Bartsch „den Anschluss als Glück" empfand, waren die Reiseerleichterungen: „Auf unseren Autofahrten [...] keine Zollgrenze, keine Passkontrolle mehr, dasselbe Geld, wir waren nicht in der Fremde, sondern im Vaterland [...]". Einen Schatten auf die Anschlussbegeisterung warf allerdings das Scheitern einer „zweiwöchentlichen Wagenreise [...] nach Holland", denn der „Anschluss versperrte den Erwerb von Hollandgulden, wir mussten auf Holland verzichten, erweiterten dafür die Fahrt durch das Reich [...]".[62]

Zu einer ungeplanten „Erweiterung" dieser Reise kam es aber auch noch aus einem anderen Grund. Am Tag vor der Abreise erfuhr Bartsch von seinem Neffen Rolf, dass sein Bruder „Franz in Dachau sei, nachdem

[61] Im Original 1039.

[62] RBE VII, 248.

Rolf in Wien noch Sprecherlaubnis erhalten hatte". Franz Bartsch, Roberts jüngerer Bruder, hatte in der Nationalbank als Hardliner des Schuschnigg-Regimes gegolten und war trotz seines sogleich eingereichten Pensionsgesuchs verhaftet worden.[63] Robert Bartsch nahm seinen Neffen daher nach München mit. „Wir fuhren diesen Tag mit einer einzigen einstündigen Rast in Attnang bis München. Es war mit 450 km die grösste Tagesfahrt, die wir je gemacht haben." Am folgenden Tag um „½ 11 fuhren wir mit Rolf nach Dachau zum Lager, wir warteten bei der Wache bis gegen ½ 1 h in grosser Hitze und blendender Sonne, später in einem kühlen Wartezimmer." Die Tatsache, dass der gleiche Wagen, der im April 1938 für Anschlusspropaganda verwendet worden war, ein Vierteljahr später vor dem KZ Dachau parkte, mutet doch etwas merkwürdig an. Bartsch selbst zeigte sich davon ziemlich unbeeindruckt und setzte das geplante Urlaubsprogramm fort: „Am Nachmittag führte ich Hilda und Rolf im Wagen nach Pipping und zeigte ihnen die schöne alte Dorfkirche mit der gut erhaltenen gotischen Einrichtung. Dann fuhren wir nach Nymphenburg und besichtigten die Schlösser im Park."[64]

9. Versuch einer Zusammenfassung

Auf dem Umweg über die persönliche Mobilität lassen sich viele Facetten einer Biographie erschließen. Während sich die berufliche Vielseitigkeit von Robert Bartsch auf die alltägliche und lebenslängliche Nutzung des Wiener Straßenbahnnetzes und kurze Fußwege stützte, blieb das Fahrrad auf die Freizeit des Junggesellen beschränkt. Für mittlere und weite Distanzen wurde die Eisenbahn vielfältig genutzt, für Urlaub, Beruf und politische Betätigung. Dies galt jedoch nur bis zum Erwerb des eigenen Wagens, der sich von negativen Erfahrungen mit den ökonomischen Schattenseiten der Motorisierung nicht aufhalten ließ. Die Verkehrsmittelnutzung hatte auch eine soziale Komponente: Während man bei Bahnfahrten mit Reisegefährten eher oberflächlich ins Gespräch kam, ermöglichte das Auto durch Eröffnung von Mitfahrgelegenheiten eine Festigung bestehender Kontakte. Es war überdies ein politisches Werkzeug; im konkreten Fall steht es symptomatisch für die weltanschauliche Spaltung der Familie Bartsch. Das mit dem eigenen Wagen veränderte Mobilitätsverhalten macht schließlich auch noch eine Tatsache bewusst, die in Juristenbiographien – abseits der Verfolgten – oft vergessen wird: Politische Veränderungen beeinflussen die rechtswissenschaftliche Arbeit nicht bloß theoretisch-abstrakt, sondern wirken sich auch auf die Einkommenssituation und damit in weiterer Folge auf den höchstpersönlichen Lebensstil aus.

Korrespondenz

Prof. Dr. Gerald Kohl
Institut für Rechts- und Verfassungsgeschichte
Universität Wien
Schottenbastei 10–16
1010 Wien
gerald.kohl@univie.ac.at
ORCID-Nr. 0000-0002-6812-3897

Abkürzungen

AKA	Archiv der Konsularakademie
NL	Nachlass
OeStA	Österreichisches Staatsarchiv
RBE	Erinnerungen Robert Bartsch, OeStA, HHStA, SB, NL Bartsch
RM	Reichsmark
S	Schilling
SB	Sonderbestand

Siehe auch das allgemeine Abkürzungsverzeichnis: [https://www.oeaw.ac.at/fileadmin/kommissionen/rechtsgeschichte/pdf/abk.pdf]

---

63 Vgl. Rathkolb, Venus, Reichsbankanstalten 26.

64 RBE VII, 248f.

Literatur und Quellen

Archivalien

OeStA Wien, HHStA, SB, NL Bartsch (Erinnerungen, zitiert als RBE; Teiledition in Vorbereitung, siehe Literatur).

WStLA, Bezirksgericht Döbling, 1A 372/1955 (Verlassenschaftsakt).

Trauungsbuch Pfarre Wieden 02-26 (1906–1908) fol. 43.

OeStA Wien, AVA, Justiz, JM, Präs., A 126a.221 (Gutachten über die Qualifikation).

OeStA Wien, AVA, Unterricht, UM, allg. Akten, 609.9 (Professorenakt).

OeStA Wien, HHStA, SB, AKA, 96-3, Fasz. Robert Bartsch (Archiv der Konsularakademie 1894–1935, Unterlagen über Lehrpersonal der Akademie).

Literatur

Robert Bartsch (Hg.), Das neue österreichische Recht. Ergänzbare Sammlung der seit Mitte März 1933 erlassenen Rechtsquellen des Bundes mit Erläuterungen (Loseblattsammlung, 35 Lfg., Wien 1934–1938).

Ders. (Hg.), Die österreichischen Gesetze, 3 Loseblatt-Bde. (Wien 1937–1938).

Ders., Österreichisches Bürgerliches Recht. Eine Einführung (Wien 1948).

Ders., Das eheliche Güterrecht in der Summe Raymunds von Wiener Neustadt (= Sitzungsberichte der Kaiserl. Akademie der Wissenschaften in Wien, phil.-hist. Klasse 168/7, Wien 1912).

Ders., Das Kraftfahrzeuggesetz (Automobilhaftpflichtgesetz) (Wien 1913, ²1929, ³1937).

Ders., Die Rechtsstellung der Frau als Gattin und Mutter (Leipzig 1903).

Ders., Die Uneigennützigkeit im Privatrecht, in: Allgemeine österreichische Gerichts-Zeitung 61 (1910) 153–156, 161–164, 170–173, 179–183, 187–191, 194–196.

Ders., Eheliches Güterrecht im Erzherzogtum Österreich im sechzehnten Jahrhundert (Leipzig 1905).

Ders., Erbrecht (Wien 1942, ²1944).

Ders., Grundriß des Ausgleichs- und Konkursrechtes (Wien 1923, Nachtrag 1925; ²1949; posthum ³1981, ⁴1983).

Ders., [Selbstdarstellung], in: Nikolaus Grass (Hg.), Österreichische Rechts- und Staatswissenschaften der Gegenwart in Selbstdarstellungen (Innsbruck 1952) 21–39.

Ders., Johann Georg Grasel und seine Kameraden (= Aus dem Archiv des Grauen Hauses. Eine Sammlung merkwürdiger Wiener Straffälle, Wien–Leipzig–München 1924).

Ders., §§ 137–276, 279–299, 301–308, in: Heinrich Klang, Kommentar zum ABGB (Wien 1933).

Ders., Rudolf Pollak, Konkursordnung, Ausgleichsordnung, Anfechtungsordnung und deren Einführungsverordnung, 2 Bde. (Wien 1916–1917, ²1927, ³1937).

Ders., Wiener Gerichte im Vormärz, in: FS zum 31. Deutschen Juristentag (Wien 1912) 105–147.

Deborah Holmes, Langeweile ist Gift. Das Leben der Eugenie Schwarzwald (St. Pölten–Salzburg–Wien 2012).

Andreas Huber, Linda Erker, Klaus Taschwer, Der Deutsche Klub. Austro-Nazis in der Hofburg (Wien 2020).

Clemens Jabloner, Abschied eines Senatspräsidenten, in: FS Heinz Schäffer (Wien 2006) 295–311.

Gerald Kohl, Die Entdeckung des Kohlreith. Aus der Geschichte des Wienerwaldes und seiner touristischen Erschließung (Neulengbach 2024).

Ders., Grundbuchsrecht aus Familientradition? Heinrich Bartsch und Franz Joseph Schopf. Historiographische Mosaiksteine, in: Österreichische Notariatskammer (Hg.), FS Ludwig Bittner (Wien 2018) 325–341.

Ders., Josef Pauser (Hg.), Erinnerungen von Robert Bartsch (Edition in Vorbereitung).

Ders., Richter in der Habsburgermonarchie, in: Ders., Ilse Reiter-Zatloukal (Hgg.), RichterInnen in Geschichte, Gegenwart und Zukunft. Auswahl, Ausbildung, Fortbildung und Berufslaufbahn (Wien 2014) 63–82 (77–82).

Adolph Lehmann's Allgemeiner Wohnungsanzeiger (Wien [1859–1942]).

Hans Lentze, Nachruf Robert Bartsch, in: Die feierliche Inauguration des Rektors der Wiener Universität für das Studienjahr 1955/56 (Wien 1956) 49–50.

Thomas Olechowski, Kamila Staudigl-Ciechowicz, Deutsches Recht und Österreichische Reichsgeschichte, in: Thomas Olechowski, Tamara Ehs, Kamila Staudigl-Ciechowicz, Die Wiener Rechts- und Staatswissenschaftliche Fakultät 1918–1938 (Göttingen 2014) 303.

Josef PAUSER, Robert Bartsch und die Erforschung der Geschichte des „Räuberhauptmanns Grasel", in: Das Waldviertel. Zeitschrift für Heimat- und Regionalkunde des Waldviertels und der Wachau 64 (2015) 361–379.

Oliver RATHKOLB, Die Rechts- und Staatswissenschaftliche Fakultät der Universität Wien zwischen Antisemitismus, Deutschnationalismus und Nationalsozialismus 1938, davor und danach, in: Gernot HEISS u.a. (Hgg.), Willfährige Wissenschaft. Die Universität Wien 1938 bis 1945 (Wien 1989) 212–213.

DERS., Theodor VENUS, Reichsbankanstalten 1938–1945 am Beispiel der Reichsbankhauptstelle Wien (Wien 2013).

Stephan RIEL, Robert Bartsch über die Entstehung der Insolvenzgesetze 1914, in: Zeitschrift für Insolvenzrecht und Kreditschutz 1 (2015) 12–15.

Rudolf SCHALEK, Senatspräsident Prof. Dr. Robert Bartsch, in: Neues Wiener Tagblatt, 21. 7. 1934, 11.

Kamila STAUDIGL-CIECHOWICZ, Privatrecht, in: Thomas OLECHOWSKI, Tamara EHS, Kamila STAUDIGL-CIECHOWICZ, Die Wiener Rechts- und Staatswissenschaftliche Fakultät 1918–1938 (Göttingen 2014) 365–369.

Zeitungen (chronologisch)

Der Morgen, 9. 8. 1928, „Auto-Morgen".

Der österreichische Volkswirt, 11. 5. 1929, 364.

Wienerwald-Bote, 18. 5. 1929, 6.

Die Stunde, 21. 7. 1934, 3.

Neues Wiener Journal, 21. 7. 1934, 10.

Der Tag, 22. 7. 1934, 6.

Juristische Blätter 63, 28. 7. 1934, 331–332.

Öffentliche Sicherheit 1934/8, 7.

Anzeiger für den Buch- und Musikalienhandel 1934, 22.

Der österreichische Volkswirt, 25. 4. 1936, 19.

Kleine Volks-Zeitung, 1. 8. 1939, 10.

Neues Wiener Tagblatt, 1. 8. 1939, 6.

Kleine Volks-Zeitung, 25. 7. 1944, 3.

Illustrierte Kronen-Zeitung, 25. 7. 1944, 5.

BRGÖ 2025
Beiträge zur Rechtsgeschichte Österreichs

Susanne Lepsius, München

Bartolus von Sassoferrato – (Privat-)Leben und Werk

Bartolo of Sassoferrato – (Private) Life and Publications

For Bartolo of Sassoferrato, as for any other premodern author, it is rather difficult to establish a clear picture of his private life. Centuries of historiography have delved deeply into the scarce remaining archival material, which allows for some conclusions on his biography. Nevertheless, Bartolo as a person remains behind the curtain of his publications. Therefore, this article focuses on important places (Sassoferrato, Todi, Bologna, Pisa and Perugia) which provided the practical background and allowed for political experiences upon which he would draw in many of his juridical writings. Topics such as the property rights of the Franciscan Order, the role and competencies of the medieval emperors and questions of a republican city government obviously were inspired by his personal experiences and prove to be a pivotal line of thought in his various writings.

Keywords: *consilia – Franciscan Order – Imperial diets – Italian city-government – Medieval emperors – political tracts – summary procedure – trademarks*

1. Bartolus-Bilder

1.1. Biographien

Die hohe Autorität, die Bartolus von Sassoferrato als einer der wichtigsten Juristen der sog. Schule der Kommentatoren genoss („nemo iurista nisi bartolista"), zog bereits im Zeitalter des juristischen Humanismus das Interesse von Biographen auf sich. 1520 erschienen die von Thomas Diplovatatius kuratierten Biographien wichtiger Juristen. Seine Juristenbiographien gehen zeitlich also dem berühmten Werk Vasaris zu den Künstlerbiographien[1] voraus, die oft als ein charakteristisches Werk des Renaissance-Humanismus gesehen werden, weil nun das geniale Individuum – also der Künstler hinter dem großen Werk – im Mittelpunkt steht. In Diplovatatius' „Liber de claris iuris consultis" nimmt die Biographie des Bartolus einen zentralen Platz ein.[2] Darüber hinaus annotierte Diplovatatius eine frühe Druckausgabe der „Opera omnia" des Bartolus, in denen er neben Querverweisen innerhalb des umfangreichen Werks des Bartolus auch auf biographische Notizen aufmerksam machte.[3] Im letzten Viertel des 16. Jahrhunderts verfasste Giovanni Battista Lancellotti eine

[1] Vasari, Le vite de'più eccellenti architetti.

[2] Diplovatatius, Liber de claris iuris consultis 283: „Bartolum etiam in iure civili fuisse principem quis negabit? Huius dictis semper inest fere clarissima veritas et re ipsa patet [...] intrepide sua scripta curemus habere, scire et imitari, quia bonus bartolista bonus legista et iurista censendus".

[3] Cortese, Intorno all'edizione di Bartolo 372.

https://doi.org/10.1553/BRGOE2025-2s306 *This article was peer-reviewed*

„Vita Bartoli", in der er bereits Abschriften von Archivalien, etwa Privilegienurkunden oder auch das Testament des Bartolus in Abschrift veröffentlichte.[4]

In seiner ausführlichen Biographie mittelalterlicher Juristen als Vorgänger der modernen Rechtswissenschaft des 19. Jahrhunderts akzentuierte dann Friedrich Carl von Savigny erneut das Werk des Bartolus und bewertete seine Beiträge zur mittelalterlichen Rechtswissenschaft deutlich positiver[5] als es seiner allgemein eher zurückhaltenden Haltung gegenüber der von ihm nicht so hoch geschätzten Epoche der „Postglossatoren" entsprach. Die umfangreichsten wissenschaftlichen Biographien zu Leben und Werk des Bartolus von Sassoferrato legten im 20. Jahrhundert der Niederländer van de Kamp[6] und der Italiener Treggiari[7] vor. Zum 600. Todestag[8] wie zum 700. Geburtstag[9] des Bartolus erschienen Konferenzbände, die einzelne charakteristische Aspekte des Werks des Bartolus in arbeitsteiliger Fokussierung auf einzelne, meist dogmatische Fragen in den Blick nahmen. Eine umfangreiche Werkbiographie legte in jüngerer Zeit Mari vor, in der er Themenfelder und typische Blickwinkel auf seine Zeit anhand der Kommentare des Bartolus rekonstruiert[10] und dabei nicht mit Kritik an Editionen der Traktate und kleinerer Schriften unseres Autors spart. Diese Forschungsbände orientierten sich an den biographischen Eckdaten dieses Juristen obwohl die genauen Lebensdaten alles andere als exakt gesichert[11] sind, wie dies auch für die meisten anderen großen Autoren und Wissenschaftler des Zeitalters des mittelalterlichen ius commune zu vermerken ist. Selbst für seinen mindestens ebenso berühmten Schüler, Baldus de Ubaldis, lässt sich kein derart langanhaltendes und breitgefächertes Interesse der Forschung beobachten.[12]

Nicht zuletzt darf das Lemma „Bartolus von Sassoferrato" weder in den üblichen allgemeinen historischen Lexika zum Mittelalter,[13] noch in speziellen rechtshistorischen Lexika[14] fehlen. Alle diese Beiträge verorten Bartolus zwischen Lokal-, Universitäts- und Dogmengeschichte und bilden damit in ihrer Vielfalt das Spannungsfeld ab, das auch der Tagung und dem Heft dieser Zeitschrift zugrunde liegt: Inwieweit können biographische Erkenntnisse, noch dazu bei der schlechten Überlieferungslage zu einem mittelalterlichen Juristen, dazu dienen, sein Werk besser zu verstehen? Oder: Kann man den Menschen überhaupt von seinem Werk trennen?

4 Lancelottus, Vita Bartoli.

5 Savigny, Römisches Recht im Mittelalter VI, 137–184.

6 Van De Kamp, Bartolus de Saxoferrato.

7 Treggiari, Ossa di Bartolo.

8 Università degli studi di Perugia, Bartolo da Sassoferrato, Studi e documenti.

9 Es erschienen parallel zueinander mehrere Konferenzsammelbände: Centro italiano di studi sul basso medioevo, Bartolo da Sassoferrato nel VII centenario della nascita; Crescenzi, Rossi, Bartolo da Sassoferrato nella cultura; Mecacci, Panzanelli Fratoni, Bartolo da Sassoferrato a Siena.

10 Mari, Libro di Bartolo.

11 So plädiert Kirshner, Un parere di Bartolo 226, 243, dafür, von einem Todeszeitpunkt nach November 1358 auszugehen, weil er in einem consilium des Bartolus für Pisa einen namentlichen genannten Amtsträger identifiziert hat, der im Jahr 1358 noch im aktiven Dienst der Kommune Pisa stand. Erst aufgrund der ausführlichen Überlegungen von Savigny, Römisches Recht im Mittelalter VI, 510f. geht man überwiegend von einem Tod des Bartolus im November 1357 aus. Im gleichen Tagungsband geht Mari, Aspetti della vita cottidiana 680 aufgrund einer einzelnen Angabe in einer römischen Handschrift davon aus, Bartolus sei am 13. 7. 1358 beigesetzt worden. Noch später datierte Diplovatatius ohne weitere Quellenangabe, Bartolus sei am 13. 7. 1359 in Perugia verstorben, Diplovatatius, Liber de claris iuris consultis 286, Z. 21.

12 Zum Vergleich: Zum 600. Todestag von Baldus de Ubaldis, des Schülers von Bartolus, erschien lediglich ein Konferenzsammelband: Frova u.a., VI Centenario della morte di Baldo degli Ubaldi (1400–2000).

13 Kirshner, Bartolo da Sassoferrato; Lepsius, Bartolus von Sassoferrato; Weimar, Bartolus (1980).

14 Vgl. nur: Lepsius, Bartolo da Sassoferrato; Dies., Bartolus de Saxoferrato; Weimar, Bartolus de Saxoferrato (2001).

1.2. Abbildungen

Sind die biographischen Notizen zu Bartolus bereits spärlich gesät und müssen aus den äußeren bekannten Details rekonstruiert werden, so ist die Zuschreibung einer halbwegs getreuen Abbildung zur Physiognomie unseres Juristen noch schwieriger. Denn die heute als Bilder des Bartolus bekannten Zeugnisse können schon aufgrund des großen zeitlichen Abstands ihrer Entstehungszeit zum Lebenszeitraum unseres Juristen keine Porträtähnlichkeit beanspruchen. Sicherlich kein lebensechtes Bild vermittelt das Frontispiz der letzten Auflage der „Opera omnia" des Bartolus, die ihn mit römischer Adlernase im Halbprofil zeigt. Allerdings behauptet die erläuternde Graphik, das wahre Gesicht („vera effigies") unseres Juristen abzubilden.

Möglicherweise realistischer ist ein Fresko in Urbino, das auch für die Tagung zur Tagung „Juristen als Menschen" neben anderen Juristenbildern ausgewählt wurde und das sich auch in manchen Druckausgaben seiner „Opera omnia" im Frontispiz findet.[15] Denn es zeigt Bartolus deutlich rundlicher, fast schon pausbäckig. Das Bild scheint gut zu einer schriftlichen Notiz zu passen, dass Bartolus sein Essen abgewogen habe,[16] was ihn entweder als körperbewusst-asketisch oder vielmehr als eine frühe Art von „weight-watcher" erweisen würde.

Abb. 1: Frontispiz Bartoli a Saxoferrato lucernae iuris, omnia quae extant opera, tom. I: In primam Digesti veteris, Venedig: Juntas 1603

Abb. 2: Justus von Ghent, Gemälde des Bartolus (ca. 1468–1475), Urbino, Palazzo Ducale, Studiolo des Friedrich von Montefeltro[17]

---

[15] Etwa in der Ausgabe Venedig: Baptista de Torti 1520 und Venedig: Lucantonio Giunta 1580, Abbildungen reproduziert im Ausstellungskatalog: Mecacci, Panzanelli Fratoni, Bartolo da Sassoferrato a Siena 232, 205.

[16] Diese Aussage geht auf Ludovicus Pontanus zurück, wurde aber von Savigny ins Reich der Legende verbannt, Savigny, Römisches Recht im Mittelalter VI, 152f. vgl. zum Ganzen: Van De Kamp, Bartolus de Saxoferrato 144; ausgehend von diesem Zitat etwa: Condorelli, Homo parve stature.

[17] Siehe bereits: Van de Kamp, Bartolus de Saxoferrato Abb. IIIb, nach 296. Jetzt zum Vergleich mit einer neuen Zeichnung in Orvieto: Brumana, Bartolo e la musica 211, fig. 5.

Weitere Abbildungen, die sich zu Bartolus finden lassen,[18] scheinen eher den Geschmack bzw. die Vorstellungswelt der jeweiligen Entstehungszeit zu spiegeln, als dass sie ein höheres Maß an Verlässlichkeit in Anspruch nehmen könnten. Allen Bildern gemeinsam ist, dass sie Bartolus entweder als Wissenschaftler inmitten einer Menge von Büchern und selbst einen Text verfassend zeigen, oder ihn der typischen Robe eines Juristen des ius commune-Zeitalters, also als Rechtspraktiker darstellen. Bartolus verband beide juristischen Tätigkeitsprofile in seiner Person,[19] dennoch lassen sich die beiden Tätigkeiten nicht in ein und demselben Bild visuell festhalten. Bilder, die uns Heutigen als Medium womöglich als subjektiverer Einblick in das Privatleben eines Menschen nur allzu vertraut sind, und biographische Details über einen Menschen lassen sich in der Vormoderne auch kaum in Kontrast zum öffentlichen Wirken eines Juristen setzen, weil es mangels Privatheit auch keine Öffentlichkeit im heutigen Sinne gegeben haben dürfte.[20] Nicht zuletzt wird die geschilderte dünne Quellenlage dann vermutlich doch wieder dazu führen, dass man selbst für den berühmtesten Juristen des Zeitalters des mos italicus konstatieren muss: „Biographie wird zur Bibliographie".

1.3. Aktuelles Interesse an Biographien

In merkwürdigem Kontrast zu diesen Befunden einer problematischen Quellenüberlieferung von Einzelheiten aus dem Privatleben steht das unverminderte Interesse an Juristenbiographien, das neben Anthologien internationalen Zuschnitts auch Speziallexika zu deutschen und europäischen Juristen hervorgebracht hat.[21] Die jüngeren Lexika entfernen sich vom exemplarischen Charakter ihrer Auswahl und verfolgen einen enzyklopädischen Ansatz: Nicht mehr einige Juristenbiographien werden aufgenommen, sondern möglichst alle (wichtigen) Juristen, dies jedoch beschränkt auf einen nationalen Kontext.[22] Hier zu nennen sind beispielsweise das „Dictionnaire des juristes français"[23] sowie das „Dizionario biografico degli giuristi italiani".[24]

Biographische Untersuchungen können sich kaum der Tendenz entziehen, innerhalb der Einzelbiographie wie auch in einer Zusammenstellung von Biografien, ihren Gegenstand im Sinne einer Heldengeschichte zu erzählen. Teilweise dienen neue biographische Sammelwerke dazu, bislang weitgehend unbekannte Persönlichkeiten zu erinnern und neue Genealogien zu begründen, wie es explizit bei den unterschiedlichen Frauenlexika der Fall ist, die das Bild eines „Männer machen Geschichte" relativieren helfen sollen. Ob Frauen als Ju-

18 Weitere Abbildungen in: Van de Kamp, Bartolus de Saxoferrato, Anhang nach 296. Teilweise die bekannten Abbildungen wiederholend, teilweise um neue ergänzt, die aber keine größere Lebensnähe versprechen, sondern Ausdruck einer Bartolus-Verehrung sind, jetzt bei: Mancini, Habebat oculos veluti fixos, Appendix nach 724.

19 Ausgiebig zu Bartolus als Rechtspraktiker, vor allem in Perugia: Segoloni, Bartolo e la civitas Perusina 639–671 (Verfassungsverhältnisse in Perugia im 14. Jh.); Segoloni, Practica, practicus, practicare.

20 Habermas, Strukturwandel der Öffentlichkeit 19.

21 Stolleis, Juristen. Dieses Werk ist bewusst knapp gefasst und versammelt Juristen aus der ganzen Welt, hat also den Zuschnitt einer Anthologie. Kleinheyer, Schröder, Deutsche und europäische Juristen, erschien in erster Auflage 1976 und konzentrierte sich zunächst auf deutsche Juristen aus fünf Jahrhundert. Seit der 4. Aufl. 1996 kam es zur Erweiterung auf europäische Juristen aus neun Jahrhunderten.

22 Wichtige Ausgangsüberlegungen zu den Auswahlproblemen und den Zielsetzungen einer biographischen Fragestellung im Vorfeld des bislang umfangreichsten nationalen Projekts, nämlich dem „Dizionario biografico degli giuristi italiani" in zwei Bänden, aus der Feder des Gesamtherausgebers: Birocchi, Repertori biografici recenti e storia del diritto 653–655: „lo strumento biografico, in sostanza, dovrebbe aiutare a comprendere il rapporto tra dottrine, giuristi, ordinamento e società civile […]".

23 Arabeyre u.a., Dictionnaire historique des juristes français.

24 Birocchi u.a., Dizionario biografico dei giuristi italiani (XII–XX secolo).

ristinnen[25] oder ihre männlichen Kollegen im Mittelpunkt stehen: Der biographische Zugriff soll dazu dienen, überhaupt einen Zugang zur Rechtsgeschichte zu erhalten oder auch durch menschlich-sympathischere Züge einen gemeinhin als „staubtrocken“ geltenden Juristentypus einer breiteren Öffentlichkeit zu vermitteln. Eine Gemengelage dieser Erkenntnis- und Darstellungsinteressen bildete wohl auch den Anlass für diese Tagung.

Was jedoch als privat eingestuft wird und von einem öffentlichen, also professionellen Wirken von Juristinnen und Juristen abzugrenzen ist, fällt nicht leicht und muss auch epochenabhängig unterschiedlich beantwortet werden. Dies zeigt nicht zuletzt das mehrbändige Großunternehmen der „Great Christian Jurists“. Ohne diese Distinktion klar anzusprechen, möchten die Gesamt- und Bandherausgeber die Rolle der Religion für das Wirken ihrer Protagonisten erforschen. Auch zu Bartolus von Sassoferrato gibt es einen Beitrag.[26] Dabei scheinen die Herausgeber von der Prämisse auszugehen, dass in einer zunehmend säkularen Umwelt das Christentum aus dem öffentlichen Diskurs zu verschwinden droht, bzw. dass Religion Privatsache ist und eigentlich keinen Einfluss auf die neutrale Tätigkeit und strikte Gesetzesbindung von Juristen haben sollte, weshalb die religiösen, spezifisch christlichen Prägungen ans Licht gebracht werden sollen. Gerade für ältere Epochen ist diese Annahme für eine christliche Mehrheitsgesellschaft, für die öffentliche Religionsausübung selbstverständlich, wenn nicht sogar zwingend für die Berufsausübung war, unzutreffend. Die Religion eines Menschen war bis ins 19. Jahrhundert hinein gerade nicht Privatsache.

Im Lichte dieser vielschichtigen Problemstellungen möchte ich die Frage nach den privaten, menschlichen Zügen meines Juristen auf eine handhabbare und mir sinnvoll erscheinende Fragestellung zuschneiden: Welche die Biographie durchziehenden Charakteristika und welche einschneidenden biographischen Erfahrungen könnten für Bartolus der Anlass gewesen sein, sich bestimmten juristischen Themen praktisch wie wissenschaftlich intensiv zuzuwenden?

2. Bartolus von Sassoferrato (um 1314–nach 1357)

Zu Bartolus von Sassoferrato, zu seinem Leben und Werk ist bereits sehr viel geschrieben worden. Er darf weder in Lexika aller Art fehlen,[27] noch in den einschlägigen Handbüchern[28] der Rechtsgeschichte. Wie stets für einen mittelalterlichen Juristen fehlt es an den typischen Quellen, aus denen sich ein reicheres Bild der Biographie entwerfen ließe. Weder Briefe, noch Tagebücher oder gar eine Autobiographie sind von Bartolus erhalten. Alltagsschriftstücke, wie seine Promotionsurkunde die Bürgerrechtsverleihung und sein Testament – die für die Rekonstruktion seiner privaten Verhältnisse wichtig sind, jedoch nur in Abschriften überliefert sind – werden in der Forschung seit langem diskutiert, so dass sich an dieser Stelle das bekannte Bild nur unmaßgeblich fortentwickeln lassen wird. Es können daher im Folgenden nur einige biographische Daten aus dem Leben des Bartolus genannt werden, die helfen können, Schwerpunkte in seinem Werk zu erklären.

2.1. Familie

Bartolus stammt aus einer Bauernfamilie aus Venatura, in Umbrien. Sein Vater hieß Eccusde Bonaccursiis. Er ermöglichte seinem Sohn, zunächst nach Sassoferrato für eine Grundausbildung bei den Franziskanern zu gehen und dann mehrere Jahre lang an der Universität Bologna Rechtswissenschaft

---

25 Aufgrund der sehr späten Berufung von Frauen auf juristische Lehrstühle konzentriert sich das wichtige Werk Röwekamp, Juristinnen, auf Professionsjuristinnen, die sich bereits früher als die Wissenschaftlerinnen ihren Weg als Anwältinnen und Richterinnen erst erkämpfen konnten, liefert also eine Geschichte der „Ersten ihres Standes“.

26 Condorelli, Bartolo da Sassoferrato.

27 Vgl. oben Fn. 21–24.

28 Neben den bereits zitierten Werken sei – ohne Anspruch auf Vollständigkeit – bei den Handbüchern jedenfalls auf den einschlägigen Abschnitt bei Lange, Kriechbaum, Römisches Recht im Mittelalter II, 682–733, sowie in Cortese, Il diritto nella storia medievale II, 425–436; Ders., Le grandi linee 385–389 hingewiesen.

zu studieren. Wie beides finanziert werden konnte, ist unbekannt.[29] Verheiratet war Bartolus mit Jacoba genannt Pellucia Bovarelli, mit der er vier Töchter und zwei Söhne hatte, die er in seinem Testament vom 14. Mai 1356 bedachte. Diese Kinder erreichten also bemerkenswerterweise trotz Pestzeiten[30] das Erwachsenenalter. Zwei der Töchter werden im Testament als verheiratet bezeichnet. Sie waren mit Juristen verheiratet.[31] Nicht endgültig aufklären lassen dürfte sich, warum Bartolus einer seiner Töchter eine wesentlich üppigere Geldzahlung zusätzlich zu ihrer Mitgift (dos) aussetzte als der anderen.[32] Mit größerer Zuneigung wird sich der Unterschied kaum erklären lassen, schon eher mit den Sitten der Zeit, überhaupt so große Mitgiften auszusetzen, um die Tochter nach einer möglichen Verwitwung finanziell abzusichern. Ob Bartolus jedoch die Tochter, die in eine vermögende Familie einheiratete, bereits standesgemäß mit einer üppigen Mitgift ausgestattet hatte und ihr daher nur noch einen kleineren Geldbetrag zuwenden wollte, oder umgekehrt derjenigen Tochter, die einen weniger begüterten Mann geheiratet hatte, eine lukrativere Zahlung aussetzte, damit sie besser versorgt war, wurde bislang in der Forschung nicht thematisiert. Dies könnte, wenn überhaupt, durch eine genaue Analyse der Sozialverhältnisse der Familien in Perugia im 14. Jahrhundert geklärt werden.

Sicher ist jedoch, dass Bartolus – im Kontrast zu seinem Schüler Baldus – durch Bildung sozial aufstieg und es bei seinem Tod – wohl nicht zuletzt aufgrund seiner Gutachtentätigkeit[33] – aufgrund eigener Leistung zu einem ansehnlichen Vermögen gebracht hatte, über das er testamentarisch verfügen wollte.

2.2. Intellektuelle Biographie

2.2.1. Lebensstationen

Bereits auf dem Frontispiz des 17. Jahrhunderts (oben, Abbildung 1) sind die vier wichtigsten Orte, in denen Bartolus längere Zeit hindurch lebte, im Hintergrund dargestellt. Allein Todi, Spoleto und die Marken, in denen er als praktischer Jurist tätig war, fehlen.

(1) Zunächst wuchs Bartolus in den Marken auf, nämlich in Sassoferrato, dem nächstgrößeren Ort von Ventura aus gesehen. Dort gab es zwar keine Universität, jedoch einen Franziskanerkonvent, in dem Bartolus das für einen Universitätsbesuch unver-

29 Die wirtschaftlichen Verhältnisse in seiner Herkunftsfamilie dürften eher bescheiden gewesen sein, anders als bei seinem Schüler Baldus de Ubaldis, der Sohn eines wohlsituierten Mediziners in Perugia war, vgl. mit Akzentuierung der unterschiedlichen biographischen Prägungen der beiden Juristen: Lepsius, Bartolus und Baldus.

30 Die seit 1348/49 in Europa grassierende Pest scheint von Bartolus nicht als besonders einschneidendes Ereignis empfunden worden zu sein. Sie kommt nur an untergeordneter Stelle, im Zusammenhang mit Fristhemmungen für laufende Prozesse in seinem Werk vor, so im Kommentar zu D 41.2.12.1, vgl. Lepsius, Bartolus' Auseinandersetzung mit dem Digestum novum 620, Fn. 55; Lepsius, Bartolus von Sassoferrato und das europäische ius commune 319f. Auch vermerkte er in seinem Kommentar zu D 47.22.4, aufgrund der Pest sei auch an der Universität Perugia die Lehre vollständig zum Erliegen gekommen, vgl. den Hinweis bei Mari, Libro di Bartolo 592.

31 Von diesen spielte Nicolaus Alessandri eine besondere Rolle, weil er mehrere Werke des Bartolus, die dieser unvollendet hinterlassen hatte, fertigstellte und verbreiten half. Welche Zusätze dabei im Einzelnen von ihm stammten, beschäftigt nach wie vor die Forschung. Zu ihm: Calasso, [Caprioli], Bartolo da Sassoferrato 270.

32 Treggiari, Ossa di Bartolo 125–143. Santa war verheiratet mit dem doctor legum Giovanni di Nuccio di Pietro da Sassoferrato. Sie erhielt testamentarisch noch 500 Floren zusätzlich zu ihrer dos von 150 Floren. Die mit dem Juristen Nicolao Alessandri Tancredi da Perugia verheiratete Tochter Paula erhielt dagegen lediglich 200 Floren zusätzlich zu ihrer Mitgift vermacht – sie hatte bereits eine dos von 750 Goldfloren erhalten. Für die noch unverheiratete Tochter Paula bestimmte Bartolus, sie solle bei ihrer Verheiratung 700 Floren als dos erhalten.

33 Neben den in den „Opera omnia", Bd. 7, gedruckten consilia des Bartolus sind auch zahlreiche ungedruckte Gutachten in verschiedenen Sammelhandschriften überliefert, so dass insgesamt von rund 630 bekannten Gutachten des Bartolus auszugehen ist, vgl. Lepsius, Bartolus de Sassoferrato (CALMA) 106-151 und die seitdem von mir in einer Datenbank weiteren identifizierten Gutachten. Trotz dieser umfangreichen Gutachtentätigkeit blieb Bartolus damit deutlich hinter den rund 2.000 Gutachten zurück, die sein Schüler Baldus degli Ubaldis (1327–1400) im Lauf seines, allerdings deutlich längeren, Lebens verfasst hat.

zichtbare Latein lernte, ebenso wie die Grundkenntnisse in der aristotelischen Logik und Grammatik. Zeit seines Lebens erinnerte er dankbar die Begegnung mit zweien seiner Lehrer aus Sassoferrato, den Minderbrüdern fra Pietro da Assisi[34] und fra Angelo da Perugia. Ob Bartolus im Franziskanerkonvent auch lebte, oder allmorgendlich von Venatura aus nach Sassoferrato zur Schule lief, ist nicht bekannt.

(2) In Perugia lernte er bei Cinus de Pistoia die Anfangsgründe der Rechtswissenschaft und erwarb dort den Grad eines baccalarius in iure. Anschließend zog er, vermutlich mit Cinus, weiter an die Universität Bologna, wo er mit nur 21 Jahren zum doctor legum promoviert wurde.[35] Mit den Werken des Cinus setzte er sich in seinen späteren Texten intensiv auseinander. Obwohl Bartolus durchaus über kanonistische Kenntnisse verfügte,[36] verzichtete er auf einen kanonistischen Grad. Offenbar strebte er nicht an, in den Dienst der Amtskirche zu treten, sondern hatte eher eine juristische Karriere in einer der italienischen Stadtrepubliken vor Augen. Da eine Abschrift seiner Doktorurkunde erhalten ist, ist seine Prüfungskommission bekannt. Formal examiniert wurde er von Jacobus Butrigarius und Rainerius de Forlivio.

(3) Nach dem Doktorgrad war Bartolus für nicht ganz genau bestimmbare Zeiträume in verschiedenen Städten als praktischer Jurist tätig. In Todi war er Assessor des Podestà, in Spoleto und Ancona findet man ihn als einen der Juristen im Gefolge des Rektors,[37] also dem offiziellen Vertreter der in Avignon residierenden Päpste, der für diese landesherrliche Befugnisse im entstehenden Kirchenstaat ausübte. Mindestens zwei Episoden, die er in dieser Zeit als praktischer Jurist erlebte, fanden Niederschlag im Werk des Bartolus. In einer von der Forschung mehrfach diskutierten Stelle, seinem Kommentar zu D 48.18.7, erwähnte er, er habe als Richter in einem Strafverfahren einen jungen Mann zu heftig foltern lassen, so dass dieser unter Folter gestorben sei. Eine aufgebrachte Menschenmenge habe daraufhin den Gerichtssaal gestürmt, so dass sich Bartolus gezwungen sah, sich durch einen Sprung aus dem Fenster zu retten, wobei er sich eine Kopfverletzung zugezogen habe. Bartolus nutzt die Episode, um vor voreilig angeordneter Folter und deren nicht vorhersehbaren Folgen zu warnen.[38] Von manchen Stimmen als bloße Legende abgetan,[39] ging die italienische Forschung davon aus, es habe sich um eine wahre Begebenheit gehandelt. Ob sie sich allerdings wirklich in Bologna abgespielt hatte, wo Bartolus iudex maleficiorum gewesen sein soll und aufgrund dieses Foltervorkommnisses aus Bologna verbannt worden sei, erscheint fraglich.[40] Mir selbst scheint sehr plausibel, diese Begebenheit in Todi zu verorten, wo Bartolus gleich nach seinem Doktorat, mit Anfang 20 Jahren, ca. 1336 tätig war. Denn in Todi befindet sich der Hauptsaal im Podestà-Palast substantiell höher als das Straßenniveau, so dass man

34 Fortini, Pietro da Assisi.

35 Treggiari, Ossa di Bartolo 93–99. Die Examensfeier fand im September 1334 in Bologna statt.

36 Condorelli, Bartolo da Sassoferrato 167–169; Ders., Bartolo e il diritto canonico.

37 Calasso, [Caprioli], Bartolo da Sassoferrato 643.

38 Bartolus zu D 48.18.7: „Hoc accidit mihi quia dum viderem iuvenem robustum torsi illum et fere statim mortuus est."

39 Savigny, Geschichte des römischen Rechts VI 145 meint wohl diesen Sachverhalt, wenn er von einer angeblichen 4 jährigen Verbannung des Bartolus wegen eines "ungerechten" Todesurteils ausgeht. Ohne Wertung schildert Treggiare, Ossa di Bartolo 17, dass im 19. Jh. aufgrund der Autopsie des Schädels von Bartolus im geöffneten Sarkophag eine Kopfverletzung klar erkennbar war, also die Folterepisode belegt sei. Gar nicht erwähnen die Folterepisode Lange/Kriechbaum, Römisches Recht im Mittelalter II 686. Pennington, Rezension, in: Speculum 80 (2005) 265 interpretiert die Worte von Bartolus in seinem Kommentar dahingehend, er sei somit aufgrund eigener Erfahrung völlig gegen eine Folter als prozessuales Instrument zur Geständniserzwingung gewesen.

40 Calasso, [Caprioli], Bartolo da Sassoferrato 641, der auf Diplovatatius verweist. In seiner jüngsten Studie geht Mari, Libro di Bartolo 238 nur ganz knapp auf diese Begebenheit ein, ohne sich mit der einschlägigen neueren Literatur auseinander zu setzen.

dort bei einem Sprung aus dem Fenster sowohl auf der Vorder- wie auf der Rückseite gehörig tief fällt. Außerdem findet sich in den Stadtstatuten von Todi ein längerer handgeschriebener, auf 1337 zu datierender Zusatz, in dem für Strafverfahren genaue Bestimmungen getroffen wurden, wie schwerwiegend Indizien sein mussten, bevor die Folterung eines Angeklagten zulässig sein sollte.[41]

Eine andere Begebenheit spielte sich in Nocera ab. Vom dortigen Bischof war Bartolus um ein Gutachten gebeten worden, ob man die Einwohner von Nocera kollektiv in Haftung zur Zahlung einer Geldstrafe nehmen konnte. Diese war über die Stadt verhängt worden, weil sie entgegen der statutenmäßigen Vorgaben einen Totschlag, der sich auf dem Gebiet von Nocera zugetragen hatte, nicht ordnungsgemäß bei den Obrigkeiten angezeigt, und damit die Strafverfolgung erschwert bzw. unterbunden hatte. Bartolus entwickelte zur Lösung des Problems verschiedene Fallgruppen, wendete also die scholastische Distinktionstechnik an,[42] um unterschiedliche Szenarien zu entfalten. Er unterschied zwischen den Einwohnern insgesamt, die für die Strafverfolgung nur dann zuständig seien, wenn die Glocken geschlagen und damit alle zur Tatverfolgung aufgerufen waren, und den zuständigen Repräsentanten der Gemeinde, die primär für die Aufklärung von Todesfällen zuständig und bei einem Unterlassen vorrangig in Haftung zu nehmen waren.[43] In seinen späteren Kommentierungen ging er dann mehrfach auf die Fragen der Kollektivhaftung wegen Unterlassens ein.[44]

Bei diesem Fall ebenso wie bei weiteren Gutachten des Bartolus, in denen es einen örtlichen Bezug zu Spoleto oder Todi gibt, muss allerdings offen bleiben, ob er diese bereits in seinen jungen Jahren als praktisch tätiger Jurist verfasste oder erst später, als Professor in Perugia, um die Erstattung eines Gutachtens gebeten worden war. Denn die Gutachten sind alle undatiert.

(4) Ab Herbst 1339 wechselte Bartolus dann ganz zu einer Universitätslaufbahn über. Er war zunächst in Pisa als Assessor des Podestà tätig, bevor er an die dortige Universität berufen wurde. Die Hafenstadt Pisa musste für ihn – aus den gebirgigen Marken bzw. den umbrischen Bergen kommend – eine unbekannte Stadt in ungewohnter Landschaft sein. An der Universität traf er als Professor wieder auf seinen früheren Lehrer aus Bologna, Rainerius de Forlivio. Während dieser als arrivierter Kollege die Vorlesungen zum Codex und Digestum Vetus übernahm, kamen Bartolus als jungem Kollegen die Vorlesungen zum Digestum novum, dann auch zum Infortiatum zu, die extraordinarie gelesen wurden.[45] Im Digestum novum finden sich bekanntlich die am stärksten öffentlich-rechtlich, sowie strafrechtlich geprägten Materien des Corpus iuris civilis, die Bartolus besonders intensiv beschäftigten, sowohl in seinem umfangreichen Kommentar wie auch in einigen späten politischen Traktaten. Auf seine Pisaner Zeit lassen sich auch einige Repetitionen datieren, die überwiegend Teile des Digestum novum behandelten.[46]

---

41 Dazu mit genaueren Nachweisen: Lepsius, Bartolus' Auseinandersetzung mit dem Digestum novum 622–628. Es dürfte sich um eine legislatorische Reaktion auf ein konkretes Vorkommnis handeln.

42 Generell zur scholastischen Methode und Distinktionstechnik bei Bartolus: Bellomo, Bartolo da Sassoferrato 189f.

43 Zum Gutachten selbst und einer Edition: Lepsius, Public Responsibility.

44 Mari, Libro di Bartolo 89–100. Die meisten von Mari zusammengetragenen Stellen sind erneut aus den Kommentaren zum Digestum novum entnommen, wobei Mari jedoch nicht auf die wohl früheste Auseinandersetzung des Bartolus mit dem Problem, nämlich seinem Gutachten für die Stadt Nocera eingeht.

45 Belloni, Bartolo studente e maestro 563–566; Lange, Kriechbaum, Römisches Recht im Mittelalter II, 91f. (Universität Pisa), 737–739 (Vorlesungen des Rainerius de Forli), 686f. (Vorlesungen des Bartolus von Sassoferrato).

46 D 41.3.15 (im Alter von nur 26 Jahren); D 31.66.1. (a. 1341); D 45.1.4.1 (a. 1342) vgl. Calasso, [Caprioli], Bartolo da Sassoferrato 648; Lepsius, Bartolus de Sassoferrato (CALMA), s.v. „repetitiones".

(5) Offenbar zog es Bartolus jedoch wieder in vertrautere heimatlich Gefilde zurück. Denn vermutlich im Herbst 1342 nahm er seine Lehrtätigkeit an der Universität Perugia, in Umbrien, auf. Er lehrte dort bis zu seinem Tod (wohl nach 1357) und verfertigte dort seine großen lecturae zu allen Büchern des Corpus iuris civilis, die ihn aufgrund ihrer Praxisnähe und seinen ausgeklügelten Distinktionen berühmt machen sollten. Angesichts seines frühen Todes mit unter 50 Jahren entfaltete er in diesen Jahren eine ungeheure Produktivität. Neben seiner Vorlesungstätigkeit, auf der die großen Kommentare beruhen, stammen die meisten Repetitionen und Traktate aus seiner Perusiner Zeit. Welche Gutachten aus seiner Pisaner und welche aus seiner Perusiner Zeit stammen, wird sich nicht mit letzter Sicherheit bestimmen lassen. Soweit manche Gutachten einen Ortsbezug in der Toskana aufweisen, spricht manches dafür, dass er diese während seiner Zeit in Pisa verfasste. Allerdings könnte man ihn auch von der Toskana aus brieflich in Perugia um seinen Rat gefragt haben. Ob es sich bei der Erstattung von Gutachten um eine private Angelegenheit handelt oder diese durch das Amt veranlasst war, ist für das Spätmittelalter eine ebenso heikle Frage wie heute. Jedenfalls wird man den Gutachten des Bartolus keine für seine Biographie stärker relevanten Informationen abgewinnen können als seinen sonstigen Texten.

Abb. 3: „Italien im 10. und 11. Jahrhundert", in: F. W. Putzger, Historischer Schulatlas, Bielefeld 1942, 56. Farbige Markierungen S.L.: grün: Orte entlang des Tiber, an denen Bartolus während seiner Wanderung vorbeikam; rot: Orte, an denen Bartolus tätig war

Die Stadt Perugia verlieh jedenfalls Bartolus, gemeinsam mit seinem Bruder, im Jahr 1348 das Bürgerrecht, was Bartolus ehrte und ihn mit großem Stolz erfüllte, so dass er mehrfach in seinen Kommentaren darauf Bezug nahm. Die Kommune Perugia wollte wohl durch die Verleihung verhindern, dass Bartolus sich womöglich noch einmal anders wohin berufen ließ.[47] Seine eigene Einbürgerung dürfte Bartolus auch bewogen haben, in seinem ausgiebigen Kommentar zum Digestum novum (D 50.1.1) über eingeborene Bürger (cives originarii) und durch Rechtsakt eingebürgerte Bürger (z.B. cives ex privilegio) zu reflektieren.[48] Er vertrat dabei die bemerkenswert moderne Ansicht, dass auch das Bürgerrecht qua Geburt keinesfalls natürlich und damit höherrangig gegenüber den anderen Arten des Erwerbs sei, weil das Bürgerrecht als solches über eine Konstruktion, nämlich die Gründung eines Gemeinwesens, erst geschaffen werde. Daher seien beide Arten des Erwerbs des Bürgerrechts – durch Geburt oder durch einen Einbürgerungsakt – gleichwertig. Auch seine Überlegungen, ob man – aus einem kleinen Dorf stammend – das Bürgerrecht in der nächstgrößeren Kommune erhalte,[49] könnten von seiner eigenen Herkunft aus dem Dorf Venatura bei Sassoferrato zumindest mitgeprägt gewesen sein.

---

47 Treggiari, Ossa di Bartolo 148–150.

48 Zur Lehre des Bartolus im Einzelnen: Lepsius, Origo des Menschen 131f. Nun auch Mari, Libro di Bartolo 69–88, 173 ausschließlich anhand der Kommentare des Bartolus.

49 Bartolus de Sassoferrato, Commentaria super Codicem; Bartolus de Sassoferrato, Commentaria in corpore iuris civilis VI, ff. ad municipales, l. Origo, fol. 248b n. 13.

In Perugia wurde Bartolus auch mehrfach als Ratsmitglied gewählt und wirkte dort an verschiedenen Entscheidungen und Beschlüssen mit. Seine politische Tätigkeit in Perugia ist bislang noch wenig erforscht. Durch Archivstudien in Perugia dürften sich hier noch mehr Details, etwa Protokolle von Ratsbeschlüssen (riformagioni) an denen Bartolus beteiligt war, auffinden lassen. Im gebirgigen Perugia war der Anfang des 14. Jahrhunderts errichtete zentrale städtische Brunnen, der die Wasserversorgung aus den umbrischen Bergen sicherstellte, Ausdruck des Bürgerstolzes.[50] Mit Fragen von Wasserversorgung und -zuleitung war Bartolus daher bereits aus der Stadtpolitik vertraut, bevor er dann anhand seines Tiberspaziergangs sich für Flüsse und damit einhergehende Rechtsfragen interessierte.

2.2.2. Leitthemen

Neben den wichtigsten Orten sollen auch einige Themen, die das Werk des Bartolus durchziehen, vorgestellt werden, bei denen besonders deutlich ein Bezug zur Biographie des Bartolus von ihm selbst angesprochen wurde.

(1) Franziskaner

Im Franziskanerkonvent von Sassoferrato hatte Bartolus eine akademische Grundausbildung erhalten. Explizit nennt er seinen Lehrer Pietro de Assisi, bei dem er lateinische Grammatik lernte und Guido da Perugia, der ihm die Grundlagen der Geometrie vermittelte. Seine Geometriekenntnisse verwendete Bartolus dann in seinem Traktat zu Anschwemmungen und dem darauffolgenden Inseltraktat, um mit Hilfe von Zirkelschlägen die Eigentumsverhältnisse der Anrainer eines Flusses zu bestimmen, in dessen Mitte plötzlich eine Insel aufgetaucht war. Im Vorwort zu seinem aus drei Teilen bestehenden „Tractatus Tiberiadis" thematisierte Bartolus, wie ungebräuchlich es für Juristen sei, solche geometrischen Figuren einzufügen, weshalb er sich dies erst zugetraut habe, nachdem ihm im Traum ein junger Mann erschienen war, der ihm zuredete, diese Technik zu verwenden.[51] In der Tat verzichten die meisten späteren Handschriften dieser Texte auf ein genaues Abzeichnen der Figuren. Nur in wenigen, meist wohl nahe am Original stehenden Handschriften sind diese Zeichnungen, teilweise auch mit farbigen Markierungen, exakt wiedergegeben worden.[52]

Einen sehr umfangreichen Traktat verfasste Bartolus zum Eigentum der Franziskaner und insbesondere zur Frage, wie man rechtsgültig einem Franziskanerkonvent testamentarisch eine Zuwendung machen könne. Bartolus greift mit seinem um 1354 entstandenen Text das seit dem frühen 14. Jahrhundert höchst kontrovers diskutierte Problem auf, ob die Franziskaner als Gemeinschaft wie als Einzelne aufgrund ihres radikalen Armutsgelübdes eigentums- und rechtsfähig sein könnten. Die Franziskaner hatten für sich als Orden Eigentum wie Besitz abgelehnt und sogar den ususfructus an Grundstücken ihrer Konvente zurückgewiesen. Allein den bloßen Gebrauch (usus) wollten sie in Anspruch nehmen. Eigentum und Besitz an Grundstücken, Gebäuden und Ausstattung sollten ihrer Auffassung nach der Kirche, vertreten durch den Papst, zustehen. Auf die heftigen politischen Auseinandersetzungen der Franziskanerobservanten gegen Papst Johannes XXII. im sog. theoretischen Armutsstreit ging Bartolus nur teilweise ein. In seinem „Tractatus de fratribus minoribus" argumentierte er dagegen auf der Kompromissformel der Konventualen.[53]

Nachdem er die juristischen Fragen zur Vermögensfähigkeit der Franziskanerkonvente geklärt hatte, legte Bartolus in seinem Testament von 1356 fest, er wolle entweder im Franziskanerkonvent in seinem Stadtteil S. Susan-

---

50 Walther, Wasser in Stadt und Contado.

51 Cavallar, River of Law 84, Z. 18–25.

52 Zeichnungen enthalten etwa die Handschriften München, BSB Clm 5462, fol. 25ra–40vb, München, BSB Clm 26669, fol. 127–141v; Città del Vaticano, Città del Vaticano, lat. 2660, fol. 171r–180v; Città del Vaticano BAV Chigi E.VII.212, fol. 79ra–99r. Vgl. nun Cavallar, River of Law 119–129 (farbige Reproduktion der Originalzeichnungen anhand der Leithandschrift seiner Edition, Città del Vaticano, BAV Barb. lat. 1398, fol. 162v seq.).

53 Zum Ganzen, einschließlich den wichtigsten Etappen des sog. theoretischen Armutsstreits zwischen Papst Johannes XXII. und den Franziskanerspiritualen siehe Bartocci, Ereditare in povertà 108–112; Bartocci, Minorum fratrum sacra religio 368–371.

ne in Perugia oder im Franziskanerkonvent in Sassoferrato beigesetzt werden. Der sog. fabrica beider Konvente wendete er ein Legat von 25 Pfund zur Gebäudeunterhaltung zu.[54] Im Vergleich zu den Summen in Gold, die er seinen Töchtern und seiner Nichte zusprach, nehmen sich diese Beträge in Pfund Silber jedoch geradezu franziskanisch bescheiden aus. Aus seiner testamentarischen Verfügung lässt sich auch entnehmen, dass er wohl regelmäßig zwischen Perugia und Sassoferrato hin und her reiste, womöglich auch in beiden Städten ein Haus besaß.

(2) Recht und Politik in den italienischen Stadtkommunen

Bartolus war nicht nur ein stolzer Neubürger von Perugia, sondern verglich dessen verfassungsrechtliche Situation auch mit anderen Kommunen in der Toskana und seinem Umland. In den drei politischen Traktaten, die er um 1355 verfasste,[55] erörterte er zunächst, welche Regierungsform die beste sei. Er griff dabei auf die aristotelischen Kategorien der Monarchie, Aristokratie sowie der Volksherrschaft (regimen ad populum) zurück, obwohl diese den Juristen nicht geläufig seien.[56] Mit dem Rückgriff auf außerjuristisches Wissen, sei es die „Politica" des Aristoteles oder die Geometrie zur Verteilung von neu entstandenen Inseln, mutete Bartolus seinen Lesern einiges zu. Er schien aber auch ein Interesse zu haben, interdisziplinär zu arbeiten, also klassisches Wissen der Artistenfakultät für seine Fragestellungen fruchtbar zu machen. Ob Bartolus sich den „neuen" Aristoteles, um dessen Übersetzung ins Lateinische sich durchweg Franziskaner wie Wilhelm von Moerbeke verdient gemacht hatten, ebenfalls schon in seinen frühen Jahren im Franziskanerkonvent erschlossen hatte oder sich diesen Text durch Eigenlektüre in reiferem Alter erschloss,[57] lässt sich nicht mit Sicherheit sagen.

Allerdings interessierte sich Bartolus nicht für den in der Antike in diesem Kontext durchweg diskutierten sog. Kreislauf der Verfassungen und kaum für die Entartungsformen der drei Grundtypen, sondern entwickelte ein ganz eigenes Modell der jeweils angemessenen Herrschaftsform je nach Größe eines Gemeinwesens. Für große Gemeinwesen wie das Imperium sei am besten die Monarchie geeignet, für echte Großstädte – hier nennt Bartolus Venedig und Florenz – sei dies die Aristokratie. Lediglich für kleinere Kommunen wie seine Heimatstadt Perugia, deren Größe er als „optimal" bezeichnet, sei dies die Volksherrschaft.[58]

Allerdings erörterte er sodann die häufigen Parteikämpfe zwischen Guelfen und Ghibellinen in den Kommunen Mittel- und Norditaliens, die sich bisweilen unversöhnlich gegenüber stünden. Die Parteinamen stünden dabei nicht durchweg für das gleiche inhaltliche Programm als papst- bzw. kaisertreu, sondern unterschieden sich ebenfalls von Gemeinwesen zu Gemeinwesen. Bartolus lobt dabei Todi, weil dort aufgrund einer gelungenen paritätischen Beteiligung beider Fraktionen eine Gemeinwohlorientierung möglich sei,[59] und sieht erneut auch in Perugia sein Ideal verwirklicht.[60]

Am Horizont beschreibt Bartolus jedoch die Gefahr des Übergangs von gewählten Regierungsämtern zur Tyrannis – dies ist also die einzige Entartungsform, die er anspricht. Dabei unterschied er zwischen Tyrannen, die bereits illegitim an die Herrschaft gekommen seien (tyrannus ex defectu tituli), und sol-

[54] Treggiari, Ossa di Bartolo 148f.

[55] Es handelt sich um die Traktate „De insula/De alluvione/De alvo", „De regimine civitatis", „De Guelfis et Ghibellinis" sowie „De tyranno". Eine lateinisch-deutsche Fassung der vier im folgenden vorgestellten Traktate samt der in Bezug genommenen Allegationen durch mich ist in Vorbereitung (Arbeitstitel: Bartolus von Sassoferrato. Herrschaftsbegründung und Herrschaftsbegrenzung aus republikanischer Sicht).

[56] Walther, Verbis Aristotelis non utar 118–122.

[57] Zur Bibliothek des Bartolus, die aus insgesamt 54 Bänden bestanden haben soll, nämlich 30 zum römischen und kanonischen Recht und 24 zur Theologie, vgl. Van de Kamp, Bartolus de Saxoferrato 137; zu den von Bartolus besessenen und geschriebenen Büchern sowie zum Verbleib der Handschriften mit seinen eigenen Texten nun: Colli, La biblioteca di Bartolo.

[58] Walther, Der gelehrte Jurist 164.

[59] Bartolus de Sassoferrato, Tractatus de Guelphis et Gebellinis 131, Z. 12–14.

[60] Walther, Der gelehrte Jurist 161.

chen, die erst während und aufgrund ihrer Amtsführung als tyrannisch zu qualifizieren seinen (tyrannus ex exercitio officii). Sein letzter politischer Traktat („De tyranno") darf insbesondere deshalb als besonders originell gelten, weil er als Jurist argumentiert und sich daher einerseits für beweisrechtliche Fragen, wie man erkennen könne, ob eine Herrschaftsform bereits eine Tyrannis sei, interessiert, wie auch dafür, welche Rechtsfragen zu klären sind, wenn ein früher tyrannisches Regime wieder durch eine am Gemeinwohl orientierte Kommune abgelöst wird. Ein Widerstandsrecht einzelner Bürger oder Amtsträger gegen einen Tyrannen erörtert Bartolus dagegen nicht. Vielmehr hofft er, dass der Kaiser während eines Italienzugs einen derartigen Tyrannen absetzen würde.[61] Konkrete Beispiele für tyrannische Regime in Italien spricht Bartolus vorsichtigerweise nicht an. Der Sache nach dürfte er die Signorien gemeint haben, die sich allerorten im 14. Jahrhundert, teilweise auch nur übergangsweise, etablierten.[62]

Eingekleidet sind diese drei Traktate in eine Wanderung entlang des Tibers, die Bartolus eines Tages von Perugia nach Rom unternahm, um sich von den Anstrengungen des Vorlesungsbetriebes zu erholen, wie er im Proömium zu dem ersten Traktat „De alluvione" über die Flußanschwemmungen, schrieb. Um die Eigentumsverhältnisse an neu entstandenen Flussinseln und an Grundstücken angeschwemmtem Land, samt Bäumen, zu klären, verwendete er die bereits erwähnten geometrischen Zeichnungen,[63] zu denen ihn ein ihm Traum erschienener junger Mann ermutigt hatte (siehe oben S. 315, bei Fn. 42). Am Ziel seiner Wanderung, Rom, angekommen, musste er feststellen, es wimmele von Tyrannen in jedem Stadtteil, weshalb die ewige Stadt mit ihren vielen Köpfen einem (politischen) Monster gleiche.[64]

Sein waches Auge für die politischen Verhältnisse seiner Zeit, aber auch sein im Einleitungsteil zu den politischen Texten geschildertes Bedürfnis nach Erholung in der Natur, bei einer Wanderung, weisen Bartolus mindestens ebenso sehr als „modernen" Menschen der Renaissance aus, wie den aufgrund seiner Erstbesteigung des Mont Ventoux hierfür gefeierten Petrarca.[65]

(3) Die Rolle der spätmittelalterlichen Kaiser

Das Kaiseramt bildete für Bartolus im Tyrannen-Traktat Scharnier und Eckstein der Rechtsordnung für die Wiederherstellung der republikanischen Verhältnisse in den oberitalienischen Stadtstaaten. Mit den Kompetenzen und dem Eingreifen spätmittelalterlicher Kaiser in Reichsitalien[66] hatte Bartolus mehrmals in seinem Leben auch außerhalb der akademischen Lehre zu tun.

---

61 Bartolus de Sassoferrato, Tractatus De tyranno 202, 549–552.

62 Die Signorien des 14. Jahrhunderts finden in jüngerer Zeit besondere Aufmerksamkeit in der italienischen historischen Forschung, vgl. Zorzi, Grillo, Signorie italiane e modelli monarchici. Secoli XIII–XIV. Dabei betonen die Beiträge durchweg eine größere Kontinuität und allmähliche Übergangsformen zwischen Republik und Signorie. Im Vergleich zu den klaren den Kategorien des Bartolus und aus juristisch-verfassungshistorischer Sicht ist eine derartige Verwischung der Grenzen zwischen den Herrschaftsformen jedoch eine fragwürdige Entdifferenzierung der beiden unterschiedlichen politischen Systeme.

63 Frova, De fluminibus de Bartolo da Sassoferrato.

64 Bartolus de Sassoferrato, Tractatus De regimine civitatis c. 1, 152, Z. 71–79: „Quid enim, si quis videret unum corpus habens unum caput commune debile et multa alia capita communia fortiora illo et invicem sibi adversantia? Certe monstrum esset. Appellatur ergo hoc regimen monstruosum. Hoc enim divina permissione factum et, ut ostendat quod omnis gloria mundi caduca est. Civitas Romana caput morum, caput politiarum, ad tantam monstruositatem circa sui regimen venit, quod verius dici potest quod non est regimen nec regiminis formam habet".

65 Zu Petrarcas Besteigung des Mont Ventoux und deren unterschiedlichen Deutungen seit Alexander von Humboldt und Jacob Burckhardt, siehe Stierle, Francesco Petrarca 318–343.

66 Vgl. zum Begriff: Lepsius, „Reichsitalien".

a) Am Ende seiner Tätigkeit als Assessor des Podestà in Pisa[67] und kurz vor Aufnahme der Vorlesungstätigkeit an der Universität im Oktober finden wir Bartolus als einen amtlich herbeizitierten Zeugen (testis rogatus) des Podestà. Zu bestätigen war ein korrektes Transsumpt aus der Verurteilung der aufständischen Stadt Brescia vom 1. Oktober 1311. Wer die Abschrift 28 Jahre nach der erfolgten Verurteilung anfertigen ließ, ist leider unbekannt. König Heinrich VII. hatte verschiedene Städte und Einzelpersonen als Rebellen verurteilt, weil sie ihn während seines Italienzuges militärisch nicht unterschtützt hatten. Nach dem plötzlichen Tod Kaiser Heinrichs verblieb das sog. Reichsarchiv in Pisa zurück,[68] so dass im Jahr 1339 ein Auszug daraus angefertigt werden konnte. Bartolus musste also Wort für Wort den Originalwortlaut 28 Jahre alten Strafurteils mit der Abschrift gegengelesen haben, bevor er diese als korrekt bestätigen konnte.[69] Damit kam er ein erstes Mal mit dem politischen Eingreifen, allerdings eines bereits verstorbenen, Kaisers in Kontakt. Erneut geht er in seiner Kommentierung zum Digestum novum, das er in Pisa dann lehrte, auf die Zerstörung von Brescia aufgrund der Verurteilung durch König später Kaiser Heinrich VII ein.[70] Auch andere Städte der Toskana hatten ihm zufolge aufgrund der kaiserlichen Verurteilung ihre civilitas, also den Status von römischen Bürgergemeinden, verloren, weshalb ihre Einwohner keine Bürger nach römischen Rechts seien, sondern bloße Vagabunden.[71]

b) In seiner Kommentierung zum Digestum novum erörtert er die grundsätzliche Stellung anderer Völker und Reiche zum mittelalterlichen Kaiser und Recht. Während Griechen, Tartaren und Sarazenen auswärtige Völker seien (populi extranei), bei denen daher auch nicht die Vergünstigungen des römischen Rechts wie das postliminium greifen, blieben die Könige von England und Frankreich römische Bürger, und könnten selbst und ebenso ihre Bürger dieses geltend machen. Dies gelte selbst dann, wenn sie leugneten, Untertanen des Kai-

---

67 Eine Richtertätigkeit als Assessor im Gefolge des Podestà in Pisa ist für das Jahr 1339 in der Forschung belegt: Calasso, [Caprioli], „Art. Bartolo da Sassoferrato" 641; Lange, Kriechbaum, Römisches Recht im Mittelalter II 686. Nicht bekannt in der Bartolus-Forschung ist dagegen die nachfolgend geschilderte Episode, bei der Bartolus als Urkundszeuge in Pisa amtierte.

68 Zu den Juristen im Umfeld Kaiser Heinrichs VII. nun: Abel, Nur mit Papier, Feder, Wachs 635–645.

69 [Schwalm, ed.], MGH Constitutiones IV/1 Nr. 689, 656, Fn. 1: „Que adschultatio, lectura, visio et exemplatio et autenticatio, decreti et auctoritatis interpositio facte fuerunt in presentia suprascripti domini Pis(anorum) potestatis <i.e. domini militis Tebaldi de Guarinis de Fabriano, S.L.> et eius decreto et auctoritate, ipso pro tribunali sedente in presentia infrascriptorum notariorum et testium, videlicet domini Barthali (sic!) de Saxoferrato iurisperiti et Antonii notarii quandam Antonii de Fabriano officialium predicti domini Pis(anorum) potestatis ad hec vocatorum et rogatorum. Actum Pisis in palatio Pis(ani) comunis […] Dominice incarnationis anno millesimo trecentesimo quadragesimo, indict. octava, quarto Kalendas Octubris secundum cursum Pisanorum." Nach Florentiner Datierung bzw. im stilus comunis handelt es sich um den 28. 9. 1339. Der aus den Marken, nämlich Foligno, stammende Podestà Tebaldus hatte sich mit Bartolus von Sassoferrato und Antonius de Fabriano offenbar eine Equipe aus Landsleuten zusammengestellt. Bemerkenswert ist, dass Bartolus im Rahmen dieser praktischen Tätigkeit als Assessor lediglich als iurisperitus – und nicht als doctor legum oder als professor bezeichnet wird. Dies entsprach dem Stil, wie er auch in anderen toskanischen Akten der Zeit für die universitätsgelehrten Juristen im Dienst der Kommune verwendet wurde. Erst in der Mitte des Jahrhunderts finden sich dann der akademischen Titel doctor auch in den Prozessakten häufiger.

70 Sehr knapp zum Ganzen: Mari, Libro di Bartolo 90, 734, Fn. 254. Bartolus selbst zu D 48.19.16.10, ff. de poenis l. aut facta § nonnumqum spricht ganz richtig davon, er habe das Urteil Kaiser Heinrichs VII. gesehen (vidi sententiam), denn dabei gewesen sein konnte er ja schon aufgrund seines Lebensalters nicht: Bartolus de Saxoferrato, Commentaria in corpore iuris civilis VI, fol. 219va, no. 6: „Et *ego vidi sententiam diffinitivam* imperatoris Henrici quam dedit contra civitatem Brixie que fuit sibi rebellis qua dicebat illam civitatem esse subijendam aratro quam penam ex misericordia [...]" (Hervorhebung S.L.). Als Urkundszeuge hatte er in der Tat intensiven Augenschein dieses bereits alten Urteils genommen.

71 Bartolus zu D 50.1.27.2, ff. ad municipalem, l. Eius qui § Celsus, Bartolus de Saxoferrato, Commentaria in corpore iuris civilis VI, fol. 252ra, no. 4. Dazu auch Mari, Libro di Bartolo 173.

sers zu sein. Und sollten sie leugnen, dass der Kaiser dominus omnium sei, bedeute dies eine Häresie:

> „[…] si quis diceret, dominum imperatorem non esse dominum et monarcham totius orbis, esset hereticus, quia diceret contra determinationem ecclesiae […].“[72]

An anderer Stelle, in seinem späteren Codex-Kommentar, führte Bartolus dann aus, der Kaiser sei zwar Herr der ganzen Welt, was aber nicht bedeute, dass er in alle Königreiche hineinregieren könne.[73]

c) Konkret traf Bartolus von Sassoferrato auf Kaiser Karl IV. auf dem Hoftag in Pisa (Mai 1355), als dieser frisch zum Kaiser gekrönt und auf dem Weg zurück von Rom nach Prag war. Bartolus erreichte dort als Gesandter Perugias die Bestätigung der alten Privilegien für Stadt und Bischof von Perugia,[74] die diese ebenfalls aufgrund ihrer Verurteilung als Rebellen durch Kaiser Heinrich VII. verloren hatten. Über diesen Erfolg im Rahmen seiner offiziellen Gesandtschaft hinaus erhielt Bartolus vom Kaiser auch persönliche Privilegien verliehen, die an diejenigen seiner Söhne erbrechtlich übergehen sollten, soweit sie ihrerseits den Grad eines doctor legum erwerben sollten. Dazu gehörte die Aufnahme als familiaris und consiliarius des Kaisers, das Recht Minderjährige unter seinen Studenten für volljährig zu erklären und nichteheliche Söhne unter seinen Studenten zu legitimieren. Diese Einzelprivilegierungen machten einen Teil dessen aus, was anderen italienischen Juristen im Rahmen einer Erhebung zu Hofpfalzgrafen zuteil wurde.[75] Nicht historisch verbürgt ist dagegen die Verleihung eines Wappens, das einen doppelschwänzigen böhmischen Löwen zeigte, an Bartolus. Er beschrieb jedoch in seinem Traktat zu den „Wappen und Warenzeichen“, dass er gesehen habe, wie anderen ein ähnliches Wappen verliehen worden sei. Dabei dürfte es sich um den Paduaner Juristen Jacobus de Sancta Croce gehandelt haben.[76]

Hintergrund für diese persönliche Verleihung weiterer Vorrechte dürfte gewesen sein, dass Bartolus zum Hoftag in Pisa seine umfangreiche Glossierung der beiden Ketzergesetze Kaiser Heinrichs VII. („Ad reprimendum“ und „Qui sint rebelles“) mitbrachte oder zumindest versprach, diese zu glossieren, und im Gegenzug zum consiliarius und familiaris seitens des Kaisers ernannt worden war und die schon geschilderten Privilegien erhalten hatte, wie er selbst im Proömium festhielt:

> „constitutiones […] glossare volui ego Bartolus a Saxoferrato, civis perusinus, ut multa utilia quae in eis sunt, omnibus innotescerent, et etiam ad laudem divinae recordationis domini Henrici Imperatoris, ipsarum constitutionum aucto-

---

72 Bartolus zu D 49.15.24, ff. de captivis et postliminio, l. Hostes, Bartolus de Saxoferrato, Commentaria in corpore iuris civilis VI, fol. 248v, no. 3. Zur Rolle des Kaisers im Denken des Bartolus knapp etwa Walther, Legitimität der Herrschaftsordnung 120f.; Walther, Verbis Aristotelis non utar 117f.

73 Bartolus zu D 6.1.1.3, ff. de rei vendicatione l. i, § per hanc autem, Bartolus de Sassoferrato, Commentaria super Digesto veteri, p. prima fol. 180va: „Ego dico quod imperator est dominus totius mundi vere, nec obstat, quod alii sint domini particulariter quia mundus est universitas quedam, unde potest quis habere dictam universitatem licet singule res non sint sue.“ Bartolus transponiert damit das alte Bologneser Schulproblem, ob der Kaiser „als Herr aller Dinge“ (dominus mundi) auch privatrechtliche Eigentumsbefugnisse über alle einzelnen Gegenstände habe oder lediglich über alle Dinge Jurisdiktionsbefugnisse ausüben könne, auf eine körperschaftlich-verfassungsrechtliche Ebene, nämlich auf das Verhältnis von imperium zu regna.

74 Zur Gesandtschaft selbst, einschließlich der Kosten und der an Perugia verliehenen Privilegien Bartoli Langeli, Panzanelli Fratoni, L'ambasceria a Carlo IV; Bartoli Langeli, Panzanelli Fratoni, Ritorno degli ambasciatori 242–244.

75 Als Beleg für das „entstehende“ Hofpfalzgrafenamt bezeichnet von Weimar, Bartolus (1980) 1500. Diese und ähnliche Rechte wurden von den spätmittelalterlichen Kaisern als sog. kaiserliche Reservatrechte, insbesondere in Italien, ausgeübt und, teilweise auch gebündelt im Hofpfalzgrafenamt an italienische Juristen verliehen, vgl. Lepsius, Die „iura reservata“.

76 Weber, Zeichen der Ordnung und des Aufruhrs 34. Zur Begegnung des Bartolus mit Kaiser Karl IV. auf dem Hoftag zu Pisa und den Fragen der Wappenverleihung an Bartolus bereits: Lepsius, Marchi di fabbrica 33, 54.

> ris, avi illustrissimi domini d. Caroli iiii. Imperatoris, nunc regnantis, cui debito fidelitatis adstringor: quoniam me suorum consiliariorum et domesticorum numero aggregavit et me meosque posteros, quos legum doctores esse contingeret, legitimatioins, et concessionis veniae aetatis, aliisque privilegiis et gratiis decoravit."[77]

Aufgrund der Autorität des Bartolus in Juristenkreisen wurden diese beiden Konstitutionen aus dem Jahr 1313 dann schriftlich weit stärker verbreitet als irgendein anderes Kaisergesetz des Spätmittelalters, soweit es nicht Eingang in das Corpus iuris civilis gefunden hatte.[78]

Vermutlich war Bartolus aufgrund seiner genauen Lektüre der Strafsentenz Kaiser Heinrichs VII. gegen Brescia anlässlich seiner Beurkundungstätigkeit der Bestrafung aufständischer Städte wegen Majestätsverbrechens derart fasziniert, dass er die nachträglich erlassenen Strafgesetze des Kaisers gegen Rebellen und das dabei anzuwendende summarische Verfahren detailliert kommentieren und dadurch an rechtsstaatliche Mindestanforderungen[79] knüpfen wollte.

3. Fazit

Es fällt schwer, klar zwischen der öffentlichen Tätigkeit des Juristen Bartolus von Sassoferrato und ihm als Privatmann zu unterscheiden. Insbesondere aufgrund seiner vielfältigen praktischen Tätigkeit als Richter wie als Gutachter und den dort gewonnenen Erfahrungen, wirkt vieles, was er in seinen gelehrten Kommentaren und Traktaten als Ausdruck eigener, biographischer Anschauung beschreibt, lebensnah; es wirkt nicht abstrakt, wie in vielen Veröffentlichungen von Rechtswissenschaftlern. Der Mensch Bartolus scheint in vielem recht deutlich greifbar und er wirkt als ein politisch denkender, wacher Zeitgenosse und als praktisch orientierter Jurist. Dennoch wurden alle hier zusammengetragenen Beobachtungen wieder in juristischen Texten von ihm selbst kondensiert. Seine biographischen Prägungen können also nur bestimmte Vorverständnisse bei seiner Themenwahl und -bearbeitung erklären helfen. Der Mensch tritt also weitgehend hinter seinen juristischen Texten zurück.

Korrespondenz

Prof. Dr. Susanne Lepsius, M.A.
LMU München
Leopold-Wenger-Institut für
Rechtsgeschichte, Abt. B
Prof.-Huber-Platz 2
D-80539 München
s.lepsius@jura-uni.muenchen.de
ORCID-Nr. 0000-0002-0685-9241

Abkürzungen

a.	anno
BAV	Biblioteca Apostolica Vaticana
BSB	Bayrische Staatsbibliothek
Clm	Codices latini monacenses
fig.	figura (Abbildung)

Siehe auch das allgemeine Abkürzungsverzeichnis: [https://www.oeaw.ac.at/fileadmin/kommissionen/rechtsgeschichte/pdf/abk.pdf]

Quellen

MGH Constitutiones IV/1, ed. Iacobus Schwalm (Constitutiones et acta publica imperatorum et regum, tom. IV: inde ab a. MCCXCVIII usque ad a. MCCCXIII, Hannover 1906).

Thomas Diplovatatius, Liber de claris iuris consultis, pars posterior, ed. Fritz Schulz, Hermann Kantorowicz, Giuseppe Rabatti (Bologna 1968).

Joannes Paulus Lancelottus, Vita Bartoli iureconsulti ex certissimis atque indubitatis ar-

---

[77] Bartolus de Sassoferrato, Consilia, Tractatus, Quaestiones fol. 261ra no. 2.

[78] Zur Verbreitung dieser beiden Konstitutionen Heinrichs VII. aufgrund der Autorität des Bartolus und generell zum Problem der handschriftlichen Verbreitung von Kaisergesetzen vgl. demnächst Lepsius, Kaiserliche Gesetzgebung im (lateinischen) Mittelalter.

[79] Inhaltlich für wenig Neues enthaltend ordnet Pennington, The Prince and the Law 196–201 die Ausführungen des Bartolus gegenüber den älteren Überlegungen der Kanonisten ein.

gumentis desumpta hactenus nunquam in lucem edita (Perugia 1576).
Bartolus de Sassoferrato, Consilia, quaestiones, tractatus (Venedig 1529).
Bartolus de Sassoferrato, Super prima Codicis (Venedig 1526).
Bartolus de Sassoferrato, Super prima ff. veteris (Venedig 1526).
Bartolus de Sassoferrato, In secundam Digesti novi partem commentaria (Venedig 1526/7).
Bartolus de Sassoferrato, Tractatus De Guelphis et Gebellinis, ed. Diego Quaglioni (Florenz 1983).
Bartolus de Sassoferrato, Tractatus De regimine civitatis, ed. Diego Quaglioni (Florenz 1983).
Bartolus de Sassoferrato, Tractatus De tyranno, ed. Diego Quaglioni (Florenz 1983).
Georgio Vasari, Le vite de'più eccellenti architetti, pittori e scultori italiani, da Cimabue insino a' tempi nostri (Florenz 1550).

Literatur

Christina Abel, Nur mit Papier, Feder, Wachs. Die Juristen Kaiser Heinrichs VII. in Italien zwischen Rechtspraxis und Politikberatung, in: Zeitschrift für historische Forschung 49 (2022) 619–663.
Accademia Tudertina – Centro italiano di studi sul basso medioevo (Hg.), Bartolo da Sassoferrato nel VII centenario della nascita: diritto, politica, società. Atti del L Convegno storico internazionale (Todi–Perugia, 13–16. ottobre 2013, Spoleto 2014).
Patrick Arabeyre u.a. (Hgg.), Dictionnaire historique des juristes français. XIIe–XXe siècle (Paris 2015).
Andrea Bartocci, Ereditare in povertà. Le successioni a favore dei frati minori e la scienza giuridica nell'età avignonese 1309–1376 (= Pubblicazioni del Dipartimento di Scienze Giuridiche, Università degli Studi di Roma „La Sapienza" 32, Neapel 2009).
Ders., „Minorum fratrum sacra religio". Bartolo e l'Ordine dei Minori nel Trecento, in: Accademia Tudertina, Bartolo da Sassoferrato 351–372.
Attilio Bartoli Langeli, Maria Alessandra Panzanelli Fratoni, Il ritorno degli ambasciatori. I documenti concessi da Carlo IV. imperatore al Comune e alla città di Perugia nell'anno 1355, in: Bollettino della Deputazione di Storia Patria per l'Umbria 111 (2014) 201–264.
Ders., Maria Alessandra Panzanelli Fratoni, L'ambasceria a Carlo IV. di Lussemburgo, in: Accademia Tudertina, Bartolo da Sassoferrato 271–332.
Manlio Bellomo, Bartolo da Sassoferrato, in: Manlio Bellomo (Hg.), Medioevo edito e inedito, Bd. 3: Profili di giuristi (Rom 1998) 181–193.
Annalisa Belloni, Bartolo studente e maestro e i suoi commentari, in: Accademia Tudertina, Bartolo da Sassoferrato 559–584.
Italo Birocchi, Repertori biografici recenti e storia del diritto. Un progetto di raccolta storica di giuristi italiani, in: Quaderni Fiorentini per la storia del pensiero giuridico moderno 37 (2008) 641–663.
Ders. u.a. (Hgg.), Dizionario biografico dei giuristi italiani (XII–XX secolo) 2 Bde. (Bologna 2013).
Biancamaria Brumana, Bartolo e la musica. Un documento iconografico, in: Ferdinando Treggiari (Hg.), Conversazioni bartoliane in ricordo di Severino Caprioli (= Studi bartoliani 2, Sassoferrato 2018).
Francesco Calasso, [Severino Caprioli], Bartolo da Sassoferrato, in: Istituto della Enciclopedia Italiana (Hg.), Dizionario biografico degli italiani, Bd. 6 (Rom 1964) 640–669.
Osvaldo Cavallar, River of Law. Bartolus's Tiberiadis (De alluvione), in: John A. Marino, Thomas Kuehn (Hgg.), A Renaissance of Conflicts. Visions and Revisions of Law and Society in Italy and Spain (= Centre for Renaissance and Reformation Studies, Essays and Studies 3, Toronto 2004) 30–129.
Vincenzo Colli, La biblioteca di Bartolo. Intorno ad autografi e copie d'autore, in: Accademia Tudertina, Bartolo da Sassoferrato 67–105.
Orazio Condorelli, Bartolo da Sassoferrato (1313/4–1357), in: Ders., Rafael Domingo (Hgg.), Law and the Christian Tradition in Italy. The Legacy of the Great Jurists (London–New York 2021) 160–177.
Ders., Bartolo e il diritto canonico, in: Accademia Tudertina, Bartolo da Sassoferrato 465–557.
Ders., „... Homo parve stature et coloris turgidi et gibbosus..." Bartolo da Sassoferrato nell'anonima descrizione del ms. Napoli, Biblioteca Nazionale, VII.D.77, in: Rivista internazionale di diritto commune 6 (1995) 357–364.
Ennio Cortese, Il diritto nella storia medievale, Bd. 2: Il basso medioevo (Rom 1995).
Ders., Intorno all'edizione di Bartolo curata dal Diplovazio e alla sua ristampa anastatica, in: Vincenzo Colli, Emanuele Conte (Hgg.), Iuris historia. Liber amicorum Gero Dolezalek (Berkeley 2008) 369–385.
Ders., Le grandi linee della storia giuridica medievale (Rom 2000).

Victor Crescenzi, Giovanni Rossi (Hgg.), Bartolo da Sassoferrato nella cultura europea tra Medioevo e Rinascimento (= Studi bartoliani 1, Sassoferrato 2015).

Arnaldo Fortini, Frate Pietro da Assisi primo maestro di Bartolo da Sassoferrato, in: Università degli studi di Perugia (Hg.), Bartolo da Sassoferrato. Studi e documenti per il VI centenario (Mailand 1962) 253–260.

Carla Frova, Le traité „De fluminibus" de Bartolo da Sassoferrato (1355), in: Médiévales 36 (1999) 81–89.

Dies. u.a. (Hgg.), VI Centenario della morte di Baldo degli Ubaldi, 1400–2000, Atti di Convegno, Perugia 13.–16. 9. 2000, Perugia 2005).

Jürgen Habermas, Strukturwandel der Öffentlichkeit. Untersuchungen zu einer Kategorie der bürgerlichen Gesellschaft (Wiesbaden–Neuwied 1982).

Julius Kirshner, Bartolo da Sassoferrato, in: Joseph R. Strayer (Hg.), Dictionnary of the Middle Ages, Bd. 2 (New York 1983) 114–116.

Ders., Un parere di Bartolo sugli eredi di defunti funzionari pubblici: il caso del Capitano del Popolo di Pisa, in: Accademia Tudertina, Bartolo da Sassoferrato 217–251.

Gerd Kleinheyer, Jan Schröder (Hgg.), Deutsche und europäische Juristen aus neun Jahrhunderten: eine biographische Einführung in die Geschichte der Rechtswissenschaft (Stuttgart 62017).

Hermann Lange, Maximiliane Kriechbaum, Römisches Recht im Mittelalter. Bd. 2: Die Kommentatoren (München 2007).

Susanne Lepsius, Bartolo da Sassoferrato (Venatura, presso Sassoferrato, 1313/14 – Perugia, 1357), in: Italo Birocchi u.a. (Hgg.), Dizionario biografico degli giuristi italiani (XII–XX secolo), Bd. 1 (Bologna 2013) 177–180.

Dies., Bartolus' Auseinandersetzung mit dem Digestum Novum: zwischen lectura und commentum, in: Accademia Tudertina, Bartolo da Sassoferrato 601–629.

Dies., Bartolus de Sassoferrato, in: Società internazionale per lo studio del Medioevo latino (S.I.S.M.E.L.) (Hgg.), Compendium Auctorum Latinorum Medii Aevi, Bd. II/1, Bd. 2 (Florenz 2004 [2005]) 101–156.

Dies., Bartolus de Saxoferrato (1313/14–1357), in: HRG, Bd. 1 (Berlin 22008) 450–453.

Dies., Bartolus de Saxoferrato und Baldus de Ubaldis, in: Mathias Schmoeckel, Stefan Stolte (Hgg.), Examinatorium Rechtsgeschichte (Köln–München 2008) 141–144.

Dies., Bartolus von Sassoferrato (1313/14–1357), in: Traugott Bautz (Hg.), Biographisch-Bibliographisches Kirchenlexikon, Bd. 33 (Nordhausen 2013) 95–109.

Dies., Bartolus von Sassoferrato und das europäische ius commune, in: Zeitschrift für europäisches Privatrecht 23 (2015) 314–334.

Dies., Die „iura reservata" des Kaisers im Spätmittelalter, in: Sophie Démare-Lafont, Olivier Descamps (Hgg.), Revue d'histoire de droit français et étranger Jg., H. 2/3: Les empereurs et. le droit. Unité et diversité de la science juridique européenne (Actes des Journées Internationales de la Société d'Histoire de droit, Bonn, 2.-5. juin 2002), Paris [2025]) 227–243.

Dies., Die origo des Menschen und die Konstruktion der politischen Ordnung: ursprüngliche und nachgebildete Zugehörigkeit zu einem Gemeinwesen im juristischen Diskurs des Spätmittelalters, in: Andreas Höfele, Beate Kellner (Hgg.), Menschennatur und politische Ordnung (Paderborn 2016) 117–151.

Dies., Kaiserliche Gesetzgebung im (lateinischen) Mittelalter: Zwischen universalem Anspruch und Publikationsproblemen, in: Beate Kellner, Susanne Reichlin (Hgg.), Philology. Premodern Practices and Global Perspectives/Philologie. Vormoderne Praktiken und globale Perspektiven (Berlin [2026]).

Dies., Marchi di fabbrica e araldica come problemi giuridici nel pensiero di Bartolo da Sassoferrato, in: Galliano Crinella (Hg.), Bartolo da Sassoferrato e il Trattato sulle insegne e sugli stemmi, con l'edizione del De insigniis et armis (= Studi bartoliani 6, Sassoferrato 2023) 33–59.

Dies., Public Responsibility for Failure to Prosecute Crime? An enquiry into an Umbrian Case by Bartolo da Sassoferrato, in: John A. Marino, Thomas Kuehn (Hgg.), A Renaissance of Conflicts: Visions and Revisions of Law and Society in Italy and Spain (Centre for Reformation and Renaissance Studies, Essays and Studies 3, Toronto 2004) 131–170.

Dies., Reichsitalien, in: Albrecht Cordes u.a. (Hgg.), Handwörterbuch zur deutschen Rechtsgeschichte, Bd. 4 (Berlin 22024) 1562–1569.

Francesco Federico Mancini, „Habebat oculos veluti fixos et speculationi diu intentos". Contributo allo studio dell'iconografia bartoliana, in: Accademia Tudertina, Bartolo da Sassoferrato 707–724.

Paolo Mari, Aspetti della vita cottidiana nell'opera di Bartolo, in: Accademia Tudertina, Bartolo da Sassoferrato 667–706.

Ders., Il libro di Bartolo: aspetti della vita quotidiana nelle opere „bartoliane" (= Uomini e mondi medievali 69, Spoleto 2021).

Enzo Mecacci, Maria Alessandra Panzanelli Fratoni (Hgg.), Bartolo da Sassoferrato a Siena nel VII centenario della nascita: manoscritti, incunaboli, cinquecentine; Biblioteca Comunale degli Intronati, Fondo antico della Banca Monte dei Paschi, Biblioteca di Domenico Maffei, Biblioteca di Massa Marittima (Siena, Biblioteca Comunale degli Intronati, 18. settembre–18. ottobre 2014, Pienza–Siena 2014).

Kenneth Pennington, The Prince and the Law, 1200–1600. Sovereignty and Rights in the Western Legal Tradition (Berkeley–Los Angeles–Oxford 1993).

Marion Röwekamp (Hg.), Juristinnen: Lexikon zu Leben und Werk (Baden-Baden 2024).

Friedrich Carl von Savigny, Geschichte des römischen Rechts im Mittelalter, Bd. 6: Das vierzehnte und fünfzehnte Jahrhundert (Heidelberg 1850).

Danilo Segoloni, Bartolo e la civitas Perusina, in: Università degli studi di Perugia (Hg.), Bartolo da Sassoferrato. Studi e documenti per il VI centenario (Mailand 1962) 515–671.

Ders., „Practica", „practicus", „practicare" in Bartolo e in Baldo, in: Alessandro Giuliani, Nicola Picardi (Hgg.), L'Educazione giuridica, Bd. 2: Profili storici (Perugia 1979) 52–103.

Karlheinz Stierle, Francesco Petrarca. Ein Intellektueller im Europa des 14. Jahrhunderts (München–Wien 2003).

Michael Stolleis (Hg.), Juristen: ein biographisches Lexikon von der Antike bis zum 20. Jahrhundert (= Beck'sche Reihe 1417, München 2001).

Ferdinando Treggiari, Le ossa di Bartolo. Contributo alla storia della tradizione giuridica perugina (= Per la storia dello Studio perugino delle origini: Fonti e materiali 2, Perugia 2009).

Università degli studi di Perugia (Hg.), Bartolo da Sassoferrato. Studi e documenti per il VI centenario (Mailand 1962).

Josephus Lodewijk Johannes van de Kamp, Bartolus de Saxoferrato 1313–1357. Leven – Werken – Invloed – Beteekenis (Amsterdam 1936).

Helmut G. Walther, Der gelehrte Jurist und die Geschichte Roms. Der Traktat De regimine civitatis des Bartolus von Sassoferrato als Zeugnis des städtischen Selbstbewußtseins Perugia, in: Dieter Berg, Hans-Werner Goetz (Hgg.), Ecclesia et regnum. Beiträge zur Geschichte von Kirche, Recht und Staat im Mittelalter. Festschrift für Franz-Josef Schmale zu seinem 65. Geburtstag (Bochum 1989) 285–301.

Ders., Die Legitimität der Herrschaftsordnung bei Bartolus von Sassoferrato und Baldus de Ubaldis, in: Erhard Mock, E. Wieland (Hgg.), Rechts- und Sozialphilosophie des Mittelalters (= Salzburger Schriften zur Rechts-, Staats- und Sozialphilosophie 12, Frankfurt a.M. u.a. 1990) 115–139.

Ders., „Verbis Aristotelis non utar, quia ea iuristae non saperent." Legistische und aristotelische Herrschaftstheorie bei Bartolus und Baldus, in: Jürgen Miethke, Arnold Bühler (Hgg.), Das Publikum politischer Theorie im 14. Jahrhundert (= Schriften des Historischen Kollegs, Kolloquien 21, München 1992) 111–126.

Ders., Wasser in Stadt und Contado. Perugias Sorge um Wasser und der Flußtraktat „Tyberiadis" des Perusiner Juristen Bartolus de Sassoferrato, in: Harald Zimmerman (Hg.), Mensch und Natur im Mittelalter, 2. Halbbd. (Miscellanea medievalia, Berlin 1992) 882–897.

Christoph Friedrich Weber, Zeichen der Ordnung und des Aufruhrs: heraldische Symbolik in italienischen Stadtkommunen des Mittelalters (= Symbolische Kommunikation in der Vormoderne. Studien zur Geschichte, Literatur und Kunst, Köln–Weimar–Wien 2011).

Peter Weimar, Bartolus de Saxoferrato, in: Lexikon des Mittelalters, Bd. 1 (München 1980) 1500f.

Ders., Bartolus de Saxoferrato (1313/14–1357), in: Michael Stolleis (Hg.), Juristen. Ein biographisches Lexikon. Von der Antike bis zum 20. Jahrhundert (München [2]2001) 67f.

Andrea Zorzi, Paolo Grillo (Hgg.), Signorie italiane e modelli monarchici. Secoli XIII–XIV (Italia comunale e signorile 4, Rom 2013).

BRGÖ 2025
Beiträge zur Rechtsgeschichte Österreichs

Christian Neschwara, Wien

Johann Baptist Suttinger (1608–1662)

Ein prominenter Jurist als Landesbeamter, lokaler Grundherr und Mäzen in Niederösterreich*

Johann Baptist Suttinger (1608–1662) – a well-known lawyer as a state official, local landowner and patron in Lower Austria

Johann Baptist Suttinger is one of the most important representatives of Austrian jurisprudence of his time. His works on Austrian customary law and Roman common judicial law remained valuable guides for judicial practice for generations of Austrian jurists in reprints. His draft of a provincial code for Lower Austria (c. 1650) remained in use in individual legal statutes and provided valuable material for the compilation commission established in 1753 for its initial work on the codifications of natural law.

After completing his law studies in Vienna and a brief period of practice as a lawyer, Suttinger began a career in the service of the archduke and the provincial estates of Lower Austria, rising to the highest offices in each of these areas. Eventually, the archduke admitted him to the ranks of the provincial estates. Starting with a small manorial estate in Brunn am Gebirge ("Turmhof") he managed to build up a considerable position as a holder of local sovereign rights in the area south of Vienna, where he and his wife owned a house in a prominent location (Kohlmarkt). Although he had no male offspring, his daughter's two marriages put him in touch with two important families of the Lower Austrian nobility, the Pergens and the Volkchras.

Suttinger was an extremely pious man. He was a member of several religious brotherhoods and served as a patron of important religious orders. He distinguished himself also as a patron in social matters, supporting children in need (giving them baptism gifts) and poor students (by establishing a foundation). For a good decade, he served as the princely superintendent of the university.

Suttinger's material assets were all sold by his heirs (eight grandchildren from his daughter's two marriages), thus alienating them from the family until the beginning of the 18th century. His foundation at the university existed only for about 100 years. Today, only the family crypt in St. Michael's Church near the Archdukes Palace in Vienna remains as a reminder of the existence of this jurist, who was so important in his time.

***Keywords**: common law – customary law – manorial estate – provincial code for Lower Austria – provincial estates – religious brotherhoods – social patronage – University of Vienna*

---

* Die folgenden Ausführungen lehnen sich an den 2008 in der Festschrift für Wilhelm Brauneder publizierten Beitrag (Neschwara, Suttinger, in FS Brauneder) an; ferner sei verwiesen auf zwei weitere Kurzbiografien über Suttinger: Neschwara, Johann Baptist Suttinger. Ein prominenter Jurist; Neschwara, Suttinger zum Thurnhoff.

https://doi.org/10.1553/BRGOE2025-2s324 *This article was peer-reviewed*

1. Juristische Leistungen

Der Wiener Jurist Johann Baptist Suttinger zählte nach dem Urteil eines Zeitgenossen zu den „prominentesten“ Vertretern der österreichischen Jurisprudenz seiner Zeit: Der steirisch-österreichische Jurist Nikolaus Beckmann († 1689) rechnete ihn – neben Johann Baptist Schwarzenthaler[1] – zu den „magna [...] lumina“[2] unter den österreichischen Autoren juristischer Werke des 17. Jahrhunderts.[3]

Zu den wichtigsten Werken des Johann Baptist Suttinger zählen:

1. Der Entwurf einer „Landesordnung“,[4] mit welcher das Justizrecht und andere Rechtsmaterien für Niederösterreich – in Verbindung mit Gewohnheiten und rezipiertem Gemeinen Recht – gesetzlich geregelt werden sollte. An ihrer Redaktion war Suttinger in den 1650er-Jahren als Leiter der dafür eingesetzten landesfürstlichen Juristenkommission federführend beteiligt.[5]

2. Seine aus der Rechtsprechungspraxis der niederösterreichischen Landes-Gerichte (ständisches Landrecht und landesfürstliches Regiment bzw. Regierung) gesammelten Erkenntnisse über die Verfahrensrechte seiner Zeit: Diese Observationes practicae standen zunächst nur in handschriftlicher Form zur Verfügung, wurden aber noch zu Lebzeiten Suttingers gedruckt, die Erstauflage 1650 in Wien. Unter dem Titel „Verneuerte“ Oberservationes[6] dienten sie durch Nachdrucke (bis Anfang des 18. Jh.) Generationen österreichischer Juristen bis zu den Kodifikationen des Justizrechts als wertvolle Anleitungen für die Justizpraxis.

3. Seine Sammlung (nieder-)österreichischer Gewohnheitsrechte in einem alphabetisch geordneten Rechtslexikon: Auch dieses Werk mit dem Titel Consuetudinarii Austriaci bzw. Digesta Consuetudinum[7] stand zunächst nur handschriftlich zur Verfügung; es wurde erst posthum, Anfang des 18. Jahrhunderts, als Consuetudines Austriacae in Buchform verlegt.

4. Seine Sammlung von Anordnungen der niederösterreichischen Landesfürsten der Frühen Neuzeit in einem Codex,[8] welcher erstmals eine (alphabetisch geordnete) Kompilation der Landesgesetze bot; Suttinger widmete sie 1656 Kaiser Ferdinand III.

5. Seine 1657 den Landständen gewidmete Aufzeichnung ihrer Privilegien und Kompetenzen in einem Buch unter dem Titel „Der Landschaft Gedenkbuch“,[9] womit die Grundlagen für eine niederösterreichische Landhandfeste gelegt waren.

Über das Fortwirken von Suttingers juristischem Werk siehe unten 9.2.

2. Lebensdaten

Suttingers Lebensdaten[10] sind in einer zeitgenössischen, 1681 posthum herausgegebenen Leichen-Predigt beschrieben als ein Weg, an dessen Beginn Suttinger „Anno 1608. in das

1 Schwarzenthaler († 1615) wirkte an der Universität Wien als Professor der Pandekten und des Codex. Er war Verfasser zivilverfahrensrechtlicher Abhandlungen, wurde mehrfach zum Dekan der Juristenfakultät und einmal (1578) auch zum Rektor gewählt, als solcher aber vom Kaiser aber für abgesetzt erklärt, weil er sich als Protestant weigerte, das geforderte katholische Bekenntnis abzulegen; er war Rat und Syndikus der oberösterreichischen Landstände: Zu ihm Wesener, Einflüsse und Geltung 45f., 47 in Fn. 382.

2 Beckmann, Idea Juris, Authores, o.p.

3 In Wiener Notarsbibliotheken des 17. und 18. Jahrhunderts waren Werke von Schwarzenthaler und noch mehr jene von Suttinger häufig zu finden: Neschwara, Geschichte I, 727–728.

4 Neschwara, Suttinger, in FS Brauneder 373–378.

5 Neschwara, Landständischer Einfluss 180–201; vgl. Wesener, Einflüsse und Geltung 21ff., 50.

6 Neschwara, Suttinger, in FS Brauneder 372f.; vgl. Wesener, Einflüsse und Geltung 51.

7 Neschwara, Suttinger, in FS Brauneder 372; vgl. Wesener, Einflüsse und Geltung 20, 51.

8 Neschwara, Suttinger, in FS Brauneder 372; Wesener, Suttinger und Finsterwalder 370f.

9 Neschwara, Suttinger, in FS Brauneder 373; Wesener, Suttinger und Finsterwalder 371.

10 Neschwara, Suttinger, in FS Brauneder 364.

Holtz der Wiegen", und an dessen Ende er „Anno 1662. in das Holtz der Todten-Särch gelegt worden" sei – woraus folgt: „Zwischen der Wiegen und Sarch seyend dahingeflossen 54. Jahr".[11]

Dies ist wohl in Vergessenheit geraten, denn lange Zeit wurde, offenbar ausgehend von einem Eintrag in der Matrikel der Universität Wien für das Studienjahr 1601/02, welche aber einen anderen Johannes „Sutinger" betraf, seine Geburt „vor 1580" vermutet,[12] Johann [Baptist] wurde aber erst 1623 immatrikuliert, und zwar als „Zuttinger" mit dem Zusatz: Edler aus Wien („Nob. de Vienn.").[13]

3. Familiäres Umfeld[14]

Johann Baptist Suttinger entstammte einer um das Jahr 1600 aus Landshut in Niederbayern nach Wien bzw. in die Umgebung südlich von Wien, nach Perchtoldsdorf, zugewanderten Familie. Seinem Großvater Johann, Ingrossist bei der niederösterreichischen Regimentskanzlei, wurde 1604 von Kaiser Rudolf II. ein Wappen verliehen.[15]

Sein Vater Hieronymus diente – nach der Übersiedlung aus Landshut – als Konzepts-Beamter in der niederösterreichischen Kammer in Wien. Er hatte zwei Brüder: der eine, namens Thomas, stand als Raithändler in Wien ebenfalls in landesfürstlichem Dienst, der andere, namens Abra(ham), war hier als Gerichtsadvokat tätig.

Hieronymus, der Vater von Johann Baptist Suttinger, lebte seit etwa 1600 in Wien. Er war zweimal verheiratet: in erster Ehe mit einer gewissen Catharina, mit welcher er in Wien zu dieser Zeit am Judenplatz (heute Nr. 7) ein Haus erwarb. Dort ist Catharina 1607 verstorben,[16] vermutlich im Kindbett, nach der Geburt eines nach dem Vater Hieronymus benannten Sohnes.

Nach Ablauf des Trauerjahres schloss Suttingers Vater eine zweite Ehe mit Elisabeth Khainpergerin – noch im selben Jahr wurde Johann Baptist geboren und „ins Holtz der Wiegen" gelegt, welche wohl im Haus des Vaters am Judenplatz stand. Die jüngere Ehefrau wurde im Grundbuch als Miteigentümerin „auf Überleben" an die Gewere geschrieben, und war nach dem Tod ihres Ehemannes († 1614) somit Alleineigentümerin.[17]

Suttingers Mutter ging nach 1614 ebenfalls eine zweite Ehe ein, mit Leopold Schniczer, einem landständischen Buchhalter in Wien. Die Ehe wurde wohl vor 1620 geschlossen, denn in diesem Jahr wurde ein Sohn namens Valentin geboren, somit ein weiterer Halbbruder von Johann Baptist Suttinger. Das Haus am Judenplatz wurde bald darauf durch ein Feuer vernichtet, das Haus wurde aber von Leopold Schniczer wieder aufgebaut, und seit 1622 war er als Miteigentümer neben Suttingers Mutter im Grundbuch eingetragen. 1639 wurde das Haus verkauft – nähere Umstände sind nicht bekannt. Das Schicksal der bisherigen Eigentümer, von Suttingers Mutter und seinem Stiefvater, ist ungewiss.

4. Weiterer Lebenslauf

Auch über Kindheit und Schulausbildung von Johann Baptist Suttinger sowie über Studienverlauf und Einstieg ins Berufsleben wissen wir nichts,[18] außer von seiner Imma-

11 SCHILLING, Ehren-Gedächtnuß 190; siehe zu dieser Leichenpredigt auch unten im Anhang Abb. 1 – DAW, Taufbuch St. Stephan Tomus 5 (1608–1615) fol. 24r (21. oder 24. 6.?); siehe dazu auch unten im Anhang Abb. 2.

12 WESENER, Suttinger und Finsterwalder 369. – Kein Geburtsdatum ist angeführt in WESENER, Einflüsse und Geltung 50, ebenso nicht in BRAUNEDER, Juristen in Österreich 36f, 41, 52.

13 MUW 1597/1659, 23f.; siehe unten im Anhang Abb. 3. – Unrichtig war zunächst in ZEDLER, Universallexikon XLI, 257 auch das Sterbejahr mit 1672 angegeben – dies war das Sterbejahr von Suttingers Tochter Maria Rosina.

14 NESCHWARA, Suttinger, in FS Brauneder 364ff. – Zur Familienstruktur siehe unten im Anhang Abb. 4.

15 AVA, Adel, RAA 417/Nr. 62 (Urkunde, ausgestellt in Prag 1604 VII 14).

16 NESCHWARA, Suttinger, in FS Brauneder 364 und ebd. in Fn. 9.

17 Zu dieser gewohnheitsrechtlich geprägten antizipierten Erbfolge: BRAUNEDER, Miteigentum 19ff.

18 NESCHWARA, Suttinger, in FS Brauneder 371.

trikulation an der Universität im Wintersemester 1623/24. Wann er nach der Gymnasialausbildung an der Juristenfakultät inskribiert wurde, lässt sich mangels Existenz einer Juristenmatrikel für diese Zeit[19] nicht genau sagen. Dies wird aber etwa drei Jahre nach der Immatrikulierung (1623) erfolgt sein, also um 1626. Über den Studienabschluss mit der Promotion zum Doktor der Rechte gibt es keine Belege.[20]

Suttinger dürfte wohl bis zum Brand des Hauses am Judenplatz bei seinen Eltern gewohnt haben. Erst zehn Jahre später ist er quellenmäßig wieder greifbar. Seit 1633 war er mit Benigna Daum[in] (1614–1672) verheiratet.[21] Gemeinsam mit ihr erwarb er 1635 ein Haus in den Tuchlauben (heute Nr. 12 / Ecke Brandstätte), genannt „Zum roten Igel". Im selben Jahr wurde eine Tochter namens Maria Rosina geboren und es wurde auch ein neues Haus am Kohlmarkt (heute Nr. 7) erworben, und zwar von Johann Mathias Pruck[l]mayr (auch Pricklmayr bzw. Prücklmayr), niederösterreichischer Kammerprokurator (Anwalt des Landesfürsten), den Suttinger aus seinem beruflichen Umfeld kannte.[22]

Außer der erwähnten Tochter wurden bis 1655 noch weitere Kinder geboren, darunter auch ein Sohn (namens Johann Baptist) und vier Töchter; bei der Geburt des letzten Kindes war die Mutter schon im 41. Lebensjahr. Keines dieser Kinder hat das Kindesalter überlebt.[23]

5. Öffentliche Beziehungen

5.1. Ämter[24]

Johann Baptist Suttinger ist 1638 als Landschreiber am ständischen Landrecht (auch Landmarschallamt genannt) nachweisbar. Er war davor eventuell als Anwalt tätig, 1636 wird er in einer Urkunde in einem Rechtsstreit mit der Erzbistum Salzburg um die Herrschaft Traiskirchen als „Gewalthaber" bezeichnet.[25] Vielleicht übte er – so wie sein Onkel Abraham – in Wien die Advokatur aus. 1648 wechselte er als kaiserlicher Regimentsrat in den landesfürstlichen Dienst und avancierte dort bald danach, 1650, zum Regiments-Kanzler. 1651 erfolgte die Ernennung zum Superintendenten der Universität, wo er die Interessen des Landesfürsten an der Wiener Hochschule vertrat. Suttinger verblieb in dieser Funktion bis 1659. Knapp vor seinem Tod erfolgte 1661 noch die Berufung zum Unter-Landmarschall (Stellvertreter des Landmarschalls) am ständischen Landrecht; Suttinger hat dieses Amt aber vermutlich nicht mehr ausgeübt.

5.2. Aufnahme in den Kreis der Landstände[26]

Parallel zu seiner Karriere im landesfürstlichen Dienst verlief Suttingers Integration in den niederösterreichischen Landadel. 1641 wurde er – in Verbindung mit der „Besserung" des dem Großvater 1604 verliehenen Wappens[27] – gemeinsam mit seinem Onkel Abraham in den rittermäßigen Adel aufge-

---

19 Von den spätmittelalterlichen und frühneuzeitlichen Matrikeln der Juristenfakultät existieren nur noch zwei Bände mit vollständigen Aufzeichnungen für den Zeitraum von 1402 bis 1557: Archivplansystem Archiv der Universität Wien [https://scopeq.cc.univie.ac.at/Query/archivplansuche.aspx?ID=215172] (16. 6. 2025).

20 Aus dem Antrag auf Ausstellung eines Geburtsbriefes (siehe dazu die folgende Fn.) geht hervor, dass er 1633 noch Juris Utriusque Baccalaureus war („J:V:B[acc]:").

21 Aus Anlass seiner Eheschließung beantragte Suttinger beim Universitätskonsistorium die Ausstellung eines „Geburtsbrief[es]" (einliegend in AUW, CA 3.2880 Sammelakt 1633–1648); siehe unten im Anhang Abb. 5) den Antrag Suttingers.

22 Neschwara, Suttinger, in FS Brauneder 366f.

23 Ebd. 366 Fn. 17 und 21.

24 Ebd. 371.

25 NöLA, Varia, Urkunde 1636 IV 14 [https://www.findbuch.net/comments/php/comment47.php?ar_id=3695&ve_id=1159886.]; die Urkunde ist laut Findbuch zur Benutzung gesperrt.

26 Neschwara, Suttinger, in FS Brauneder 367f.

27 NöLA, SAA, Urkunde Nr. 23, ausgestellt in Regensburg 1641, VI 18. – Die Devise im Wappen lautete „Patienter audi. Benigne respondi. Juste judica" (geduldig zuhören, sanftmütig antworten, gerecht entscheiden).

nommen. 1642 erwarb Suttinger (für etwa 5.500 Gulden) mit dem sogenannten Thurnhof in Brunn am Gebirge, südlich von Wien, ein erstes landesfürstliches Lehen, und wurde damit zu einem Träger lokaler Grundherrschaft. 1644 erweiterte er seinen Besitz um einzelne Bauernstellen aus der Ortschaft Tribuswinkel (bei Baden). 1650 erwarb er im benachbarten Perchtoldsdorf von Hans Pesoldt den sog. Eisenböckhof als „freies Eigen". Persoldt war mit Johanna Regina, der Tochter von Suttingers Bruder Abraham, verheiratet.[28]

1649 wurde ihm in Anerkennung seiner Verdienste um das Land, um Landstände und Landesfürsten, das Prädikat „zum Thurnhoff" verliehen.[29] Im nächsten Jahr erfolgte die Erfassung seiner Herrschaftsrechte in einer Einlage des landständischen Gültbuches als „Thurnhof-Herrschaft".[30] Der Lehenbesitz wurde in der Folge sukzessive vermehrt. 1658 kam es – in Verbindung mit der Verleihung eines landesfürstlichen Lehens in Röschitz, das nach Rückzug der bis dahin belehnten Karmeliter in ihr Mutterhaus nach Wien „apert" geworden war, zu Suttingers förmlicher Aufnahme in das Ritterstands-Konsortium der niederösterreichischen Stände; die dafür vorgesehenen hohen Taxen wurden ihm nach Intervention des Landesfürsten erlassen.[31]

6. Private Beziehungen

6.1. Familie[32]

Suttingers Karriere im Dienst des Landesfürsten und der Landstände ging einher mit der Anbahnung von Beziehungen zu anderen Adelsfamilien in Niederösterreich, und zwar durch Eheschließungen seiner Tochter Maria Rosina: Diese wurde 1650 zunächst mit Carl Pergen [II.] verheiratet,[33] dessen Familie in der Frühneuzeit einen bemerkenswerten politischen Aufstieg machte.[34] Carl Pergen war selbst mehrfach „Herr", etwa von Aspang. Als niederösterreichischer Regimentsrat war er Suttingers Kollege. Aus seiner Ehe mit dessen Tochter gingen von 1654 bis 1658 vier Kinder hervor, eine Tochter und drei Söhne.[35]

Nach dem Tod Carls II. Pergen († 1659) schloss seine Witwe noch im selben Jahr eine weitere Ehe mit Ott Ferdinand Gottlieb Volkchra. Er war Spross eines alten, in Niederösterreich seit dem Mittelalter ansässigen (ehemaligen) Reichsgrafengeschlechts, er selbst

---

28 Johanna Regina war also nicht, wie bei Gatscher-Riedl, Seidl, Perchtoldsdorf 95, angegeben, die Schwester von Johann Baptist Suttinger, sondern seine Nichte. In zweiter Ehe war sie mit Heinrich Pergen, dem jüngeren Bruder von Carl Pergen verheiratet, welcher wiederum mit Suttingers Tochter Maria Rosina verheiratet war (dazu unten 6.1.).

29 Verleihung des Prädikats mit Urkunde 1649 III 26, Preßburg: AVA, Adelsarchiv, HAA, AR 970.40.

30 NöLA, Gült-Einlage für das Viertel unter dem Wienerwald, Einlage Nr. 100; ebd. Gültbuch für das Viertel unter dem Wienerwald 1637–1666, fol. 624r; siehe dazu auch unten im Anhang Abb. 6.

31 Urkunde 1658 VIII 18, Nürnberg, ausgestellt von Kaiser Lepold I.; zum Verkauf angeboten bei Inlibris [https://inlibris.com/de/item/bn51922_de/?srsltid=AfmBOoqfK9bjiGnG3XKZhTRm7kOY3HDfBS3h4pdFsYsskr9O3J0qoH1p] (16. 6. 2025). – Bis 1659 konnte Suttinger laufend weitere landesfürstliche Lehen erwerben (in der näheren Umgebung am Gießhübl, in Brunn, Perchtoldsdorf, Inzersdorf, Simmering und Vösendorf sowie in Zwölfaxing) und 1661 auch ein Lehen der Grafen Puechaim (zu Patzmannsdorf).

32 Neschwara, Suttinger, in FS Brauneder 368ff.; siehe dazu auch unten im Anhang Abb. 4.

33 Ebd. 368. – Als Beistände des Ehevertrags fungierten auf Seite der Braut deren Vater Johann Baptist Suttinger, auf Seite des Bräutigams dessen Vorgesetzter als Beamter, der niederösterreichische Regimentskanzler Prücklmayr.

34 Nach mehreren Generationen erlosch dieser Zweig der Familie Pergen. Durch eine Nichte war Johann Baptist Suttinger auch mit einem anderen Familienzweig der Grafen von Pergen verbunden: durch Maria Regina, einer Tochter seines jüngeren Bruders Abraham, mit einem Bruder von Carl II. Pergen, Johann Heinrich (Cornelius). Dieser Zweig pflanzte sich, nachdem auch diese, für den Bräutigam bereits dritte Ehe kinderlos geblieben war, in dessen vierter Ehe endlich mit Nachkommen bis in das 19. Jahrhundert fort und brachte unter anderem im Vormärz den sog. „Polizeipräsidenten" von Staatskanzler Metternich hervor, nämlich Carl Anton Pergen: Godsey, Pergen.

35 Vgl. Gatscher-Riedl, Seidl, Perchtoldsdorf, 95f, 400; Zedler, Universallexikon XXVII, 399–401.

war u.a. „Herr auf Heidenreichstein".[36] Aus seiner Ehe mit Suttingers Tochter sind (von 1660 und 1668) ebenfalls vier Kinder hervorgegangen, wieder eine Tochter und drei Söhne. Der älteste Sohn, Ott Christoph, war ausgebildeter Jurist und umfassend gebildet, insbesondere auch als Gelehrter ausgewiesen. Er war überdies Diplomat, u.a. Gesandter in London. Im Zuge dieses Aufenthalts erfolgte dort auf Vorschlag von Isaac Newton 1716 seine Aufnahme in die Royal Society.[37] Er war außerdem Präsident der schlesischen Hofkammer und, so wie sein Großvater Johann Baptist Suttinger, niederösterreichischer Landuntermarschall (Stellvertreter des Landmarschalls).[38]

6.2. Soziales Engagement[39]

Die Zeitgenossen sahen in Suttinger einen „gutthätigen Mecænaten" [sic!]. Er hatte als Taufpate vielfach bedürftige Kinder unterstützt und soll dafür im Laufe der Zeit 2.000 Dukaten an Taufgeschenken aufgewendet haben.[40] Im April 1659, am Ende seiner Laufbahn an der Universität als landesfürstlicher Superintendent, schuf er eine Stiftung für arme Schüler im Jesuiten-Konvikt in Wien, die mit 7.000 Gulden Stiftungskapital ausgestattet war, wovon 6.000 Gulden an seinem eigenen Haus anlegt und mit 6 % verzinst wurden, jährlich also 360 Gulden an Rente brachten; die übrigen 1.000 Gulden wurden zu den selben Konditionen bei den Landständen angelegt, was jährlich 60 Gulden als Rente ergab. Von den insgesamt 420 Gulden Rentenjahresertrag sollten aus der Stiftung zwei bis drei Studenten pro Jahr versorgt werden.

7. Gelebte Frömmigkeit[41]

Suttinger war ein überaus frommer Mann. Er gehörte einer Reihe von geistlichen Bruderschaften an: Bei den Jesuiten in Wien unterzog er sich seit 1650 jährlich in der Karwoche geistlichen Exerzitien. Bei den Eremiten der Kartause Mauerbach (im Wienerwald westlich von Wien) verbrachte er die Osterfeiertage, wo er aber – so oft es ihm seine Geschäfte erlaubten – auch sonst viel Zeit verbrachte. Er besuchte Gottesdienste, empfing die Kommunion, unterzog sich Andachten und führte geistliche Gespräche, insbesondere mit seinem Beichtvater.[42] Am Weißen Sonntag nach Ostern hielt er sich stets auch bei den Karmelitern in der „Vorstadt über der Schlagbrücke" in Wien, im heutigen II. Wiener Gemeindebezirk, in der Leopoldstadt, auf. Überdies war er seit 1659 Mitglied der Gottesleichnams-Bruderschaft der Barnabiten zu St. Michael, wo er wöchentlich dienstags am Prozessions-Umgang teilnahm. In Brunn am Gebirge stiftete er in seinem Thurnhof eine Kapelle für die Hl. Barbara und richtete am jährlichen Festtag der Heiligen, am 4. Dezember, eine Gottesdienstfeier mit einem „vollkommenen Ablaß" aus, was auch „Zulauff der umbliegenden Orthen" hervorrief.[43] Suttinger unterstützte außerdem die Totenbruderschaft zu Brunn und Mödling sowie die Bruderschaft St. Joseph zu Lilienbrunn.

---

36 Neschwara, Suttinger, in FS Brauneder 370. – Als Trauzeuge von Maria Rosina Pergen, geborene Suttinger, fungierte abermals ihr Vater Johann Baptist.

37 [https://epsilon.ac.uk/view/epsilon-testbed/royal-society/nameregs/NA230] (16. 6. 2025).

38 Über Ott Christoph Volkchra: Igálffy-Igály, Modelle der Welt; Zedler, Universallexikon L, 401–406.

39 Neschwara, Suttinger, in FS Brauneder 370.

40 Schilling, Ehren-Gedächtnuß 197.

41 Neschwara, Suttinger, in FS Brauneder 370.

42 Schilling, Ehren-Gedächtnuß 197.

43 Ebd. 203.

8. Tod – letztwillige Anordnungen

8.1. Todesumstände[44]

Suttinger war nach den Osterfeiertagen 1662 (9. / 10. April), welche er, wie üblich, in der Kartause Mauerbach verbracht hatte, auf dem Rückweg auch bei den Karmelitern in der Leopoldstadt eingekehrt. Von dort aus hatte er noch einen kurzen Aufenthalt „in seinem Garten"[45] genommen. Bald danach war er akut erkrankt.[46] Am Weißen Sonntag (16. April) wurde das „hitzige Fieber" diagnostiziert, dem er – trotz ständiger medizinischer Betreuung – nach etwa zweiwöchigem Leiden erlag: in seinem Haus am Kohlmarkt am 1. Mai 1662 um drei Uhr früh, „nach dem er die hl. Ölung von sich aus begehrt"[47] hatte.

8.2. Begräbnis[48]

Suttinger wurde nun „in das Holtz der Todten-Särch"[49] gelegt. Schon am 3. Mai erfolgte die Beisetzung in der Gruft der Familie Pergen-Suttinger in der Krypta der Michaelerkirche – „ohne Pomp",[50] wie er in seiner testamentarischen Anordnung selbst bestimmt hatte: Von vier Sargträgern begleitet, wurde Suttinger dort zu Grabe gelegt, neben seinem Ende 1659 verstorbenen (ersten) Schwiegersohn Carl Pergen, mit dem er erst Anfang 1659 die gemeinsame Familiengruft erworben hatte. Es sollen „viel Adeliche / Hochwitzige und in allen Wissenschaften erfahrne Männer"[51] anwesend gewesen sein. Von der Familie kam nur der engste Kreis: Benigna, die Witwe, und Maria Rosina, die Tochter, diese in Begleitung ihres (zweiten) Ehemannes Ott Ferdinand Gottlieb Volkchra.

Über Suttingers Ehe hieß es in der Leichenpredigt, sie sei „eine fürtreffliche" gewesen, die Ehegatten „lebten miteinander in einer unverfälschten Treu".[52] Die Ehefrau ist ihrem Mann auch über den Tod hinaus treu geblieben und gab Zeit Lebens ihren Witwenstand nicht auf. Sie wurde nach ihrem Tod († 1672) auch neben ihm in der Familiengruft zur letzten Ruhe gebettet.

8.3. Vorsorge für den Todesfall – Letztwillige Anordnungen[53]

Suttinger dürfte – in Hinblick auf ein nahendes Ende – Vorahnungen gehabt haben: Er hat seit 1659 mehrfach Vorsorge für den Fall seines Todes getroffen.

1. Erwerb einer Grabstelle

Im November 1659 setzte er einen ersten Schritt: Gemeinsam mit seinem (ersten) Schwiegersohn Carl Pergen erwarb er – wie zuvor (8.2.) erwähnt – das Recht, in der Michaelerkirche eine Familiengruft einzurichten; die erste Grablegung betraf kurze Zeit später Carl Pergen.[54]

---

44 Neschwara, Suttinger, in FS Brauneder 379.

45 Schilling, Ehren-Gedächtnuß 199. – Die genaue Lage dieses Gartens war nicht eruierbar, er dürfte aber wohl – sozusagen – auf halbem Weg von der Leopold-Vorstadt zu Suttingers Wohnung in der Innenstadt (1. Bezirk) am Kohlmarkt gelegen sein; am Ufer des dazwischenliegenden Donauarmes waren auf Seite der heutigen Leopoldstadt (2. Bezirk) Blumen-, Kräuter- und Gemüsegärten angelegt (heute „Im Werd" gelegen, in älterer Zeit auch „In der Au" bzw. „Auf der Wiese[n]" genannt).

46 Schilling, Ehren-Gedächtnuß 202. – Suttinger dürfte an Typhus erkrankt sein, der auch als „hitzige Krankheit" bezeichnet wurde: Zedler, Universallexikon IX, 853–872 (Fieber, hitziges).

47 Schilling, Ehren-Gedächtnuß 194f.

48 Neschwara, Suttinger, in FS Brauneder 379.

49 Schilling, Ehren-Gedächtnuß 190.

50 HHStA, OLMA, 33/Nr. 147, hier „Andertens".

51 Schilling, Ehren-Gedächtnuß 191.

52 Ebd. 205.

53 Neschwara, Suttinger, in FS Brauneder 379ff.

54 Ebd. 369 und ebd. in Fn. 38; Hengerer, Adelsgräber 301 in Fn. 152, 338 in Fn. 265.

2. Einräumung des Mitteigentums für die Ehegattin am Haus in Wien

Den nächsten Schritt in Erwartung eines nahenden Endes setzte Suttinger im September 1661, indem er seine Ehegattin Benigna als Miteigentümerin des Hauses am Kohlmarkt im Grundbuch zur Gewere anschreiben ließ.[55]

3. Letztwillige Verfügungen[56]

a) Testamentserrichtung und -eröffnung
Im Februar 1662 verfasste Suttinger eigenhändig sein Testament. Ergänzende Anordnungen – in Bezug auf die Erbteilung – soll er noch knapp vor seiner Erkrankung Mitte April 1662 getroffen haben.[57]

Die Testamentseröffnung erfolgte etwa eine Woche nach der Beisetzung am 9. Mai in Anwesenheit seines Schwiegersohnes Ott Ferdinand Volkchra als Vertreter von Suttingers Tochter, Maria Rosina, sowie von Johann Michael Seiz, Suttingers Kollegen bei der Landesordnungskommission und sein Nachfolger als Leiter des Landesordnungs-Projekts,[58] als Vertreter der Witwe Benigna Suttinger.[59]

b) Einsetzung der Erben – Anordnung von Legaten und Auflagen
In seinem Testament setzte Suttinger seine Ehefrau und seine Tochter als Universalerbinnen ein. Die Erbrechte der beiden Frauen waren allerdings durch zahlreiche Legate und Auflagen beschränkt.

Allein elf Anordnungen betrafen Zuwendungen an „pia corpora“ (an Orden und Bruderschaften), nämlich für St. Angelus bei den Franziskanern und Paulanern, für St. Barbara im Jesuitenkonvikt, für das Himmelfahrtsaltarbild (Virginis Assunta) im Profeßhaus der Jesuiten, für das Altarbild mit der Präsentation Mariens zu St. Rochus, für die Totenbruderschaft bei den Augustinern, für die Gottesleichnamsbruderschaft bei St. Michael, für die Todesangstbruderschaft im Profeßhaus, für das Skapulier bei den Karmelitern, für die Todesbruderschaft zu Mödling und Brunn, für die ewige Bruderschaft bei den Dominikanern, für die Bruderschaft St. Josef zu Lilienfeld. Jeder dieser Einrichtungen wurden 75 Gulden zugewendet, in Summe also 825 Gulden – jeweils verbunden mit der Bitte, Seelenmessen für ihn lesen zu lassen.[60]

Weitere „Allmosen“ zu verteilen und Seelenmessen lesen zu lassen, stellte Suttinger seinem „lieben Weib und Kindt“ anheim; die beiden sollten jedenfalls für seine Stiftung zugunsten der Hl. Barbara im Thurnhof sorgen. Eine weitere Verfügung betraf sodann die Universitätsstiftung „Zum Goldberg“, wofür er ein Legat aussetzte, welches mit den für 1650 bis 1659 noch ausständigen Remunerationen für seine Tätigkeit als landesfürstlicher Superintendent der Universität dotiert werden sollte – bei 10 Gulden pro Jahr in Summe also 120 Gulden: Die eigene Stiftung für bedürftige Schüler im Jesuitenkonvikt aus 1659 vertraute er dem niederösterreichischen Landmarschallamt zur Verwaltung an.[61]

Andere Anordnungen Suttingers betrafen einzelne Sachzuwendungen an Familienangehörige: für seine in Rodaun lebende Mutter verfügte er zu ihrem lebenslänglichen Unterhalt einen Betrag von jährlich 200 Gulden, seinem Halbbruder aus der zweiten Ehe seiner Mutter, Valentin Schniczer, hinterließ er Kleidung und eine silberne Flasche.[62] Suttingers Schwiegermutter erhielt eine Silberkanne, seinem Schwiegersohn („Ayden“) hinterließ er eine große goldene Kette im Wert von 500 Gulden.[63]

55 Neschwara, Suttinger, in FS Brauneder 379.

56 HHStA, OLMA, 33/Nr. 147; siehe dazu auch unten im Anhang Abb. 7.

57 Schilling, Ehren-Gedächtnuß.

58 Neschwara, Suttinger, in FS Brauneder 378.

59 Ebd. 379.

60 Neschwara, Suttinger, in FS Brauneder 379f.; HHStA, OLMA, 33/Nr. 147, „Drittens“.

61 Neschwara, Suttinger, in FS Brauneder 380; HHStA, OLMA, 33/Nr. 147, „Viertens“, „Fünftens“ und „Sechstens“.

62 Ebd. „Siebentens“ und „Achtens“.

63 Neschwara, Suttinger, in FS Brauneder 380; HHStA, OLMA, 33/Nr. 147, „Neuntens“.

Hinzu kam ein Vorausvermächtnis für den ersten Volkchra-Enkel Ott Christoph (* 1660), er erhielt die Bibliothek des Großvaters.[64]

Die Enkel aus der ersten Ehe seiner Tochter mit Carl Pergen sollten – anstatt eines Legats gemeinsam – mit einem Betrag von 20.000 Gulden von ihrer Mutter aus ihrer „witiblichen Abferttigung" bedacht werden.[65] Der jüngsten Enkelin, im Testament „Thereserl" genannt, sollte ein ziffernmäßig unbestimmter, aber „ergäbiger" Betrag zukommen, damit „sÿ vmb sovil desto besser verheÿrathet werden möge".[66]

Auch die Untertanen der Thurnhof-Herrschaft zu Brunn wurden von Suttinger letztwillig bedacht, und zwar mit einem Schuldenbefreiungslegat über 300 Gulden, welche nach Billigkeit aufgeteilt werden sollten. Suttingers Kollege bei der Landesordnungs-Kommission, Landschreiber Seiz, erhielt eine Skulptur aus Gold, einen „Guldenen Todt, so beÿ 24 Dukaten wiegt" – als Gegenleistung sollte er Suttingers Stipendien-Stiftung „in Ordnung richten".[67]

c) Auflagen für die Erbinnen und Teilungsanordnung des Erblassers[68]

Das den Universalerbinnen von Suttingers Vermögen, seiner Ehefrau Benigna und seiner Tochter Maria Rosina, zur Erfüllung all dieser Anordnungen verbleibende Vermögen sollte ihnen gemäß einer vom Erblasser selbst getroffenen Teilungsanordnung zukommen: Die Witwe erhielt das Haus am Kohlmarkt mit der Verpflichtung zur Zahlung der jährlichen auf dem Haus lastenden Rente zugunsten der Pacher'schen Stiftung, samt Zubehör, ausgenommen die Bibliothek, welche dem Volkchra-Enkel Ott Christoph als Prälegat vorbehalten war; ferner erhielt Benigna Suttinger von der „vorhandenen Vahrnuß" Gold, Silber und Schmuck sowie „Roß und Wagen". Hinzu kamen der Garten samt Fahrnis und die Wiesen in Simmering inklusive 500 Eimer Wein (zu 56 Liter) sowie der Fruchtgenuss an einzelnen Lehen, nämlich am landesfürstlichen Lehen zu Röschitz und am „gräflich-puechaimischen" Lehen zu Patzmannsdorf. Schließlich sollten ihr vom Bargeld 12.000 Gulden – welche als Forderung auf dem Badener Tatz, einer Art Getränkesteuer, angelegt waren, zukommen. Im Übrigen erteilte Suttinger seiner Frau die Auflage, „sy wolle ihren Erbthail Ihrem Kindt wiederumb verlassen".[69]

Die Tochter erhielt[70] die Thurnhof-Herrschaft zu Brunn am Gebirge in Verbindung mit der Verpflichtung zur Erhaltung der Barbara-Kapellenstiftung;[71] hinzu kamen die Nutzungen aus den übrigen Herrschaftsrechten, nämlich den Zehenten zu Inzersdorf, Vösendorf und am Wienerberg. Ferner sollte ihr der

---

64 HHStA, OLMA, 33/Nr. 147, „Zehendens". Leider gibt es kein Inventar dazu! – In der Folge wurden aus der zweiten Ehe von Suttingers Tochter mit Ott Gottlieb Ferdinand Volkchra noch zwei weitere Söhne geboren, Ott Johann Baptist (* 1666) und Ott Gottlieb Josef (* 1668/69), sowie eine Tochter, Lukretia (* 1661).

65 HHStA, OLMA, 33/Nr. 147, „Vierzehendens"; Neschwara, Suttinger, in FS Brauneder 380. – Nach dem Tod von Maria Rosina Suttinger († 1669) mussten die Pergen-Enkel einen jahrelangen Prozess gegen die Volkchra-Erben auf Herausgabe führen: Schließlich gingen 8.000 Gulden an die beiden Pergen-Söhne und die restlichen 12.000 an die Tochter Lukretia.

66 HHStA, OLMA, 33/Nr. 147, „Vierzehendens". - Die Enkelin „Thereserl" dürfte in der Folge bald verstorben sein. Über sie finden sich in den Urkunden der Familie (NöLA, Herrschaftsarchiv Aspang) keine Hinweise mehr.

67 Neschwara, Suttinger, in FS Brauneder 380; HHStA, OLMA, 33/Nr. 147, „Aylfftens" und „Dreyzehendens".

68 Neschwara, Suttinger, in FS Brauneder 380f.

69 HHStA, OLMA, 33/Nr. 147, „Abtheilung meines Vermögens" – „Auff meiner Ehefrauen Theil gehört"; siehe dazu auch unten im Anhang Abb. 7.

70 Neschwara, Suttinger, in FS Brauneder 381.

71 HHStA, OLMA, 33/Nr. 147, „Zwelfftens". – Hierfür belastete Suttinger den „Thurnhof" mit 1.000 Gulden, aus dem „Interesse", den daraus lukrierten Zinsen, sollte die Kapelle „vnterhalten" und „wöchtlich wenigst eine Meß zu Trost" der Seele des Verstorbenen gelesen werden.

Rest des Bargeldes und der Forderungen gegen den Badener Tatz sowie das übrige frei verfügbare Vermögens zukommen.[72]

d) Regelung von Lehenverhältnissen
Weitere Anordnungen Suttingers standen in Verbindung mit den Lehen der minderjährigen Pergen-Enkel, welche er als deren Lehenträger verwaltete.[73]

9. Fortwirken des Johann Baptist Suttinger

9.1. Materielle Güter

Die ihr vom Vater hinterlassenen Lehen wurden von Tochter Maria Rosina 1667 veräußert – ausgenommen die für das Adelsprädikat Suttingers namengebende Thurnhof-Herrschaft. Nach ihrem Tod ging diese 1670 an die Volkchra-Kinder, letztendlich an Ott Christoph, welcher die ihm von seinem Großvater Johann Baptist Suttinger als Vorausvermächtnis überlassene Bibliothek nun von Wien hierher verbrachte. Die Thurnhof-Herrschaft wurde 1683 im Zuge der Belagerung Wiens von südlich der Stadt umherstreifenden Türkenscharen überfallen und verwüstet, wobei im benachbarten Perchtoldsdorf Dutzende Menschen ums Leben kamen, darunter auch zwei Personen namens Suttinger, Andreas und Katharina, wohl entfernte Verwandte von Johann Baptist.[74]

Die engeren Verwandten Suttingers in Brunn blieben unversehrt, die Bibliothek im Thurnhof wurde allerdings durch einen Brand im Zuge des Türkenüberfalls vernichtet. Ott Christoph Volkchra wurde für diesen Verlust allerdings von seinem Vater Ott Ferdinand mit der Hinterlassung der eigenen Bibliothek – „pro Compensatione der Suttingerischen Bibliothec"[75] – entschädigt. Ott Christoph erweiterte sie um eigene Bestände und Neuerwerbungen; die neue Bibliothek stellte er in dem von ihm inzwischen erworbenen Köttenhof in Schwechat auf. 1744 vermachte er sie letztwillig der niederösterreichischen Stände-Akademie in Wien. Nach deren Auflösung gelangte sie 1749 an die Windhag'sche Stiftung und von dieser an die Universitätsbibliothek. Ein kleiner Teil der Volkchra-Bibliothek verblieb bei den Ständen und ist heute Bestandteil der niederösterreichischen Landesbibliothek in St. Pölten.[76]

1718 wurde die Thurnhof-Herrschaft durch Ott Christoph veräußert, über mehrere Rechtsnachfolger war schließlich der Fürst von Liechtenstein der letzte Leheninhaber, bevor es mit der Revolution von 1848 zur Aufhebung der Grundherrschaften kam.[77]

Nach 1848 fungierte der Thurnhof als Sitz der Gemeindeverwaltung von Brunn am Gebirge; der namengebende Turm wurde 1944 durch Bomben zerstört. Heute dient das Gebäude unter dem Namen „St. Josef" als Standort verschiedener sozialer Einrichtungen.[78]

Das Suttinger-Haus am Kohlmarkt[79] in Wien wurde von seiner Witwe – wie von ihrem Mann letztwillig gewünscht – ihren Enkeln vermacht, unter der Auflage, dass sich diese über die Teilung mittels eines Vergleichs einigen sollten. Eine Vereinbarung kam auch bald nach dem Tod der Großmutter († 1672) zustande: Durch Verzicht der Pergen-Enkel kamen die Volkchras zum Eigentum. 1703 verzichtete Enkelin Benigna zugunsten ihres älteren Bruders Ott Christoph auf ihren Anteil, der jüngere Bruder Johann Baptist tat dies nach seiner Ernennung zum Bischof von

---

72 HHStA, OLMA, 33/Nr. 147, „Abtheilung meines Vermögens" – „Auff meiner Frau Tochter Antheil gehört"; siehe dazu auch unten im Anhang Abb. 7.

73 Neschwara, Suttinger, in FS Brauneder 381; HHStA, OLMA, 33/Nr. 147, Beilage „Wann ich stürbe, so seind Nachfolgende Lehen fürdlich Zuersuchen".

74 Neschwara, Suttinger, in FS Brauneder 381f.

75 HHStA, OLMA, Kart. 39, Testament Nr. 48 (1694 VI 14).

76 Neschwara, Suttinger, in FS Brauneder 383.

77 Ebd. 382; vgl. Archiv des Hauses Liechtenstein, Wien: Gut Thurnhof, in: Sammlung Hampe, Geschichte der Burg Mödling, Veste Liechtenstein, Manuskript 1836.

78 Neschwara, Suttinger, in FS Brauneder 382, sowie ebd. in Fn. 115.

79 Ebd. 382.

Veszprem (1711), sodass das Haus seit 1712 im Alleineigentum von Ott Christoph stand. Dieser war seit 1698 (in zweiter Ehe) mit Eleonore Mollart, verwitwete Gräfin Palffy, verheiratet. Aus dieser Ehe ging eine Tochter, Maria Barbara, hervor, welche in der Folge mit einem Franz Josef, Graf von Waldstein, verheiratet war, dessen Sohn Wenzel 1741, nach dem Tod seiner Mutter, Universalerbe von Ott Christoph Volkchra wurde, und damit Eigentümer des Hauses am Kohlmarkt in Wien war. 1743 wurde das Haus – nach seinem Tod – veräußert.[80]

Suttingers Stipendien-Stiftung zur Versorgung bedürftiger Studierender der Universität im Konvikt der Societas Jesu in Wien wurde knapp nach der Suspension der Förderung des dritten Stipendienplatzes 1755 noch etwa ein halbes Jahrhundert fortgeführt; als die Mittel dann nur mehr zur Versorgung eines einzigen Schülers (mit 200 Gulden pro Jahr) reichten, wurde nach Ausscheiden dieses letzten Stipendiaten aus dem Konvikt kein neuer mehr nominiert, womit die Stiftung erloschen war.[81]

Heute verbindet sich in Wien mit dem Namen Suttinger nur noch die in der Krypta der Michaelerkirche bestehende Familien-Gruft, woran eine im Boden des Kirchenschiffes eingelassene Grabplatte erinnert. Zehn Jahre nach Johann Baptist Suttinger († 1662) wurde dort 1672 seine Witwe Benigna beigesetzt.[82] Suttingers Tochter Maria Rosina wurde nach ihrem Ableben 1670 in der Burg Heidenreichstein, dem Herrschaftssitz ihres zweiten Ehemannes, Ott Ferdinand Volkchra, beigesetzt.[83] Der älteste Sohn aus dieser Ehe, Ott Christoph Volkchra, hatte später in der Michaelerkirche in Wien eine eigene Grabstelle in der Nähe seiner Großeltern erworben.[84]

9.2. Geistiges „Erbe"

Suttingers Leistungen als Jurist wirkten über seine Zeit hinaus fort,[85] zunächst in Einzelgesetzen, welche aus dem von ihm 1650/54 konzipierten Entwurf für eine niederösterreichische Landesordnung herausgelöst wurden: Dazu zählte zunächst eine Gerhabschafts-Ordnung (ein Vormundschaftsgesetz) aus 1669; 1679 folgte ein Gesetz über Rechtsverhältnisse in Grundherrschaften (der Tractatus de juribus incorporalibus). Beide Gesetze wurden auch für Oberösterreich verbindlich gemacht. 1720 folgte noch die „Satz- und Ordnung vom Erbrecht außer Testament" (eine gesetzliche Erbfolgeordnung), welche nicht nur in Oberösterreich, sondern in der Folge bis 1747 auch in Steiermark und Kärnten in Geltung gesetzt wurde. Alle diese Gesetze lieferten für die 1753 von Maria Theresia eingesetzte Kompilationskommission grundlegende Quellen zur Ausarbeitung eines „Codex Civilis".

Die von Suttinger aus der Praxis der niederösterreichischen Landes-Gerichtshöfe (Landrecht und Regierung) erarbeitete handschriftliche Aufzeichnung der zivilrechtlichen Verfahrensrechte („Observationes practicae") seiner Zeit lebte durch ihre Drucklegung über die Erstauflage (Wien 1650) hinaus durch mehrfache Neuauflagen (1656, 1669, 1678, 1703, 1713) in Nürnberg als „Verneuerte Observationes" bis Anfang 18. Jahrhunderts fort.[86] Diese waren, nach dem Zeugnis Franz Zeillers, dem Redaktor des österreichischen ABGB, bis zu den Kodifikationen des

---

80 Ebd. 382f. sowie ebd. in Fn. 118.

81 Ebd. 383. – Die von Suttinger für die niederösterreichischen Stände in einem „Gedenckpuech" als Grundlage für die Gewährung einer Landhandfeste durch den Landesfürsten zusammengestellte Kompilation der landständischen Privilegien war durch die politischen Entwicklungen im Anschluss an den Dreißigjährigen Krieg und die Ausprägung eines landesfürstlichen Absolutismus in den habsburgischen Erbländern in der zweiten Hälfte des 17. Jahrhunderts obsolet geworden: Vgl. BRAUNEDER, Gesetzgebungsgeschichte 454.

82 NESCHWARA, Suttinger, in FS Brauneder 369 und ebd. in Fn. 38, 384.

83 Ebd. 370, 382.

84 Ebd. 384.

85 BRAUNEDER, Privatrechtsgeschichte 88f.; NESCHWARA, Suttinger, in FS Brauneder 384; WESENER, Einflüsse und Geltung 373.

86 Das Nachdruckprivileg erhielt Michael Endter: HHStA, RHR, Impressarien, Kart. 15 (Endter), fol. 44.

Justizrechts um 1800 für Generationen von österreichischen Juristen die „fruchtbarste Anleitung“[87] für die Justizpraxis.

Die durch Suttinger erarbeitete, alphabetisch geordnete Kompilation der bis zur Regierung Ferdinand III. erlassenen gesetzlichen Anordnungen (Mandate) der österreichischen Landesfürsten in einem „Codex Ferdinandeus“ bildete, in der 1682 beendeten Überarbeitung durch Suttingers Schwiegersohn Ott Ferdinand Volkchra, als „Codex Leopoldinus“ den unmittelbaren Vorläufer des 1704 mit kaiserlichem Privileg in Wien veröffentlichten zweibändigen „Codex Austriacus“, der mit vier chronologisch geordneten Supplementen die landesfürstliche Gesetzgebung bis zum Beginn der Regierungszeit von Maria Theresia up to date hielt.[88] 1753 lieferte auch diese kaiserlich privilegierte Gesetzes-Sammlung der Kompilationskommission weitere wertvolle Materialien für ihre Arbeiten an einem Codex civilis (Theresiana). Dies gilt durch ihre Drucklegung (1716 und 1718 in Leipzig) auch für Suttingers Sammlung des niederösterreichischen Gewohnheitsrechts („Consuetudinarii Austriaci“ bzw. „Digesta Consuetudinum“) als „Consvetudines Austriacae“.[89]

So gesehen, steckt also in unserem ABGB auch noch ein gutes Quantum von Suttingers geistigem „Erbe“.

Korrespondenz

Prof. Dr. Christian Neschwara (i.R.)
Universität Wien
Institut für Rechts- und Verfassungsgeschichte
Juridicum
Schottenbastei 10–16
A-1010 Wien
christian.neschwara@univie.ac.at
ORCID-Nr. 0000-0001-7956-4439

Abkürzungen

AR	Allgemeine Reihe
AUW	Archiv der Universität Wien
DAW	Diözesanarchiv Wien
FRA	Fontes rerum Austriacarum
HAA	Hofadelsakten
MUW	Martikel der Universität Wien
o.p.	ohne Seitenangabe
OLMA	Niederösterreichisches Landmarschalllamt
RAA	Reichsadelsakten
SAA	Schlossarchiv Aspang

Siehe auch das allgemeine Abkürzungsverzeichnis: [https://www.oeaw.ac.at/fileadmin/kommissionen/rechtsgeschichte/pdf/abk.pdf]

Literatur

Nikolaus Beckmann, Idea Juris et consuetudinarii Stiriaci et Austriaci cum Jure Romano collati (Graz 1688).

Wilhelm Brauneder, Europäische Privatrechtsgeschichte (Wien u.a. 2014).

Ders., Zur Gesetzgebungsgeschichte der niederösterreichischen Länder, in: Ders. (Hg.), Studien I: Entwicklung des Öffentlichen Rechts (Frankfurt a.M. u.a. 1994) 473–487.

Ders., Miteigentum „zur gesamten Hand“ und „auf Überleben“, in: Ders., Gerhard Jaritz (Hgg.), Die Wiener Stadtbücher 1395–1439, 1. Teil: 1395–1400 (= FRA III/10, Wien 1989) 19ff.

Ders., Juristen in Österreich 1200 bis 1980 (Wien 1987).

Gregor Gatscher-Riedl, Johannes Seidl, Von Menschen und Häusern in Perchtoldsdorf. Zur Besitzgeschichte des Hausbestandes einer niederösterreichischen Kleinstadt (= Schriften des Archivs der Marktgemeinde Perchtoldsdorf 5, Perchtoldsdorf 2013).

[87] So Zeiller, Grundzüge zu einer Geschichte der Gerichtsordnung 3f.

[88] Pauser, Gesetzgebung und Gesetzessammlungen 320f.

[89] In einem Anhang wurden auch die bis dahin ebenfalls bloß handschriftlich verbreiteten „Goldenen Traktate“ über Materien des österreichischen Zivilrechts des 16. Jahrhunderts von Bernhard Walther, dem „Vater der österreichischen Jurisprudenz“ (so Beckmann, Idea Juris, Authores: Bernardus Walther „Austriacorum J[uris-]C[onsul]torum Primarius“) in Druck gesetzt und dadurch als Quellen der österreichischen Rechtsgeschichte konserviert.

William D. GODSEY Der Aufstieg des Hauses Pergen. Zu Familie und Bildungsweg des „Polizeiministers" Johann Anton, in: Gabriele HAUG-MORITZ, Hans Peter HYE, Marlies RAFFLER (Hgg.), Adel im „langen" 18. Jahrhundert (Wien 2009) 141–176.

Mark HENGERER, Adelsgräber im Wien des 18. Jahrhunderts. Beobachtungen zu einer Archäologie des adeligen Gedächtnisses, in: DERS. (Hg.), Macht und Memoria. Begräbniskultur europäischer Oberschichten in der Frühen Neuzeit (Köln u.a. 2005) 381–420.

Ludwig IGÁLFFY-IGÁLY, Modelle der Welt – ihre Wanderungen. Eine Suche auf den Spuren der Reichsgrafen von Volkra, in: Adler. Zeitschrift für Genealogie und Heraldik 20, Heft 2 (1999) 33–43.

Christian NESCHWARA, Geschichte des österreichischen Notariats, Bd. I: Vom Spätmittelalter bis zum Erlass der Notariatsordnung von 1850 (Wien 1996).

DERS., Johann Baptist Suttinger (1608–1662). Ein prominenter Jurist und ständischer Beamter als Grundherr in Brunn am Gebirge, in: Heimatkundliche Beilage zum Amtsblatt der Bezirkshauptmannschaft Mödling 43, 2. Folge (2008) 1–3.

DERS., Johann Baptist Suttinger. Porträt eines bedeutenden Juristen Österreichs im Rechtsleben seiner Zeit, in: Gerald KOHL, Christian NESCHWARA, Thomas SIMON (Hgg.), Festschrift für Wilhelm Brauneder zum 65. Geburtstag. Rechtsgeschichte mit internationaler Perspektive (Wien 2008) 363–384.

DERS., Landständischer Einfluss auf die Gesetzgebung in der Frühneuzeit am Beispiel des Landesordnungsprojekts für Österreich unter der Enns von 1650, in: Horst GEHRINGER, Hans-Joachim HECKER, Reinhard HEYDENREUTER (Hgg.), Landesordnungen und Gute Policey in Bayern und Österreich (= Studien zu Policey und Policeywissenschaft, Frankfurt a.M. 2008) 169–210.

DERS., Suttinger zum Thurnhoff, Johann Baptist, in: NDB, Bd. XXV (Berlin 2013) 718–719 [https://www.deutsche-biographie.de/pnd124408834.html#ndbcontent] (16. 6. 2025).

Josef PAUSER, Gesetzgebung und Gesetzessammlungen. Mühsam gebändigte Normenflut, in: Tobias E. HÄMMERLE u.a. (Hgg.), Niederösterreich im 18. Jahrhundert, Bd. 1: Land, Politik und Wirtschaft (St. Pölten 2024).

Florentinus SCHILLING, Aristides Austriacus. Das ist: Wolverdiente Ehren-Gedächtnuß / Des Wol-Edel-Gebornen Herrn Johann Baptista Suttinger zum Thurnhof …, in: DERS. (Hg.), Todten-Gerüst/ Das ist: Ehren-Gedächtnuß/ Hochadelicher Cavalliern/ Herren und Frauen … (Nürnberg 1676) 186–206.

Gunter WESENER, Johann Baptist Suttinger und Benedikt Finsterwalder – zwei bedeutende Juristen Österreichs im 17. Jahrhundert, in: Helfried VALENTINITSCH, Markus STEPPAN (Hgg.), Festschrift für Gernot Kocher zum 60. Geburtstag (Graz 2002) 367–381.

DERS., Einflüsse und Geltung des römisch-gemeinen Rechts in den altösterreichischen Ländern in der Neuzeit (Wien–Köln 1989).

Johann Heinrich ZEDLER, Grosses vollständiges Universal-Lexicon aller Wissenschaften und Künste …, 5 Bde. (Halle–Leipzig 1741–1753).

Franz ZEILLER, Grundzüge der Geschichte der Österreichischen bürgerlichen Gerichtsordnung, in: Jährlicher Beytrag zur Gesetzkunde und Rechtswissenschaft in den Oesterreichischen Erbstaaten 4 (1809) 1–12.

Bildnachweise (Anhang mit Abbildungen)

Abb. 1: Schilling, Ehren-Gedächtnuß.
Abb. 2, 3 und 5: AUW
(Belege siehe oben in Fn. 13 bzw. 21).
Abb. 4: Christian Neschwara (eigene Grafik).
Abb. 6: NöLA (Beleg siehe oben Fn. 30).
Abb. 7: HHStA (Beleg siehe oben Fn. 56).

Anhang mit Abbildungen

186

ARISTIDES AUSTRIACUS.
Das ist:
Wolverdiente
Ehren-Gedächtnuß/
Des
Wol-Edel-Gebornen Herrn
Johann Baptista
Suttinger zum Thurnhof/
Röm. Käyß. Majestät Rath/ und N. O.
Regierungs-Cantzler.

Abb. 1: Leichenpredigt

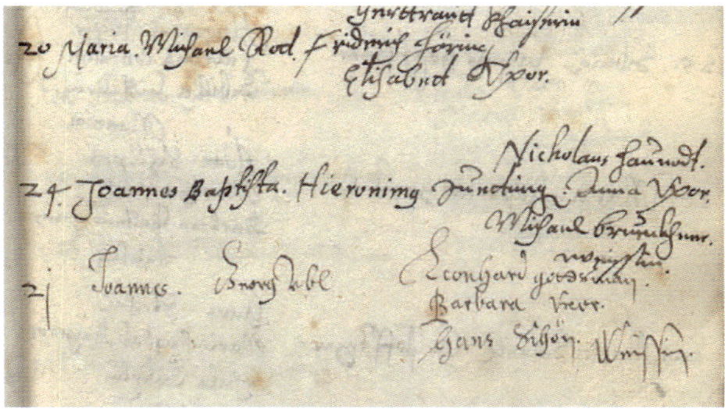

Abb. 2: Auszug Taufbuch

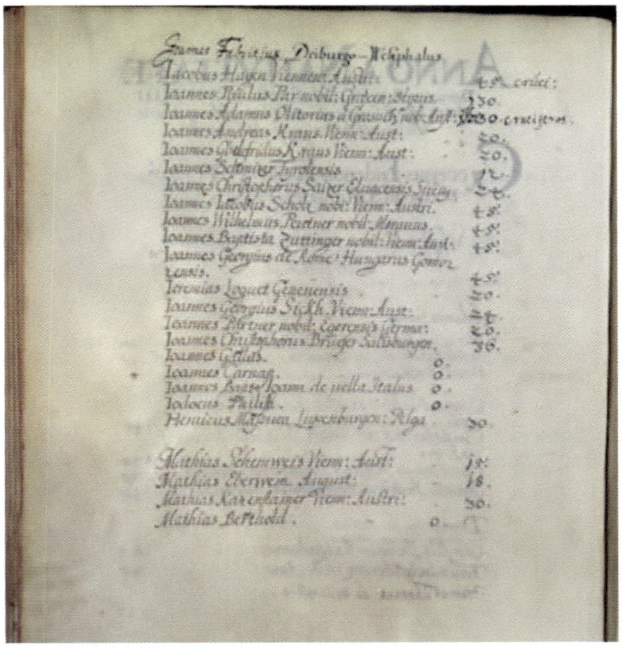

Iacobus Hagen Viennen: Austr: 48. collect:
Ioannes Paulus Pär nobil: Gretzen: Stirus. 330.
Ioannes Andreas Kraus Vienn: Aust: 30.
Ioannes Schmiger Tyrolensis 12.
Ioannes Iacobus Scholz nobil: Vienn: Austri: 48.
Ioannes Wilhelmus Peutner nobil: Alemannus. 48.
Ioannes Baptista Suttinger nobil: Vienn: Aust: 48.
Ioannes Georgius de [illegible] Hungarus [illegible]ensis. 48.
Ieremias Loquet Genevensis 30.
Ioannes Georgius Stöckh Vienn: Aust: 24.
Ioannes Gellius. 0.
Ioannes Carnap. 0.
Iodocus Philib. 0.
Henricus Massen Luxemburgen: Belga 30.
Mathias Schönweis Vienn: Aust: 18.
Mathias Eberwein August: 18.
Mathias Kasenlainer Vienn: Austri: 30.
Mathias Berthold. 0.

Abb. 3: Eintrag in der Universitätsmatrikel

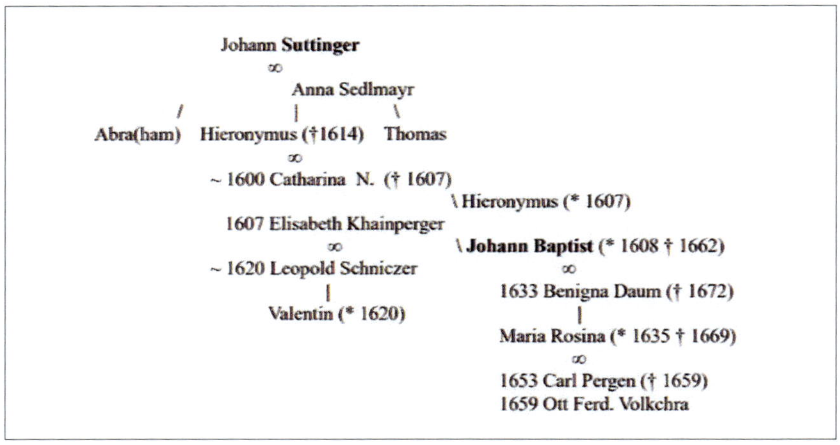

Abb. 4: Familienbeziehungen

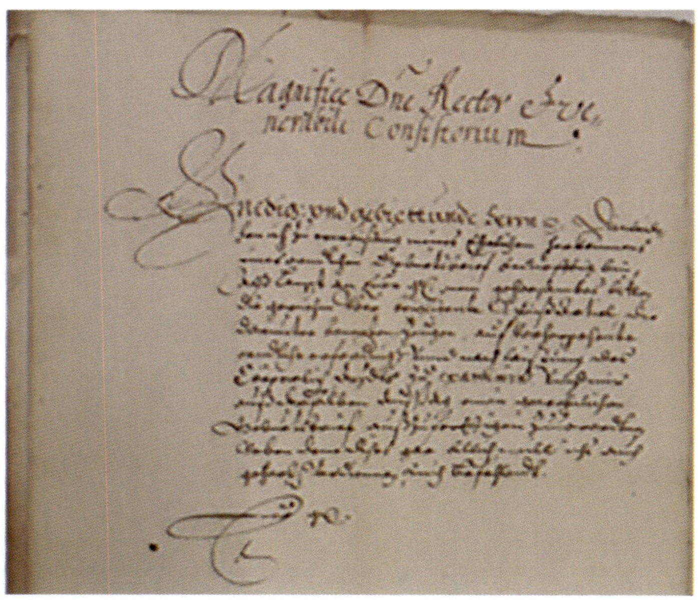

Abb. 5: Antrag auf Ausstellung eines Geburtsbriefes

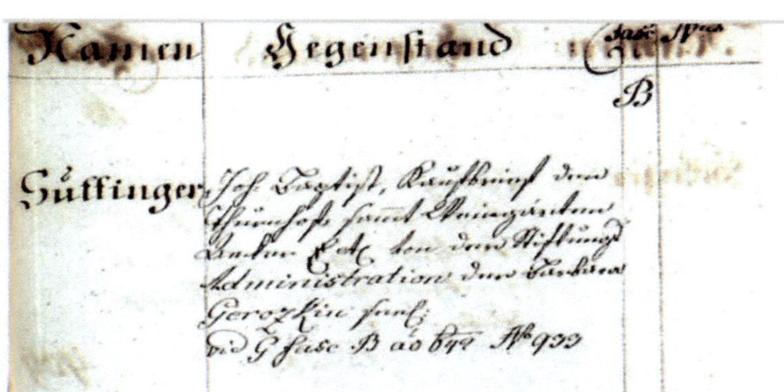

Abb. 6: Auszug aus dem Grundbuch

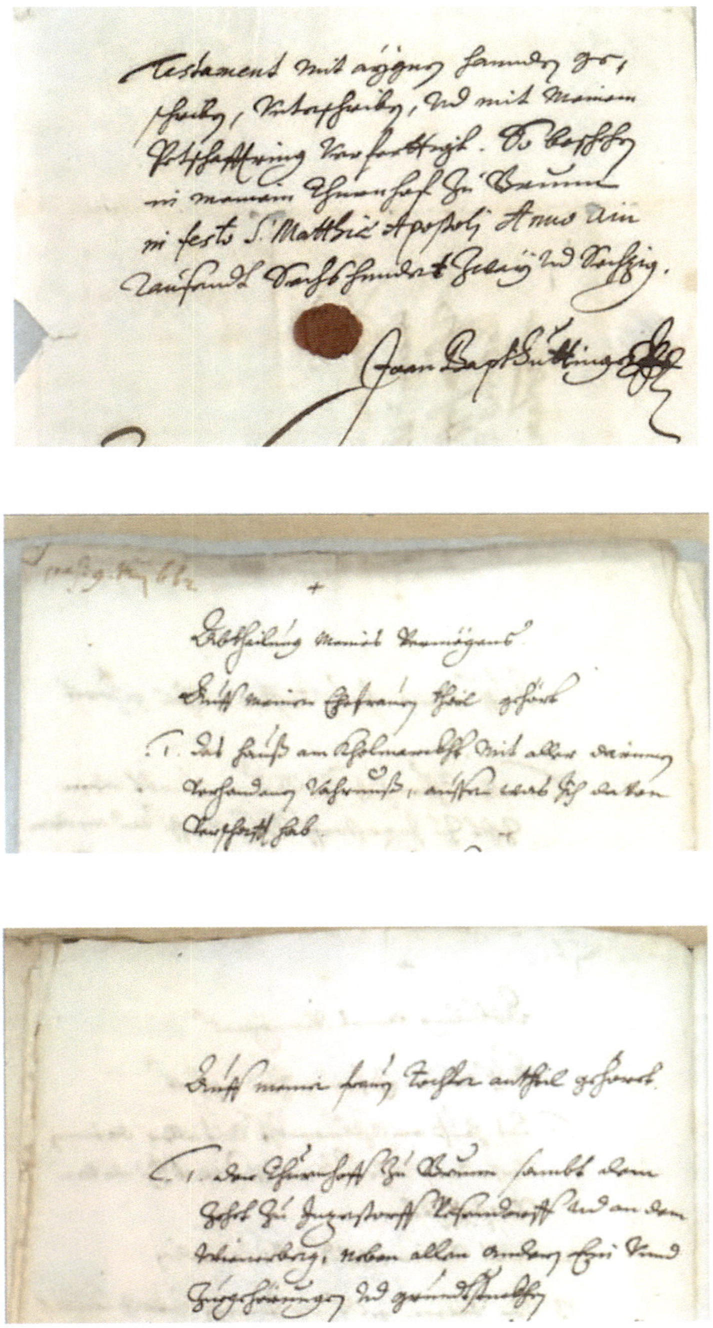

Abb. 7: Suttingers Testament mit Erbteilungsanordnungen

BRGÖ 2025
Beiträge zur Rechtsgeschichte Österreichs

Thomas OLECHOWSKI, Wien

Von der Schwierigkeit, eine Biographie über Hans Kelsen zu schreiben

On the difficulty of writing a biography of Hans Kelsen

The literature about Hans Kelsen fills libraries. However, apart from a short work by one of his students, there was no biography of the 'jurist of the century' for over 40 years after his death. The author of this essay spent more than 15 years working on such a biography and reports on practical and theoretical difficulties he encountered during its composition.

Keywords: *Biography – Hans Kelsen – Legal Theory vs. Legal History*

1. Ein persönlicher Zugang zu einem persönlichen Thema

Ich habe den Namen Kelsen wohl das erste Mal gehört, als ich 14 Jahre alt war und wir im Gymnasium die Geschichte der Ersten Republik hörten. Ich notierte den Namen auch in mein Heft, vergaß ihn aber schon bald wieder. Und als ich an der Universität Wien mit dem Studium der Rechtswissenschaften begann, hatten die wenigsten Professoren, bei denen ich Prüfungen abzulegen hatte, Ambitionen, in mir Interesse für Hans Kelsen zu erwecken. Der Name tauchte da und dort auf, aber ich steckte bereits im zweiten Abschnitt des Studiums, als mich mein Vater, ein Nichtjurist, vorwurfsvoll fragte, ob ich denn nicht wüsste, dass Hans Kelsen unsere Verfassung geschrieben habe. Ich musste verneinen.

Erst nun war mir der Name Kelsen ein Begriff und mir fiel auf, dass sein Name sehr wohl immer wieder von Professoren genannt wurde und dass etwas Besonderes, Merkwürdiges mit ihm verbunden war. Man sprach entweder mit Hochachtung oder mit Ablehnung von ihm, ein Mittelding gab es nicht. Meine Neugier war geweckt. Eines Tages schenkte mir eine Studienkollegin die „Allgemeine Staatslehre" von Hans Kelsen.[1] Ich war gerade dabei, mich auf die Prüfung aus Verfassungsrecht vorzubereiten und sah dies als eine gute Gelegenheit, mich mit diesem Buch vertraut zu machen; immerhin war die „Staatslehre" auch seinerzeit ein Lehrbuch für Studenten gewesen. Prüfungstaktisch stellte sich diese Entscheidung als überflüssig heraus, aber die „Allgemeine Staatslehre" eröffnete mir das Tor zur Reinen Rechtslehre. Ich hatte schon davor mehrere rechtsphilosophische und methodologische Lehrveranstaltungen bei Nicht-Kelsenianern

1 KELSEN, Allgemeine Staatslehre.

https://doi.org/10.1553/BRGOE2025-2s340 *This article was peer-reviewed*

besucht; nun begann ich, regelmäßig die Seminare von Robert Walter, dem Gründer des Hans Kelsen-Instituts, zu besuchen, wodurch ich mich immer tiefer mit Kelsens Rechtslehre (und auf Walters Wunsch auch mit Kelsens Demokratietheorie) auseinandersetzte. Vom Leben Hans Kelsens hatte ich auch jetzt nur vage Vorstellungen.

Über meine Dissertation zur Einführung der Verwaltungsgerichtsbarkeit in Österreich lernte ich auch den zweiten Geschäftsführer des Hans Kelsen-Instituts, den damaligen Präsidenten des VwGH Clemens Jabloner, kennen und schätzen. Dennoch war ich mehr als überrascht, als Walter und Jabloner mich unmittelbar nach meiner Habilitation 2003 einluden, eine Biographie über Hans Kelsen zu schreiben. Ich sah dies als Chance meines Lebens und sagte zu.

Der Anstoß zu dieser Biographie war von Matthias Jestaedt, damals Professor in Erlangen, gekommen. Er hatte gerade in jener Zeit die Hans-Kelsen-Forschungsstelle gegründet, deren Hauptaufgabe die Herausgabe der „Hans Kelsen Werke“ (im Folgenden: HKW) ist.[2] Der erste Band sollte nach den Plänen Jestaedts die beiden Egodokumente, die Kelsen verfasst hat, nämlich die „Selbstdarstellung“ von 1927 und die „Autobiographie“ von 1947 enthalten.[3] Den letzten Band sollte meine Biographie darstellen. Damals gingen wir beide noch davon aus, dass sowohl das Editions- als auch das Biographieprojekt innerhalb von zehn Jahren, somit längstens 2013, abgeschlossen sein würden; da sich beides in die Länge zog, erschien meine Biographie 2020 zwar nicht im Rahmen der HKW, aber so wie diese (und auch so wie viele Originalpublikationen Kelsens) im Verlag Mohr Siebeck in Tübingen.[4]

Martin Schennach hat in seiner Rezension zu meinem Buch geschrieben, dass es „zu viel gesagt“ wäre, mein Buch als „Auftragsarbeit“ zu bezeichnen.[5] Ich selbst aber würde die Arbeit durchaus als Auftragswerk betrachten, auch wenn mir bei dessen Bewerkstelligung völlig freie Hand gelassen wurde. Vollends, nachdem ich die Nachfolge des 2010 verstorbenen Robert Walter als Geschäftsführer des Hans Kelsen-Instituts angetreten hatte, wäre es auch sinnlos gewesen, meine Verbundenheit mit Kelsen, seinem Werk und seiner Schule irgendwie verstecken zu wollen. Viele Rezensenten haben auf diese Nähe hingewiesen, aber nur wenige von ihnen mich der Hagiographie geziehen. Naturgemäß kam ein derartiger Vorwurf eher von Personen, die Kelsen ablehnen,[6] während er von Kelsenianern tendenziell verneint wurde.[7] Daher hat es mich sehr gefreut, dass auch Personen, die Kelsen kritisch gegenüberstehen, wie etwa Hans-Christof Kraus in der altehrwürdigen Historischen Zeitschrift, schrieben, dass mein Buch kein „hagiographisches Werk“ sei, sondern „eine zwar mit Sympathie geschriebene, jedoch stets sachlich-kritische argumentierende Studie“.[8]

2. Rechtsgeschichte im Dienst der Rechtsphilosophie

Doch wozu eigentlich diese Studie? Was ist ihr Zweck, welche Personen will sie erreichen? Hier ist wieder auf den Entstehungskontext, der enge Zusammenhang mit der Edition der „Hans Kelsen Werke“ hinzuweisen. Der Leser:innenkreis, an den ich primär dachte, waren jene Personen, die auch die HKW benützen, die sich also mit den wissenschaftlichen Arbeiten Kelsens beschäftigen und nun etwas über die Person wissen wollen, die hinter diesen Werken steckt. Das ist

---

2 Siehe dazu nunmehr die Projekthomepage [https://kelsen.online] (9. 7. 2025).

3 Jestaedt, HKW I.

4 Im Jahr 2021 folgte eine zweite, um Druckfehler und einige kleinere Berichtigungen verbesserte Auflage: Olechowski, Kelsen.

5 Schennach, Rezension 130.

6 Auer, Mann ohne Eigenschaften 287.

7 Jestaedt, Rezension 553.

8 Kraus, Rezension 837; vgl. auch Hinghofer-Szalkay, Rezension 160: „Olechowski steht Kelsen nicht unkritisch gegenüber [...]. An manchen Stellen scheint jedoch ein gewisser Enthusiasmus für Kelsen und sein Schrifttum durch.“

keine Selbstverständlichkeit. Jahrzehntelang wurde die Reine Rechtslehre als eine Lehre dargestellt, die gleich mathematischen Axiomen eine von Zeit und Raum unabhängige Gültigkeit besitze.[9] Und zumindest zu einem Teil ist Kelsen selbst daran schuld, zumal er 1934 schrieb, dass die Reine Rechtslehre „eine Theorie des positiven Rechts […] schlechthin, nicht einer speziellen Rechtsordnung" sei.[10] Dies ist prinzipiell richtig, doch ist andererseits darauf hinzuweisen, dass die Reine Rechtslehre vor dem Hintergrund einer ganz konkreten Rechtsordnung, jener des Habsburgerreiches, entstanden ist und vor allem in ihren Nachfolgestaaten weiterentwickelt wurde.[11] Auch hierzu gibt es ein fast ebenso bekanntes Zitat von Kelsen: „Angesichts des österreichischen Staates, der sich aus so vielen nach Rasse, Sprache, Religion und Geschichte verschiedenen Gruppen zusammensetzte, erwiesen sich Theorien, die die Einheit des Staates auf irgendeinen sozial-psychologischen oder sozial-biologischen Zusammenhang der juristisch zum Staat gehörigen Menschen zu gründen versuchten, ganz offenbar als Fiktionen. Insofern diese Staatstheorie ein wesentlicher Bestandteil der Reinen Rechtslehre ist, kann die Reine Rechtslehre als eine spezifisch österreichische Theorie gelten."[12]

Kelsen schrieb diese Zeilen im Jahr 1947, als er schon sieben Jahre lang in den USA lehrte und hier so manche Rückschläge erfahren musste. Seine Rechtslehre wurde als „unbrauchbar" angesehen, als „kantianisch", als „deutsch".[13] Schon seine Selbstbezeichnung als „legal scientist"[14] stieß in den USA auf Unverständnis, zumal „science" bekanntermaßen das Äquivalent zu Naturwissenschaften ist und die „jurisprudence" nicht als „science" gilt. Der von ihm 1934 erhobene Anspruch, die „Jurisprudenz […] auf die Höhe einer echten Wissenschaft" heben zu wollen,[15] musste jeden Übersetzer in Verzweiflung bringen. Er versuchte dagegen anzukämpfen, schrieb seine „General Theory of Law and State", mit der er seine Lehren für ein amerikanisches Publikum aufbereiten wollte, jedoch ohne Erfolg; seine Reine Rechtslehre blieb im Land der Rechtsrealisten „a path not taken".[16]

Mit diesen wenigen Worten soll nur angedeutet werden, dass Kelsens Reine Rechtslehre das Produkt einer ganz bestimmten Rechtskultur ist, die hier durch die Schlagworte Rechtsstaat – Gesetzesstaat – Beamtenstaat charakterisiert sei.[17] Sicherlich ist es möglich, von Kelsens Lehren ausgehend, auch eine Rechtsordnung, die auf Gewohnheitsrecht oder auf Richterrecht beruht, oder auch eine theokratische Rechtsordnung zu beschreiben. Aber es wäre ein Großteil dessen, was bislang zur Reinen Rechtslehre geschrieben wurde, vom Stufenbau der Rechtsordnung bis zum Verhältnis von Justiz und Verwaltung, unbrauchbar und es wären viele Kernaussagen zwar nicht zu revidieren, wohl aber neu zu formulieren. Eine spannende Aufgabe wäre es sicherlich. Aber das ist ein anderes Thema.

Der Rechtshistoriker steht vor dem rechtshistorischen Befund, dass Kelsens Rechtslehre insbesondere im deutschsprachigen Raum und in den romanischsprachigen Ländern diesseits und jenseits des Atlantiks beträchtlichen Einfluss auf die Entwicklung der Rechtswissenschaften gehabt hat; auf sie „passt" die Reine Rechtslehre offenbar am besten. Bestimmte historische Faktoren waren prägend für die Entwicklung von Kelsens Theorien, und das Aufzeigen dieser Faktoren soll dazu beitragen, sein wissenschaftliches Œuvre (das weit über den Bereich der Rechts-

---

9 LIJOI, Rezension 598.

10 KELSEN, Reine Rechtslehre[1] 1.

11 Ausführlich dazu nunmehr FILLAFER, Genius loci 17.

12 KELSEN, Autobiographie 21f. = HKW I, 60. Wörtlich zitiert auch bei MÉTALL, Kelsen 42.

13 PAULSON, Rezeption 187f.; OLECHOWSKI, Kelsen 702.

14 Dazu OLECHOWSKI, Kelsen 862.

15 KELSEN, Reine Rechtslehre[1] III.

16 TELMAN, A Path not Taken.

17 Eine gute Charakterisierung der Rechtskultur der Österreichisch-Ungarischen Monarchie, die auch die Nachfolgestaaten prägte, gibt SCHMETTERER, Rechtskultur.

theorie hinausreicht) besser zu verstehen. „Sit Klio ancilla philosophiae", schrieb ich daher schon im Vorwort zu meinem Buch.[18]

3. Biographie und Autobiographie

Über Jahrzehnte hinweg war der Wissensstand zur Person Kelsens vor allem von einem Buch geprägt, nämlich der Biographie Kelsens von Rudolf Aladár Métall.[19] Dieser war ein Mitarbeiter Kelsens in dessen letzten Jahren in Wien sowie in den ersten Monaten in Köln, emigrierte 1940 nach Südamerika, von wo er 1945 nach Europa zurückkehrte und mit Hans Kelsen bis an dessen Lebensende freundschaftlich verbunden blieb.[20] Wie er selbst schreibt, hatte er 1966 die Privatbibliothek und die private Korrespondenz Kelsens benützt, um eine Biographie über seinen Freund und Lehrer zu verfassen, die noch zu dessen Lebzeiten, 1969, erschien. Aus dem Vorwort ging näher hervor, dass er sich bei Abfassung seines Buches auch zweier autobiographischer Darstellungen Kelsens aus dem Jahr 1927 und 1947 bediente.[21] Lange Zeit galten diese Darstellungen als verschollen, bis sie 2006 von Matthias Jestaedt, wie oben bereits erwähnt, als Auftakt zu seiner Kelsen-Werksedition publiziert wurden.[22] Der Vergleich macht nunmehr deutlich, dass das Buch von Métall über weite Strecken insbesondere die Autobiographie von 1947 teils wörtlich wiedergibt, teils zusammenfasst. Die darüber hinaus gehenden Texte Métalls dürften zu einem guten Teil auf persönlichen Erinnerungen beruhen; da es aber keinen wissenschaftlichen Apparat gibt, sind die Quellen, auf die er sich im Einzelnen stützte, praktisch nicht mehr nachvollziehbar. So zitiert er etwa im Zusammenhang mit der Flucht Kelsens aus Deutschland wörtlich einen Zeitungsartikel vom 18. April 1933[23] – hat er oder hat Kelsen diesen Zeitungsartikel damals aufgehoben, gab es also so etwas wie eine Mappe mit Zeitungsartikeln über Kelsen, die einer von beiden aufbewahrte, oder wurde dieser Artikel erst im Zuge seiner Arbeit am Buch wieder gefunden? Wir wissen es nicht.

Was die Entstehung der mit „Berkeley, Oktober 1947" datierte Autobiographien betrifft, so ist diese im Zusammenhang mit Kelsens Wahl zum ausländischen Mitglied der Österreichischen Akademie der Wissenschaften am 13. Mai desselben Jahres zu sehen.[24] Denn Kelsen wurde, wie bei diesen Wahlen üblich, gebeten, der Akademie „eine autobiographische Darstellung Ihres Lebensganges und Ihres wissenschaftlichen Lebenswerkes" zu übermitteln. Der Korrespondenz Kelsens mit der Akademie ist zu entnehmen, dass Kelsen in weiterer Folge tatsächlich ein „etwa 50 Maschinschreibseiten" langes Manuskript verfasste, dieses aber aus unbekannten Gründen niemals nach Wien sendete.[25] Höchstwahrscheinlich handelt es sich um jenes Manuskript, das später von Métall verwendet wurde.

Autobiographien sind natürlich eine erstrangige historische Quelle – aber sie sind nicht ohne Tücken.[26] Dies beginnt schon einmal mit der exakten Datierung von Ereignissen: Kelsen gibt in seiner Autobiographie an, dass er „1917" zum außerordentlichen Professor an der Universität Wien ernannt worden sei. Tatsächlich aber stammt die entsprechende Entschließung des Kaisers vom 8. Juli 1918,[27] wie auch alle anderen Akten zu diesem Vorgang auf das Jahr 1918 verweisen – ein

18 Olechowski, Kelsen VII. Die Biographie ist daher dem Genre der scientific biography zuzuordnen; vgl. zu diesem Runge, Wissenschaftliche Biographik 178.

19 Métall, Kelsen. Der folgende Abschnitt folgt weitgehend Olechowski, Una biografia 643–646.

20 Bersier Ladavac, Métall.

21 Métall, Kelsen V.

22 Jestaedt, HKW I, 587–596.

23 Métall, Kelsen 62; er zitiert das „Abendblatt" der „Neuen Freien Presse" v. 18. 4. 1933, 4.

24 Dazu Olechowski, Kelsen 769f.

25 Olechowski, Kelsen 3.

26 Ausführlich Holdenried, Biografie vs. Autobiografie, bes. 52ff.

27 Vgl. die Allerhöchste Entschließung v. 8. 7. 1918, in: ÖStA, AVA, Unterricht, Allg., Univ. Wien, Kart. 612, einerseits, Kelsen, Autobiographie 18 = HKW I, 55, andererseits, und dazu Olechowski, Kelsen 207.

Schreibfehler Kelsens? Métall hat jedenfalls diese Jahreszahl unkritisch übernommen und noch einen zweiten Datierungsfehler, nämlich den 18. Juni 1906 als Promotionsdatum Kelsens, hinzugefügt, wo es doch richtig 18. Mai 1906 heißen müsste[28] – in der Autobiographie erwähnt Kelsen überhaupt kein Promotionsdatum. Handelt es sich hier noch um relativ harmlose Fehler, so führte ein anderer Irrtum Métalls in der Chronologie zu erheblichen Schwierigkeiten, die Richtigkeit oder Unrichtigkeit seiner Erzählung nachzuweisen: So behauptete er, dass „eines Tages [...] ein Vertreter der (damals) Freien Stadt Fiume" zu Kelsen gekommen und ihn um die Ausarbeitung einer Verfassung für Fiume gebeten habe. Kelsen habe diesen Auftrag auch erfüllt, doch habe „inzwischen Gabriele d'Annunzio die Stadt mit seinen Freischärlern besetzt", weshalb diese Verfassung niemals in Geltung getreten sei.[29] Die Eroberung Fiumes durch d'Annunzio erfolgte im September 1919, fast genau ein Jahr, nachdem der letzte königlich ungarische Statthalter die Stadt verlassen hatte; nach den Angaben Métalls wäre der Verfassungsauftrag an Kelsen also in dieser Zeit zu suchen. Längere Nachforschungen ergaben jedoch, dass der Verfassungsauftrag erst sieben Monate nach dem Sturz d'Annunzios, im Oktober 1921, von der nachfolgenden Regierung Zanella erteilt wurde![30]

In all diesen Fällen wird jedenfalls deutlich, dass weder Kelsens Autobiographie noch Métalls Biographie als wissenschaftliche Arbeiten angesehen werden können. Es fehlt beiden Büchern der wissenschaftliche Apparat, es fehlen die Fußnoten, die kenntlich machen, woher die einzelnen Informationen stammen, die eine Verifikation oder Falsifikation der aufgestellten Behauptungen überhaupt erst ermöglichen. Dennoch waren Kelsens Autobiographie und die Biographie von Métall die einzig sinnvollen Ausgangspunkte für meine Arbeit. Diese bestand zu einem guten Teil darin, möglichst alle Angaben auf ihren Wahrheitsgehalt zu überprüfen, wofür amtliche Dokumente als zuverlässigste Quelle erschienen. Dies machte umfangreiche Archivreisen nach Prag, Genf, Köln, Harvard, Berkeley und andere Orte erforderlich. Auch Interviews mit den wenigen noch lebenden Zeitzeugen wurden in Europa, in Nord- und Südamerika durchgeführt.[31]

Es sollte aber, wesentlich stärker als dies bei Métall erfolgt ist, auf das wissenschaftliche Werk Kelsens eingegangen werden und dieses in einen Dialog mit seiner Biographie gesetzt werden. Mir ging es wesentlich darum, aufzuzeigen, was die rechtlichen, aber auch die politischen und kulturellen Voraussetzungen waren, unter denen Kelsen sein Werk schrieb. Und dieses besteht ja nicht nur aus rechtstheoretischen Schriften. Kelsen setzte sich auch mit ganz praktischen Problemen des seinerzeit geltenden nationalen und internationalen Rechts auseinander und auch mit den politischen Strömungen seiner Zeit. Dass aber die politologischen und die rechtstheoretischen Schriften Kelsens nur gemeinsam verstanden werden können, ist seit der bahnbrechenden Dissertation Horst Dreiers aus dem Jahr 1986[32] unter Kelsen-Forschern nahezu allgemein anerkannt.[33] Insofern ist es eigentlich erstaunlich, dass nicht schon viel früher damit begonnen wurde, Kelsens Werk zu historisieren.[34]

Ferner war es mir ein Anliegen, den zeitgenössischen Hintergrund, vor dem Kelsen seine Lehren entwickelte, so plastisch wie möglich darzustellen.[35] Dazu gehörte natürlich seine jüdische Herkunft, weshalb ich auch relativ

---

28 Métall, Kelsen 8; Olechowski, Kelsen 90.

29 Métall, Kelsen 47.

30 Ausführlich Wedrac, Fiume.

31 Vgl. zur Problematik von Zeitzeugeninterviews etwa Fuchs-Heinritz, Biographische Forschung 188.

32 Dreier, Rechtslehre.

33 Van Ooyen, Staat und pluralistische Gesellschaft 33.

34 Ausführlich dazu Techet, „Historical turn". Kritisch dagegen Kammerhofer, Kontext und Rechtstheorie, der jüngst auf die nötige Begrenzung eines derartigen Unterfangens aufmerksam gemacht hat.

35 Kelsen wurde durch die Ereignisse seiner Zeit geprägt, es ist aber keine Übertreibung zu sagen, dass er diese Zeit zu einem guten Teil selbst auch geprägt hat; insofern enthält seine Biographie sowohl syntagmatische als auch paradigmatische Elemente; vgl. dazu Klein, Analyse: Kontext 306.

weit in die Familiengeschichte zurückblickte, nicht zuletzt um dem bis heute nicht verstummenden, antisemitischen Gerücht um einen angeblichen Namenswechsel Kelsens entgegenzutreten.[36] Kelsen entstammte einer jüdischen Familie, aber das bedeutet nicht, dass er im jüdischen Glauben erzogen wurde. Wohl besuchte er im Gymnasium den Religionsunterricht, aber das taten alle Menschen jüdischer Herkunft, die aus Traditions- oder sonstigen Gründen nicht aus der Kultusgemeinde ausgetreten waren. Und das Bild, das uns kein Geringerer als Arthur Schnitzler von seinem und Kelsens Religionslehrer vermittelt hat,[37] bestätigte meine Vermutung, dass Kelsens Religionsunterricht kein Jota tiefschürfender war als es bei einem durchschnittlichen Wiener Schüler, gleich welcher Religion, der Fall ist.

„First impressions go a long way" lautet ein englisches Sprichwort. Und so war es besonders wichtig, Kelsens Schul- und Studienzeit unter die Lupe zu nehmen. Wenn Kelsen in späteren Jahren immer wieder Begriffe aus der griechischen Philosophie in der Originalsprache in seine Texte einbaut, so ist es wichtig zu wissen, dass er Griechisch in der Schule gelernt hatte, also mit diesen Begriffen auch sprachlich umgehen konnte. Angesichts des Umstandes, dass sich Kelsen später sogar mit den Erkenntnissen der Quantenphysik auseinandersetzte, ist es wichtig zu betonen, dass diese in seiner Schulzeit noch nicht existierte, dass er sich also im Erwachsenenalter in dieses komplett neue Thema erst einlesen musste. Der Hinweis in seinem Biologie-Lehrbuch schließlich, dass die weiße Rasse „nicht nur den vollendetsten Körperbau, sondern auch die größte geistige Begabung" besitze,[38] ist wichtig um zu zeigen, dass Rassismus zu jener Zeit nicht auf den rechten Rand der Gesellschaft beschränkt, sondern allgegenwärtig war und das Denken aller Menschen, die zu jener Zeit die Schule besuchten, geprägt hat. Dass zuletzt die Schilderung des Studiensystems und die Betonung, wie stark der Rechtsunterricht um 1900 von der Historischen Rechtsschule geprägt war, von eminenter Bedeutung für das Verständnis von Kelsens Werk sind, braucht keine nähere Begründung. So sind insgesamt die Partien, die sich mit dem jungen Kelsen beschäftigen, relativ ausführlich geworden.

Dagegen habe ich jene Bücher und Aufsätze von Kelsen, die erst spät in seinem Leben, womöglich erst postum erschienen sind, nur relativ kurz erwähnt. Sie sind für den Rechtstheoretiker oft von großer, für den Biographen jedoch nur von untergeordneter Bedeutung.

Damit zu einer methodischen Hauptschwierigkeit: Die Biographie ist kein rechtstheoretisches oder demokratietheoretisches, sondern ein rechtshistorisches Werk.[39] Der Unterschied ist nicht leicht zu begreifen. Es war mein Ziel, meine eigenen rechtstheoretischen oder demokratietheoretischen Ansichten möglichst hintanzuhalten und nicht die Richtigkeit oder Unrichtigkeit irgendeines wissenschaftlichen Standpunktes, den Kelsen vertreten hat, zu beweisen. Vielmehr habe ich diese Standpunkte als historisches Faktum genommen und mich bemüht, sie „sine ira et studio" zu beschreiben. Dies schließt nicht aus, dass ich dennoch gewisse Wertungen vorgenommen habe. Wenn ich etwa schreibe, dass Kelsen aus seiner Kontroverse gegen Eugen Ehrlich als „Sieger" hervorging, so beziehe ich mich dabei ausschließlich auf das – in der Soziologie durchaus anerkannte[40] – Faktum, dass diese Kontroverse, jedenfalls im deutschsprachigen Raum, verheerende Wirkungen auf den Einfluss der Rechtssoziologie auf die Gesamtheit der Rechtswissenschaften hatte. Ebenso halte ich es für gerechtfertigt, die Forderung Kelsens nach einer internationalen Gerichtsbarkeit als „visionär" zu bezeichnen, wenn sie 16 Jahre später in sehr ähnlicher wie der von ihm

36 Diese Gerüchte, die u.a. bei einer 1936 von Carl Schmitt organisierten Tagung des NS-Rechtswahrerbundes zum „Judentum in der Rechtswissenschaft" verbreitet wurden, standen 1965 im Mittelpunkt der „Affäre Borodajkewycz" und wurden noch 2015 von einem FPÖ-Nationalratsabgeordneten bei einem Vortrag in einer rechtsextremen Vereinigung aufgebracht: Olechowski, Kelsen 909.

37 Schnitzler, Jugend in Wien 81.

38 Vgl. Olechowski, Kelsen 53.

39 Siehe dazu etwa Hinghofer-Szalkay, Rezension 161.

40 Siehe etwa Klatt, Kelsen.

skizzierten Art und Weise mit der Errichtung des EGMR verwirklicht wird.[41] Eine Anpreisung Kelsens ist in keinem dieser Fälle gegeben.

Ich schrecke ja auch umgekehrt nicht davor zurück, Kelsens Entgegnungen auf Erich Kaufmann als „schwach" zu bezeichnen oder seine Harvard-Vorlesungen von 1941 als unoriginell zu kritisieren.[42] Maßstab für diese beiden Wertung sind jeweils die übrigen Arbeiten Kelsens, und in einer Biographie hat eine derartige Wertung m.E. durchaus ihren Platz.

Geradezu eines der Hauptergebnisse meiner Arbeit war die Relativierung des – vielfach gepriesenen – Anteils von Hans Kelsen an der österreichischen Bundesverfassung. Hier bin ich zum Schluss gekommen, dass „weder die Kelsen-Entwürfe noch gar der fertige Verfassungstext Kelsens eigene demokratiepolitische Ansichten wider[spiegeln], und insofern ist es unzutreffend, ihn – wie vielfach geschehen – als den ‚Autor', gar als den ‚Vater' der Bundesverfassung zu bezeichnen. Seine Rolle war vielmehr die eines Architekten, der die Wünsche seiner Bauherren nach einem Haus, welches diese und jene erfüllen sollte, in konkrete Baupläne umwandelte, die nicht nur die Wünsche der Bauherren befriedigen, sondern vor allem auch allen Anforderungen der Technik genügten."[43] Auch was Kelsens Anteil an der Verfassungsgerichtsbarkeit betrifft, so bin ich zu einem differenzierten Ergebnis gekommen: „Was also die heute als sog. abstrakte Normenkontrolle bezeichnete Befugnis des VfGH betrifft, auf Antrag der Bundesregierung Landesgesetze oder auf Antrag einer Landesregierung Bundesgesetze zu überprüfen, so ist festzuhalten, dass Renner und Falser einen mindestens ebenso großen Anteil an ihr hatten wie Kelsen."[44] Doch ist die sog. inzidente Normenkontrolle, bei der der VfGH von selbst, aus Anlass eines anderen Verfahrens, ein Normenkontrollverfahren starten kann, eindeutig das Verdienst Kelsens.

4. Rezeption – Kritik – Anstöße für die Forschung

Mein Buch ist auf für mich selbst überraschend großes Echo gestoßen. Tageszeitungen, wissenschaftliche Fachzeitschriften und Online-Medien haben in deutscher, englischer, finnischer, französischer, griechischer, italienischer, portugiesischer, russischer, spanischer und ungarischer Sprache über mein Buch berichtet, wobei diese Texte von kurzen Inhaltsangaben über sehr ausführliche Würdigungen bis hin zu eigenständigen wissenschaftlichen Aufsätzen reichen. Ich kann sie hier weder alle aufzählen, noch möchte ich irgendeinen Rezensenten durch Nichtnennung vergrämen.[45] Eine der ausführlichsten Besprechungen stammt von Mario Losano, der selbst noch mit Kelsen in wissenschaftlichem Kontakt gestanden hatte. In seiner 30 Seiten langen Rezension schrieb er, dass es, wenn es den Begriff „definitiv" in der Wissenschaft gebe, dies auf meine Kelsen-Biographie zutreffen würde.[46] So sehr ein solches Kompliment den Autor freut, so muss es ihn noch mehr freuen, wenn das eigene Werk ein

---

41 Auer, Mann ohne Eigenschaften 287. Dass die Bezeichnung Kelsens als „Genie" (Olechowski, Kelsen 120) nur eine scherzhafte Wiederholung einer kurz davor zitierten, ebenso humorvollen Äußerung eines Freundes Kelsen sein konnte, ist der Rezensentin leider nicht aufgefallen – aber sie hat auch an anderer Stelle deutlich zu verstehen gegeben, dass sie weder Kelsens noch meine Art des Humors teilt. De gustibus non est disputandum! Dass aber der Ausdruck „Kassandraruf" in keiner Weise lobend ist, sollte jeder Person, die die Ilias auch nur oberflächlich kennt, eigentlich bewusst sein.

42 Olechowski, Kelsen 346, 687.

43 Olechowski, Kelsen 296.

44 Olechowski, Kelsen 294. Schon 1918 hatte der spätere Staatskanzler Karl Renner die Errichtung eines Verfassungsgerichtshofes gefordert, um Streitigkeiten im Bundesstaat zu schlichten. Und der Tiroler Jurist Stefan Falser legte 1919 einen Verfassungsentwurf vor, der von der strikten Gleichrangigkeit von Bundesgesetzen und Landesgesetzen ausging, die gleichermaßen vom VfGH geprüft können werden sollten.

45 Eine Aufzählung befindet sich jedoch auf: [https://rechtsgeschichte.univie.ac.at/team/thomas-olechowski/publikationen/monographien/] (9. 7. 2025).

46 Losano, Le opere 457.

Thema eben gerade nicht abschließt,[47] sondern Anstoß zu weiteren Forschungen gibt – und dies ist ganz offensichtlich auch hier der Fall gewesen. So hat etwa Peter Techet nicht nur für die von Hans Kelsen begründete „Zeitschrift für öffentliches Recht" eine Besprechung verfasst, sondern kurz darauf in derselben Zeitschrift einen Artikel publiziert, wo er einen „Historical Turn" in der Kelsen-Forschung diagnostiziert hat.[48] Und Reinhold Mehring, selbst Verfasser einer „kolossalen"[49] Carl Schmitt-Biographie, hat nicht bloß mein Buch in der Zeitschrift „Der Staat" ausführlich besprochen, sondern einen weiteren Artikel geschrieben, in dem er die These äußerte, dass es möglicherweise Kelsen war, der Robert Musil in seinem „Mann ohne Eigenschaften" zur Person des „Mannes ohne Eigenschaften" selbst, Ulrich, oder Ulrichs Vater, oder zu beiden, inspirierte.[50] Ich bin zu wenig Musil-Kenner, um diese Theorie beurteilen zu können, schätze aber die wirklich tiefgehende Auseinandersetzung Mehrings mit Kelsen gerade wegen seines von mir verschiedenen Zuganges zum Thema sehr – und ebenso die Gedanken des überzeugten „Kelsensianers" Techet.

Dass andere Rezensent:innen ihrer Aversion gegen Kelsen freien Lauf ließen, ließ sich nicht vermeiden, wiewohl es mich erstaunte, wie sehr Kelsen noch ein halbes Jahrhundert nach seinem Tod zu polarisieren versteht.[51]

Ernstzunehmende – weil von einer persönlichen Haltung zu Hans Kelsen losgelöste – Kritik an der Methode meines Buches kam eigentlich nur von meinem schon genannten und geschätzten KRGÖ-Kollegen Martin Schennach.[52] Und diese betraf abgesehen von der schon angesprochenen „Hagiographie"-Problematik vor allem den Umstand, dass meine Arbeit „bemerkenswert theoriefern" sei, indem sie die biographietheoretischen Forschungen der letzten Jahre nicht erkennbar verarbeitet habe. Damit trifft sie den Kern des gegenständlichen Tagungsbandes, weshalb hier darauf näher eingegangen werden soll.

5. Zur Methode der Biographie

Tatsächlich ist der Abschnitt zur Methode im Buch mit knapp vier Seiten (19–22) relativ kurz gehalten. Zu längeren Ausführungen sah ich keine Veranlassung, als ich nicht vorhatte, methodisch neue Bahnen zu beschreiten. Vielmehr hatte ich, jedenfalls bei Beginn meiner Arbeiten, geplant, hier in den bereits ausgetretenen Bahnen der Biographik zu bleiben, wohl wissend, dass dieses Genre jahrelang geächtet war, aber gerade in letzter Zeit wieder ein gewisses Revival erlebt hat.[53] Mein Hinweis, dass die Arbeit „eigentliche Vorbilder" nicht besitze, bezog sich also nur darauf, dass nicht ein *spezielles* Buch Vorbild gewesen sei. Eine solche Vorbildrolle hätte durchaus die Biographie zu Ludwig von Mises von Hülsmann erfüllen können, die in ihrem Aufbau und ihren Themen deutliche Parallelen zu meiner Biographie zeigt.[54] Tatsächlich aber lernte ich diese erst zu einem Zeitpunkt kennen, als ich in meinen eigenen Arbeiten weit fortgeschritten und mein eigenes Gerüst schon fertig war. Die große Ähnlichkeit der darzustellenden Lebensläu-

47 Vgl. Fuchs-Heinritz, Biographische Forschung 292: „Auch nicht nach jahrelanger Untersuchung nur einer Lebensgeschichte werden jemals alle Informationen über einen Lebensgang verfügbar sein [...], immer wird biographisches Material eine Auswahl aus den Erfahrungen eines Lebens sein."

48 Techet, „Historical turn"; Techet, Rezension.

49 Mit diesem Attribut hat Mehring, „Viel Papier beschrieben", in seiner Rezension meine Kelsen-Biographie versehen; ich darf es voller Respekt vor seiner Arbeit erwidern.

50 Mehring, Musil, Ulrich und Kelsen. Auer, Mann ohne Eigenschaften hat für den Titel ihrer Rezension zwar eben diesen Buchtitel gewählt, jedoch auf diesen zweiten Aufsatz von Mehring nicht Bezug genommen.

51 Erhellend dazu insbesondere Jabloner, Kelsen 119.

52 Die unbefangene Sicht zu Kelsen wird von ihm selbst gleich zu Beginn betont: Schennach, Rezension 130.

53 Dazu Runge, Wissenschaftliche Biographik 171.

54 Hülsmann, Mises.

fe und die vergleichbare Quellenlage werden wohl Hauptgründe für diese Parallelen gewesen sein.

Deutlich unterscheidet sich die Arbeit dagegen von der bereits angesprochenen Biographie zu Carl Schmitt, die Reinhard Mehring verfasst hat; und auch hier sind die sehr unterschiedlichen Lebensläufe und noch mehr die unterschiedliche Quellenlage hauptverantwortlich. Mehring stützt sich zu wesentlichen Teilen auf Schmitts Tagebücher, eine entsprechende Quelle steht für Kelsen aber nicht zur Verfügung. Tatsächlich sind Egodokumente von Kelsen nur in sehr spärlichem Ausmaß vorhanden, weshalb es mir kaum jemals möglich war, in sein Gefühlsleben Einblick zu nehmen.[55] Und tatsächlich wurde immer wieder kritisch hervorgehoben, dass die Person Kelsen selbst, wiewohl im Mittelpunkt einer 1.000 Seiten starken Biographie stehend, auch am Ende des Buches merkwürdig fremd bleibe, dass man zwar sehr viel über sein Umfeld, zu wenig aber über „ihn selbst" erfahre. Ein Rezensent hat auch – ohne dies positiv oder negativ zu bewerten – festgestellt, dass die Biographie in keiner Weise psychologisch sei.[56]

Damit ist die zentrale Frage angesprochen, was überhaupt Gegenstand einer Biographe ist, was das „Wesen einer Biographie" ausmache und – was von der ersten Frage zu scheiden ist – was das „Wesen einer Person" ausmache.[57] In der Biographik existiert derzeit ein Trend zu einer psychologisierenden Biographie, die Einblick in das Gefühlsleben des Protagonisten geben will.[58] Dabei handelt es sich keineswegs um einen völlig neuen Trend: Schon 1967 veröffentlichte William Bullit, aufbauend auf den Studien Sigmund Freuds, eine Biographie zu Woodrow Wilson;[59] ein vorbildliches Beispiel aus jüngerer Zeit ist die Arbeit zum „Narzissten Goebbels", die der Psychiater Peter Gathmann gemeinsam mit der Historikerin und Publizistin Martina Paul geschrieben hat.[60] Mangels eines in Psychologie geschulten Zweitautors und mangels eigener Ausbildung in Psychologie entschied ich mich dazu, bei dem zu bleiben, was ich zu tun vermochte: Kelsens Gedanken nur soweit zu beschreiben, als er sie mündlich oder schriftlich geäußert hatte. Da Kelsen, soviel wir wissen, kein Tagebuch geführt hat und da von ihm nur wenige private Briefe enthalten sind, da schließlich kein Zeitzeuge mehr am Leben ist, der ihm näher stand als seine Enkeltochter, stehe ich auf dem Standpunkt, dass wissenschaftlich fundierte Berichte über das Seelenleben Kelsens – sei es Liebe oder Hass, Wut oder Angst – kaum jemals möglich sind.[61] So wurde meine Biographie, wie es Michael Stolleis formulierte, „eine im besten Sinne positivistische Gesamtdarstellung, dem Gegenstand angemessen."[62]

Eine andere vortreffliche Biographie, die für mich kein Vorbild sein konnte, war jene zum englischen Juristen H. L. A. Hart, die Nicola Lacey verfasst hat.[63] Denn Hart hat fast sein gesamtes Leben in England verbracht, einem Land, dessen Staatsform sich zu seinen Lebzeiten niemals radikal änderte, davon 16 Jahre (1952–1968) auf ein und demselben Lehrstuhl, jenem für Jurisprudence in Oxford. Ich dagegen hatte die Aufgabe, das Leben eines

55 So schreibt auch Techet, Rezension 920, dass Kelsens Biographie [hier im Sinne von Lebensweg] „viel schwieriger zu erschließen" sei „als etwa Carl Schmit[s]".

56 Stewart, Kelsen 140.

57 Zur Wissenschaft der Biographie, der Biographik, existiert mittlerweile immense Literatur. Einen guten Überblick geben Almagor, Ikonomou, Simonsen, Global Biographies; Fuchs-Heinritz, Biographische Forschung; Klein, Handbuch Biographie.

58 Klein, Schnicke, Biographik 366; Pyta, Geschichtswissenschaft 483.

59 Bullit, Freud, Wilson.

60 Paul, Gathmann, Goebbels.

61 Siehe ausführlich Olechowski, Una biografia 650f., zu der Unmöglichkeit, Einblick in das Ehe- und Sexualleben Kelsens zu gewinnen.

62 In einer für die Göttingischen Gelehrten Anzeigen geplanten Rezension, die aufgrund seines allzu frühen Todes dort nicht publiziert wurde; vgl. aber [https://rechtsgeschichte.univie.ac.at/fileadmin/user_upload/i_rechtsgeschichte/Dateien_Olechowski/5_Publikationen/Rezension_Stolleis.pdf] (9. 7. 2025).

63 Lacey, Hart.

Menschen nachzuzeichnen, der in der Habsburgermonarchie geboren wurde, in der Republik Österreich zum Ordinarius aufstieg, in der Weimarer Republik zum Völkerrechtler wurde, dessen Werke von sowjetischen Autoren sachlich kritisiert und von Nazis verhöhnt wurden, der in die Vereinigten Staaten floh und der auf drei Reisen nach Lateinamerika große Erfolge feiern konnte. Das Buch wurde daher zu einer „Mikrohistorie" der Jahre 1881–1973,[64] und das bewegte Leben Kelsens war der rote Faden, an dem ich seine Schriften wie Perlen auffädelte, sodass es, wie es Jesús Padilla Gálvez in seiner Rezension formulierte, zum „Ariadnefaden" für Kelsens Œuvre geworden ist.[65]

Wie kann ein solch buntes Leben veranschaulicht werden? Ich selbst bin an viele der Orte gereist, wo Kelsen gelebt und gelehrt hatte, und habe mich jeweils bemüht, auch die „Stimmung" einzufangen. So verfasste ich die Abschnitte zu Kelsens Tätigkeit in Köln großteils während meines Aufenthaltes in dieser Stadt und jene zu Berkeley wenigstens zum Teil daselbst. Wie aber diese Eindrücke darstellen? Hier verwendete ich einen Kunstgriff im wahrsten Sinne des Wortes, nämlich den Griff in die Architektur. Das Buch enthält an vielen Stellen Beschreibungen der wechselnden Szenen, vom Bau der Ringstraße in Wien über den Kölner Dom bis zum Hafengebäude von San Francisco, mit denen den Leserinnen und Lesern ein Bild vor Augen geführt werden, die Phantasie angeregt werden soll, um sich besser in die Zeit hineindenken zu können.[66] Aber auch der Vergleich von Kelsens Habilitationsschrift mit dem Loos-Haus am Michaelerplatz und der Vergleich der Kelsen-Sander-Kontroverse mit der Frage, ob Otto Wagner beim Bau der Kirche am Steinhof seinen eigenen Schüler plagiiert habe, entstammen dem Bereich der Architektur. Zugegeben, mit Rechtstheorie haben all diese Passagen nichts zu tun, eher schon mit Kelsens Charakterisierung als „Architekten" der Bundesverfassung, sodass Architektur ein gewisses „Leitmotiv" meines Buches war.[67] Vielleicht war dies aber auch dem Umstand geschuldet, dass Architektur in meiner eigenen Familiengeschichte stets eine große Rolle gespielt hat.

6. Ein persönlicher Schluss

Und damit wird noch einmal deutlich, wie sehr doch die Persönlichkeit des Autors ebenso wie die Persönlichkeit des Porträtierten in eine Biographie fließen. Diese Feststellung bezieht sich jetzt nicht auf meine schon mehrfach angesprochene Nähe zur Reinen Rechtslehre. Sondern sie bezieht sich darauf, dass meine persönlichen Interessen und mein Erfahrungshorizont natürlich auch sonst prägend dafür waren, was in dieser Biographie besonders betont wurde und was nicht. So ist es sicherlich kein Zufall, dass die erste Person, die uns im ersten Kapitel begegnet, Kaiser Joseph II. ist, dass ich ausführlich auf die juristische Studienreform des Leo Graf Thun-Hohenstein eingehe und dass ich Kelsens UN-Kommentar mit Joseph Ungers Darstellung des ABGB vergleiche, zumal sich mein akademischer Lehrer Werner Ogris intensiv mit diesen drei Persönlichkeiten beschäftigt hat.[68] Sicherlich ist es möglich, eine Kelsen-Biographie ohne Nennung dieser Personen zu schreiben. Dass sie vorkommen, hat wohl mehr mit meiner eigenen wissenschaftlichen Prägung als mit Kelsen zu tun, ohne dass mir dies beim Schreiben voll bewusst war.

Mehr als 15 Jahre – und mittlerweile sind es mehr als 20 Jahre – hat Hans Kelsen mein Leben begleitet; wie sehr man sich bei Abfassung einer Biographie mit der ganzen Persönlichkeit des Porträtierten einlässt, wurde mir deutlich, als mir Kelsens Enkeltochter einmal lachend sagte, ich wüsste mehr über ihren Großvater als sie selbst. Und daher steht hier, ganz am Ende dieses Beitrages auch ein ehrliches Bekenntnis, dass mir der kleine, große Mann, der

64 Stewart, Kelsen 136.

65 Padilla Gálvez, Rezension 161.

66 Vgl. dazu Reinthal, Rezension 975.

67 Vgl. auch Taschwer, Ein würdiger Ziegel.

68 Olechowski, Kelsen 27, 64, 786; vgl. Ogris, Elemente 125, 311, 333.

seinen Kaffee genauso wie ich, nämlich mit viel Milch und viel Zucker trank,[69] der ebenso gerne wie ich ins Kino ging und wie ich ein ausgeprägter Familienmensch war, im Laufe der Jahre regelrecht ans Herz gewachsen ist. So habe ich sicherlich aus diesem Grund auch dort viel Verständnis gezeigt, wo sein Handeln durchaus kritikwürdig war. Verschwiegen habe ich dieses Handeln niemals.

Korrespondenz

Prof. Dr. Thomas Olechowski
Universität Wien
Institut für Rechts- und Verfassungsgeschichte
Schottenbastei 10–16
1010 Wien
thomas.olechowski@univie.at
ORCID-Nr.: 0000-0003-3291-6876

Abkürzungen

AVA	Allgemeines Verwaltungsarchiv
EGMR	Europäischer Gerichtshof für Menschenrechte
FPÖ	Freiheitliche Partei Österreichs
HKW	Hans Kelsen Werke
m.E.	meines Erachtens
ÖStA	Österreichisches Staatsarchiv
UN	United Nations (Vereinte Nationen)

Siehe auch das allgemeine Abkürzungsverzeichnis: [https://www.oeaw.ac.at/fileadmin/kommissionen/rechtsgeschichte/pdf/abk.pdf]

Literatur

Laura Almagor, Haakon Ikonomou, Gunvor Simonse, Global Biographies (Manchester 2022).

Marietta Auer, Der Mann ohne Eigenschaften, in: Rechtsgeschichte – Legal History 31 (2023) 285–290.

Nicoletta Bersier Ladavac, Rudolf Aladár Métall, in: Robert Walter, Clemens Jabloner, Klaus Zeleny (Hgg.), Der Kreis um Hans Kelsen (= Schriftenreihe des Hans Kelsen-Instituts 30, Wien 2008) 315–324.

Horst Dreier, Rechtslehre, Staatssoziologie und Demokratietheorie bei Hans Kelsen (Baden-Baden 1986).

Franz L. Fillafer, Genius loci. Die Habsburgermonarchie als Angelpunkt von Hans Kelsens Werk und Weltwirkung, in: Clemens Jabloner, Miriam Gassner (Hgg.), Hans Kelsen und die österreichische Wissenschaftskultur (= Schriftenreihe des Hans Kelsen-Instituts 43, Wien 2024) 17–51.

Sigmund Freud, William C. Bullitt, Woodrow Wilson. A Psychological Study (1967, ND New Brunswick 1999).

Werner Fuchs-Heinritz, Biographische Forschung (Wiesbaden [4]2009).

Peter Gathmann, Martina Paul, Narziss Goebbels. Eine psychohistorische Biografie (Wien 2009).

Stephan Hinghofer-Szalkay, [Rezension], in: ZNR 45 (2022) 159–163.

Michaela Holdenried, Biografie vs. Autobiografie, in: Klein, Handbuch Biographie 49–57.

Jörg Guido Hülsmann, Mises. The Last Knight of Liberalism (Auburn 2007).

Clemens Jabloner, Hans Kelsen als advocatus Dei, in: Frauke Brosius-Gersdorf u.a. (Hgg.), Rechtskonflikte. Festschrift für Horst Dreier zum 70. Geburtstag (Tübingen 2024) 119–130.

Matthias Jestaedt (Hg.), HKW I (Tübingen 2007).

Ders., [Rezension], in: ZRG GA 138 (2021) 552–556.

Jörg Kammerhofer, Kontext und Rechtstheorie, in: Miriam Gassner (Hg.), Helen Silving (= Schriftenreihe des Hans Kelsen-Instituts 45, Wien 2025 [im Druck]).

Hans Kelsen, Allgemeine Staatslehre (1925, ND Tübingen 2019).

Ders., Reine Rechtslehre ([1]1934, ND Tübingen 2008).

Ders., Autobiographie (1947), in: HKW I (2007) 29–91.

Matthias Klatt, Hans Kelsen, in: Karl Acham (Hg.), Die Soziologie und ihre Nachbardis-

[69] Kelsens Vorliebe für Mehlspeisen und für Zigarren, über die manchem Rezensenten schon zu viel berichtet wurde, wurde sogar in den Mittelpunkt einer – auf meiner Biographie aufbauenden – Graphic Novel gestellt, in der eine Schwarzwälder Kirschtorte, ein Baiser und ein Zigarrenstummel gemeinsam über das Leben Kelsens und die Entstehung der Bundesverfassung erzählen: Plankensteiner, Kelsen. Nur für Liebhaber von Anekdoten sei hier der in meiner Biographie noch fehlende Hinweis angebracht, dass diese Mehlspeisen zu Lebzeiten Kelsens höchstwahrscheinlich in einer Viennoiserie in der Telegraph Avenue in Berkeley von einem Zuckerbäcker hergestellt wurden, dessen Sohn das Geschäft mittlerweile an der Adresse 1820 Solano Avenue fortführt. Zur Sinnlosigkeit solcher Anekdoten für die Erschließung der Reinen Rechtslehre siehe allerdings schon Kammerhofer, Kontext und Rechtstheorie.

ziplinen im Habsburgerreich (Wien–Köln–Weimar 2020) 710–715.

Christian Klein (Hg.), Handbuch Biographie. Methoden, Traditionen, Theorien (Stuttgart [2]2022).

Ders., Analyse: Kontext, in: Ders. (Hg.), Handbuch Biographie. Methoden, Traditionen, Theorien (Stuttgart [2]2022) 303–307.

Ders., Falko Schnicke, Biographik im 20. Jahrhundert, in: Klein, Handbuch Biographie 365–381.

Hans-Christof Kraus, [Rezension], in: Historische Zeitschrift 312 (2021) 835–837.

Nicola Lacey, A life of H. L. A. Hart. The Nightmare and the Noble Dream (Oxford 2004).

Federico Lijoi, [Rezension], in: Il Mulino (2022) 597–608.

Mario G. Losano, Le opere e i giorni di Hans Kelsen, il giurista del secolo, in: Rivista internazionale di filosofia del diritto 97 (2020) 457–487.

Reinhard Mehring, „Viel Papier beschrieben / und im Irrtum geblieben"? Thomas Olechowskis kolossale Kelsen-Biographie, in: Der Staat 59 (2020) 451–462.

Reinhard Mehring, Musil, Ulrich und Kelsen. Hat die öffentliche Rolle von Hans Kelsen Robert Musils Mann ohne Eigenschaften satirisch angeregt?, in: ZNR 42 (2020) 234–240.

Rudolf Aladár Métall, Hans Kelsen. Leben und Werk (Wien 1969).

Werner Ogris, Elemente Europäischer Rechtskultur. Rechtshistorische Aufsätze aus den Jahren 1961–2003, hg. v. Thomas Olechowski (Wien 2003).

Thomas Olechowski, Hans Kelsen. Biographie eines Rechtswissenschaftlers (Tübingen [2]2021).

Ders., Una biografia su Hans Kelsen, in: Percorsi costituzionali (2023) 637–655.

Jesús Padilla Gálvez, [Rezension], in: Dókos Revista Filosófica 25/26 (2020) 161–182.

Stanley Paulson, Die Rezeption Kelsens in Amerika, in: Ota Weinberger, Werner Krawietz (Red.), Reine Rechtslehre im Spiegel ihrer Fortsetzung und Kritiker (= Forschungen aus Staat und Recht 81, Wien–New York 1988) 179–202.

Pia Plankensteiner, Gezeichnet, Hans Kelsen (Wien 2020).

Wolfram Pyta, Geschichtswissenschaft, in: Klein, Handbuch Biographie 477–485.

Angela Reinthal, [Rezension], in: Zeitschrift für Geschichtswissenschaft 68 (2020) 975–976.

Anita Runge, Wissenschaftliche Biographik, in: Klein, Handbuch Biographie 171–180.

Martin P. Schennach, [Rezension], in: JBl 144 (2022) 130–132.

Christoph Schmetterer, Die Rechtskultur in Cisleithanien, in: Andreas Gottsmann (Hg.), Die Habsburgermonarchie 1848–1918, Bd. X: Das kulturelle Leben (Wien 2021) 1081–1120.

Arthur Schnitzler, Jugend in Wien (1920, ND Wien–Zürich–München 1968).

Iain Stewart, Hans Kelsen, Legal Scientist, in: Journal of Legal Philosophy 48 (2023) 119–192.

Klaus Taschwer, Ein würdiger Ziegel für den Architekten unserer Verfassung, in: Der Standard v. 7. 9. 2020. [https://www.derstandard.at/story/2000119742087/ein-wuerdiger-ziegel-fuer-den-architekten-unserer-verfassung] (7. 9. 2020 / 9. 7. 2025).

Peter Techet, [Rezension], in: Zeitschrift für öffentliches Recht 75 (2020) 1041–1046.

Ders., „Historical turn" in der Hans-Kelsen-Forschung? Wechselwirkungen zwischen Rechtstheorie und Rechtsgeschichte, in: Zeitschrift für öffentliches Recht 76 (2021) 1329–1369.

D. A. Jeremy Telman, A Path Not Taken: Hans Kelsen's Pure Theory of Law in the Land of the Legal Realists, in: Robert Walter, Clemens Jabloner, Klaus Zeleny (Hgg.), Hans Kelsen anderswo. Hans Kelsen abroad (= Schriftenreihe des Hans Kelsen-Instituts 33, Wien 2010) 353–376.

Robert Chr. Van Ooyen, Staat und pluralistische Gesellschaft bei Kelsen, in: Tamara Ehs (Hg.), Hans Kelsen. Eine politikwissenschaftliche Einführung (Baden-Baden–Wien 2009) 17–45.

Stefan Wedrac, Kelsens Arbeiten an der Verfassung des Freistaats Fiume (Rijeka), in: Clemens Jabloner, Thomas Olechowski, Klaus Zeleny (Hgg.), Das internationale Wirken Hans Kelsens (= Schriftenreihe des Hans Kelsen-Instituts 38, Wien 2016) 25–43.

BRGÖ 2025
Beiträge zur Rechtsgeschichte Österreichs

Josef Pauser, Wien

Joseph von Würth (1817–1855)

Ein unbekannter Jurist zwischen Sonnenfinsternis und Paulskirche

Joseph von Würth (1817–1855). An unknown lawyer between a solar eclipse and the Frankfurt National Assembly

The essay attempts to further explore the biography of Joseph von Würth (1817–1855) on the basis of previously unknown aspects of his private and public life. His cultural and scientific interests (description of the solar eclipse of 1842; observer of the earliest photographic exhibition and of the first daguerreotype in Vienna) as well as his turn to liberal ideas and the use of associations (Nö. Gewerbeverein; Juridisch-politischer Leseverein) as parliamentary testing grounds in the Vormärz are presented. During the revolution of 1848, he was active first in Vienna, then as a member of the German National Assembly in Frankfurt am Main and as Undersecretary of State in the Imperial Ministry of the Interior (Reichsministerium des Inneren, Schmerling Cabinet). After the 'lesser German' solution gained a majority in parliament, he resigned his mandate and returned to Austria, where he eventually worked in the Ministry of Justice as a law clerk in the field of criminal procedural law.

***Keywords**: Austrian code of criminal procedure 1850 – German National Assembly in Frankfurt am Main – Juridisch-politischer Leseverein (Legal and Political Reading Association) – liberalism – Nö. Gewerbeverein (Lower Austrian Trade Association) – photography – solar eclipse of 1842 – Viennese bourgeoisie*

1. Einleitende Bemerkungen

Das Generalthema der Tagung „Juristinnen und Juristen als Menschen – Zwischen privatem Umfeld und öffentlichem Wirken" impliziert, dass Juristenbiografien nicht ausschließlich aus rechtswissenschaftlicher Perspektive betrachtet werden sollen, sondern auch jene Aspekte eines Juristenlebens, die von der rechtshistorischen Forschung bislang vernachlässigt wurden, in den Blick genommen werden sollen. Es geht also auch darum, den Menschen hinter dem Rechtswissenschaftler zu erkennen und das Private ebenso oder stärker in den Blick zu nehmen. Der Biograf soll sich also mit biografischen Details näher auseinandersetzen, die bislang vielleicht an den Rand gedrängt wurden, weil sie für das Beschreiben der Biografie eines Juristen als nicht wesentlich angesehen wurden. Nun eröffnet die Dichotomie „privates Umfeld – öffentliches Wirken" eine Unterscheidung, die in einer dichten biografischen Beschreibung nur schwer exakt getroffen werden kann. Es ist evident, dass bei der Erstellung einer Biografie eines Wissenschaftlers eine Verknüpfung von Privatem und öffentlichem Wirken

https://doi.org/10.1553/BRGOE2025-2s352

This article was peer-reviewed

kaum zu vermeiden ist. An dem mir zugewiesenen Beispiel von Joseph von Würth (1817–1855) will ich versuchen, bestimmte biografische Details herauszuarbeiten, die bislang nicht oder nur wenig bekannt geworden sind und seinen juristischen Werdegang weiter auszuleuchten vermögen.

Was ist bislang über Joseph von Würth bekannt? 1967 war er den Herausgebern der Tagebücher und Briefe des Dichters Friedrich Hebbel, einem Zeitgenossen, der ihn einmal kurz erwähnte, nur den lapidaren Hinweis in einer Fußnote wert: „nichts Näheres über ihn bekannt".[1] 20 Jahre später konnte ihm Friedrich Hartl einen kurzen, aber inhaltsreichen Artikel in Wilhelm Brauneders biographischem Lexikon „Juristen in Österreich. 1200–1980" widmen.[2] So unbedeutend dürfte Würth dann doch nicht gewesen sein, wenn er als einer von nur 68 dort genannten österreichischen Juristen Aufnahme in diese buchförmige Ruhmeshalle österreichischer Jurisprudenz fand.

Im Jahr 2019 durfte ich dann anlässlich einer Tagung zur „Strafrechtsgeschichte im ‚langen' 19. Jahrhundert. Forschungen und Perspektiven" an der Universität Innsbruck erstmals über Joseph von Würth vortragen und konzentrierte mich – dem dortigen Rahmenthema gemäß – auf sein Naheverhältnis zum Strafrecht.[3] Die Beschäftigung mit Würth verdanke ich einem glücklichen Zufall. Ich konnte die Tagebücher Joseph von Würths für die Jahre 1839 bis 1842/44 im Dorotheum, einem Wiener Auktionshaus, erwerben. Die Bedeutung der Tagebücher erschloss sich mir nur, weil ich Jahre zuvor als Assistent an einem Buchprojekt über den Juridischen-politischen Leseverein zu Wien[4] mitarbeiten durfte und Würth als Mitbegründer dieses Vereins noch im Hinterkopf hatte. Anhand der Tagebücher konnte ich Würth nun als einen jungen, engagierten, aufstrebenden Juristen darstellen, der als Student und junger Richter die bestehenden Verhältnisse im vormärzlichen Strafrecht kritisierte, sich durch Studienreisen als Experte für das Gefängniswesen etablierte und sich auch als wissenschaftlicher Schriftsteller vor allem mit dem Strafrecht auseinandersetze. Seine Hinwendung zur historischen Rechtsschule (u.a. Strafrechtsgeschichte) und seine legistische Tätigkeit im Justizministerium als Schöpfer der modernen Strafprozessordnung von 1850 waren dann nur mehr ein Ausblick, der über den Inhalt der Tagebücher hinausging. Aber auch jenseits des Strafrechts offenbaren die Tagebücher weitere Details aus dem Leben des jungen Juristen. Einigen dieser interessanten Spuren wollen wir hier nachgehen.

Vielleicht noch ein Hinweis zu den Tagebüchern. Sie beschreiben teilweise sehr ausführlich die Findungsphasen eines heranwachsenden Mannes. Würth ist bei der Abfassung zwischen 22 und 25/27 Jahre alt. Aktuelle historische Studien zu diaristischen Quellen gehen davon aus, dass „in dieser Lebensphase auch die Leitvorstellungen und Lebensentwürfe, aber auch die alltäglichen Praktiken am explizitesten und ausführlichsten beschrieben" werden.[5] Jedenfalls war im Vormärz für junge Bürgerliche („bürgerliches Tagebuch") und Adelige „das Verfassen von Tagebüchern nichts Ungewöhnliches mehr, vielmehr gehörte es zum guten Ton in diesem Milieu, Tagesereignisse, Überlegungen und sozialkritische Betrachtungen gesammelt festzuhalten".[6] So sind auch diese Tagebücher ein wertvolles Zeugnis für die Herausbildung des Denkens eines vormärzlichen Juristen und ein Indiz für sein künftiges Wirken in der Revolution von 1848.

2. Privates Umfeld

2.1. Herkunft: Wiener Bürgertum

Joseph von Würth entstammte dem gehobenen Wiener Bürgertum. Er kam am 16. November 1817 in Wien als zweitgeborener Sohn

1 Hebbel, Werke 5, 741, 932.

2 Hartl, von Würth.

3 Pauser, Strafrecht in den Tagebüchern. Diese Arbeit ist im Folgenden immer mit zu berücksichtigen.

4 Brauneder, Leseverein und Rechtskultur.

5 Bänziger, Moderne als Erlebnis.

6 Prokosch, Kapferer, Tagebuch von Leo Thun-Hohenstein 51.

von Ignaz Adam Würth (1774–1823) und seiner Frau Franziska, einer geborenen Kreitzenfeld, zur Welt.[7] Er hatte drei Geschwister: Ignaz (1816–1894), dann noch die beiden jüngeren: Anton (1819–???) und Emanuel (1821–1867). Sein Großvater (und Taufpate) Ignaz [Sebastian] Würth (1746–1834) war einer der renommiertesten und künstlerisch begabtesten Hofsilberschmiede.[8] 1827 wurde dieser aufgrund seiner vielfältigen sozialen Verdienste in den erblichen einfachen Adelsstand erhoben.[9] Damit trugen nun alle seine Nachkommen – zum Zeitpunkt seines Todes lebten neun Kinder und 16 Enkel – das „Edler/Edle von" im Namen. Die Edlen von Würth gehörten damit zur „zweiten Gesellschaft" der Residenzstadt. Zwischen 1793 und 1848 lassen sich in Österreich etwas über 1.800 derartige Standeserhebungen nachweisen.[10]

Was kann man zum familiären Umfeld noch sagen? Da der Vater früh verstorben war, wurde mit Herrn Anton Scholz (1801–1840) ein Erzieher ins Haus geholt. Anfänglich war dieser noch die zentrale, angehimmelte Lehrerfigur, doch kehrte sich dieses Bild mit dem Heranwachsen ins Gegenteil. Bald stand Würth in strikter Opposition gegen Scholz und bekämpfte dessen „liberale politische u. religiöse Ansichten".[11] Würths inhaltlich konservative Einstellung sollte sich später noch ändern.

Die Herrschaft Ober-Döbling gehörte von 1824 bis 1838/41 einem Onkel von Joseph (Anton, Edler von Würth). Nach dessen Tod 1838 ging sie an seine Witwe Therese von Würth als Universalerbin, bis 1849 die Aufhebung der Grunduntertänigkeit den Grundherrschaften ein Ende bereitete.[12] Die vielen Legate an Familienmitglieder im Testament des Verstorbenen sowie die doch beträchtlichen Schulden des Onkels führten zu einer nervlichen Belastung der Tante wie zu einer Zerrüttung des familiären Verhältnisses. Da man sich wegen der Auszahlung der Legate nicht einigen konnte, strengten die Bedachten einen Prozess gegen den Nachlass an. Die Beschäftigung mit der Materie brachte auch Joseph von Würth dazu, seinen ersten rechtswissenschaftlichen Aufsatz zu verfassen, den er in „Der Jurist, eine Zeitschrift vorzüglich für die Praxis des gesammten österreichischen Rechtes" 1840 veröffentlichen konnte: „Rechtsfälle und Abhandlungen über die Frage: ob bey einer von Vermächtnissen überstiegenen Verlassenschaft die Legatare auf den Schätzungswerth derselben beschränkt sind?".[13] Ein Familienzwist und persönliche Betroffenheit waren also der unmittelbare Auslöser für die juristische Schriftstellerei des Joseph von Würth. Der Prozess wurde zwar 1840 mit einem Vergleich beendet, die finanziellen Folgen beschäftigten aber noch kurz nach der Jahrhundertwende die Gerichte.

Was waren die familiären Freizeitbeschäftigungen, die aus dem Tagebuch ersichtlich sind? Verzeichnet werden gegenseitige Besuche (innerhalb der Familie, aber auch bei Freunden, Professoren), dann sehr oft Spaziergänge (Bastei, Prater, Döbling, Nußdorf usw.), seltener Besuche von Gesellschaften und Bällen bei Verwandten. Eine Beschäftigung war etwa auch das Vorlesen von Literatur im engeren Freundeskreis. Das führt uns bereits zum nächsten Thema:

---

7 Zu Joseph von Würth: Grass, Würth; Hartl, Würth; Ilwof, Würth; Pauser, Strafrecht in den Tagebüchern; Pauser, Würth; Wurzbach, Biographisches Lexikon 58, 230–232. – Nekrologe: [Anonymus], Joseph von Würth (Nekrolog), in: Beilage zu: Die Donau, Morgenblatt, Nr. 33, 21. 1. 1855, 34; = [Anonymus], Josef von Würth (Nekrolog), in: Klagenfurter Zeitung, Nr. 20, 25. 1. 1855, 1; [Anonymus], Dr. Joseph Edler v. Würth, in: Oesterreichische Blätter für Literatur und Kunst. Beilage zur Oesterreichisch-Kaiserlichen Wiener Zeitung, Nr. 7, 12. 2. 1855, 41–42.

8 Breisach, Goldschmiede.

9 Zu Ignaz von Würth: Frank-Döfering, Adelslexikon 571 (Nr. 10457); Gruber, Würth; Wurzbach, Biographisches Lexikon 58, 229f.

10 Jäger-Sunstenau, Statistik der Nobilitierungen 3–16; Stekl, Wiener Hof 68.

11 WTB II, 2 (16. 11. 1842).

12 Mayr, Zögernitz 29, 34, 96, 101. – Die Würthgasse im 19. Bezirk ist nach Anton Edler von Würth benannt.

13 Würth, Rechtsfälle.

2.2. Interessen I: Kunst und Kultur

Es ist nicht untypisch für ein bürgerliches Tagebuch, dass der Autor seine kulturellen Vorlieben notiert. Würth hielt seine Theater- und Opernbesuche akribisch fest. Gleich am ersten Eintragungstag, dem 1. Jänner 1838, notierte er den Besuch von Rossinis Oper „Wilhelm Tell" im Kärntnertortheater und kommentiert die künstlerische Leistung positiv („ich unterhielt mich sehr gut").[14] Gegen Ende der Woche sah er dort Casimir Delavignes fünfaktige „L'école des vieillards", aber: „Ich ging schon nach dem 3. Akte, denn es war mir zu fade".[15] Manchmal war er auch nur für den letzten Akt im Theater.[16] Das Kärntnertortheater war überhaupt der zentrale Operntreffpunkt und der Vorläufer der heutigen Staatsoper.[17] Neben Opern- (Rossini, Donizetti, Delavigne, Meierbeer usw.) und Ballettbesuchen sind im Tagebuch auch Komödienaufführungen verzeichnet.[18] Theatervorstellungen besuchte man meist im Burgtheater oder seltener im Theater in der Leopoldstadt.[19] Am 1. April 1838 besuchte er „das von Onkel Schuster für Ofen und Pest veranstaltete Concert im Universitätssaale", eine Benefizveranstaltung für die vom Hochwasser schwer heimgesuchten Städte.[20] An weiteren Musikveranstaltungen findet man das Musikfest der Gesellschaft der Musikfreunde, welches am 13. November 1842 stattfand, besonders erwähnt.[21] Auch Kunstausstellungen – wie die von April 1838 und 1839 – wurden besucht und im Tagebuch fein säuberlich beschrieben.[22]

Und gelesen wurde viel. „Für eine Auswahl oder Leitung meiner Lectüre" – schrieb Würth über seine Jugendzeit – „wurde gar nicht gesorgt; ich verschlang mit einer Art von Heißhunger, was mir unter die Hände kam. So [...] las ich [...] alles durcheinander, wie es der Zufall brachte".[23] Von der griechischen Antike über Shakespeare bis zu den deutschen Klassikern findet sich ein breites Spektrum an Theaterstücken. Manches wurde durchaus kritisch kommentiert, so etwa Eduard Bauernfelds „Der literarische Salon. Lustspiel in drei Aufzügen", das er als „sehr mittelmäßig und nur wegen seiner Satyre auf Saphir interessant" bezeichnete.[24] Dann verzeichnete er eine gewaltige Zahl an Novellen und Romanen, die hier nicht einzeln aufgezählt werden sollen (Boccaccio, Charles Dickens, Johann Wolfgang Goethe, Christian Dietrich Grabbe, Friedrich Schiller, Walter Scott, Ludwig Tieck, Ludwig Uhland) und zunehmend Fachbücher. Hier findet sich viel Spezialliteratur zu Goethe und Shakespeare, daneben aber auch zahlreiche Werke zur Geschichte – wie insbesondere zur

---

14 WTB I, 1 (1. 1. 1838).

15 WTB I, 2 (5. 1. 1838).

16 WTB I, 22 (31. 3. 1838).

17 Hadamowsky, Wien – Theatergeschichte 342–351; Jahn, Hofoper (mit chronologischem Spielplan).

18 Hier nur eine Aufzählung: Giachino Rossini, Wilhelm Tell (Oper, mehrmals); Giachino Rossini, Barbier von Sevilla (Oper); Gaetano Donizetti, Anna Bolena (Oper); Casimir Delavigne, L'école des vieillards (Oper); Giacomo Meierbeer, Robert der Teufel (Oper); Adolphe Adam, Le postillon de Lonjumeau (Oper); Fromental Halévy, Die Jüdin (Oper); Jules Perrot, Die neapolitanischen Fischer (Ballet); Paul Samengo, Ottavio Pinelli oder: Schimpf und Rache (Ballet); Jules Perrot, Der Kobold (Feenballet); Adolphe Adam, La fille du Danube (Ballet); Adolphe Nourrit, La Sylphide (Ballet); Molière, Le Dépit amoureux [Der Liebeszwist] (Komödie).

19 Ohne Anspruch auf Vollständigkeit: Eduard von Bauernfeld, Zwei Familien (Erstaufführung); Johann-Ludwig von Deinhardstein, Die seltene Liebschaft; Ernst Christoph Freiherr von Houwald, Das Bild; August von Kotzebue, Die silberne Hochzeit; Adolph Müller, Die Schuld; Adam Oehlenschläger, Correggio; Friedrich Schiller, Fiesko; Friedrich Ludwig Schmidt, Gleiche Schuld, gleiche Strafe; Shakespeare, Der Widerspenstigen Zähmung; – Carl von Holtei, Deklamatorisch-dramatische Vorlesungen (Shakespeare: Coriolanus, Heinrich IV., Viel Lärm um nichts) im Theater in der Leopoldstadt.

20 WTB I, 23 (1. 4. 1838).

21 WTB II, 130–132 (13. 11. 1842).

22 Kunstwerke 1838; Kunstwerke 1839. – WTB I, 25–27 (13. 4. 1838); WTB I, 72–75 (24. 4. 1839).

23 WTB II, 137 (16. 11. 1842).

24 WTB I, 2 (3. 1. 1838).

österreichischen Geschichte[25] – und zur Nationalökonomie. Einige Bücher hatte Würth als Vermächtnis aus dem Nachlass seines Onkels Anton erhalten, so beispielsweise das Konversationslexikon von Brockhaus in der 5. Auflage.[26] Dessen Bände neun und zehn waren übrigens 1820 in Österreich verboten worden.[27]

An Zeitschriften nannte er die „Annales du Musée et de l'Ecole Moderne des Beaux-Arts", „Hermes oder Kritisches Jahrbuch der Literatur", dann die den Junghegelianern zugeordneten, von der Zensur belegten „Hallische[n] Jahrbücher für deutsche Wissenschaft und Kunst" sowie deren Nachfolgeorgan, die „Deutsche[n] Jahrbücher für Wissenschaft und Kunst".

Es zeigte sich also ein umfassender gutbürgerlicher Kulturkonsum.

2.3. Interessen II: Naturwissenschaften

Die intensive Beschäftigung mit Goethe lässt sich als Ausgangspunkt für die Entwicklung der naturwissenschaftlichen Interessen betrachten. Würth gefielen „sehr viele naturwissenschaftliche Ansichten Göthe's z.B. über Farbe, Witterung etc., vor denen man mit Recht sagen kann: se non è vero almen è ben trovato".[28]

Dann entwickelte sich sein Faible für Naturwissenschaften bei den häufigen (meist sonntäglichen) Besuchen bei seinem väterlichen Freund Prof. Andreas von Ettingshausen (1796–1878),[29] einem berühmten Mathematiker und Physiker, immer weiter. So schrieb er etwa: „Vormittags Besuch bei Ettingshausen, der mir wieder einen sehr schönen thermoelectrischen Versuch zeigte."[30] (18. März 1838). Versuchsanordnungen und neue Instrumente hatten es ihm angetan. Im Oktober 1838 traf er dort etwa auf Johann Gottlieb Nörrenberg (1787–1862), einen deutschen Mathematiker, Physiker und Astronom, dessen Polarisationsapparat das Standardgerät jener Zeit werden sollte.[31] Und tatsächlich wurde „das Polarisationsinstrument desselben probirt".[32]

Auch zu Joseph Johann von Littrow (1781–1840), Professor für Astronomie an der Univ. Wien und Direktor der Universitätssternwarte, gab es Kontakte und immer wieder Gesprächsnotizen.[33] Würth hat jedenfalls auch Astronomievorlesungen besucht. Bei Sternschnuppenbeobachtungen auf der Sternwarte kam er 1837 in nähere Bekanntschaft mit Rudolf Wolf (1816–1893), einem Schweizer Studenten, der in Wien mit Würth ein Jahr Astronomie studiert hatte.[34] Wolf gilt als „Pionier der Astronomie in der Schweiz". Als dieser nach Berlin weiterzog, verabschiedete er sich mit einem kleinen Porträt.[35] Wolf gehörte auch zum Studentenkreis um Ettingshausen und Littrow.

---

25 Zur österreichischen Geschichte etwa: GENERSICH, Geschichte; HORMAYR, Wiens Geschichte.

26 Allgemeine deutsche Real-Encyklopädie für die gebildeten Stände (Conversations-Lexikon), 10 Bde. (Leipzig 1819–1820/22).

27 BACHLEITNER, Zensur 176f.

28 WTB I, 117 (30. 8. 1839).

29 Andreas von Ettingshausen (1796–1878), Mathematiker und Physiker, Prof. an der Univ. Wien. Zu Ettingshausen: FLAMM, Ettingshausen; ÖBL 1, 271–272; WURZBACH, Biographisches Lexikon 4, 109–111.

30 WTB I, 18 (18. 3. 1838).

31 TRIERENBERG, Hof- und Universitätsmechaniker 465–492.

32 WTB I, 37 (6. 10. 1838).

33 Joseph Johann Edler von Littrow (1781–1840), Astronom, Prof. in Wien, Direktor der Universitätssternwarte. D'OCCHIEPPO, Littrow; LECHNER, Littrow; WURZBACH, Biographisches Lexikon 15, 286–293.

34 LARCHER, Rudolf Wolfs Jugendtagebuch 43.

35 WTB I, 24 (7. 4. 1838).

Abb. 1: Die Reisegruppe der Studienreise 1838: Andreas Freiherr von Ettingshausen (1796–1878) – P. Marian Koller (1792–1866) – August Kunzek von Lichton (1795–1865)

Abb. 2: Die Reiseroute der Studienreise 1838

Kurz nach Vollendung seines rechtswissenschaftlichen Studiums schloss sich Würth einer Studienreise von Prof. Ettingshausen, Pater Marian Koller (1792–1866) aus Kremsmünster, Astronom und Leiter der dortigen Sternwarte,[36] sowie von Prof. August Kunzek (1795–1865)

36 Pater Marian Koller (1792–1866), Astronom, Leiter der Sternwarte des Stifts Kremsmünster. Siehe: Neumüller, Koller; Reslhuber, Koller; ders., Lebensskizze; Wurzbach, Biographisches Lexikon 12, 346f.

aus Lemberg, Physiker und Mathematiker,[37] an. Vom 18. Juli bis zum 30. August 1838 führte sie ihr Weg von Wien über Prag – Berlin – Hamburg – London – Antwerpen – Brüssel – Paris – Freiburg im Breisgau – Augsburg – München wieder zurück nach Wien. Zweck der Reise war das Knüpfen vielfältiger wissenschaftlicher Kontakte, der Besuch von Institutionen (Sternwarten) und der Ankauf neuer wissenschaftlicher Apparate.[38] In Berlin trafen sie übrigens auf Rudolf Wolf, der mit ihnen Sehenswürdigkeiten und Theatervorstellungen besuchte.[39] Die Reise beeindruckte Würth enorm. Als Ettingshausen ein Jahr später erneut nach Paris reiste, wäre er am liebsten mitgefahren, so sein Eintrag zum 1. Juni 1839:

„Abends nahm ich noch beim Eilwagen von Prof. Ettingshausen Abschied, welcher nach Paris abreiste und mit 200 fl. Reisegeld und 2.000 fl. CM für Instrumente wenigstens 4 Monate ausbleiben kann. Wie gerne wäre ich wieder mitgegangen!"[40]

a) Exkurs: Die Einführung der Fotografie in Wien 1839

In Wien gab es aber auch neue Wunder zu bestaunen: die ersten Daguerreotypien in einer kleinen Ausstellung.[41] Am 28. August 1839 „sah ich bei St. Anna 2 von Daguerre für den Kaiser und den F[ür]sten Metternich hieher gesendete Bilder, Produkte seines Daguerrotyps", schrieb er in sein Tagebuch. Die zwei ausgestellten Daguerreotypien zeigten die Kathedrale von Notre-Dame sowie das Innere des Ateliers von Daguerre. „Sie haben die Größe von Oktavblättern und sind so, wie die schönsten engl. Stahlstiche in geschabter Manier; nur beinahe zu schwarz. Mich interessierte die ganze Erfindung ungemein und ich wünschte nur, daß sie auch praktisch nützlich werde, was aber beinahe nicht zu erwarten ist."[42] Bei dieser Einschätzung der Daguerreotypie hat er nicht ganz Unrecht, bezieht man die Äußerung auf fotografische Verfahren an sich, dann lag er wohl weit daneben.

Abb. 3: Atelier Daguerre, Stilleben im Atelier Daguerres (Königswarter Daguerrotypie) (Daguerrotypie von Loius Daguere, 1839)

37 August Kunzek von Lichton (1795–1865), Mathematiker, Physiker; 1824 Prof. an der Univ. Lemberg, 1847 Prof. an der Univ. Wien. Homola, Kunzek.

38 Reslhuber, Marian Koller 201–239, zur Reise 213–218; Folk, Holovatch, Crossing borders.

39 Larcher, Rudolf Wolfs Jugendtagebuch 86f.

40 WTB I, 82 (1. 6. 1839).

41 Ein Bericht zur Fotoausstellung: Österreichischer Beobachter, Nr. 246, 3. 9. 1839, 1222. Siehe auch: Siegel Neues Licht 341.

42 WTB I, 116 (28. 8. 1839).

Die Erfindung des ersten fotografischen Verfahrens durch Louis Daguerre (1787–1851)[43] war Metternich durch den österreichischen Botschafter in Frankreich mitgeteilt worden. Metternich war sehr an technischen Neuerungen interessiert und so bekam er wie auch der Kaiser tatsächlich je eine Daguerreotypie als Geschenk von Daguerre zugesandt. Das Metternich zugedachte Exemplar zeigt ein Stillleben im Atelier Daguerres und ist auch heute noch erhalten.[44] Die allgemeine Präsentation des Verfahrens – die Veröffentlichung – und Freigabe durch den französischen Staat auf Anraten von François Arago (1786–1853), einem Politiker und Physiker,[45] war am 19. August 1839 in Paris im Collège de France angesetzt. Ettingshausen war anwesend, hatte aber schon Tage zuvor Gelegenheit gehabt, eine Daguerreotypie zu sehen. Auch reservierte er sich ein Exemplar der Giroux-Kamera, die man ab dem 19. August in Paris erwerben konnte.[46] Er war von Metternich nach Paris entsandt worden und begann sofort mit dem Testen des neuen Gerätes. Die Rückreise führte ihn ins rheingauische Schloss Johannisberg, welches Metternich seit 1816 gehörte.[47] Dort konnte er bereits unter Beobachtung von Metternich Daguerreotypien herstellen.[48]

Als Ettingshausen nach Wien zurückgekehrt war, suchte ihn Würth sogleich auf: „Am 26. Oktober [1839] besuchte ich den Tages zuvor von Paris zurückgekehrten Professor v. Ettingshausen, der mich sehr herzlich empfing, sehr gut aussieht, mit den Resultaten seiner Reise /:100 Tage in Paris, 18 auf Johannisberg:/ sehr zufrieden ist und 6 große Kisten physikal. Apparate mitbrachte, darunter einen Thilorier'schen Apparat zur Congelirung der Kohlensäure,[49] ein Daguerreotype, einen Savart'schen Schallapparat[50] etc. – Er ist besonders entzückt von Arago, mit dem er heuer in mehr Berührung trat. Das ist ein Mordsmann! Gelehrter, Redner, Republikaner!"[51]

Schon bei ihrer Reise im Jahr zuvor hatten sie François Arago in Paris kennengelernt. Und noch ein Bezug lässt sich herstellen: Der vorhin genannte Nörrenberg beschäftigte sich nun auch intensiv mit der Daguerreotypie-Technik. Eine von ihm erstellte Daguerreotypie einer Tübinger Miniaturstatue, die „Aphrodite des Doidalses", gilt als eine der frühesten deutschen Daguerreotypien.[52] Sie wird in den September 1839 datiert. Die auf Johannisberg aufgenommenen Ettingshausen'schen Daguerreotypien – sie zeigen unterschiedliche Ansichten des Schlosses und der Umgebung – durften übrigens auf Wunsch von Metternich von Ettingshausen nach Wien mitgenommen werden, um sie der interessierten Öffentlichkeit vom 11. bis 16. November 1839 in einer Ausstellung im physikalischen Hörsaal der Universität Wien präsentieren zu können.[53] Würth wird diese wohl gesehen haben, notierte aber in seinem Tagebuch dazu nichts mehr. Der November wurde nicht mehr mit Tageseintragungen versehen, sondern enthielt nur mehr einen kursorischen Monatsüberblick.

---

43 Louis Daguerre (1787–1851), Maler und Erfinder des ersten nutzbaren fotografischen Verfahrens.

44 Národní památkový ústav, Územní památková správa v Praze, Státní zámek Kynžvart, inv. č. KY 15550 (Institut für Nationales Kulturerbe, Verwaltung der territorialen Denkmäler in Prag, Staatliches Schloss Kynžvart, Inv.-Nr. KY 15550).

45 François Arago (1786–1853), Physiker, Direktor der Pariser Sternwarte, Politiker. LEQUEUX, Arago.

46 Dazu FABER, Stallburg und Altes Burgtheater 17.

47 SIEMANN, Metternich 536–539; SIEMANN, Rhein 112; STAAB u.a., Schloss Johannisberg 50.

48 Bericht dazu in Der Adler, 16. 10. 1839, 942.

49 Adrien Thilorier (1790–1844), Chemiker. MERTENS, Thilorier.

50 Félix Savart (1791–1841), Arzt und Physiker. HOUSSAY, Savart.

51 WTB I, 154–156 (26. 10. 1839).

52 HESSE, Daguerreotyp 1839.

53 Österreichischer Beobachter, 9. 11. 1839, 1556.

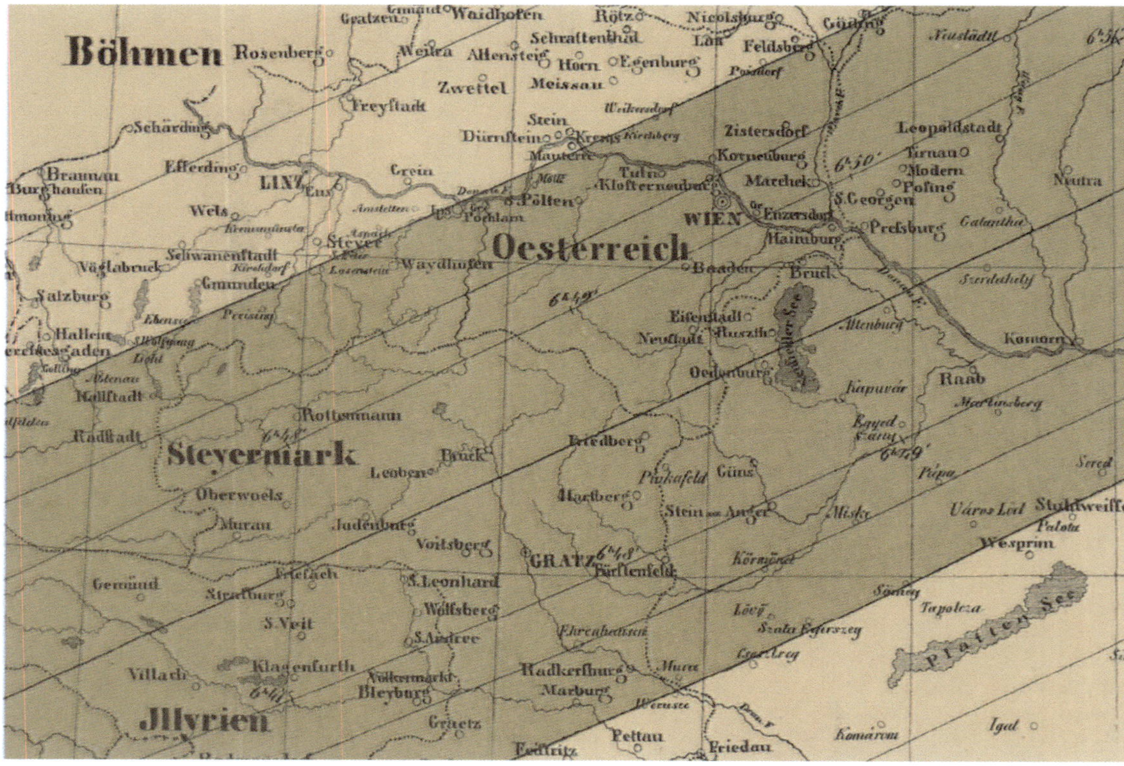

Abb. 4: Auszug aus: Karte der totalen Sonnenfinsternis am 8. July 1842 nach I. H. Lehmann für die österreichische Monarchie entworfen von C. L. Littrow (Wien 1842)

b) Exkurs: Die Sonnenfinsternis 1842

Würths astronomische Interessen und Bezüge sind offensichtlich. Er hörte Vorlesungen über Astronomie an der Universität Wien, verkehrte mit Littrow, reiste mit Astronomen (Marian, Kunzek) und besuchte mit ihnen Sternwarten in vielen Städten. So ist es nicht verwunderlich, dass in seinem Tagebuch natürlich DAS astronomische Ereignis der 1840er Jahre, die totale Sonnenfinsternis vom 8. Juli 1842, ausführlich und eindrucksvoll beschrieben wurde.

Würth berichtete:[54]

„Freitag den 8. [Juli 1842] standen wir [Emanuel und ich] schon um ¾ auf 5 Uhr Morgens auf u. gingen der getroffenen Verabredung gemäß mit Theodor [Sacken], Eduard [Sacken], Frau Wehrle,[55] Hermine [Wehrle] u. ihrer Schwester Marie [Wehrle] auf die Hetzendorfer-Anhöhe, um die große Sonnenfinsterniß zu beobachten. Der Morgen war sehr frisch u. schön, der Himmel ganz heiter, nur in der Nähe des Horizonts von dichten Dünsten begränzt, die dünner u. dünner werdend, auch die Sinne mit einem sanften Schleier verhüllten, so daß eine ziemlich gleichförmige Beleuchtung über die ganze Gegend sich erstreckte. Das Kahlengebirge begann sich aus dem Nebel herauszuringen, die Stadt aber war dicht eingehüllt. Wir kamen um ¾ auf 6 Uhr auf der Höhe an und eben um diese Zeit begann die Mondscheibe am westlichen Rand der Sonne sich einzudrängen. Wir beobachteten mit unseren farbigen Gläsern die kleiner u. kleiner werdende Sonnenscheibe u. unterhielten uns damit, die Gegend abwechselnd in rothen, blauen u. gelben Lichte zu beschauen. Schon ward die Sonne zu einer leuchtenden Sichel, halbmondförmig und nun begann auch die Tageshelligkeit abzunehmen und ein abendliches Dunkel lagerte sich über die Gegend; die fernen Berge im Süden mit ihrer Dunsthülle erhielten eine rosige Färbung. Mehr und mehr wuchs unsere Spannung auf den Moment der totalen Verfinsterung. Noch war eine kleine, schmale Sichel der Sonne sicht-

54 WTB II, 103–106 (8. 7. 1842).

55 Witwe nach Alois Peter Wehrle (1791–1835), k.k. Bergrat, Professor der Chemie, Metallurgie und Mineralogie an der Bergakademie Schemnitz. ÖBL 16, 43f.

bar; die Schatten wurden immer schwächer, wie Mondschatten immer mehr verschwimmend, endlich fast ganz unkenntlich, so daß Hermine äußerte, jetzt seien wir alle Schlemihle. Wir bestiegen einen kleinen Hügel u. plötzlich verschwand auch der letzte Sonnenstrahl; die Mondkugel stand dunkel am Himmel, nur um sie herum ein schwacher Lichtkreis, der sie von dem dunkelblauen dunsterfüllten Hintergrunde abhob. Die ganze Gegend lag in nächtlichem Dunkel, nur die Dünste am östlichen Himmel verhinderten den Anblick der Sterne; es war eine ungewisse, drückende Trübe. Am südlichen Himmel verglühte der Horizont u. von der Mauer blinkte ein helles Licht herüber, wie man es nur Nachts sehen kann. Es war ein großer, feierlicher Anblick, – eine tiefe Stille in der Natur, welche nur durch den Ausruf: Herrlich! Herrlich!, womit wir sie begrüßten, unterbrochen ward. Die Abwesenheit der Sonne erregte eine wehmütige, träumerische Stimmung u. wir konnten uns an dem mannigfaltig schönen Anblick der nächtlich dunkeln Berge, der vom tiefen Dunkelblau zum hohen Rosenroth verschwimmenden Dünste, der weitumschatteten Gefilde um uns her nicht ersättigen. ‚Wie schön! Wie herrlich!' rief freudentrunken Hermine an meiner Seite aus. Ich stand den großen Künstler, die allmächtige Natur bewundernd in der schauerlichen Schöne ihrer Werke. Zwei bis drei Minuten währte dieses Schauspiel, dann brach, wie ein Blitz, am westlichen Sonnenrande ein heller Strahl hervor u. mit einem Zauberschlag war die ganze Gegend verwandelt. Die Tageshelligkeit beleuchtete den weiten Raum u. unser Auge mußte dem Glanz des wie mit neuer Kraft hervorbrechenden Gestirnes weichen. Ein allgemeiner Jubel erscholl, als die Bedrängniß der Lichtlosigkeit, die einer schweren Bürde gleich auf allen lastete, hinweggenommen war, u. die befreite Brust jauchzte dem neuen Tage entgegen. Heute hat Gott wieder einen großen Triumph gefeiert!

Die Gegend lag noch in dem abendlichen Schein, der vor der totalen Verfinsterung sie bedeckt hatte; aber der Contrast mit dem nächtlichen Dunkel, welchem er nachfolgte, ließ ihn wie das helle Tageslicht erscheinen u. freudig glänzte Berg und Thal in Sonnenklarheit.

Noch ein Blick in die herrliche Natur, die uns umgab, u. wir verließen die Anhöhe, um uns heimwärts zu begeben, denn die Wehrle'schen hatten in der Begeisterung den Morgenthau, der allenthalten glänzte, nicht beachtet u. mußten bei längerem Verweilen eine Verkühlung besorgen.

Abb. 5: Jakob Alt, Die Sonnenfinsternis am 8. Juli 1842 (Ölgemälde, 1842)

Das herrlichste dieser großen Naturerscheinung war vorüber! – Wir fühlten uns durch ihren Anblick erhoben, reiner, edler – das ist die Wirkung jeder Größe!"

Die Sonnenfinsternis war zweifellos ein mediales Ereignis der Sonderklasse. Die bekannteste Schilderung der Sonnenfinsternis von 1842 stammt von Adalbert Stifter und erschien kaum eine Woche später in einer dreiteiligen Serie der Wiener Zeitschrift für Kunst, Literatur und Mode.[56] Stifter war übrigens im Stiftsgymnasium Kremsmünster zur Schule gegangen und hatte den bereits erwähnten Pater Marian Koller als Lehrer für Naturgeschichte und Physik.[57] In Wien besuchte er dann lieber die naturwissenschaftlichen Vorlesungen der Professoren Ettingshausen, Baumgartner und Littrow (Vater) als die juristischen.[58]

Doch zurück zu Würth. Er schilderte weiter: „Im Nachhausegehen sagte Theodor aus Spaß: ‚Nun möcht' ich sterben, denn ich habe die Sonnenfinsterniß gesehen. – Ich erwiderte: ‚So spreche ich nicht'; ich rufe: ‚Laß mich den Tag der Freiheit schauen, Herr!, dann will ich gern sterben!'" Ein Naturereignis wird hier – nicht untypisch für solche Darstellungen – gleichsam als Gottesbeweis geschildert.[59] Dies wird am Ende noch durch einen die Revolution herbeisehnenden Gemütsausbruch des liberalen Geistes überboten.

3. Vom privaten zur öffentlichen Betätigung

3.1. Liberaler Geist und konstitutioneller Sinn

Die liberale Gesinnung[60] reifte bei Würth langsam, aber stetig.[61] Ursprünglich war er noch ein streng monarchistisch-konservativ denkender junger Mann. Das Studium von Karl von Rotteck und Montesquieu und der Kontakt mit dem liberal denkenden Astronomieprofessor Joseph Johann von Littrow führten ihn langsam in liberaleres Fahrtwasser. Er begann – nicht zuletzt wegen des schlechten Unterrichts in Philosophie und Vernunftrecht fast gezwungermassen – selbständiger zu denken. Gespräche über Politik führte er

---

56 Birkner, Adalbert Stifters Naturanschauung; Kaminski, Sonnenfinsternis; Paul-Berger, Kosmos 143–222; Schiffermüller, Sonnenfinsterniß; Ziegler, Zirkelodem.

57 Dallinger, Adalbert Stifter – Bildung 151–160; John, Koller; Ziegler, Zirkelodem 10.

58 Das rechtswissenschaftliche Studium brach er dann auch ab. Dazu: Kohl, Stifter.

59 Ziegler, Zirkelodem 8f.

60 Das Folgende angelehnt an Pauser, Strafrecht in den Tagebüchern 129–131.

61 Der persönliche Entwicklungsgang ist dem Würth'schen Rückblick auf seine Kindheit und Jugendzeit anlässlich seines 25. Geburtstages deutlich zu entnehmen. WTB II, 139f., 142 (16. 11. 1842): „Während meiner philosophischen Studien lernte ich erst Shak[e]speare, Jean Paul, Göthe, ja, was mehr ist, das neue Testament kennen. Ein frommer Sinn, eine ungeheuchelte Demuth vor Gott, ein reges Streben, die Religion Christi wirklich kennen zu lernen, waren mir eigen, ohne daß von Seite meiner Umgebung etwas zur Belebung dieses Sinnes geschah. Damit stand in Verbindung eine sehr patriotische, das Bestehende an sich schätzende Gesinnung, ein Bestreben alle in Österreich vorhandenen Einrichtungen zu vertheidigen, welches sogar so weit ging, daß ich mich über Scholz's [des Erziehers] liberale politische u. religiöse Ansichten heimlich ärgerte und seine freilich meist absprechenden Urtheile zu bekämpfen suchte. [...] Indeß hatte ich im 2. Jahre der Philosophie Johannes v. Müller's Weltgeschichte, Rotteck, Napoleon, bald darauf auch Montesquieu kennen gelernt und der elende Vortrag der Philosophie und des Vernunftrechtes brachten eine Reaction hervor. Ich begann klarer zu sehen, das Bestehende mit den Forderungen der Vernunft zu vergleichen, unsere Verhältnisse den auswärtigen gegenüberzustellen, und so bildete sich nach und nach, begünstigt durch das unbefriedigende Familienleben, gestärkt durch den Umgang mit Littrow, meine liberale Ansicht der Politik aus. Meine mathematischen Studien trugen dazu bei, meinem Denken bestimmtere Formen zu geben. Im 4ten Jahre meiner Rechtsstudien war ich bereits zu ganz festen Ansichten gelangt und begann schon mich nach Gelegenheiten zu sehnen, diese meine Gesinnung durch die That zu bewähren. Die Reise nach England und Frankreich, welche ich im J. 1838 mit Ettingshausen, Prof. Marian Koller und Kunzek unternahm, drückte endlich der liberalen Weltanschauung, dem echt deutschen Sinne, der glühenden Vaterlandsliebe das Siegel auf."

mit vielen, besonders aber mit Prof. Josef von Kudler (1786–1853)[62] und Prof. Ettingshausen, die ihn in seinen Ansichten bestärkten. Mit dem Ende seines rechtswissenschaftlichen Studiums war seine politische Grundhaltung entschieden. Die berühmten frühliberalen Professoren Karl von Rotteck und Carl Theodor Welcker waren ihm so sehr Vorbild, dass er bei einer Reiseplanung im Jahr 1838 sogar besonders drauf drang, auch nach Freiburg im Breisgau zu gelangen, wo beiden Professoren lehrten.[63] Insbesondere die Reise nach England und Frankreich im Jahre 1838 festigte sein liberales Grundverständnis.

In seinem Jahresrückblick 1838 sinniert er pathetisch: „Meine politischen Gesinnungen habe ich auch in diesem Jahre möglichst befestigt und gekräftigt, wozu nebst dem Studium der Politik auch vieles Nachdenken, das mich gar oft im Studieren der Fachgegenstände hemmte und lebendige Anschauung auf der Reise, so wie Gespräche mit Ähnlichgesinnten, besonders Dworzack,[64] Ettingshausen, [Karl] Tausenau[65] und Emanuel[66] nicht wenig beitragen. So habe ich mir einen Plan geschaffen! Möge der Himmel mein tägliches Gebet erhören und mir eine ehrenvolle Stelle in der gehofften Weltänderung einräumen!“[67]

Um den Jahreswechsel 1839/1840 studierte er vor allem das Rotteck-Welckersche Staatslexikon, die Bibel des Liberalismus.[68] Besonders verschlang er jene Artikel, die für den Konstitutionalismus prägend geworden sind: „Im Dezember las ich [...] bloß einige Artikel des Staatslexikons, meist von Welcker, insbesondere die wichtigen: Grundvertrag; deutsche Staatsgeschichte; deutsch. Staatsrecht.“[69] Dann auch am 1. Jänner 1840: „Abends las ich im Staatslexikon Welcker's Aufsatz, über das deutsche Landesstaatsrecht, welcher mir über die uralten ständischen Rechte und ihre ehemalige große Ausdehnung eine sehr willkommene Belehrung verschaffte.“[70]

Diese Wendung hin zum Konstitutionalismus findet man auch im Jahresrückblick 1839 bestärkt: „Meine politischen Ansichten habe ich heuer durchaus nicht geändert, vielmehr bestätigt mir die tägliche Erfahrung der Miserabilität einer absoluten Regierung, besonders bei einem schwachen Haupte, wie nothwendig, wie unentbehrlich constitutionelle Garantien einem Lande sind. Ebenso ist mein Wunsch, Deutschland als Ein Reich zu erblicken, noch immer das höchste Ziel meiner politischen Wünsche.“[71]

Die politischen Vorgänge in den deutschen Staaten verfolgte Würth, wo er konnte. Im Jänner 1840 las er „das treffliche, vom Bundestage verbotene Gutachten der Juristenfacultät in Tübingen über die Hannover'sche Verfassungsfrage. Diese Abhandlung ist so schön gearbeitet, so gründlich, in einer so würdigen Sprache abgefaßt, daß sie mich zu der lebhaftesten Bewunderung hinriß. So müssen Juristen reden, wenn sie ehrliche

---

62 Josef von Kudler (1786–1853), Jurist. Siehe Ebert, Grazer Juristenfakultät 88–92; Otruba, Kudler; ÖBL 4, 318f.; Wurzbach, Biographisches Lexikon 13, 298–301.

63 WTB I, 28 (22. 4. 1838).

64 Ein Schulfreund.

65 Karl Tausenau (1808–1873), Journalist, Politiker (1848 Revolutionär). Siehe Venus, Tausenau; Wurzbach, Biographisches Lexikon 43, 146–152.

66 = Bruder.

67 WTB I, 45f. (31. 12. 1838).

68 Albrecht, Rotteck; Grawert, Staatswissenschaft; Grothe, Staats-Lexikon; Werner, Staatslexikon.

69 WTB I, 172 (31. 12. 1839). – Rotteck, Welcker, Staats-Lexikon. Darin u.a. die Artikel: C. Th. Welcker, Grundvertrag, Staatsvertrag, politische Vertragstheorie; ihre Gegner; die Gefahren ihrer Mißkennung, vorzüglich in unseren Zeiten, in: ebda. 7 (1838) 235–289; Ders., Deutsche Staatsgeschichte, Deutschland, Deutsche, Germanen, deutsche Standesverhältnisse, deutsche Kaiser und deutsche Grundgesetze, in: ebda. 4 (1837) 281–337; Ders., Deutsches Landes-Staatsrecht; deutsche Landstände; die Feudalstände und die Wahlstände, ihre Geschichte und ihr Recht, in: ebda. 4 (1837) 281–386.

70 WTB II, 1f. (1. 1. 1840).

71 WTB I, 174 (Dezember 1839).

Männer sein wollen!!"[72] Es ist zu vermuten, dass er eine Ausgabe von Friedrich Christoph Dahlmanns „Gutachten der Juristen-Facultäten in Heidelberg, Jena und Tübingen, die Hannoversche Verfassungsfrage betreffend"[73] in die Hand bekommen hatte. Dieses Werk war natürlich auch in Österreich mit dem Zensurvermerk „damnatur" versehen worden.[74] Ende 1842 begeisterte er sich für eine „Woher und Wohin?" betitelte Broschüre des preußischen Staatsministers Theodor von Schön (1773–1856): „Zu den Interessantesten, das ich vor kurzem las, gehört des Staatsministers v. Schön Broschüre: ‚Woher u. wohin?'[75] über die preußischen Stände, worin er der hochgestellte Beamte die Natürlichkeit des Entstehens des allgemeinen Wunsches nach einer Constitution trefflich auseinandersetzt, – ein unvergängliches Denkmal seines unbefangenen Geistes, seiner ehrenwerthen Gesinnung."[76] Mit dieser liberalen Denkschrift hat er durchaus Aufsehen erregt, zog sich aber dann zunehmend aus der Politik zurück.[77]

Auch persönliche Nachrichten über Wahlen und Wahlkämpfe in Ungarn konnten Würth „in ein so lebhaftes Mitgefühl des Kampfes der polit. Interessen [versetzen], daß fast jede Ader in [ihm] mit zuckte".[78]

Die Gespräche insbesondere mit Prof. Ettingshausen gingen unvermindert weiter. So notiert er schon 1838, dass sie „über Politik [sprachen], worin er auch recht liberale Ansichten hat"[79] und später einmal: „Wir sprachen sehr viel über unsere hiesigen Verhältnisse, besonders über unsere öffentlichen Zustände, welche wir, wie gewöhnlich, in völlig freier, radicaler Weise betrachteten."[80] Auch dachte Ettingshausen daran, einen Ruf an eine ausländische Universität anzunehmen, weil er „den Druck der hiesigen Verhältnisse so unerträglich" fand. Würth, der 1841 ebenfalls Auswanderungstendenzen gezeigt hatte,[81] konnte keine Gegenargumente finden, „denn nirgends ist eine wenn gleich nur entfernte Hoffnung vorhanden, daß es sich mit unseren Verhältnissens bessern werde; nirgends laßt eine Bewegung nach Vorwärts sich ahnen!"[82] Dass schon in wenigen Jahren sich hier eine bedeutende Änderung ergeben sollte, war noch nicht absehbar.

Im November 1842 schrieb Würth revolutionär beseelt von einer Aufführung von Beethovens Egmont-Ouvertüre: „– endlich der Schluß der Egmont-Ouverture, worin der endliche Triumph der Freiheit, das: E pur vivrà! mit einer jubelnden Zuversicht u. Gewißheit ausgesprochen ist. – Vergeblich ist alles Ankämpfen der Mächte, die nur das Bestehende für sich haben, gegen die Idee, der alle Zukunft offen steht! La révolution, fera le tour du monde, das ist Naturgesetz u. nach England u. Frankreich kommt jetzt die Reihe zunächst an Deutschland. – Diese göttliche Ordnung der Dinge wird keine Gewalt, kein Bundestag hemmen."[83]

---

72 WTB II, 4 (5. 1. 1840).

73 Dahlmann, Gutachten 131–358 (Tübinger Gutachten).

74 Siehe die Datenbank: Verpönt, Verdrängt – Vergessen? Eine Datenbank zur Erfassung der in Österreich zwischen 1750 und 1848 verbotenen Bücher (Dahlmann: [https://zensur.univie.ac.at/?dbv=6z90t0m] [9. 7. 2025]). Allgemein zur Zensur: Bachleitner, Zensur; Olechowski, Preßrecht 159ff.

75 von Schön, Woher und Wohin? In Österreich mit „damnatur" belegt.

76 WTB II, 158 (27. 11. 1842).

77 Zu Schön: Sösemann, Schön; Ders., Untersuchungen.

78 WTB II, 91 (April 1842).

79 WTB I, 43 (17. 12. 1838).

80 WTB II, 66 (11. 1. 1842).

81 Pauser, Strafrecht in den Tagebüchern 147f.

82 WTB II, 117f. (August–Oktober 1842).

83 WTB II, 131 (13. 11. 1842).

3.2. Gewerbeverein und Leseverein als parlamentarische Spielwiese

Ende Oktober, November 1840 trug Würth lapidar den Begriff „Lesevereinsprojekt" in sein Tagebuch ein.[84] Tatsächlich sind seine Eintragungen in jener Zeit sehr kursorisch, sodass wir nichts Näheres dazu erfahren. Beim Verein handelte sich aber jedenfalls um den bald Berühmtheit erlangenden juridisch-politischen Leseverein in Wien. Aus den „Erinnerungen" des Dichters und Lesevereinsmitglieds Ludwig August Frankl (1810–1894)[85] kann man entnehmen, dass auf Anregung von Eugen Megerle von Mühlfeld (1810–1868)[86] und von Franz von Sommaruga (1780–1860)[87] die Herren Alexander von Bach (1813–1893),[88] Ignaz Wildner von Maithstein (1803–1854)[89] und unser Joseph von Würth mit den Professoren Moritz von Stubenrauch (1811–1865)[90] und Anton Hye von Gluneck (1807–1894)[91] im Jahre 1840 zusammentrafen, „um die Grundzüge zu einer Vereins-Unternehmung zu entwerfen".[92] Zweck des Lesevereins sollte sein – so der Antrag, „gebildeten Männern durch die in einem eigenen Lokale stattfindende Auflegung von Journalen und Zeitschriften des In- und Auslandes staatswissenschaftlichen, politischen und juridischen Inhaltes die Gelegenheit verschaffen, sich mit den Fortschritten der Wissenschaft in diesen Zweigen bekannt zu machen".[93] Studenten waren laut den Statuten ausgeschlossen. Kaiser Ferdinand billigte die Errichtung am 19. Juli 1841. Würth erwähnte dies wieder nur sehr kursorisch in einem Nota bene-Vermerk im Jahre 1841: „Ende Juni Bewilligung des jurid. polit. Lesevereines".[94] Laut Frankl dürften die Vereinsgründer geschickt eine Abwesenheit des Fürsten Metternich ausgenutzt haben und durch die Einreichung und Unterstützung des Vereinsgründungsplanes durch den hochangesehenen Staatsrat Franz Freiherr von Sommaruga beim Grafen Josef von Sedlnitzky, dem Leiter der Polizeihofstelle, genügend Eindruck gemacht haben.[95] Seine positive Stellungnahme wurde von Minister Franz Anton von Kolowrat-Liebsteinsky[96] ebenfalls befürwortet, beides führte zur Genehmigung durch den Kaiser.

Anfang Februar 1841 war Würth bereits dem 1839 gegründeten Niederösterreichischen Gewerbeverein beigetreten.[97] Er beschrieb diese als „recht nützliche[...] Anstalt, die kräftig vorschreitet u. auch das Ihrige zum allgemeinen Wohle beitragt". Seinem neuen Veränderungsantrieb entsprechend vermerkt er dies zwar positiv, doch wäre dies „noch lange nicht genug! – Die Zeit enteilt auf gedankenschnellen Schwingen und wir Schnecken wollen sie ereilen?! – Jetzt ist nicht mehr zum bloßen schrittweisen Fortschreiten Zeit; man muß auch manchmal Sprünge thun." Eines seiner Ziele war hierbei, den Beitritt Österreichs zum deutschen Zollverein[98] zu propagieren. Während des Sommers hatte er dies auch schon in Gesprächen mit seinen

84 WTB II, 38 (Mai–Dezember 1840).

85 Hecht, Frankl; ÖBL 1, 347; Wurzbach, Biographisches Lexikon 4, 334–339.

86 Ströher, Megerle von Mühlfeld; Wurzbach, Biographisches Lexikon 17, 24–255.

87 Hye, Sommaruga; Wurzbach, Biographisches Lexikon 35, 276–281.

88 Angermann, Bach; Ilwof, Bach; Macho, Bach; ÖBL 1, 40; Wurzbach, Biographisches Lexikon 1, 105–108.

89 Wurzbach, Biographisches Lexikon 56, 156–159.

90 Dölemeyer, Stubenrauch; Olechowski, Stubenrauch.

91 Hugelmann, Hye von Glunek; Oberkofler, Hye von Gluneck; ÖBL 3, 22; Wurzbach, Biographisches Lexikon 9, 458–461.

92 Frankl, Erinnerungen 276–288 (zum Leseverein), das Zitat 276. Allgemein zum Leseverein: Brauneder, Leseverein, zur Gründung 65f.; Engel-Janosi, Leseverein.

93 Brauneder, Leseverein 63, 459 (Anhang 1).

94 WTB II, 48 (März–Dezember 1841).

95 Dazu Frankl, Erinnerungen 278; Brauneder, Leseverein 68f.

96 Walter, Kolowrat-Liebsteinsky; Wandruszka, Kolowrat-Liebsteinsky; Wurzbach, Biographisches Lexikon 12, 392–396.

97 WTB II, 44 (Jänner 1841). Zum Gewerbeverein: 175 Jahre Österreichischer Gewerbeverein.

98 Hahn, Zollverein.

Freunden Alexander von Bach und Franz (Philipp) von Sommaruga (1815–1884),[99] dem Sohn des Staatsrates, geäußert.[100] Zur Vorbereitung las er sich ein, sammelte statistisches Material und bemerkte, dass hier noch gewaltige Vorleistungen zu erbringen waren. Deshalb beantragte er am 2. November 1841 bei einer Monatsversammlung eine eigene Sektion „Gewerbe- und Handelsstatistik" des Gewerbevereins zu errichten, unterlag aber in einer von ihm beantragten Abstimmung im Dezember. Am 11. November hielt er zudem einen Vortrag über den Einfluss der Zolleinigung der deutschen Zollvereinsstaaten auf die deutsche Industrie,[101] der durchaus Beifall, in den höchsten Kreisen der Staatsverwaltung aber auch Tadel hervorrief. Würth tröstet sich damit, dass es ihm gelungen war, durch seine „freimüthige Sprache, die man bei uns freilich nicht gewohnt ist, selbst bis in die Kreise der Ministerien eine Art Aufregung zu verbreiten".[102] Da er zu seinem vorigen Antrag Intrigen befürchtet hatte, wollte er nicht einen Bericht des Verwaltungsrates abwarten, sondern hatte einer schnellen Abstimmung den Vorzug gegeben. Bei der Abstimmung selbst musste er bemerken, dass sein Hauptgegner – der Präsident des Gewerbevereins Graf Ferdinand von Colloredo-Mannsfeld (1777–1848)[103] – „bei dem ganz u. gar servilen u. unparlamentarischen Publicum seine Ansicht durchsetzte".[104]

Aus dieser Äußerung wird auch klar, was sich Würth abstrakt von den Vereinen erhoffte. Man wollte Erfahrung im parlamentarischen Umgang miteinander gewinnen. Es sprach das auch klar aus: „Der Gewerbeverein ist mir und meinen Freunden Bach und Sommaruga ein sehr gelegener Übungsplatz für die freie Rede u. parlamentarische Taktik, ein Mittel, uns für künftige Zeiten vorzubereiten, in denen vielleicht eine Anwendung dieser Künste in Großen möglich sein wird."[105]

Im Gewerbeverein sollte er noch die eine und andere Niederlage einstecken müssen. Für Würth zählte aber der Einsatz für die von ihm als richtig empfundenen Ideale und Ziele in der gehobenen Öffentlichkeit weitaus mehr. Auch seine zweite Vereinsmitgliedschaft, jene beim juridisch-politischen Leseverein,[106] sollte sich nun bald entwickeln.

„Eben so freudige Hoffnung [wie in den Gewerbeverein] setzen wir auf den Leseverein, der schon im Jänner 1842 in das Leben treten wird, u. an dessen Gründung ich mit Sommaruga, Bach, Stubenrauch, Mühlfeld, Leop. Neumann, Wildner u. Hye den lebhaftesten Antheil nahm. Mögen diese beiden Anstalten recht fröhlich gedeihen und zur Heilung der Nacht beitragen, die noch auf Österreich's Gebildeten liegt!!"[107]

Und tatsächlich wurde der juridisch-politische Leseverein am 2. Jänner 1842 eröffnet und war „ziemlich besucht". Nach einer Woche konnte Würth schon feststellen: „Er zählt bereits 95 Mitglieder u. 112 Theilnehmer, – wird aber leider vom Grafen Sedlnicky [Sedlnitzky] und von dem Fürsten Metternich sehr ungern gesehen, was einige Ängstlichkeit über die Zukunft dieses Vereines erweckt."[108]

Würth selbst war ein eifriger Besucher. Am liebsten las er anfangs die „Deutsche[n] Jahrbücher für Wissenschaft und Kunst", die von Arnold Ruge herausgebracht worden waren und bald vom Deutschen Bund verboten wurden. Sie galt als Organ der Jungehegliander und war religionskritisch eingestellt. Letzteres

---

99 Hye, Mentschl, Sommaruga; Jansen, Sommaruga; Wurzbach, Biographisches Lexikon 35, 284–286.

100 WTB II, 49 (März–Dezember 1841).

101 WTB II, 51 (März–Dezember 1841).

102 WTB II, 51 (März–Dezember 1841).

103 Allmayer-Beck, Colloredo-Mannsfeld; Wurzbach, Biographisches Lexikon 2, 420–422.

104 WTB II, 52 (März–Dezember 1841).

105 WTB II, 53f. (März–Dezember 1841).

106 Brauneder, Leseverein.

107 WTB II, 53f. (März–Dezember 1841).

108 WTB II, 65 (10. 1. 1842).

imponierte Würth.[109] Wenig später notierte er im durchaus revolutionären Ton: „Besonderes Vergnügen aber bereitete mir die Lectüre des vorigjährigen 1sten Semesters der deutschen Jahrbücher. Die Ansichten, welche darin verfochten werden, stimmen so sehr mit den meinigen überein, daß der kräftige und energische, stets zur That auffordernde Ausdruck derselben auf mich höchst wohlthätig, beschränkend und auffrischend wirkte. Eine solche Zeitschrift muß ihre Früchte tragen! Es ist nicht möglich, daß sie verschwinde, ohne deutliche Spuren und kräftige Eindrücke zurückzulassen. Mich besonders ergreift diese Zeitschrift ungemein, weil ich unter unseren Verhältnissen die dringende Nothwendigkeit einer steten Mahnung an das, was Recht und Pflicht ist, einsehe, wenn nicht der bessere Theil durch die zerstörende, langsam, aber sicher untergrabende Macht der Gewohntheit an den alltäglichen Lebensverhältnisse[n] zu Grunde gehen soll. Ohne ein immerwährendes Sichaufrufen zum Widerstande gegen die gewöhnliche Welt, ihre Ansichten u. Sondirungen, ist es fast unmöglich, daß unter unserem Verhältnissen selbst ein junger Mann, der für das Höhere, für Recht und Wahrheit von heiligem Eifer erglüht ist, der Macht der stets und unablässig entgegenwirkenden Kräfte widerstehe und nicht in wenigen Jahren so für alle rein menschlichen Interessen abgestumpft werde, daß er gerade für einen kk. Beamten tauglich ist und alles selbstständige Denken, alle Unabhängigkeit der Gesinnung, allen Muth etwas, das dem Bestehenden zuwiderläuft, auszusprechen, verlernt."[110]

Im Herbst bemerkte er zum Verein: „Den Leseverein benutze ich jetzt recht fleißig; in dem neuen Locale in der Bischofgasse ist er glänzend ausgestattet; der Besuch u. die Theilnahme daran mehren sich von Tag zu Tag u. ich gebe sogar noch nicht die Hoffnung auf, daß wir im Winter auch Vorträge über verschiedene wissenschaftl. Gegenstände in populärem Gebrauche halten werden. Ich gebe keine Ruhe, [113] rege an, wo es möglich ist; – da allein ist ja Leben, wo sich' regt."[111]

Der Leseverein hatte nach einer provisorischen Unterbringung in der Wollzeile bald sein endgültiges Quartier in der Bischofgasse im neu errichteten Ertl'schen Stiftungshaus, heute Rotenturmstraße 13, gefunden.[112] Würths Bestrebung, die Erlaubnis für öffentliche Vorträge im Leseverein zu erhalten, trug erst nach geraumer Zeit Früchte. Im Sommer 1842 wettete er bereits mit seiner späteren Frau, dass bis Ende November Vorlesungen im Leseverein gehalten werden dürften. Trotzdem er Sommaruga sen. dazu brachte, bei Regierungsrat Malz von der Polizeihofstelle anzufragen, war das Ergebnis ernüchternd. Letzterer ließ verlauten, dass es „im Interesse unseres Vereines [liege], damit noch eine Zeit lang zu verziehen."[113] Erst Ende 1843 war es dann so weit. Anscheinend hatte man bei der Studien-Hof-Kommission angesucht und die Polizeihofstelle Graf Sedlnitzkys umgangen: „Am Jahresschlusse noch die Erlaubniß zu Vorträgen über das Gefängnißwesen im jurid. polit. Lesevereine, hauptsächlich auf mein Betreiben, um dem Verein dadurch eine ausgedehntere Wirksamkeit zu erringen. Da Niemand zu beginnen wagte, that ich es."[114]

Würth hielt somit drei Vorträge über sein Spezialgebiet, das Gefängniswesen.[115] Sie erlebten großen Zuspruch bei den Zuhörern und ebensolches Aufsehen. Würths Vorträge sollten aber die einzigen bleiben, die dem Leseverein erlaubt wurden. Die Polizeihofstelle wusste sich wieder ins Spiel zu bringen und verhinderte zukünftige Veranstaltungen:[116] „Jaenner [1844]. Meine 3 Vorträge im Lesevereine finden allgemeinen Beifall. Sommaruga, Pillersdorf, Gf. Wilczek, Hammer, Phil. Krauss, Bar. Buol, Gf. Barttenheim u. viele andere wohnen denselben bei. – Leider findet mein Vorgang theils aus schwacher Ängstlichkeit der Leu-

109 WTB II, 65 (10. 1. 1842).

110 WTB II, 84–86 (März 1842).

111 WTB II, 112f. (August/September/Oktober 1842).

112 Brauneder, Leseverein 73ff.

113 WTB II, 154 (26. 11. 1842).

114 WTB II, 171 (Dezember 1843).

115 Pauser, Strafrecht in den Tagebüchern 160–169, bes. 164. Siehe auch 4.1.

116 Brauneder 147f.; Frankl, Erinnerungen 282f.

te, die solche Vorträge hätten halten können, theils wegen höchst ungeschickter Wahl der Stoffe (z.B. Seligmann, Phrenologie) keine Nachfolge u. die Polizeihofstelle beginnt eine strenge Opposition gegen den Leseverein, so daß sie selbst rechtsgeschichtl. Vorträge von Hye nicht gestattet u. die Herausgabe der Gesetzsammlung von 1770–1780 dem Verein nicht gestattet."[117]

Innerhalb des Vereins übernahm Würth von Alexander Bach den Direktionsposten eines „Rechnungs-Revidenten" und Bibliothekars, den er bis Februar 1846 innehaben sollte:[118] „Ende Jänner [1844] werde ich vom Lesevereine in die Direction gewählt und erhalte die Leitung der Bibliothek, wobei ich vorzüglich die Anschaffung guter geschichtlicher und allgemein politischer Schriften, so wie der vorzüglichsten Dichterwerke bezweckte, dagegen die Anschaffung ganz ephemerer Tagesliteratur und rein juridischer (besonders civilrechtl.) Werke, die für die allgem. Bildung nichts nutzen können, entgegenzutreten suchte u. wenigstens 1 Jahr lang bei einer Ausgabe von 1.500 fl. CM bloß für Bücher diese Grundsätze mit möglichster Consequenz verfolgte, mir aber dabei auch mannigfacher Tadel u. mitunter sogar grobe Anfeindungen zuzog und selbst mit Sommaruga, der besonders die Tagesliteratur u. aus Eitelkeit auch das jurid. Fach begünstigte, in vielfachem Widerspruch stand."[119]

Diese eigenständige Neuausrichtung der Bestandspolitik der Lesevereinsbibliothek auf Literatur, Geschichte und Allgemeine Politik, weg von tagespolitischen Werken und juristischer Spezialliteratur, führte zu einigen Dissonanzen im Verein. Würth hatte durchaus die Eigenschaft, einmal gefasste Entscheidungen sehr konsequent zu verfolgen. Bei der Neubestellung eines Bibliothekars im Februar 1846 gab es wohl deshalb eine Diskussion im Verein, ob dem Bibliothekar „die Wahl und Anschaffung der Bücher überlassen bleiben" sollten oder ob man diesem nicht besser ein Komitee zur Seite stellen sollte.[120]

Eine Bekanntschaft aus dem Leseverein sollte sich 1848 noch sehr verdichten, und zwar jene zu Anton Ritter von Schmerling (1805–1893):[121] „Auch mit dem Landrathe Schmerling, einem sehr umfassend gebildeten und ernst u. redlich strebenden Mann, trat ich zum Theile in folge meiner Vorträge im Lesevereine in ein sehr angenehmes Verhältnis, das mir sogar Hoffnung gab, sich zu wahrer Freundschaft auszubilden. Diese Beziehungen zu Männern, die ich achten muß u. deren Freundschaft ich als ein seltenes Glück betrachte, [...] trugen nicht wenig bei, mich heiter zu stimmen und über die Mißlaune, welcher der Anblick unserer öffentl. Verhältnisse in mir erregte, zu erheben."[122]

4. Öffentliches Wirken

4.1. Rechtswissenschaftler (Richter, Legist)

Joseph von Würth hat sich als Richter, Legist und Wissenschaftler insbesondere auf den Gebieten der Strafrechtsgeschichte, des Strafprozessrechts und des Strafvollzugsrechts einen Namen gemacht. Da dieser Bereich bereits weitgehend in einem anderen Aufsatz dargestellt wurde,[123] kann ich mich hier auf eine kurze Zusammenfassung beschränken.

Seine Richterlaufbahn erfolgte geradlinig ab Mai 1839: Als Auskultant (Richteramtsanwärter) wurde er nacheinander dem niederösterreichischen Landrecht (Mai 1839), dem nö. Merkantil- und Wechselgericht (November 1839),

[117] WTB II, 172 (1844).

[118] Dazu auch Brauneder, Leseverein 83f.

[119] WTB II, 172f. (1844).

[120] Brauneder, Leseverein 84.

[121] Anton von Schmerling (1805–1893), Richter, Politiker. Reichsminister der deutschen Zentralgewalt in Frankfurt am Main (1848); Justizminister (1849–1851), Staatsminister (1860–1865). – Arneth, Schmerling; Ilwof, Schmerling; Dölemeyer, Schmerling; Rumpler, Schmerling; Vocelka, Schmerling; Wurzbach, Biographisches Lexikon 30, 172–186.

[122] WTB II, 173f. (1844).

[123] Siehe dazu und zum Folgenden umfassend Pauser, Strafrecht in den Tagebüchern.

dem Wiener Kriminalgericht (Jänner 1840) und dann wieder dem nö. Merkantil- und Wechselgericht (März 1841) zugeteilt. 1841/42 legte er die beiden Teile der Richteramtsanwärterprüfung erfolgreich ab.

Würths wissenschaftliche Interessen begannen hierauf mit einer Studienreise. Diese führte ihn – unter Beurlaubung vom Justizdienst – von Dezember 1842 bis September 1843 nach Frankreich, England, Schottland, Belgien und in die Schweiz. In den neun Monaten besuchte er allerorts Gefängnisse, sammelte akribisch Material und legte schließlich 1844 eine über 400 Seiten starke Monografie über „Die neuesten Fortschritte des Gefängnißwesens in Frankreich, England, Schottland, Belgien und der Schweiz" als Bericht vor.[124] Mit diesem Werk hatte er seine Stellung als Experte für den Strafvollzug eindrucksvoll dokumentiert. Seine Vorträge zum Thema im juridisch-politischen Leseverein im Jänner 1844 sind zuvor bereits erwähnt worden.

In den 1840er Jahren lässt sich auch seine Hinwendung zur historischen Rechtsschule feststellen. In einem längeren Gutachten „Über die Wichtigkeit und die Bedingungen der Begründung einer historischen Rechtsschule in Österreich" sprach er sich ausdrücklich für öffentliche Vorträge zu rechtshistorischen Themen und für die Freiheit der Lehre aus![125] So hielt er im Wintersemester 1844/45 als erster an der Universität Wien einen Vorlesungszyklus über die Geschichte des österreichischen Strafrechts.[126] Auch betätigte er sich als Editor. 1846 erschien seine Ausgabe des Wiener Neustädter Stadtrechts.[127]

Parallel dazu stieg er weiter die Karriereleiter in der Justiz empor. Im Jänner 1845 wurde er zum Kriminalrichter in Wien ernannt, aber sogleich an das Klagenfurter Stadt- und Landrecht (zugleich Kriminal-, Merkantil- und Wechselgericht für Kärnten) abgeordnet. Im November 1847 erfolgte die Ernennung als Ratsprotokoll-Adjunkt bei der Obersten Justizstelle in Wien. Nach seiner politischen Tätigkeit als Abgeordneter zur Deutschen Nationalversammlung kehrte er wieder in den Gerichtsdienst zurück und erhielt im April 1849 eine Ratsstelle beim nö. Landrecht, allerdings mit Verwendung im Justizministerium.[128]

Abb. 6: Josef Edler von Würth (1817–1855), im Jahr 1848 (Lithografie von Valentin Schertle, 1848)

Im Justizministerium wurde er noch mit Anfang Mai 1849 von Justizminister Alexander Freiherr von Bach, seinem alten Freund, mit der Ausarbeitung einer vollkommen neuen Strafprozessordnung beauftragt, welche die strafprozessualen Vorgaben der Verfassung von 1849 – Öffentlichkeit und Mündlichkeit des Verfahrens, Anklageprozess, Schwurgerichte – verwirklichen sollte. Das waren jene Inhalte, die er als liberaler Jurist in den Jahren zuvor propagiert hatte. In nur zweieinhalb Monaten legte Würth einen Entwurf vor, der dann von einer Kommission unter dem neuen Justizminister Anton Ritter von Schmerling beraten wurde. Nach der kaiserlichen Sanktion der neuen Strafprozessordnung am 17. Jänner 1850 (RGBl. 1850/25) trat sie am 1. Juli 1850 in Kraft (RGBl. 1850/236). Um die neuen Inhalte besser bekannt zu machen, beauftragte Justizminister Schmerling Joseph

124 Würth, Fortschritte.

125 OeStA, HHSTA, KA, KFA 211-29; Edition bei Grass, Vorkämpfer.

126 Pauser, Strafrecht in den Tagebüchern 171f.

127 Würth, Stadtrecht.

128 Wiener Zeitung, 20. 4. 1849, 1.

von Würth kurz nach erfolgter Sanktion, die Strafprozessordnung zweimal wöchentlich in öffentlichen Vorträgen vorzustellen.[129] Ab dem 28. Jänner fanden nun diese Vorträge jeweils montags und freitags von 17 bis 18 Uhr im Saal des alten Regierungsgebäudes am Ballhausplatz statt. Bei der ersten Veranstaltung sprach Würth vor mehr als 400 Zuhörern und fand „ungetheilteste Aufmerksamkeit".[130] Die Vortragsreihe endete am 22. März mit den Worten: „Das Gesetz ist nur ein todter Buchstabe, den Richtern und Geschwornen liegt es ob, es lebendig zu machen. Nur, wenn sie Alle sich mit dem Geiste der neuen Einrichtungen durchdrungen, wenn sie in treuer Pflichterfüllung wetteifernd ihre Vaterlandsliebe bethätigen, wird die junge Pflanze des öffentlichen Verfahrens auch auf österreichischem Boden gedeihen, nur dann werden wir der Welt zeigen, daß wir der Freiheit würdig sind."[131] Ende Jänner 1850 wurden Joseph von Würth und Franz (Philipp) Freiherr von Sommaruga zu Oberlandesgerichtsräten ernannt und zu Referenten einer neu eingerichteten legislativen Sektion bestellt.[132] Noch im selben Jahr veröffentlichte Würth einen 780 Seiten umfassenden Kommentar zur Strafprozessordnung von 1850.[133] Ein Jahr später wurde Würth dem Oberlandesgericht Wien zur Dienstleistung zugewiesen.[134] Ab 1851 war er auch Prüfungskommissar bei der judiziellen Abteilung der Staatsprüfungen.[135]

4.2. Politiker (Abgeordneter zur Dt. Nationalversammlung, Unterstaatssekretär)

Mit der Revolution von 1848 erfüllten sich die Hoffnungen und Wünsche Würths. Der Leseverein war der zentrale Hort der Wiener Märzrevolution und Würth mitten im Geschehen. Würth trat vorerst in die Nationalgarde ein, eine der ersten Errungenschaften der Revolution. Aus der Autobiographie eines anderen Mitglieds des Lesevereins, Johann Vesque von Püttlingen, geht hervor, dass dieser am 15. März 1848 in die Nationalgarde eintrat und viele seiner Bekannten, darunter auch Würth, in der Stadt und in den Vororten patrouillieren sah.[136]

Wenig später sollte Würth politische Karriere machen. Für die Wahlen zur Deutschen Nationalversammlung schlug die Direktion des Lesevereins vor, aus Mitgliedern des Lesevereins, des kaufmännischen Casinos und des Gewerbevereins ein Zentralwahlkomitee zu bilden, welches die Aufgabe haben sollte, angesehene Männer für die Wahllisten aufzustellen.[137] Am 18. April fand dazu im Leseverein eine vorbereitende Sitzung statt, die Würth als Direktionsmitglied des Lesevereines leitete.[138] Die Diskussion um ein Wahlmanifest entzündete sich an der Frage, ob Deutschland ein Staatenbund oder ein Bundesstaat werden sollte. Bei einer Abstimmung votierten 122 Stimmen für einen Bundesstaat und 74 für einen Staatenbund. Mehrheit wie Minderheit bildeten hierauf eigenständige Wahlkomitees. Das Bundesstaatskomitee wählte u.a. Würth zum Mitglied seines ständigen Ausschusses. Das Zentralwahlkomitee, welches aus 64 Mitgliedern bestand und von den Ständen Österreich unter der Enns, dem provisorischem Bürgerausschuss der Stadt Wien, dem juridisch-politischen Leseverein, dem kaufmännischen Verein, dem Gewerbeverein sowie dem Schriftsteller-Verein mit Zustimmung des Innenministeriums beschickt wurde, wählte dann am 21. April 1848 Freiherrn Viktor von Andrian-Werburg zum Vorsitzenden, Würth

129 Der Wanderer, 25. 1. 1850, 6; Der österreichische Zuschauer, 26. 1. 1850, 5.

130 Fremden-Blatt, 30. 1. 1850, 2.

131 Wiener Zeitung, 25. 3. 1850, 4.

132 Wiener Zeitung, 27. 1. 1850, 1.

133 Würth, Strafproceßordnung.

134 Amtsblatt zur Wiener Zeitung, 31. 1. 1851, 1.

135 Wiener Zeitung, 2. 11. 1851, 1; Wiener Zeitung, 22. 10. 1852, 1; Wiener Zeitung, 11. 11. 1853, 1.

136 Vesque von Püttlingen, Lebensskizze 123. Zum Autor: Müller, Vesque.

137 Zu den Wahlen: Obermann, Wahlen 18–32.

138 Abend-Beilage zur Wiener Zeitung, 19. 4. 1848, 73f.

zu dessen Sekretär.[139] Andrian schrieb in seinen Tagebüchern dann auch nicht ohne Arroganz, dass er sich seine „Herrn nach und nach so ziemlich dressirt [habe], besonders brauchbar ist Dr. Würth, der als Sekretär fungirt".[140]

Würth stand dann auch auf der ersten, 49 Personen umfassenden Vorschlagsliste für die Abgeordneten.[141] Er wurde schließlich im Wahlkreis Wien-Josefstadt zum Abgeordneten für die Deutsche Nationalversammlung nach Frankfurt am Main gewählt. In Frankfurt wandte er sich der liberalen Casino-Fraktion und dann dem Pariser Hof, einer Casino-Abspaltung, zu. Er war Mitglied des Ausschusses für die Prüfung der Anträge in Bezug auf die provisorische Zentralgewalt[142] und des Ausschusses für Gesetzgebung.[143] In der Diskussion um die provisorische Zentralgewalt wandte er sich entschieden gegen die Versuche der Linken, eine Republik zu errichten, sondern stellte fest: „Das Volk in seiner großen, in seiner weit überwiegenden Mehrheit will die constitutionelle Monarchie allein."[144] Am 9. August 1848 wurde er zum Unterstaatsekretär im Ministerium des Inneren ernannt und damit zum engsten Mitarbeiter des Reichsministers des Inneren Anton von

Abb. 7: Weinende Unterstaatsekretäre – Joseph von Würth (links) neben Friedrich Bassermann – wegen der Aussetzung des Waffenstillstandes von Malmö am 5. September 1848 (Ausschnitt aus einer Karikatur „Feierliche Beerdigung eines Siebenmonat=Kindes", 1848)

Abb. 8: Joseph von Würth im Hintergrund der Präsidiumsbank (Ausschnitt aus: Die Abgeordneten der Frankfurter Nationalversammlung in der Paulskirche, Kreidelithographie nach einem Gemälde von Paul Bürde, 1848)

139 Abend-Beilage zur Wiener Zeitung, 24. 4. 1848, 89. Nennt noch Montecuccoli: von Andrian-Werburg, Tagebücher 2, 73ff.

140 von Andrian-Werburg, Tagebücher 2, 74.

141 Wiener Zeitung, 27. 4. 1848, 559f.

142 Best, Weege, Handbuch 405: Errichtet am 3. 6. 1848. Vorsitzender: Stedmann; Mitglieder: Blum, Claussen, Dahlmann, Duncker, Flottwell, Max v. Gagern, v. Lindenau, v. Mayern, v. Raumer (Berlin), v. Saucken, v. Trützschler, Wippermann, v. Würth (Wien), v. Zenetti. Ergänzungswahl 8. 11. 1848: Laube, Schoder.

143 Best, Weege, Handbuch 405: Errichtet am 17. 6. 1848. Vorsitzender: Mittermaier; Mitglieder: Blömer, Böcler, Breuning, Compes, Grävell, Jordan (Gollnow), Keim, Leue, Michelsen, Paur (Augsburg), Wesendonck, Widenmann, v. Würth (Wien), Zitz. Ergänzungswahl 1. 5. 1849: Christ, Schüler (Jena), Thöl.

144 Grüner, Sprache und Politik 68; Wigard, Stenographischer Bericht 1, 400.

Schmerling.[145] Im Streit der Kleindeutschen mit den Großdeutschen orchestrierte Würth im Auftrag Schmerlings die österreichischen Abgeordneten.[146] Wegen der sich abzeichnenden Entscheidung der Nationalversammlung für die kleindeutsche Lösung (§§ 2 und 3 der Reichsverfassung) traten beide am 15. Dezember von ihren Ämtern zurück.[147] Sein negatives Abstimmungsverhalten in der 1. Lesung zu den §§ 2 und 3 wollte er (wie auch viele andere österreichische Abgeordnete) rückversichert haben. So verfasste er einen mit 1. Dezember 1848 datierten Bericht an seine Wähler, der als Flugblatt gedruckt wurde, und bat um „Erklärung […], ob ich durch meine Abstimmung gegen die oberwähnten Paragraphen in ihrem Sinne gehandelt und dem ehrenvollen Vertrauen, das Sie in mich setzen, entsprochen habe".[148] Die Wahlmänner im Bezirk Josefstadt antworteten ebenfalls mit einem Flugblatt und dankten ihm für das Abstimmungsverhalten und sprachen die „Erwartung aus, daß Sie auch bei der zweiten Lesung des Entwurfes die Rechte Oesterreichs wahren werden".[149] Die Rede, die Würth dann in der Nationalversammlung am 12. Jänner 1849 zur österreichisch-deutschen Frage hielt, wurde schließlich sogar separat als Broschüre gedruckt.[150] Gegen Ende Jänner sandte Schmerling, der nun der österreichische Bevollmächtigte bei der provisorischen deutschen Zentralgewalt in Frankfurt war, Würth noch als seinen Vertrauensmann nach Wien, um die österreichische Regierung zu einem gewissen Einlenken zu überreden, um die österreichische Sache in Frankfurt weiter vertreten zu können.[151] Doch die österreichische Note, die Würth nach Frankfurt brachte, war enttäuschend.[152] Würth war besonders über die Haltung des Ministerpräsidenten Felix Fürst Schwarzenberg erzürnt. Im Februar noch „haben die Anhänger der österreichischen Idee eine Commission niedergesetzt, um einen Verfassungsentwurf auszuarbeiten, dem Oesterreich beitreten könnte, Heckscher, Welcker, Sommaruga, Edel, Würth, Giskra etc.", berichtete Andrian-Werburg.[153] Er nennt es „ein unmögliches Unternehmen, man wird Oesterreich zu viel, Deutschland zu wenig, und keinem recht thun, in der Nationalversammlung aber Fiasco machen." Tatsächlich hatte sich ein großdeutscher Verfassungsausschuss gebildet, der „das deutschsprachige Österreich dem künftigen deutschen Staat als Mitglied […] erhalten" wollte und Verbesserungsvorschläge für die Reichsverfassung vorbereitete.[154] Eine Reise dreier Emissäre (darunter Sommaruga) zur österreichischen Regierung nach Olmütz führte nicht zum erhofften Ergebnis. Vielmehr stellte Schwarzenberg die Nationalversammlung vor vollendete Tatsachen: Nach Aufhebung des Kremsierer Reichstages (RGBl. 149/1849) und Oktroyierung einer neuen österreichischen gesamtstaatlichen Verfassung am 3. März 1849 (RGBl. 150/1849), forderte er in einem Schreiben vom 9. März 1849 an das Reichsministerium, die Habsburgermonarchie als Gesamtstaat aufzunehmen.[155] Sein Konzept kannte zudem kein gewähltes Parlament mehr. Einem Regierungs-Direktorium sollte bloß ein beratendes, aus den einzelstaatlichen Vertretungen zu beschickendes Gremium zur Seite gestellt werden. Dieser Affront desillusionierte nun die letzten großdeutsch gesinnten Politiker. Würth legte noch am 19. März 1849 sein Abgeordnetenmandat nieder. Wegen des

---

145 Heikaus, Zentralgewalt; Wigard, Stenographischer Bericht 2, 1466; bei Ruppert, Exekutiven (Anhang: Die Reichsministerien der Provisorischen Zentralgewalt 423) ist als Datum festgehalten: 5. 8. 1848.

146 Höbelt, 1848, 251.

147 Siehe dazu auch Engehausen, Werkstatt 140; Heikaus, Zentralgewalt 361–364; Ruppert, Provisorische Zentralgewalt 119; Besonders Botzenhart, Parlamentarismus 187–192.

148 ÖNB F 018140-B ALT; Wienbibliothek im Rathaus Rb-3287.

149 ÖNB F 018150-A.

150 Würth, Rede.

151 Arneth, Aus meinem Leben 1, 405. – Das Schreiben Joseph von Würths vom Jänner 1849 mit Darstellung der Verhältnisse in Frankfurt am Main und Bitte um Klärung der österreichischen Position in der deutschen Frage gehört wohl zu dieser Mission (OeStA, HHStA, PA I 679-3-15).

152 Dazu von Andrian-Werburg, Tagebücher 2, 219.

153 von Andrian-Werburg, Tagebücher 2, 224.

154 Dazu Botzenhart, Parlamentarismus 678–684.

155 Botzenhart, Parlamentarismus 683f.

territorialen Umfangs der Verfassung 1849 wollte er nicht mehr an den Beratungen zur Deutschen Reichsverfassung teilnehmen, da diese für Österreich keine Geltung erlangen könnte.[156] Seine Austrittsanzeige wurde im Plenum verlesen:

„Da ich an der Annahme der neuen Reichsverfassung für das Kaiserthum Österreich von Seite des österreichischen Volkes nicht zweifeln kann, halte ich es mit meiner politischen und moralischen Ueberzeugung für unvereinbar, an der weiteren Berathung der deutschen Reichsverfassung, die zu meinem innigsten Bedauern auf die deutsch-österr. Länder keine Anwendung finden kann, ferner Theil zu nehmen und lege daher meine Stelle als Abgeordneter nieder. Meine Hoffnung und mein Trost liegt darin, daß die künftigen Beziehungen zwischen Oesterreich und dem übrigen Deutschland so innig als irgend möglich geregelt werden mögen. Dafür in Österreich zu wirken, soll mir stets eine heilige Pflicht sein."[157]

Privat hatte er sich in Frankfurt besonders seinen Abgeordnetenkollegen Alfred von Arneth[158] und Franz Philipp von Sommaruga, seinem alten Freund, angeschlossen. Würth und Arneth hatten für ihre Familien sogar gemeinsam eine große Wohnung in der Frankfurter Schäfergasse angemietet.[159] Die Ehefrauen waren bald eng befreundet. Nach der Niederlegung kehrte Würth nach Wien zurück, wo er bald darauf eine Stellung im Justizministerium übernahm.

5. Resümee

Soweit meine überblicksartigen Bemerkungen zu Joseph von Würth, aus der nicht nur strafrechtshistorischen Perspektive. Vieles weitere könnte man noch erzählen, manches gilt es noch zu entdecken. Nikolaus Lenau schrieb 1842 in einem Empfehlungsschreiben anlässlich seiner Studienreise über Würth, er sei „einer unserer geschicktesten jungen Juristen und unternimmt eine Reise nach Frankreich und England, um durch ein sorgfältiges Studium der dortigen Institutionen sich vorzubereiten auf eine einstige thätige Teilnahme an den vielleicht doch nicht mehr gar so fernen Reformen des österreichischen Staatslebens".[160] Diese Ahnung hat sich jedenfalls 1848/49 in der Paulskirche und mit den bedeutenden legistischen Tätigkeiten im Justizministerium bewahrheitet. Weiteres verhinderte sein allzu früher Tod im Jahr 1855.

Korrespondenz

Hon.-Prof. Dr. Josef Pauser, MSc
Leiter Bibliothek und Kommunikation
Verfassungsgerichtshof
Freyung 8, 1010 Wien
j.pauser@vfgh.gv.at

Institut für Rechts- und Verfassungsgeschichte
Universität Wien
Schottenbastei 10–16, 1010 Wien
josef.pauser@univie.ac.at
ORCID-Nr. 0000-0002-2020-8322

Abkürzungen

CM	Conventionsmünze
ETH	Eidgenössische Technische Hochschule (in Zürich)
KA	Kabinettsarchiv
KFA	Kaiser Franz-Akten
ÖNB	Österreichische Nationalbibliothek
OeStA	Österreichisches Staatsarchiv
PA	Politisches Archiv
WTB I	Joseph v. Würth's Tagebuch für 1838 und 1839. [IV, 174, VI] [Eigentum Verf.]
WTB II	Tagebuch für Dr. Joseph von Würth 1840 [–1842, X.1843– IV.1844]. [IV, 175, LXXI] [Eigentum Verf.]

Siehe auch das allgemeine Abkürzungsverzeichnis: [https://www.oeaw.ac.at/fileadmin/kommissionen/rechtsgeschichte/pdf/abk.pdf]

156 Die Presse, 10. 7. 1849, 1 (Korrespondenz).

157 Wigard, Stenographischer Bericht 8, 5857.

158 Alfred Arneth (1819–1897), Historiker, Politiker. Novotny, Arneth; ÖBL 1 (1957) 29; Wurzbach, Biographisches Lexikon 11, 357.

159 Arneth, Aus meinem Leben 1, 362f.

160 Schlossar, Nikolaus Lenaus Briefe 170 (Brief vom 14. 12. 1842).

Literatur

175 Jahre Österreichischer Gewerbeverein – Die Chronologie des Österreichischen Gewerbevereins (Wien 2014).

Helga Albrecht, Rotteck, Welcker und das „Staats-Lexikon", in: Hans-Peter Becht, Ewald Grothe (Hgg.), Karl von Rotteck und Karl Theodor Welcker. Liberale Professoren, Politiker und Publizisten (= Staatsverständnisse 108, Baden-Baden 2018) 141–156.

Johann Christoph Allmayer-Beck, Colloredo-Mannsfeld, Ferdinand Graf von, in: NDB 3 (1957) 326.

Viktor Franz Freiherr von Andrian-Werburg, „Österreich wird meine Stimme erkennen lernen wie die Stimme Gottes in der Wüste". Tagebücher 1839–1858, Bd. 2: Tagebücher 1848–1853 (= Veröffentlichungen der Kommission für neuere Geschichte Österreichs 98/II, Wien–Köln–Weimar 2011).

Erich Angermann, Bach, Alexander Freiherr von, in: NDB 1 (1953) 489–490.

[Anonymus], Joseph von Würth (Nekrolog), in: Beilage zu: Die Donau. Morgenblatt, Nr. 33, 21. 1. 1855, 34.

[Anonymus], Josef von Würth (Nekrolog), in: Klagenfurter Zeitung, Nr. 20, 25. 1. 1855, 1 [Übernahme aus: Die Donau].

[Anonymus], Dr. Joseph Edler v. Würth, in: Österreichische Blätter für Literatur und Kunst. Beilage zur Oesterreichische-kaiserlichen Wiener Zeitung, Nr. 7, 12. 2. 1855, 41f.

Alfred von Arneth, Aus meinem Leben, Bd. 1: Die ersten dreißig Jahre (1819–1849) (Wien 1891).

Ders., Anton Ritter von Schmerling. Episoden aus seinem Leben 1835, 1848–1849 (Wien 1895).

Norbert Bachleitner, Die literarische Zensur in Österreich von 1751 bis 1848 (Wien u.a. 2017).

Peter-Paul Bänziger, Die Moderne als Erlebnis. Eine Geschichte der Konsum- und Arbeitsgesellschaft 1840–1940 (Göttingen 2020).

Heinrich Best, Wilhelm Weege, Biographisches Handbuch der Abgeordneten der Frankfurter Nationalversammlung 1848/49 (Düsseldorf 1998).

Nina Birkner, Adalbert Stifters Naturanschauung zwischen Religion und Wissenschaft. Über „Die Sonnenfinsterniß am 8. Juli 1842"; in: Jahrbuch Adalbert-Stifter-Institut des Landes Oberösterreich 18 (2011) 47–54.

Manfred Botzenhart, Deutscher Parlamentarismus in der Revolutionszeit 1848–1850 (= Handbuch der Geschichte des deutschen Parlamentarismus, Düsseldorf 1977).

Wilhelm Brauneder, Leseverein und Rechtskultur. Der Juridische-politische Leseverein zu Wien 1840–1980 (Wien 1992).

Gabriela Breisach, Familie Würth. Goldschmiede im Dienste der Kaiser, in: Landesinnung Wien der Kunsthandwerke (Hg.), 650 Jahre Gold- und Silberschmiede (Wolkersdorf 2016) 168–170.

Friedrich Christoph Dahlmann (Hg.), Gutachten der Juristen-Facultäten in Heidelberg, Jena und Tübingen, die Hannoversche Verfassungsfrage betreffend (Jena 1839).

Petra-Maria Dallinger, Adalbert Stifter – Bildung, ein Lebensthema. Eine Skizze, in: 161. Jahresbericht Gymnasium Stift Kremsmünster (2018) 151–160.

Peter Frank-Döfering, Adelslexikon des österreichischen Kaisertums 1804–1918 (Wien 1989).

Barbara Dölemeyer, Anton Ritter von Schmerling. 1805–1893, in: Wilhelm Brauneder (Hg.), Juristen in Österreich 1200–1980 (Wien 1987) 146–152, 348f.

Dies., Moritz von Stubenrauch. 1811–1865, in: Wilhelm Brauneder (Hg.), Juristen in Österreich 1200–1980 (Wien 1987) 145–160, 359f.

Kurt Ebert, Die Grazer Juristenfakultät im Vormärz. Rechtswissenschaft und Rechtslehre an der Grazer Hochschule zwischen 1810 und 1848 (= Grazer rechts- und staatswissenschaftliche Studien 22, Graz 1969).

Frank Engehausen, Werkstatt der Demokratie. Die Frankfurter Nationalversammlung 1848/49 (Frankfurt a.M. 2023).

Friedrich Engel-Janosi, Der Wiener juridisch-politische Leseverein, in: Mitteilungen des Vereins für Geschichte der Stadt Wien 4 (1923) 58–66.

Monika Faber, Stallburg und Altes Burgtheater. Eine Daguerreotypie von Andreas von Ettingshausen aus dem Jahr 1840, in: Fotogeschichte 20, Heft 77 (2000) 15–24.

Ludwig Flamm, Ettingshausen, Andreas von, in: NDB 4 (1959) 665–666.

Reinhard Folk, Yurij Holovatch, Crossing borders in the 19th century and now – two examples of weaving a scientific network, in: Condensed Matter Physics 23/2 (2020) 23001-1–23001-15.

Ludwig August Frankl, Erinnerungen (Wien 1910).

Johann GENERSICH, Geschichte der österreichischen Monarchie von ihrem Ursprunge bis zum Ende des Wiener Friedens-Congresses, 8 Bde. (Wien 1815–1817).
Rolf GRAWERT, Die Staatswissenschaft des Rotteck-Welcker'schen „Staats-Lexikons", in: Der Staat 31 (1992) 114–128.
Nikolaus GRASS, Joseph von Würth als Vorkämpfer der österreichischen Rechtsgeschichte um die Mitte des 19. Jahrhunderts, in: Stephan BUCHHOLZ, Paul MIKAT, Dieter WERKMÜLLER (Hgg.), Überlieferung, Bewahrung und Gestaltung in der rechtsgeschichtlichen Forschung (= Rechts- und Staatswissenschaftliche Veröffentlichungen der Görres-Gesellschaft NF 69, Paderborn 1993) 154–177; Wiederabdruck in: Louis CARLEN, Hans Constantin FAUSSNER (Hgg.), Nikolaus Grass. Wissenschaftsgeschichte in Lebensbildern (Hildesheim 2001) 46–72.
Ewald GROTHE, Carl von ROTTECK, Carl WELCKER (Hgg.), Staats-Lexikon oder Enzyklopädie der Staatswissenschaften (1834–1843), in: Manfred BROCKER (Hg.), Geschichte des politischen Denkens – das 19. Jahrhundert (= suhrkamp taschenbuch wissenschaft 2341, Berlin 2021) 226–237.
Christine GRUBER, Würth Ignaz, Edler von (1747–1834), in: ÖBL XVI (2022) 361.
Horst GRÜNERT, Sprache und Politik. Untersuchungen zum Sprachgebrauch der ‚Paulskirche' (= Studia Linguistica Germanica 10, Berlin–New York 1974).
Franz HADAMOWSKY, Wien – Theatergeschichte. Von den Anfängen bis zum Ende des Ersten Weltkriegs (Wien–München 1988).
Hans-Werner HAHN, Geschichte des Deutschen Zollvereins (Göttingen 1984).
Friedrich HARTL, Joseph von Würth. 1817–1855, in: Wilhelm BRAUNEDER (Hg.), Juristen in Österreich 1200–1980 (Wien 1987) 165–169, 373–374.
Friedrich HEBBEL, Werke, Bd. 5: Tagebücher II (1848–1863). Briefe, hg. von Gerhard FRICKE, Werner KELLER, Karl PÖRNBACHER (München 1967).
Louise HECHT (Hg.), Ludwig August Frankl (1810–1894). Eine jüdische Biographie zwischen Okzident und Orient (= Intellektuelles Prag im 19. und 20. Jahrhundert 10, Köln 2016).
Ralf HEIKAUS, Die ersten Monate der provisorischen Zentralgewalt für Deutschland (Juli bis Dezember 1848). Grundlagen der Entstehung – Aufbau und Politik des Reichsministeriums (Frankfurt a.M. 1997).
Wolfgang HESSE, Daguerreotyp 1839 gefertigt von Prof. Nörrenberg in Tübingen, in: Fotogeschichte, Heft 33, 9 (1989) 3–12.
LOTHAR HÖBELT, 1848. Österreich und die deutsche Revolution (Wien 1998).
[Irena] HOMOLA, Kunzek von Lichton, August, in: ÖBL 4 (1968) 365.
Joseph VON HORMAYR, Wiens Geschichte und seine Denkwürdigkeiten, 9 Bde. (Wien 1823–1825).
Anne HOUSSAY, Félix Savart (1791–1841), acousticians: entre mythe et réalité, in: Patrice BRET, Gérard PAJONK (Hgg.), Savants et inventeurs entre la gloire et l'oubli (Paris 2014) 17–26.
Karl HUGELMANN, Hye von Glunek, Anton Freiherr, in: ADB 50 (1905) 526–547.
Hans Peter HYE, Christoph MENTSCHL, Sommaruga Franz Philipp Frh. von, in: ÖBL 12 (2005) 410f.
DERS., Sommaruga Franz Ser. Vinzenz Emanuel Frh. von, in: ÖBL 12 (2005) 411f.
Franz ILWOF, Bach, Alexander Freiherr von, in: ADB 46 (1902) 158–172.
DERS., Schmerling, Anton Ritter von, in: ADB 54 (1908) 56–72.
DERS., Würth, Joseph Edler von, in: ADB 75 (1910) 131–135.
Hanns JÄGER-SUNSTENAU, Statistik der Nobilitierungen in Österreich 1701–1918, in: Österreichisches Familienarchiv, Bd. 1 (Neustadt–Aisch 1963) 3–16.
Michael JAHN, Die Wiener Hofoper von 1836 bis 1848. Die Ära Balochino / Merelli (Wien 2004).
Christian JANSEN, Sommaruga, Franz Philipp Freiherr von, in: NDB 24 (2010) 564f.
Johannes JOHN, Marian Koller (1792–1866), Stifters Freund und Lehrer und „persönlicher Freund", in: Jahrbuch Adalbert-Stifter-Institut des Landes Oberösterreich 24 (2017) 105–113.
Nicola KAMINSKI, Flüchtiges fixieren? Ephemeres edieren? Die Sonnenfinsternis am 8. Juli 1842 in der Wiener Zeitschrift für Kunst, Literatur, Theater und Mode und in der Stifter-Philologie (= Pfennig-Magazin zur Journalliteratur 9, Hannover 2023).
Gerald KOHL, Adalbert Stifter und die Welt des Rechts. Vom Studienabbrecher zum Autor populärer Rechtsliteratur, in: Jahrbuch des Adalbert-Stifter-Instituts des Landes Oberösterreich 25 (2018) 15–38.

Kunstwerke, öffentlich ausgestellt im Gebäude der Österreichisch-kaiserlichen Akademie der vereinigten bildenden Künste bei St. Anna. Im Jahre 1838 (Wien 1838).

Kunstwerke, öffentlich ausgestellt im Gebäude der Österreichisch-kaiserlichen Akademie der vereinigten bildenden Künste bei St. Anna. Im Jahre 1839 (Wien 1839).

Verena LARCHER, Rudolf Wolfs Jugendtagebuch 1835–1841 (= Schriftenreihe der ETH-Bibliothek 30, Zürich 1993).

Silvester LECHNER, Littrow, Joseph Johann Edler von, in: NDB 14 (1985) 712–713.

James LEQUEUX, François Arago. A 19th Century French Humanist and Pioneer in Astrophysics (Cham u.a. 2016).

Eva MACHO, Alexander Freiherr von Bach. Stationen einer umstrittenen Karriere (= Beiträge zur Neueren Geschichte Österreichs 24, Frankfurt a.M. u.a. 2009).

Judith MAYR, Das Casino Zögernitz – Geschichte und denkmalpflegerisches Revitalisierungs- und Nachnutzungskonzept zu einem der letzten historischen Veranstaltungsetablissements der Wiener Vorstadt (Dipl.-Arb. TU Wien 2018).

Joost MERTENS, Du côté d'un chimiste nommé Thilorier. Balthazar Claës modèle d'Adrien Thilorier, in: L'Année balzacienne 4 (2003) 215–263.

R. MÜLLER, Vesque von Püttlingen, Johann d. J. Frh., in: ÖBL 15 (2017) 251f.

[Willibrord] NEUMÜLLER, Koller, Marian Wolfgang, in: ÖBL 4 (1966) 88f.

Alexander NOVOTNY, Arneth, Alfred Ritter von, in: NDB 1 (1953) 364f.

Gerhard OBERKOFLER, Anton Joseph Freiherr Hye von Gluneck. 1807–1894, in: Wilhelm BRAUNEDER (Hg.), Juristen in Österreich 1200–1980 (Wien 1987) 152–155, 433–434.

Karl OBERMANN, Die Wahlen zur Frankfurter Nationalversammlung im Frühjahr 1848. Die Wahlvorgänge in den Staaten des Deutschen Bundes im Spiegel zeitgenössischer Quellen (Berlin 1987).

Ferrari D'OCCHIEPPO, Littrow, Joseph Johann von, in: ÖBL 5 (1971) 251f.

Thomas OLECHOWSKI, Die Entwicklung des Preßrechts in Österreich bis 1918. Ein Beitrag zur österreichischen Medienrechtsgeschichte (Wien 2004).

Gustav OTRUBA, Kudler, Joseph Ritter v., in: NDB 13 (1982) 165f.

Christian PAUL-BERGER, „... welch ein wundervoller Sternenhimmel in meinem Herzen ..." Adalbert Stifters Bild vom Kosmos (Wien u.a. 1996).

Josef PAUSER, „Von der Schlechtigkeit unserer Strafrechtspflege ...". Das Strafrecht in den Tagebüchern von Joseph von Würth (1817–1855), in: Martin P. SCHENNACH (Hg.), Strafrechtsgeschichte im „langen" 19. Jahrhundert. Forschungen und Perspektiven (Wien 2020) 121–175.

DERS., Würth Joseph, Edler von (1817–1855), in: ÖBL XVI (2022) 360f.

Michael PROKOSCH, Sieglinde KAPFERER (Hgg.), Das Tagebuch von Leo Thun-Hohenstein (1825–1842). Einblicke in die Jugendjahre des späteren Ministers für Cultus und Unterricht (= Veröffentlichungen der Kommission für Neuere Geschichte Österreichs 124, Wien 2023).

Augustin RESLHUBER, Marian (Wolfgang) Koller, in: Almanach der kaiserlichen Akademie der Wissenschaften 17 (1867) 201–239.

DERS., Eine Lebensskizze von Dr. Marian (Wolfgang) Koller, in: Zeitschrift der Österreichischen Gesellschaft für Meteorologie 1 (1866) 353–361, 375–382.

Carl VON ROTTECK, Carl WELCKER (Hgg.), Staats-Lexikon oder Encyklopädie der Staatswissenschaften, 15 Bde. (Altona 1834–1843); 12 Bde. (Altona ^{2}1845–1848).

Helmut RUMPLER, Schmerling, Anton Ritter von, in: NDB 23 (2007) 132–134.

Karsten RUPPERT, Die Provisorische Zentralgewalt und die provisorischen Regierungen in der deutschen Revolution von 1848/49, in: DERS. (Hg.), Die Exekutiven der Revolutionen. Deutschland 1848/49 (Paderborn 2023) 1–306.

Isolde SCHIFFERMÜLLER, „Die Sonnenfinsterniß am 8. Juli 1842"; in: Christian BEGEMANN, Davide GIURIATO (Hgg.), Stifter-Handbuch. Leben – Werk – Wirkung (Stuttgart 2017) 171–173.

Anton SCHLOSSAR (Hg.), Nikolaus Lenaus Briefe an Emilie von Reinbeck und deren Gatten Georg von Reinbeck 1832–1844 nebst Emilie von Reinbecks Aufzeichnungen über Lenaus Erkrankung 1844–1846 nach den großenteils ungedruckten Originalen (Stuttgart 1896).

Heinrich Theodor VON SCHÖN, Woher und Wohin? (Straßburg 1842).

Steffen SIEGEL (Hg.), Neues Licht. Daguerre, Talbot und die Veröffentlichung der Fotografie im Jahr 1839 (München 2014).

Wolfram SIEMANN, Metternich. Stratege und Visionär (München 2016).

Ders., Der Rhein fließt in meinen Adern. Metternich, das Rheinland und der Wiener Kongress, in: Thomas Becker, Dominik Geppert, Helmut Rönz (Hgg.), Das Rheinland auf dem Weg nach Preußen 1815–1822 (Köln 2019) 91–115.

Bernd Sösemann (Hg.), Theodor von Schön. Untersuchungen zu Biographie und Historiographie (= Veröffentlichungen aus den Archiven Preußischer Kulturbesitz 42, Köln–Weimar–Wien 1996).

Ders., Schön, Theodor von, in: NDB 23 (2007) 378–380.

Josef Staab, Hans R. Seeliger, Wolfgang Schleicher, Schloss Johannisberg. Neun Jahrhunderte Weinkultur am Rhein (Mainz 2001).

Harald Stekl, Der Wiener Hof in der ersten Hälfte des 19. Jahrhunderts, in: Ders., Adel und Bürgertum in der Habsburgermonarchie 18. bis 20. Jahrhundert (= Sozial- und Wirtschaftshistorische Studien 11, Wien–München 2004) 35–69.

Doris Ströher, Megerle von Mühlfeld Eugen Alexander, in: ÖBL 6 (1975) 190f.

Andor Trierenberg, Die Hof- und Universitätsmechaniker in Württemberg im frühen 19. Jahrhundert (phil. Diss. Stuttgart 2013).

Th. Venus, Tausenau Karl, in: ÖBL 14 (2013) 276f.

Johann Vesque von Püttlingen (J. Hoven), Eine Lebensskizze (Wien 1887).

Karl Vocelka, Schmerling Anton von, in: ÖBL 10 (1994) 234–235.

Walter, Kolowrat-Liebsteinsky Franz Anton Graf von, in: ÖBL 4 (1968) 97.

Adam Wandruszka, Franz Anton Graf v. Kolowrat-Liebsteinský, in: NDB 12 (1980) 474f.

Eva-Maria Werner, Das Rotteck-Welckersche Staatslexikon, in: Forum Vormärz-Forschung 15 (2009) 205–219.

Franz Wigard (Hg.), Stenographischer Bericht über die Verhandlungen der deutschen constituirenden Nationalversammlung zu Frankfurt am Main, 9 Bde. (Frankfurt a.M. 1848–1849).

Joseph von Würth, Rechtsfälle und Abhandlungen über die Frage: ob bey einer von Vermächtnissenüberstiegenen Verlassenschaft die Legatare auf den Schätzungswerth derselben beschränkt sind?, in: Der Jurist, eine Zeitschrift vorzüglich für die Praxis des gesammten österreichischen Rechtes 3 (1840) 453–475.

Ders., Die neuesten Fortschritte des Gefängnißwesens in Frankreich, England, Schottland, Belgien und der Schweiz (Wien 1844).

Ders., Das Stadtrecht von Wiener-Neustadt aus dem dreizehnten Jahrhundert. Ein Beitrag zur österreichischen Rechtsgeschichte (Wien 1846).

[Joseph von Würth], Rede des Abgeordneten v. Würth aus Wien, gehalten in der Sitzung der deutschen Reichsversammlung vom 12. Januar 1849 bei Berathung des ministeriellen Programmes über die österreichisch-deutsche Frage (Wien 1849).

Ders., Die österreichisches Strafproceßordnung vom 17. Jänner 1850 erläutert und in Vergleichung mit den Gesetzgebungen des Auslandes (Wien 1851).

Constantin von Wurzbach, Biographisches Lexikon des Kaiserthums Oesterreichs, 60 Bde. (1856–1891).

Edda Ziegler, Im Zirkelodem der Sterne. Über „Die Sonnenfinsterniß am 8. July 1842 in Wien", in: Walter Hettche, Johannes John, Sibylle von Steinsdorf (Hgg.), Stifter-Studien. Ein Festgeschenk für Wolfgang Frühwald zum 65. Geburtstag (Tübingen 2000).

Abbildungen

Abb. 1: Die Reisegruppe der Studienreise 1838:

Abb. 1a: Andreas Freiherr von Ettingshausen (1796–1878) (Lithografie von Adolf Dauthage, 1853). Quelle: Wellcome Library, London (CC BY 4.0)

Abb. 1b: P. Marian Koller (1792–1866) Lithografie von Adolf Dauthage, 1853). Quelle: Wikimedia, gemeinfrei

Abb. 1c: August Kunzek von Lichton (1795–1865) (Lithografie von Josef Kriehuber, 1843). Quelle: Wikimedia, gemeinfrei

Abb. 2: Reiseroute der Studienreise 1838 (Ausschnitt aus Europa entworfen und gezeichnet von C. F. Weiland, Weimar 1838). Quelle: gemeinfrei

Abb. 3: Atelier Daguerre, Stillleben im Atelier Daguerres (Königswarter Daguerrotypie) (Daguerrotypie von Loius Daguere, Daguere, 1839). Quelle: Institut für Nationales Kulturerbe, Verwaltung der territorialen Denkmäler in Prag, Staatliches Schloss Kynžvart, Inv.-Nr. KY 15550. Quelle: Wikimedia, gemeinfrei

Abb. 4: Auszug aus: Karte der totalen Sonnenfinsternis am 8. July 1842 nach I. H. Lehmann für die österreichische Monarchie entworfen von C. L. Littrow (Wien 1842). Quelle: ÖNB [https://onb.digital/result/131BC5C2] (10. 7. 2025).

Abb. 5: Jakob Alt, Die Sonnenfinsternis am 8. Juli 1842 (Ölgemälde, 1842). Quelle: Wikimedia, gemeinfrei

Abb. 6: Josef Edler von Würth (1817–1855), im Jahr 1848 (Lithografie von Valentin Schertle, 1848). Quelle: Die Männer des deutschen Volkes besonders nach Biow's Lichtbildern auf Stein gezeichnet von Schertle und Hickmann oder Deutsche National-Gallerie, 2. Bd., 1.–6. Lfg., Frankfurt a.M. 1848.

Abb. 7: Weinende Unterstaatsekretäre – Joseph von Würth (links) neben Friedrich Bassermann – wegen der Aussetzung des Waffenstillstandes von Malmö am 5. September (Ausschnitt aus einer Karikatur „Feierliche Beerdigung eines Siebenmonat=Kindes", 1848). Quelle: Wien Museum Inv.-Nr. 89436 (CC0)

Abb. 8: Joseph von Würth im Hintergrund der Präsidiumsbank (Ausschnitt aus: Die Abgeordneten der Frankfurter Nationalversammlung in der Paulskirche, Kreidelithographie nach einem Gemälde von Paul Bürde, 1848). Quelle: Wikimedia, gemeinfrei

BRGÖ 2025
Beiträge zur Rechtsgeschichte Österreichs

Johannes Platschek, München

Gaius: Eine Anti-Biographie[1]

Gaius: An Anti-Biography

Gaius, a Roman legal author credited with a wide range of works, is shrouded in mystery. No other Roman author is known exclusively by his praenomen which is extremly common in the case of Gaius. According to a theory put forward by Theodor Mommsen, Gaius was a provincial lawyer. Inspired by this, others wrote his biography. This theory has no basis and cannot explain anything. Gaius is a name that late antique scholars found in fragments of classical legal literature (the praenomen of a well-known jurist, who was cited alternately with his different names) and behind which they believed to find an author who was distinct from all known jurists. Anonymous works were attributed to this pseudo-author. In AD 426, Valentinian III finally recognised "Gaius" and "his" work. But Gaius never existed.

Keywords: *C. Cassius Longinus – Gaius – Pseudepigrapha – Roman legal literature – tria nomina*

1. Der Kaspar Hauser der römischen Rechtsliteratur

„Kaspar Hauser" verwende ich als Chiffre. Hauser, in Nürnberg aufgetaucht am Pfingstmontag 1828, umgibt das Geheimnis seiner Herkunft und seiner Biographie bis zum 16. Lebensjahr. Vieles deutet darauf hin, dass es sich um einen Betrüger gehandelt hat. Aber auch biographische Projektionen in seine Person machten Furore. Am populärsten war und ist die „Erbprinzentheorie": Hauser sei in Wahrheit Thronfolger des Großherzogs von Baden gewesen, als Säugling von einer bösen Tante gegen ein sterbendes Kind ausgetauscht, danach in Dunkelheit gefangen gehalten usw. Die Erbprinzentheorie ist längst als politisches Machwerk entlarvt und nach allen Regeln der Wahrscheinlichkeit widerlegt.[2] Aber sie besteht aus den „alternative facts" von Verschwörungstheoretikern; sie wird sich halten, auch nachdem im Sommer 2024 eine DNA-Analyse bestätigt hat, dass Hauser zu 99,9994 % nicht der Erbprinz von Baden war.[3] Das wird allenfalls Anlass geben, noch abstrusere Theorien zu entwickeln, sich trotzig noch methodenferner und wissenschaftsfeindlicher zu positionieren. Denn „die Führer der Hauser-Bewegung sind und bleiben unbelehrbar und unbekehrbar", wie der bayerische Archivar und Historiker Ivo Striedinger 100 Jahre nach Hausers Tod feststellen musste; für das Fortschleppen der Erbprinzentheorie gelte:

---

[1] Der Beitrag entspricht – erweitert um Fußnoten mit der wichtigsten Literatur – im Wesentlichen meinem Vortrag auf der Tagung „Juristinnen und Juristen als Menschen" der ÖAW–KRGÖ am 7. 11. 2024 in Wien. Eine größere Darstellung des behandelten Phänomens behalte ich mir vor.

[2] Literatur bei Parson u.a., Kaspar Hauser 2–3.

[3] Parson u.a., Kaspar Hauser 7.

https://doi.org/10.1553/BRGOE2025-2s379 *This article was peer-reviewed*

„La seule chose qui peut donner une idée de l'infini, c'est la bêtise humaine."[4]

Gaius ist der Kaspar Hauser der römischen Rechtsliteratur: Das „Rätsel seiner Persönlichkeit",[5] die Theorien über seine Herkunft und Biographie trieben und treiben Blüten, die der Erbprinzentheorie in der Faszination für ein breites Publikum nachstehen mögen – nicht aber in der fehlenden Wahrscheinlichkeit und der Resistenz gegenüber Kritik. Sie sollen im Folgenden durch eine Anti-Biographie ersetzt werden.[6]

2. Das Werk (nach der Überlieferung)

Otto Lenel zählt insgesamt 521 Gaius-Fragmente.[7] Die justinianischen Digesten überliefern uns Ausschnitte aus einer Vielzahl von Kommentaren, Gesamtdarstellungen des Privatrechts und Monographien, die Gaius zugewiesen werden:[8]

De casibus – „Zum Umgang mit Fällen (?)" (1 Buch)

Ad edictum praetoris urbani – „Kommentar zum Edikt des Stadtprätors" (mindestens 10 Bücher)

Ad edictum provinciale – „Kommentar zum Provinzialedikt" (32 Bücher)

De fideicommissis – „Formlose letztwillige Verfügungen" (2 Bücher)

De formula hypothecaria – „Die Pfandklage" (1 Buch)

Institutiones – „Einführung in das Zivilrecht" (4 Bücher)

Ad legem duodecim tabularum – „Kommentar zum Zwölftafelgesetz" (6 Bücher)

Ad legem Glitiam – „Kommentar zum Glitischen Gesetz" (1 Buch)

Ad legem Iuliam et Papiam – „Kommentar zum Julisch-Papischen Gesetz" (15 Bücher)

De manumissionibus – „Das Recht der Freilassung"(3 Bücher)

Regulae – „Rechtsregeln" (1 Buch/3 Bücher)

Res cottidianae sive Aurea – „Alltagsgeschäfte/Goldene Worte" (7 Bücher)

Ad SC Orfitianum – „Kommentar zum Orfitianischen Senatsbeschluss" (1 Buch)

Ad SC Tertullianum – „Kommentar zum Tertullianischen Senatsbeschluss" (1 Buch)

De tacitis fideicommissis – „Stillschweigende formlose letztwillige Verfügungen" (1 Buch)

De verborum obligationibus – „Verbindlichkeiten aus Schuldversprechen" (3 Bücher)

Die Institutiones, ein Anfängerlehrbuch, sind uns auch in der Primärüberlieferung erhalten; der berühmte Palimpsest Hs. Verona, Bibl. Capitolare XV (13) (= V) enthält fast den gesamten Text.[9] Der Index Florentinus, ein Autoren- und Werkverzeichnis, das in unserer wichtigsten Digestenhandschrift, der Littera Florentina (Hs. Florenz, Bibl. Medicea Laurenziana S. N.), überliefert ist, nennt bei Gaius des Weiteren ein Buch Dotalicia (aus dem sich in den Digesten keine Fragmente finden). Der Autor der Institutiones verweist außerdem auf seine mehrbändige Verarbeitung des Werks des Q. Mucius Scaevola,[10]

---

4 Striedinger, Schrifttum über Kaspar Hauser 475.

5 Kunkel, Herkunft 186; „Studi su Gaio" 1797–2021 bei Varvaro, Itinerari Gaiani 232–236.

6 In Weiterführung von Zuccotti, Vite immaginarie 529–552.

7 Lenel, Palingenesia I, 182–266.

8 Die (alphabetische) Reihenfolge und die Angaben zum Umfang in Büchern = Schriftrollen/libri nach Lenel, Palingenesia I, 182–266. Die Buchzahlen gehen zumeist von den (nicht immer vertrauenswürdigen) Angaben im Index Florentinus (dazu sogleich im Text) aus. Zum Gesamtwerk s. nur Liebs, Gaius 189–194.

9 In die Zählung Lenels sind nur die 14 Fragmente der Institutiones in den Digesten aufgenommen (Gai. 404–417 Lenel). Zum Veroneser Gaius s. Briguglio, Codice Veronese 267–321.

10 Gai. inst. 1,188; „ex Quinto Mucio" ist dort nicht als fester Werktitel erkennbar, sondern Teil des Ausdrucks libros facere ex aliquo (= ex libris alicuius). Der Unterschied, den Liebs, Provinzialjurisprudenz 296, Fn. 63, s. auch Liebs, Gaius 189 zwischen den „Werktiteln" ex Quinto Mucio (Gaius) und ad Quintum Mucium (Laelius nach Gell. 15,27) erkennen will, ist nicht belastbar (s. auch unten bei Fn. 71).

aus der wir ebenfalls keine Fragmente haben. Umfang und Breite des Gesamtwerks sind beachtlich, die Formate sind heterogen. Auffällig ist, dass kasuistische Schriften und Problemliteratur: Responsa, Quaestiones, Digesta, nicht vertreten sind.

3. Der Autor (nach der Überlieferung)

Was können wir über den Autor sagen, dem die Überlieferung diese Werke zuschreibt?

1. Der Name, mit dem er durchgehend und ausschließlich bezeichnet wird, ist prima facie ein römisches praenomen. In (ur-)alter Zeit war das praenomen Individualnamen. Aber nach den Konventionen der späteren Republik und der Kaiserzeit führt ein römischer Bürger drei Namen (tria nomina): praenomen – nomen gentile/gentilicium – cognomen: Gaius – Iulius – Caesar. Dazu können ein weiterer Beiname, der Name des Vaters und die Zuordnung zu einer römischen tribus treten. Das praenomen Gaius hat per se keine individualisierende Kraft mehr. Es gehört zu einem ohnehin kleinen Bestand möglicher Vornamen (die allesamt abgekürzt werden) und ist neben Marcus, Quintus, Sextus und Lucius eines der häufigsten praenomina: Etwa ein Fünftel der römischen Bürger heißt Gaius.[11] Dass unser Gaius weder gentilicium noch cognomen hatte, lässt sich ausschließen. Denn der Autor der Institutiones ist römischer Bürger: Wo es um rechtliche Eigenheiten der cives Romani geht, spricht er von nos – „wir". Dann lebt er auch unter den Konventionen der römischen Namensgebung. Zweifellos sind Fälle belegt, in denen sich Römer als Ausdruck vertrauter oder offensiver Direktheit lediglich mit dem praenomen bezeichnen.[12] Cicero nennt seinen Bruder stets „Quintus", seinen Freund Titus Pomponius Atticus spricht er vereinzelt eindringlich mit dem Vokativ „o noster Tite", „mi Tite" an (Cic. Att. 2,16,3; 9,6,5), viel häufiger nennt er ihn Atticus. Sex. Cloelius, einen Agenten seines Erzfeinds Clodius, nennt Cicero einmal ironisierend „Sexte noster" (Cic. dom. 47), ansonsten bezeichnet er ihn stets (auch) mit dem gentilicium. Dasselbe gilt, wenn über einen Dritten gesprochen wird, und auch in der Kaiserzeit (s. unten 6.1.). Wer dann mit dem bloßen praenomen gemeint ist, ergibt sich aus dem Zusammenhang. Der berühmt-berüchtigte Trimalchio (Petr. sat. 71: „C. Pompeius Trimalchio Maecenatianus") im Satyricon des Petron heißt bei seinen Sklaven und Mitfreigelassenen „Gaius" bzw. „Gaius noster",[13] für den Erzähler ist er „Trimalchio". Für die gesamte Öffentlichkeit kann der Kaiser mit dem praenomen individualisiert werden (wenn und weil seine anderen Namen von Vorgängern bereits besetzt bzw. innerhalb der Kaiserfamilie weniger individualisierend sind): Tiberius (Tiberius Iulius Caesar Augustus), Titus (Titus Caesar Vespasianus Augustus), Marcus (Marcus Aurelius Antoninus Augustus). So kommt es, dass Tiberius' Nachfolger Caligula (Gaius Caesar Augustus Germanicus), der Sohn des vielgeliebten Germanicus, mit dem Namen Gaius ausreichend bezeichnet sein kann.[14] Aber unser Gaius ist ein anderer Fall: Es geht nicht darum, dass wir einen Brief vor uns hätten, dessen Adressat mit „mein Gaius" angesprochen wird; es geht nicht um Fälle, in denen ein Jurist Gaius N. N. in juristischer Literatur abwechselnd mit dem Gentil- und Kognomen, mit einer Kombination aus praenomen und einem der beiden oder – variatio delectat – auch einmal mit dem bloßen praenomen, ja sogar mit „noster", zitiert wird. Es geht nach unserer Überlieferung um den römischen Autor eines umfangreichen Gesamtwerks, der seit seiner ersten Erwähnung in späteren Quellen ausnahmslos lediglich „Gaius" genannt wird.[15] Das ist singulär. Es passt nicht zu den beschriebe-

11 Rocchi, C. Gaius Gaius 36.

12 Zum Ganzen Salomies, Römische Vornamen 252–276, 339–389.

13 Petr. sat. 30; 53; 62 und öfter; Salomies, Römische Vornamen 146.

14 Salomies, Römische Vornamen 146.

15 Insofern (und weil Gaius überhaupt nicht von Juristen zitiert wird, s. unten 3.3., 4.1.) kann die (für andere Zwecke zweifellos wertvolle) Untersuchung der Zitierweise der Juristen durch Rocchi, C. Gaius Gaius 41–50 nicht weiterführen. Die ersten Belege für den Autor Gaius (s. unten 3.4.) haben eine andere Qualität. „Gaius noster" heißt der Autor der Institutiones erst bei Justinian: Const. Omnem 1; Const. Imperatoriam 6; I. 4,18,5.

nen Konventionen, weder zu belegten Regeln noch zu belegten Ausnahmen, und kann durch eine noch so große Fülle unpassender Vergleichsfälle nicht relativiert werden.[16] Es bedarf unbedingt einer Erklärung. Wer dafür keine schlüssige Erklärung bieten kann, muss bei der Unvereinbarkeit des Namens mit einer Person verharren.[17] Auf der schlichten Aussage: „So [!] hieß er [!] eben", dürfen Überlegungen über Autor und Werk nicht aufbauen – sie wären auf Sand gebaut.

2. Der Autor der Institutiones bekennt sich zur kaiserzeitlichen Rechtsschule der Sabinianer (oder Cassianer). Deren (frühere) Vertreter nennt er in seinem Lehrbuch fünfzehnmal „nostri praeceptores" – „unsere/meine Lehrer",[18] der Ausdruck ist außerdem zweifach in einem Fragment aus dem Kommentar zum Provinzialedikt belegt[19] –, einmal „nostrae scholae auctores" – „die Gewährsleute unserer/meiner Schule".[20] Die Namensgeber der Schule: Sabinus und Cassius werden namentlich erwähnt. Die Prokulianer sind für den Autor der Institutiones dementsprechend „diversae/illius scholae auctores" – „die Gewährsleute der anderen Schule".[21]

3. Gaius wird von zeitgenössischen und späteren römischen Rechtsschriftstellern – obwohl die Zitierfreude der Juristen schon für Cicero sprichwörtlich ist[22] – nicht nur selten bzw. einmal (so noch bis vor Kurzem ein Großteil der modernen Literatur), sondern nie zitiert (s. unten 6.1.). Die Literatur erklärt diese Zurückhaltung bzw. dieses absolute Schweigen damit, dass Gaius ein Jurist der „zweiten Reihe" war und nicht über das ius respondendi ex auctoritate principis verfügte.[23] Deshalb seien keine literarisch verarbeiteten Gutachten überliefert, und deshalb sei Gaius für die Juristen der ersten Reihe keine Autorität, die

[16] Nach Behrends, Gaius noster 102, Fn. 64 „hing die Wahl zwischen Prä-, Gentil- und Cognomen in Rom ersichtlich von den Umständen ab"; zweifellos – aber die „Umstände" sind keine black box, aus denen sich jedes beliebige Ergebnis für jedes beliebige praenomen beziehen lässt: Mit dem Kaiser Gaius ist unser Gaius so wenig vergleichbar wie das überaus häufige praenomen Gaius mit dem seltenen praenomen Servius (Salomies, Römische Vornamen 260: „in spätrepublikanischer Zeit fast nur bei den Sulpicii"; ebd. 262: „viel mehr von dem ‚ursprünglichen Charakter des Individualnamens' bewahrt"). Und sowohl für den Kaiser Gaius als auch für den Juristen Servius sind uns die vollständigen Namen doch jedenfalls belegt; Gellius etwa spricht ausschließlich von „Servius Sulpicius".

[17] Gaius ist in der Kaiserzeit (mit sehr viel geringerer Frequenz als beim praenomen) als nomen gentile oder cognomen belegt (s. nur Kunkel, Herkunft 197–200; Rocchi, C. Gaius Gaius 33). Ein solches im Namen unseres Autors zu vermuten, ergibt aber kein befriedigendes Bild: s. schon Zuccotti, Vite immaginarie 547–548. Denn dass dieser Name bei isolierter Verwendung mit dem (ungleich häufigeren) praenomen vollständig übereinstimmt, führt nur erneut zum völligen Fehlen einer individualisierenden Funktion. Es überzeugt nicht, dass Rocchi, C. Gaius Gaius 38–39 in dem „elemento onomastico [...] in prima istanza un cognomen, meno probabilmente [...] un gentilizio/nomen" erkennen will. Denn es steht nicht in einer Position, in der der Leser ein praenomen so sicher ausschließen müsste, dass ihn nicht einmal der Name Gaius verwirren könnte (zur Chronologie der ersten Belege s. unten 3.4.). Bei einem Juristen mit Gaius als nomen gentile oder cognomen wäre die Nennung eines anderen bzw. eines weiteren Namens zu erwarten, s. schon Wieacker, Rechtsgeschichte II, 112. Das Gaius-Phänomen damit zu erklären, dass man mit dem ganz besonderen Namen eines ganz besonderen Autors (s. sogleich 3.3–4.) ganz besonders gedankenlos umgegangen wäre, ist zu viel der Zusatzhypothesen.

[18] Gai. inst. 1,196; 2,37; 2,123; 2,195; 2,200; 2,219; 2,231; 3,87; 3,98; 3,103; 3,141; 3,167a; 3,168; 4,78; 4,114.

[19] D 39,2,32 (Gai. 28 ed. provinc.) = Gai. 371 Lenel.

[20] Gai. inst. 4,79.

[21] Gai. inst. 1,196; 2,15; 2,37; 2,79; 2,123; 2,195; 2,200; 2,221; 2,244; 3,87; 3,98; 3,103; 3,141; 3,167a; 3,168; 3,178; 4,78; 4,79.

[22] Cic. fam. 7,10,2 an den Juristen Trebatius Testa: Gegen die Kälte helfe „ein Kaminfeuer. Dieser Auffassung waren schon Mucius und Manilius." Man betrachte etwa D 7,8,12,1 (Ulp. 17 Sab.) = Ulp. 2577 Lenel zum Umfang des usus („Gebrauchsrecht"), wo Ulpian Sabinus, Cassius (beide zweifach), Nerva, Labeo, Proculus und Iuventius (Celsus) zitiert, oder D 28,5,19 (Ulp. 7 Sab.) = Ulp. 2489 Lenel mit Pomponius, Arrianus, Pegasus, Aristo, Iavolenus. In der klassischen Literatur fanden sich solche Anhäufungen sicher öfter als in den Digesten – weil die Kompilatoren hierin Kürzungspotential sahen.

[23] S. nur Kunkel, Herkunft 187–188; Ders., Rechtsgeschichte 113: „ein Stern dritter oder vierter Größe am Himmel der römischen Jurisprudenz."

man in der wissenschaftlichen Diskussion berücksichtigen müsste. Ein „nicht zitierfähiger" Jurist verfasst – unter anderem! – voluminöse und in seiner Epoche (nach unserer Überlieferung) einzigartige Kommentare zum Zwölftafelgesetz und zum Provinzialedikt, sowie ein Lehrbuch, das man nachweislich bereits um 200 n. Chr. in Ägypten gelesen hat?[24] Welche Rolle spielt das ius respondendi, solange es nicht um responsa geht? Hatten alle von anderen zitierten Juristen das ius respondendi? Für Detlef Liebs belegt das Schweigen, dass Gaius nicht in Rom tätig war.[25] Sollte die Hauptstadt von der offenbar enormen Popularität des Werks – insbesondere der Institutiones – ausgenommen gewesen sein? Liebs entwickelt in der Tat Vorstellungen von einem gesättigten Markt der Stadt Rom und einer retardierten Nachfrage in den Provinzen, die Gaius bedient habe.[26] Zum Recht der Stipulation/Verbalobligation etwa hätte der Markt in Rom die Werke von Pedius, Pomponius und Venuleius getragen, zu den Fideikommissen die des Pomponius, Aburnius Valens und Maecianus; Gaius hätte aber mit De verborum obligationibus und De fideicommissis jeweils „am Markt vorbeigeschrieben". Finden Juristen von außerhalb in Rom jemals Beachtung oder allenfalls bei „Marktlücken" oder besonders großer Nachfrage nach Literatur? Warum gab man umgekehrt in Ägypten dem Lehrbuch des Gaius sogleich seinen Platz neben oder gar den Vorzug vor der stadtrömischen Konkurrenz? Unmittelbar einleuchtend ist all das nicht,[27] es scheint mir bestimmte (aber doch wachsweiche) Vorstellungen von der Verbreitung der Rechtsliteratur, von der Nachfrage danach und von der rechtswissenschaftlichen Diskussion der Römer vorauszusetzen, die zunächst unabhängig von der Gaius-Frage glaubhaft zu machen wären.

4. Als Verfasser eines opus (im Sinne eines Gesamtwerks) wird Gaius im so genannten „Zitiergesetz" Valentinians III. genannt, sicher datierbar auf das Jahr 426 n. Chr. (CTh 1,4,3):

> „[...] ita, ut Gaium quae Paulum, Ulpianum et cunctos (c<eter>os?) comitetur auctoritas, lectionesque ex omni eius opere recitentur". – „ [...] derart, dass Gaius dieselbe Stellung als Gewährsmann zukommt wie Paulus, Ulpian und allen (urspr.: <den übrig>en?) und aus seinem gesamten Werk zitiert wird."

Als Verfasser der Institutiones nennt ihn die – undatierte – Collatio legum Mosaicarum et Romanarum (16,2):

> „Gaius institutionum libro III legitimas sic ordinat successiones [...]" – „Gaius bringt im 3. Buch der Institutiones die Fälle der gesetzlichen Erfolge in folgende Ordnung [...]"

Für die Entstehung der Collatio wurde zuletzt das Ende des vierten Jahrhunderts vermutet.[28] Ein namentliches Gaius-Zitat erscheint bei dem Vergilkommentator Servius (Serv. Georg. 3,306):[29]

> „ [...] quod et Gaius Homerico confirmat exemplo." – „ [...] was auch Gaius mit einem Beispiel aus Homer bekräftigt."

Das Werk geht auf die Wende vom vierten zum fünften Jahrhundert zurück.[30] Ganz abgesehen von den verbleibenden Datierungsproblemen bei Collatio und Servius gibt es jedenfalls keine älteren Belege für den Namen des Autors. Mehr als 200 Jahre älter sind aber die Texte, die Gaius zugeschrieben werden (dazu sogleich). Die zeitliche Lücke zwischen

24 Liebs, Gaius 191 mit Literatur.

25 Liebs, Provinzialjurisprudenz 295–300.

26 Liebs, Provinzialjurisprudenz 309–310.

27 Vgl. schon Behrends, Gaius noster 77–78.

28 Frakes, Compiling the Collatio 35–65; Liebs, Gaius 192.

29 Dazu Wibier, Homer and the Invention of Money 513–529.

30 Liebs, Gaius 191–192.

der rekonstruierbaren Entstehungszeit der (primär und sekundär) überlieferten Texte und den ersten Belegen für den Autorennamen gehört zu dem erklärungsbedürftigen Gesamtbefund.

4. Die Lebenszeit (nach der Überlieferung)

Die Gaius zugeschriebenen Werke geben vereinzelt Hinweise auf ihre Entstehungszeit und die Lebenszeit ihres Autors.

1. In einem Fragment aus der Schrift De fideicommissis, D 34,5,7 pr. = Gai. 392 Lenel, berichtet der Autor von der Alexandrinerin Serapias, die Fünflinge zur Welt gebracht habe. Die Frau sei mit ihren Kindern „ad divum Hadrianum perducta" – „vor den vergöttlichten Hadrian" geführt worden; dies sei „nostra quidem aetate" geschehen. Der Text ist nach dem Tod des Hadrian am 10. Juli 138 n. Chr.[31] verfasst. Versteht man „nostra aetas" als „meine Lebenszeit", so war der Autor im Jahr 138 n. Chr. bereits am Leben (terminus ante quem). Frühester Zeitpunkt der Serapias-Episode „nostra aetate" ist der Regierungsantritt Hadrians 117 n. Chr. Versteht man „nostra aetas" als „unsere Generation" oder „unser Zeitalter", so können der Beginn der aetas und die Serapias-Geschichte vor der Geburt des Autors liegen. Viele Jahrzehnte können bis zum Verfassen des Berichts aber kaum vergangen sein.

2. In den Institutiones spricht der Autor über Antoninus Pius einmal als „divus Pius Antoninus" (Gai. inst. 2,195). Die überlieferte Fassung dieses Texts stammt also aus der Zeit nach dem 7. März 161 n. Chr., dem Todesdatum dieses Kaisers.[32]

3. Mit D 38,17,9 (Gai. sing. SC Orfit.) = Gaius 507 Lenel ist ein Fragment aus der Abhandlung/dem Kommentar zum Senatusconsultum Orfitianum belegt. Dieses SC gehört nach I. 3,4 pr. in den „Konsulat von (Ser. Cornelius Scipio Salvidienus) Orfitus und (D. Velius) Rufus" unter Mark Aurel, mithin in das Jahr 178 n. Chr.[33] Seine zeitnahe Kommentierung könnte dann auch in die Alleinherrschaft des Commodus (ab 180 n. Chr.) reichen.

4. Aus all dem ergibt sich für die Lebensspanne des Gaius nach der Überlieferung ein Zeitfenster, das sich grob mit „Hadrian bis Mark Aurel/Commodus" beschreiben lässt. Damit ist Gaius als jüngerer Zeitgenosse des Salvius Iulianus und in etwa zeitgleich mit Sex. Pomponius einzuordnen; seine Schaffenszeit fällt in die Phase der römischen Rechtsliteratur, die man als „Hohe Klassik" bezeichnet.

---

31 KIENAST, ECK, HEIL, Kaisertabelle 123.

32 KIENAST, ECK, HEIL, Kaisertabelle 128. Dass der „imperator Antoninus" in allen anderen (sieben) Belegen in unserer Überlieferung der Institutiones (die alle der Erwähnung in Gai. inst. 2,195 vorangehen: 1,53; 1,74; 1,102; 2,120; 2,126; 2,149a; 2,151a) ohne „divus" erscheint (sondern als „sacratissimus/optimus imperator Antoninus", zumeist aber ohne jedes Adjektiv bezeichnet wird), heißt nicht zwingend, dass Antoninus Pius zur Abfassungszeit von Gai. inst. 1,1–2,151a noch am Leben war (so aber schon MOMMSEN, Gaius 14 = Ges. Schriften II, 37). FALCONE, Studi sui commentarii 19–25 hält 2,195 im entscheidenden Bereich: „Sed hodie [...]" für einen späteren Zusatz; die Institutiones stammten aus der Zeit des Antoninus Pius (S. 21–22). Aber ganz abgesehen davon, dass „imperator Antoninus" (auch „Pius" erscheint nur in 2,195) auch Mark Aurel bezeichnen kann (was hier nicht diskutiert werden kann), verzichtet der Text der Institutiones nach unserer Überlieferung im Bereich vor Gai. inst. 2,195 auch bei Claudius, Trajan und Hadrian mitunter auf „divus" (Gai. inst. 1,32c; 1,34; 1,47; 2,57). Die Parallelüberlieferung von Gai. inst. 1,53 (V: „ex constitutione sacratissimi imperatoris Antonini"): D 1,6,1,2 (Gai. 1 inst.) = Gai. 407 Lenel hat außerdem „ex constitutione divi Antonini". Das kann der bessere Text sein (und insofern alle „Lebend-Belege" in V vor Gai. inst. 2,195 in ein anderes Licht bringen); eine Interpolation des Digestentexts scheint mir jedenfalls keine eigene Wahrscheinlichkeit zu haben (anders MOMMSEN, Kaiserbezeichnung 107, Fn. 37 = Ges. Schriften II, 164, Fn. 37; DERS., Digesta I, 18 in app.). Der Tod des Antoninus Pius ist also terminus post quem von Gai. inst. 2,195, aber als terminus ante quem von Gai. inst. 1,1–2,151a nicht belastbar.

33 Zur Datierung des Konsulats s. nur GROAG, STEIN, Prosopographia II^2, 359–360 (C 1448).

5. Der Provinzialjurist (nach Mommsen)

1. Deutlicher wird das Profil nach der von Theodor Mommsen begründeten Theorie, dass es sich bei Gaius um einen Juristen griechisch-provinzialer Herkunft oder Verortung handelt, einen „Provinzialjuristen“.[34] Mommsens Ausgangspunkt ist – zwangsläufig – die Erklärungsnot für das Namensphänomen. Seine Erklärung besteht darin, dass es griechischer Sitte entspreche, einen Römer allein mit dem praenomen zu bezeichnen.[35] Andere sahen die These Mommsens in Gräzismen bestätigt, die die lateinische Sprache des Gaius aufweise.[36] Gaius sei in einer Provinz des römischen Volkes, einer Provinz unter dem Kommando eines proconsul, tätig gewesen. Sein Kommentar ad edictum provinciale betreffe das Statthalteredikt einer konkreten Provinz; der Statthalter werde hier als proconsul bezeichnet.[37] Auf diesem „griechisch-prokonsularischen“ Fundament baut Mommsen mit immer dünner werdenden Informationen und Argumenten weiter auf: Die Provinz liege mit Wahrscheinlichkeit in Kleinasien; denn dort siedelten unter anderem die Galater und die Bithyner, die der Autor in den Institutiones rechtsvergleichend erwähnt.[38] Noch genauer lasse sich Gaius auf die Stadt (Alexandria) Troas in der griechischsprachigen prokonsularischen kleinasiatischen Provinz Asia festlegen; denn in D 50,15,7 (Gai. 6 leg. Iul. et Pap.) = Gai. 455 Lenel nennt Gaius in einer kurzen Liste von Städten italischen Rechts an erster Stelle Troas.[39] Ulpian beginnt seine Liste, D 50,15,1 (Ulp. 1 cens.) = Ulp. 19 Lenel mit der Stadt Tyros in Syria Phoenice und fügt hinzu: „unde mihi origo est“ – er (bzw. seine Familie) stammt von dort.[40] Die Erstnennung von Troas bei Gaius ex analogo als Hinweis auf die origo des Gaius zu verstehen, ist letztlich nur noch Gedankenspiel. Mit einer Verortung des Gaius in Asia brachte man D 45,1,141,7 (Gai. 2 verb. oblig.) = Gai. 513 Lenel zur Übereinstimmung,[41] wo der Autor die übliche Lehrbuch-Bedingung einer Stipulation „Si navis ex Asia venerit, [...] spondes?“ – „Gelobst du mir für den Fall, dass das Schiff aus Asia kommt, [...]?“ abwandelt zu „Si navis ex Africa venerit [...]“ – „[...] für den Fall, dass das Schiff aus Africa kommt [...]“ Denn nach Asia kommen keine Schiffe „aus Asia“, wohl aber „aus Africa“. In D 46,1,72 (Gai. 3 verb. oblig.) heißt es freilich „Si navis ex Asia venerit [...].“

2. Mommsens Vorschlag stieß bereits im 19. Jahrhundert auf deutliche Ablehnung,[42] fand aber aufgrund der Attraktivität des Gedankens, etwas näher an Gaius heranzukommen, auch Anhänger.[43] Wolfgang Kunkel unterzog die „Provinzialjuristentheorie“ 1952 einer fundierten Überprüfung:[44] Griechen verwendeten das praenomen als eigentlichen Namen eines Römers bis ins erste Jahrhundert vor Christus. Für das zweite nachchristliche Jahrhundert (die römische Herrschaft über den gesamten griechischen Bereich ist dann längst etabliert) sei eine solche „griechische

34 Mommsen, Gaius 1–15 = Ges. Schriften II, 26–38.

35 Mommsen, Gaius 2–3 = Ges. Schriften II, 27–28.

36 Nachweise bei Kunkel, Herkunft 205; Rochette, Grecismi 145–147.

37 Mommsen, Gaius 5–7, 10 = Ges. Schriften II, 29–31, 34.

38 Mommsen, Gaius 10 = Ges. Schriften II, 34.

39 Mommsen, Gaius 10–11 = Ges. Schriften II, 34–35.

40 Honoré, Ulpian 8–14. „The lawyer from Tyre“ (ebd. 1) ist nicht als Angabe des Geburtsorts zu verstehen: ebd. 10.

41 Honoré, Gaius 95.

42 Überblick bei Kübler, Gaius 492.

43 Überblick bei Kunkel, Herkunft 186, Fn. 339; Liebs, Provinzialjurisprudenz 294–295.

44 Kunkel, Herkunft 190–213.

Sitte" aber auszuschließen.[45] Personen, die schlicht als Markos, Gaios usw. belegt seien, seien keine römischen Bürger, sondern Griechen;[46] Gaius aber ist römischer Bürger. Die Theorie vom Provinzialjuristen Gaius bewältigt das Namensproblem also nicht.[47] Der Vermutung von spezifischen Gräzismen in der Sprache des Gaius steht Kunkel mit großer Skepsis gegenüber.[48] „Das Provinzialedikt" sei außerdem nicht das Edikt einer konkreten prokonsularischen Provinz, sondern das Modell für die Edikte aller prokonsularischen Provinzen, das in Rom zu finden sei. Damit löst sich das „griechisch-prokonsularische" Fundament auf; erst recht müssen sich die Details, die Mommsen darauf angehäufelt hatte („Kleinasien", „Troas") verflüchtigen. Die Provinzialjuristentheorie hat keine eigene Wahrscheinlichkeit. Dass sich ihre Widerlegung durchsetzen würde, bezweifelte freilich schon Kunkel selbst:

> „Diejenigen Mitforscher zu überzeugen, deren Temperament zu kühner Kombination hinneigt: das wage ich nicht zu hoffen. Für meinen Teil möchte ich es allerdings mit dem bekannten Philologengebot von K. Lehrs halten: ‚Du sollst nicht glauben, daß zehn schlechte Gründe gleich sind einem guten.'"[49]

Die Assoziation zum Urteil Striedingers über „die Führer der Hauser-Bewegung" lässt sich nur schwer unterdrücken.

3. Die Zweifel Kunkels an der Durchsetzungsfähigkeit seiner Kritik erwiesen sich als berechtigt. Denn in der Folgezeit steigerte sich die Provinzialjuristentheorie sogar noch. An der bereits erwähnten Stelle D 50,15,7 (Gai. 6 leg. Iul. et Pap.) = Gai. 455 Lenel:

> „Iuris Italici sunt Τρωάς Βήρυτος Δυρράχιον." – „Folgende Städte haben das italische Recht: Trôas [in Asia], Bêrytos [in Syria], Dyrrhachion [in Macedonia]"

---

45 Zur Abnahme seit Beginn des 1. Jahrhunderts v. Chr. s. Salomies, Römische Vornamen 270–273. Dass Liebs, Provinzialjurisprudenz 308, Kunkel das Beispiel des Apuleius entgegenhält, stellvertretend für „Schriftsteller des griechischsprachigen Reichsteils", die „nur einen Namen führten", liegt neben dem Ausgangspunkt Mommsens und trägt nichts zur Erklärung des bloßen praenomen bzw. Allerweltsnamen Gaius bei: Apuleius ist ungleich stärker individualisierendes nomen gentile (zu Gaius als nomen gentile s. oben Fn. 17); Apuleius nannte sich gerade nicht lediglich „Lucius" (sein wahrscheinliches praenomen, s. Riess, Apuleius 337). Es handelt sich um ein methodisches Verwirrspiel: Es geht nicht darum, dass wir Gaius nur unter einem Namen kennen (auch Papinian, Paulus und Ulpian werden in der Collatio und im Zitiergesetz von 426 n. Chr. – den ersten Belegen für Gaius, s. oben 3.4. – nur mit einem Namen bezeichnet); Liebs kann nicht erklären, warum man bei Gaius keinen individualisierenden Namen kennt (s. auch unten Fn. 75). Das kann auch Behrends nicht, der (ex auctoritate?) schlicht den „Nachweis" der „provinzialen Sitte" durch Mommsen für erbracht erklärt (Behrends, Gaius noster 102, Fn. 64). Bei seinem Referat von Plut. Marius 4 unterdrückt Behrends außerdem, dass nach Plutarch [2. Hälfte 1./Anfang 2. Jh. n. Chr.] „Poseidonios [Ende 2./1. Hälfte 1. Jh. v. Chr.] den Vornamen für den für die Römer maßgeblichen Namen hält" („τῶν ὀνομάτων τὸ πρῶτον [= das praenomen], ὅπερ οἴεται κυρίως ὄνομα Ῥωμαίοις ὑπάρχειν ὁ Ποσειδώνιος"), Poseidonios aber bereits bei seinen Zeitgenossen die Auffassung vorfinde, das cognomen, „der dritte Name" (und nicht der erste!), sei der für die Römer maßgebliche: „τοὺς τὸ τρίτον ὄνομα Ῥωμαίοις κύριον εἶναι νομίζοντας". Wenn die Auffassung des Poseidonios jemals herrschend war, so belegt die Stelle doch zu seiner Zeit bereits vorhandene Opposition; nichts anderes will Kunkel sagen („scheint also jene Sitte ins Wanken gekommen zu sein"), und Behrends widerlegt es mitnichten.

46 Das Neue Testament kennt vier verschiedene (peregrine) Gaioi, s. Balz, Schneider, Exegetisches Wörterbuch I, s.v. Γάϊος 556–557; s. auch Kunkel, Herkunft 195, Fn. 195. Liebs, Provinzialjurisprudenz 308, Fn. 143 nennt als Vergleichsfälle zu unserem Gaius den Platoniker Gaios und den gleichnamigen Theologen (2./3. Jahrhundert n. Chr.), beide in der rück-latinisierten Form Gaius. Dass sie römische Bürger wären, behauptet auch Liebs nicht. Sein Verwirrspiel (oben Fn. 45) geht weiter: Denn von derartigen Fällen grenzt Kunkel das Gaius-Phänomen ja gerade ab – alle diese Herren hatten (!) keinen weiteren eigenen Namen (sondern nur Vatersnamen und Herkunft).

47 Zustimmend Wieacker, [Rezension von] Honoré 403, mit Fn. 5, der freilich (jenseits des Namensproblems und damit jenseits des Ausgangspunkts Mommsens?) die Provinzialjuristentheorie durchaus ernstnimmt: ebd. 405–406; Ders., Rechtsgeschichte 112.

48 Kunkel, Herkunft 205–211.

49 Kunkel, Herkunft 212.

beobachtet Tony Honoré, dass es in Wahrheit – auch in der größeren Region des Mittelmeerraums östlich von Italien – (viel) mehr Städte mit ius Italicum gab.[50] Dass Gaius nur drei nennt, ist erklärungsbedürftig. Die Erklärung ist in der verlorenen Textumgebung dieses völlig aus dem Zusammenhang gerissenen Fragments zu suchen: Der Autor kann zuvor – in einem griechischen Zitat?[51] – eine längere Liste von Städten mit einer unbekannten Gemeinsamkeit gebracht haben; von diesen Städten haben das ius Italicum die genannten drei. Doch Honoré will in den drei Städtenamen partout Biographeme des Gaius erkennen (wie schon Mommsen im Hinblick auf Troas): Gaius nenne diese drei Städte, weil er sie aus eigener Anschauung kenne; weil er dort gelebt habe. Hat er also zuvor von allen Städten gesprochen, in denen er jemals war? Von ihnen haben die drei genannten das ius Italicum? Oder ist in der Überlieferung ein „velut" – „zum Beispiel" verloren gegangen?[52] Es liegt auf der Hand, dass Honoré ohne die These Mommsens niemals auf einen solchen Gedanken verfallen wäre. Aus dem oben entwickelten Zeitfenster, der Zugehörigkeit zur Schule der Sabinianer und den drei Städtenamen wird bei Honoré folgende Biographie des Gaius:

„131–6	On staff of Sabinian law school at Rome (...)
c. 136–7	Departure from Rome (perhaps as late as 142).
138–c. 152	At Dyrrachium at least in early years (...)
c. 152–160	At Troas [„navis ex Africa"] (...) Early sixties Move from Troas to Berytus [„navis ex Asia"]"[53]

Bereits der Ausgangspunkt der Überlegungen ist in hohem Maße spekulativ. Den Wechsel von der „navis ex Africa" im zweiten Buch von De verborum obligationibus zur „navis ex Asia" im dritten Buch mit einem Umzug des Autors von Asia (Troas) nach Syria (Berytos) zu erklären, lässt sich kaum mehr mit „kühner Kombination" beschreiben, lautet die Alternativerklärung doch schlicht „variatio delectat" (bei einem stadtrömischen Autor). Im Übrigen teilt Honoré noch nicht einmal den Ausgangspunkt Mommsens, dass sich der Name Gaius aus dem griechischen Umfeld erkläre; der Mann nenne sich vielmehr in Rom Gaius: offiziell um einer Verwechslung mit Gaius Cassius Longinus vorzubeugen – denn mit den tria nomina heiße er genau wie dieser, er stamme nämlich von einem Freigelassenen des Cassius ab![54] – wohlwissend, dass er auch als Gaius mit Cassius (den seine Anhänger durchaus – auch – Gaius nennen, s. unten 6.1.) in Verbindung gebracht werden muss, ja geradezu mit ihm verschmilzt:

> „He is teasing us, in a spirit of mock humility; and if his choice of name is something of a joke, it is not the only joke in the history of Roman law."[55]

Hier überschlagen sich die Zusatzhypothesen, und Gaius wird zur hintersinnig-selbstgefälligen Komödienfigur auf Weltreise: vom Kas-

---

50 Honoré, Gaius 86.

51 Für Liebs, Biographical Matters 16–17 ist die griechische Bezeichnung der drei Städtenamen ein „Gräzismus" des Gaius (der griechische Städte sonst wohlgemerkt mit ihrem lateinischen Namen bezeichnet: zum Beispiel Gai. inst. 4,53c: „Ephesi"; D 10,1,13 (Gai. 4 l. XII tab.) = Gai. 437 Lenel: „Athenis"; bei Ulpian D 1,16,4,5 (1 off. procons.) = Ulp. 2142 Lenel erklärt Liebs hingegen die griechische Form „Ἔφεσον" als Zitat eines griechischen Kaiserbriefs.

52 Honoré, Gaius 87 betrachtet das Zitat ganz isoliert: „So he must be teasing us a little by being selective [...] One naturally [!] suspects that he is connected in some way with the three towns." Für die (lange) Liste Ulpians in D 50,15,1 (Ulp. 1 cens.) = Ulp. 19 Lenel gilt das offenbar nicht; jedenfalls erspart Honoré Ulpian ein entsprechend nomadisches Leben: Honoré, Ulpian 1–36, insbes. 18. Gilt es für Celsus und Philippi (D 50,15,6 – Cels. 2<0> dig. = Cels. 180 Lenel: „Colonia Philippensis iuris Italici est")? Hier zeigt die Palingenesie, dass sich derartige Fragmente anders erklären lassen (müssen), s. Lenel, Palingenesia I, 155.

53 Honoré, Gaius 92, 96.

54 Honoré, Gaius 12–17: „only one possible explanation of Gaius' shortening his name" (Wieacker, [Rezension von] Honoré 402: „wofür nicht der Schatten einer Wahrscheinlichkeit spricht"); Gaius selbst aber sei ersichtlich „a free-born Roman": ebd. 71–72.

55 Honoré, Gaius 17; zum angeblichen Gaianischen „teasing" s. schon oben Fn. 52. Immer wieder kommt Honoré auf eine ironische Ader des Gaius zu sprechen, etwa ebd. 16, 110, 117: „irony on the expense of the emperor". Die Annahme von Ironie eines antiken Autors kann in trügerischer Weise jede Falschlesung oder Fehlinterpretation überwinden – mehr noch: jeden Unsinn in die Quellen projizieren helfen; sie dürfte die gefährlichste Zusatzhypothese überhaupt sein.

par Hauser zum Kasperl Larifari der römischen Rechtsliteratur.[56] Je ne mâche pas mes mots : Quelle bêtise![57]

4. Die Vertreter der Provinzialjuristentheorie legen die Exzesse Honorés ad acta und verbuchen ihn als einen der Ihren.[58] Um die unrettbare Theorie zu retten, werden immer neue Argumente präsentiert. Sie sind alle zusammen nicht „gleich einem guten".[59] Ich greife heraus (und behalte alle weiteren einer umfassenderen Abhandlung vor),[60] dass Liebs einen entscheidenden „Gräzismus" des Gaius gefunden haben will:

> „[M]an [kann] sich schwer vorstellen, daß jemand bei so alltäglichen Dingen wie der Tageszählung mitten in Rom auf seiner griechischen Zählweise beharrt und post kalendas Ianuarias die tertio (statt ante diem tertium nonas Ianuarias) schreibt [Fn.: So Gajus Dig. 50,16,233 § 1 (1 XII tab.)]."[61]

In D 50,16,233,1 (Gai. 1 XII tab.) = Gai. 423 Lenel sagt Gaius:

> „Post kalendas Ianuarias die tertio pro salute principis vota suscipiuntur." – „Nach den Kalenden des Januar werden am dritten Tag die Gelübde für die Gesundheit des Kaisers geleistet."

Auch dieses Zitat aus dem Zwölftafelkommentar ist in den Digesten aus dem engeren Zusammenhang gerissen, und fraglich ist schon, warum die Kompilatoren den Satz in den Titel 50,16: De verborum significatione – „Wortbedeutungen" aufgenommen haben. Denkbar ist, dass jedenfalls sie ‚post kalendas Ianuarias' im Zusammenhang mit den vota

---

56 Dieser erreicht bekanntlich Konstantinopel (wo er sich akademische Würden anmaßt und die Sklavin Mimikatzi befreit): Pocci, Casperl in der Türkei 128, 136–137; vgl. auch die „biografia del tutto fittizia" des Gaius bei Zuccotti, Vite immaginarie 529–535 und schon Wieacker, [Rezension von] Honoré 411: „Wie froh wären wir, wenn uns [Honoré] von einem so farbenreichen Lebensbild hätte überzeugen können!", sowie die „scientific fiction [...] in a paradise garden" bei Spruit, Gespräch mit Gaius 63–86, 81–111.

57 Die Vorstellung, dass ein stadtrömischer Autor bei Gelegenheit drei Städte – etwa aus einem griechischen Kaiserbrief – besonders qualifiziert (s. oben Fn. 51) und deshalb 1.800 Jahre später zum Bewohner dieser Städte erklärt wird, ist mir geradezu peinlich; erst recht jene, dass einem nüchternen, strengen Autor (in der anderen Welt oder wie bei Jhering, Scherz und Ernst 139) gesagt wird, man schätze an ihm besonders seine Ironie („Ironie? Welche Ironie?"). Nachsichtiger sind zumeist die bei Diósdi, Gaius 608, Fn. 16 nachgewiesenen Rezensionen. Mantovani, Gaio 11 „hofft" bei Samter („Frauenhypothese", unten Fn. 67) auf Ironie. Dass er eine solche Hoffnung nicht auch im Hinblick auf Honoré äußert, geht entweder zu dessen oder zu seinen Lasten.

58 Liebs, Provinzialjurisprudenz 295 (mit Auf- bzw. Abzählen der Vertreter beider Seiten: „Ihnen stehen nur fünf Namen gegenüber"; ein paar mehr sind es dann doch, s. etwa Kübler, Gaius 492 – ohne dass es darauf ankäme); Behrends, Prokuratur 298, Fn. 342; Ders., Gaius noster 77, Fn. 3, die Honoré, sich selbst und wechselseitig das Verdienst zuschreiben, Kunkel „korrigiert" und sich „von seiner Begründung [!] freigemacht" zu haben (in Wahrheit hat Kunkel die Begründung Mommsens zunichte gemacht); s. auch Liebs, Gaius 188 mit Fn. 1; Ders., Rechtskunde 383 und das richtigstellende „Vorwort" (dort VIII–IX) des von Liebs besorgten „unveränderten Nachdrucks" von Kunkel, Herkunft.

59 Was die Vertreter zum Teil sogar wahrnehmen: Liebs, Provinzialjurisprudenz 304, Fn. 133 gegen Behrends, Prokuratur 298, der in Gai. inst. 2,7 „nos" als „wir Provinzialrömer" verstehen will (und dabei „nos/nostrum" schon im vorangehenden Satz ausblendet).

60 Hier nur in Stichpunkten: Liebs, Biographical matters 13 („Italia et ceterae provinciae" – Italia ist provincia im Rechtssinne nur für einen Provinzialjuristen? Problem so nicht lösbar; D 4,7,3 pr. aus Kommentar zum Provinzialedikt!); ebd. 14 („Gladiatorenbeispiel nach Verbot privater Gladiatorenschulen in Rom durch Domitian" – Beispiel setzt keine private Gladiatorenschule am Ort der Spiele voraus); ebd. 14–15 („römischer Buchmarkt" – s. oben 3.3.); ebd. 16 („griechische Städtenamen" – s. oben Fn. 51); ebd. 17 („griechische Literaturzitate" – vor allem im Zwölftafelkommentar! Römische Vorstellung von griechischem Einfluss; Homer Bildungshorizont eines römischen Publikums: Zitate bei Sabinus, Africanus usw.); ebd. 18 („griechische Äquivalente" – vor allem in Kommentaren zum Zwölftafelgesetz [s. soeben] und zum Provinzialedikt!); ebd. 19 („fana deorum" – mehrere Anfragen von praesides provinciarum!); ebd. 20 („b/v"-Angleichung – nicht in P.Oxy. XVII 2103!).

61 Liebs, Provinzialjurisprudenz 301; Ders., Bibliographical Matters 15f.; s. auch Manthe, Fortleben des Gaius 184, Fn. 22.

als erklärungsbedürftige Worte (und die tertio als die Erklärung) verstanden. Als größerer Zusammenhang in den Zwölf Tafeln und bei Gaius lässt sich aber auch die Einleitung des Zivilprozesses vermuten.[62] Dort kennen die Römer eine Dreitagesfrist (comperendinatio) zwischen Prozesseinsetzung durch den Prätor (Verfahren in iure/litis contestatio) und Verhandlung vor dem Richter (Verfahren apud iudicem);[63] andere Quellen sprechen vom intertium.[64] Die Frist scheint bereits im Zwölftafelgesetz gestanden zu haben.[65] An den Kalenden des Januar (= am 1. Januar) beginnt (zur Zeit des Gaius) die einjährige Amtszeit des Prätors. Wird ein Prozess an diesem Tag eingesetzt, so sähe die comperendinatio eigentlich den dritten Tag danach für die (erste) Verhandlung vor dem iudex vor: „post kalendas Ianuarias die tertio". Dieser Tag ist aber (zur Zeit des Gaius) offenbar ein Feiertag: „pro salute principis vota suscipiuntur", an dem man nicht vor einem Richter streitet. Es ginge dann um das Problem „Fristende an einem Feiertag". Die Bezeichnung des „dritten Tags nach den Kalenden des Januar" wäre keiner „griechischen Zählweise" geschuldet, sondern dem Fristbeginn und der Fristlänge. Wer darauf bestehen will, dass „beides möglich" ist, vergleiche nüchtern und ehrlich die Wahrscheinlichkeiten! Bemerkt sei außerdem, dass das Nachdenken über bzw. die vorurteilsbedingte Fixierung auf den Gräzismus dem juristischen Verständnis des Quellentexts und seines ursprünglichen Zusammenhangs ersichtlich nicht förderlich ist.

5. Auf andere Erklärungsmodelle[66] für das Namensproblem kann ich an dieser Stelle nicht vertieft eingehen: „Gaius ist Pseudonym einer Frau"[67] – das erklärt den Namen (im Gegensatz zur Provinzialjuristentheorie) schlüssig,[68] bleibt aber spekulativ, bedient sich einer extravaganten Zusatzhypothese. Ähnliches gilt für „Gaius ist erfundener Autorenname für plagiierte Schriften des Sex. Pomponius".[69] „Gaius ist Gaius Cassius Longinus"[70] – dann bedarf es weiterer Zusatzhypothesen, denn Cassius gehört nicht in das oben entwickelte Zeitfenster und wird in den Institutiones namentlich erwähnt. „Gaius ist Gaius (?) Laelius Felix"[71] – warum wird er (außer bei Gellius) nur beim praenomen genannt? Im Folgenden sei – durchaus angeregt von diesen Theorien – ein einfacheres Modell skizziert, das alle Phänomene erfasst.

---

62 Lenel, Palingenesia I, 243 mit Fn. 1 bringt die Stelle (wie das in den Digesten vorangehende principium) unter eine Rubrik „De in ius vocando" und mutmaßt, dass Priester an diesem Tag nicht vor Gericht geladen werden dürfen. Die drei Paragraphen pr.–§ 2 des Fragments D 50,16,233 müssen im Zwölftafelkommentar einen erheblichen Abstand zueinander gehabt haben (in § 2 geht es um die Bedeutung von „telum" – „Wurfgeschoss"; wahrscheinlich aus dem Zusammenhang des Diebstahls!); zwischen pr. und § 1 einen möglichst engen Zusammenhang herzustellen, ist nicht veranlasst.

63 Kaser, Hackl, Zivilprozeßrecht 68, Fn. 36; ebd. 355f., s. insbes. Gai. inst. 4,15; Prob. 4,9.

64 Kaser, Hackl, Zivilprozeßrecht 355 mit Fn. 5; Metzger, Outline 85–88.

65 Kaser, Hackl, Zivilprozeßrecht 355.

66 Überblicke bei Liebs, Provinzialjurisprudenz 296; Diósdi, Gaius 608.

67 Samter, Gaius 1386–1387. „Gaia" heißt „Frau", s. Platschek, Nebengut 136–138; dass sich eine Frau „Gaius" nennt, um nach außen gerade das Geschlecht zu ändern, ist beispiellos und spekulativ, aber nicht unschlüssig. „Gaius" wäre dann weniger Pseudonym als Wortspiel.

68 Die Provinzialjuristentheorie „liegt" nicht „näher" als etwa die „Frauenhypothese", so aber Wieacker, Rechtsgeschichte II, 112: Die Existenz von (männlichen) Provinzialjuristen mag wahrscheinlicher sein als die von Rechtsschriftstellerinnen; aber es geht um die Eignung zur Erklärung des Phänomens „Gaius". Ungerecht auch Mantovani, Gaio 11 (s. schon oben Fn. 57).

69 Pugsley, Gaius 353–367; dagegen sogleich Stanojević, Gaius 333–356.

70 Longinescu, Caius; weitere bei Kunkel, Herkunft 189, Fn. 350.

71 Nachweise bei Liebs, Provinzialjurisprudenz 296, Fn. 63 und Platschek, Verhältnis 297, Fn. 81.

6. Der Autor Gaius als Produkt einer antiken Identifizierung anonymer Werke

1. Die Digesten überliefern vier Fragmente der klassischen Rechtsliteratur, in denen auf einen Gaius Bezug genommen wird:

a) D 35,1,54 pr. (Iav. 2 ex Cass.) = Iav. 12 Lenel: „[...] in commentariis Gaii scriptum est, [...]"
b) D 46,3,78 (Iav. 11 ex Cass.) = Iav. 49 Lenel: „[...] in libris Gaii scriptum est [...]"
c) D 24,3,59 (Iul. 2 Urs. Fer.) = Iul. 895 Lenel: „[...] Sabinus dicebat [...] Gaius idem"
d) D 45,3,39 (Pomp. 22 Q. Muc.) = Pomp. 285 Lenel: „[...] et non sine ratione est, quod Gaius noster dixit [...]"

In keiner dieser Stellen ist der Autor der Institutiones gemeint: Javolen (a; b) kann ihn noch gar nicht gekannt haben; er meint mit „Gaius" sicher Gaius Cassius Longinus, dessen Werk er kommentiert und den er offenbar abwechselnd „Gaius" und „Gaius Cassius" nennt[72] (in unseren 91 Fragmenten nennt er ihn dreimal namentlich; wir kennen nur einen Bruchteil des ursprünglichen Kommentars). Julian (c) zitiert nacheinander Sabinus und „Gaius". Nennt Julian Sabinus und einen weiteren Autor, so ist dafür – wie bei den anderen Juristen[73] – (Gaius) Cassius (Longinus) zu erwarten, den er in anderen Stellen „Cassius" nennt.[74] Pomponius (d) schließlich meint mit Wahrscheinlichkeit keinen Zeitgenossen (dixit); er meint einen Juristen, dem er sich eng verbunden fühlt (noster). Der Autor der Institutiones ist nach dem oben Gesagten Zeitgenosse des Pomponius. Wenn ihn Pomponius so sehr schätzen würde – warum nennt er ihn dann nicht in seinem Enchiridium (D 1,2,2 = Pomp. 178 Lenel) und warum zitiert er ihn (nach unserer Überlieferung) anderweitig nicht? „Gaius" ist demnach auch für Pomponius Gaius Cassius Longinus, von dem eine der hier zitierten Rechtsauffassung entsprechende in einem ähnlichen Fall überliefert ist: D 12,1,31,1 (Paul. 17 Plaut.) / D 19,1,24,1 (Iul. 15 dig.) = Cass. 39 Lenel.[75] In allen anderen überlieferten Zitaten nennt Pomponius diesen Autor „Cassius"; doch wieder gilt: variatio delectat.

2. Die vier Stellen, in denen „Gaius" den Juristen Cassius bezeichnet, gehören dem Teil der klassischen Rechtsliteratur an, der in den Digesten Justinians überlebt hat. Dieser Teil umfasst, legt man die Angaben Justinians zugrunde, ein Zwanzigstel der ursprünglichen Rechtsliteratur (Const. Tanta 1). Die klassischen Juristen müssen also eine deutlich höhere absolute Zahl von „Gaius"-Zitaten hinterlassen haben.[76] Dass auch die – zweifellos relativ wenigen – „Gaius"-Zitate den vielfach „Cassius" oder „Gaius Cassius" Genannten meinten, war den zeitgenössischen Lesern klar; für spätere Generationen aber wartete hier eine Falle: Wenn sie „Gaius" nicht mehr mit Cassius identifizierten, so musste ihnen ein eigener, nicht allzu häufig, aber mit größ-

---

72 D 40,7,28,1 (Iav. 6 ex Cass.) = Iav. 22 Lenel: „[...] in libris Gaii Cassii [...]".

73 Die vielen späteren Stellen bei Papinian, Paulus und Ulpian hier aufzuführen, fehlt der Raum. Hingewiesen sei auf die Pomponius-Stellen aus ad Sabinum D 30,26,2; 35,1,6,1; 45,3,6 = Pomp. 448, 423, 726 Lenel, die Gaius-Stellen aus dem Provinzialediktskommentar: D 9,4,15; 16,3,14,1; 18,1,35,5 = Gai. 130, 230, 238 Lenel, die Belege in den Institutiones: Gai. inst. 1,196; 2,79/195/244; 3,133/161; 4,79/114, sowie auf Fragm. Vat. 1 und 72,1.

74 D 19,1,24,1 (Iul. 15 dig.) = Iul. 253 Lenel; D 40,12,30 (Iul. 5 ex Minic.) = Iul. 875 Lenel.

75 HEINE, Condictio 70–78; noch auf den Autor der Institutiones bezogen von LIEBS, Provinzialjurisprudenz 308 (dort wichtiges Versatzstück der Überlegungen zum Namen); DERS., Gaius 189 und weiterhin MANTOVANI, Gaio 34, Fn. 79; MANTHE, Gaiuszitate 489 und ZUCCOTTI, Vite immaginarie 529, 547–548. Im Ergebnis zutreffend BEHRENDS, Gaius noster 77–102 (ohne Erwähnung von Heine; D 12,1,31,1 findet am Rande Erwähnung: ebd. 96, Fn. 41); Literaturüberblick auch bei FERRARY, Gaius 721–722, Fn. 16. Der verbreitete Verdacht der Interpolation (s. etwa noch WIEACKER, [Rezension von] Honoré 401–402: „nach Form und Sprache berechtigt") setzt voraus, dass im überlieferten Text der Autor der Institutiones gemeint ist.

76 Wir fokussieren hier und im Folgenden auf Gaius Cassius Longinus, und dass sich alle vier überlieferten „Gaius"-Zitate auf ihn beziehen, macht es wahrscheinlich, dass dies für die allermeisten „Gaius"-Zitate der klassischen Literatur galt. Es ist aber nicht auszuschließen, dass auch andere Juristen mitunter ausschließlich mit ihrem praenomen Gaius zitiert wurden, etwa Gaius Ateius Capito, Gaius (?) Massurius Sabinus (s. KUNKEL, Herkunft 119, mit CIL V 3924), Gaius (?) Javolenus Priscus.

ter Hochachtung zitierter Jurist Gaius vor Augen stehen (dessen eigenartiger Name hinzunehmen war).

3. In diesem Juristen erkannte man – wohl mit einem gewissen zeitlichen Abstand zur „klassischen" Periode: etwa am Ende des 3. oder im 4. Jahrhundert – den Autor bestimmter anonymer Werke, die entweder nie einen Autor genannt hatten oder deren Autorenangabe in einer maßgeblichen Handschrift (etwa der einzigen einer wichtigen Bibliothek) verloren gegangen war.[77] Fand man im Text einer anonymen Handschrift inhaltliche oder gar wörtliche Übereinstimmungen mit einem „Gaius"-Zitat der klassischen Rechtsliteratur, so meinte man den Autor des anonymen Texts gefunden zu haben. Anonymität von Handschriften ist ein antikes Phänomen; sie führt zu antiken Pseudepigraphen, zu antiker Echtheitskritik. In diesen Zusammenhang gehört das Gaius-Phänomen als ein Fall unabsichtlicher sekundärer (also nicht vom Autor selbst geschaffener) Pseudepigraphie;[78] die Zusatzhypothesen sind insofern unspektakulär. „Anonymität von Handschriften" muss nicht heißen, dass alle Werke, die die justinianischen Quellen als solche des Gaius nennen, zu einem bestimmten Zeitpunkt überall nur in anonymen Handschriften vorlagen. Es reicht aus, dass die Anonymität an maßgeblicher Stelle zur Identifizierung eines oder mehrerer Texte als Gaius-Texte führte und sich dies – nicht notwendig ohne Streit über die Autorenschaft – durchsetzte, ähnliche Werke erfasste, Werke in Sammelcodices miterfasste usw.[79] Kasuistische Werke wurden nicht erfasst: Typisch für sie ist das wiederkehrende „N. respondit [...]". Anonymität oder auch nur Zweifel an ihrem Autor sind hier ganz unwahrscheinlich. Umgekehrt gilt: Zitate anonymer Literatur finden sich in der uns überlieferten klassischen Rechtsliteratur überhaupt nicht; wenn es sie gab, waren sie für die justinianischen Kompilatoren jedenfalls unattraktiv. Das Werk des Gaius wird also nach unserer Überlieferung von (hoch- und spät-)klassischen Juristen (auch) deshalb nicht zitiert, weil anonyme Werke nicht zitierfähig bzw. ihre Zitate nicht kompilationswürdig sind. Wenn in nachklassischer Zeit auch Werke in den „Gaius-Strudel" gerieten, die in klassischer Zeit „noch" einen Autor N. N. hatten, so verbergen sich Gaius-Zitate hinter überlieferten klassischen N.-N.-Zitaten.

4. Aus den vier überlieferten „Gaius"-Zitaten der klassischen Literatur lässt sich der Identifizierungsvorgang nicht illustrieren. Zur Veranschaulichung diene aber die inhaltliche, teilweise wörtliche Übereinstimmung von Gai. inst. 4,183 mit der in D 2,7,1,2 (Ulp. 5 ed.) = Ulp. 269 Lenel = Ofil. 3 Lenel zitierten Auffassung (zu einem Problem der Ladung vor den Prätor) des Ofilius, eines republikanischen Vorläufers der sabinianischen Rechtsschule.[80] Wer in einem anonymen Text der Institutiones auf die Stelle 4,183 fokussierte und zum Vergleich zunächst nur das Ofilius-Zitat bei Ulpian hatte, konnte in Ofilius zunächst guten Gewissens den Autor der Institutiones vermuten. Sodann musste ihm aber auffallen, dass Ofilius in den Institutiones (3,140) namentlich (neben Labeo, Cassius und Proculus) zitiert wird. Ofilius kann sich nicht selbst in der dritten Person namentlich zitiert haben. Er musste also, trotz der Übereinstimmung, als Autor der Institutiones ausscheiden. Man musste weitersuchen (die Überlegung dient – das sei betont – nur der Veranschaulichung!). Inhaltliche und wörtliche Übereinstimmung der Institutiones (und anderer anonymer Werke eines sabinianisch orientierten Juristen) muss es zuhauf gegeben haben, darunter viele mit Zitaten des Cassius. Aber Cassius wird in den Institutiones zitiert (s. soeben) – er kam als ihr Autor nicht in Betracht. Anders ist dies bei „Gaius": Die Institutiones zitieren Cassius nie als „Gaius"; der Scheinjurist Gaius kam insofern als ihr Autor in Betracht. Chronologisch bereitet es zwar Schwierigkeiten, dass Javolen einen Juristen Gaius zitieren könnte, der als Verfasser der Institutiones seinerseits auf den Tod des Antoninus Pius zurückblickt. Doch setzt diese Erkenntnis einen noch größeren Über-

[77] Zum allgemeinen Phänomen s. nur Speyer, Literarische Fälschung 39–41.

[78] Die Kategorien übernehme ich von Baum, Pseudepigraphie 7–13; jetzt Ders., Art. Pseudepigrafie 1638–1644.

[79] Liebs, Gaius 194–195 erklärt lediglich die Monographie Ad legem Glitiam („obskures Werk eines obskuren Autors") und die Regulae in zwei unterschiedlichen Formaten zu „Pseudepigrapha unter seinem [!] Namen".

[80] D 1,2,2,47-48/51 (Pomp. sing. ench.) = Pomp. 178 Lenel: Ofilius – Capito – Sabinus – Cassius.

blick und noch komplexere Überlegungen voraus. Gaius wurde als Autor der Institutiones identifiziert, weil er prima facie „nicht aneckte". Sobald ein erstes Werk dem Gaius zugeschrieben war (es müssen nicht die Institutiones gewesen sein), fiel die Zuschreibung weiterer Werke immer leichter.

5. Drei Beobachtungen sollen unser Modell abrunden:

a) Wenn die Vermutung zutrifft, dass es sich bei dem Gaius zugewiesenen Werktitel Res cottidianae („Alltägliches") um die Latinisierung von ἐφημερίδες („Tagebücher"), dabei aber wiederum um die Gräzisierung von commentarii („Journale", „Denkschriften", „Bücher") handelt,[81] so ist es wahrscheinlich, dass diese Werkbezeichnung nicht die ursprüngliche ist, sondern später aus dem Text selbst (man vergleiche die internen Verweise des Autors der Institutiones auf „den ersten [usw.] commentarius") oder aus (vermeintlichen) Zitaten wie D 35,1,54 pr. (Iav. 2 ex Cass.) = Iav. 12 Lenel : „[...] in commentariis Gaii scriptum est, [...]" gewonnen wurde. Die vorgefundene anonyme Literatur war eben nicht nur autoren- sondern auch titellos.

b) Das berühmte „Zitiergesetz" Valentinians III. von 426 n. Chr. (CTh 1,4,3) ist im überlieferten Bereich zunächst ein „Gaius-Gesetz". Es gesteht Gaius dieselbe auctoritas zu wie Paulus, Ulpian „et cunctos" (et c<eter>os?; zuvor sind neben Paulus und Ulpian Papinian und Modestin genannt); „aus seinem gesamten Werk" soll zitiert werden dürfen:

„Post alia: Papiniani, Pauli, Gaii, Ulpiani atque Modestini scripta universa firmamus ita, ut Gaium quae Paulum, Ulpianum et cunctos comitetur auctoritas, lectionesque ex omni eius opere recitentur. [...]"

Dies lässt sich als Abschluss einer nachklassischen Entwicklung verstehen, die – begleitet von Unsicherheit und Streit – ein „opus des Gaius" hervorgebracht hat. Anonyme Werke konnten nicht den Rang der Werke Papinians usw. haben; Gleiches musste für Werke gelten, deren Zuweisung an Gaius umstritten war. Nunmehr kanonisiert der Kaiser alle mittlerweile dem Gaius zugeschriebenen Werke; die Identifizierung wird kaiserlich sanktioniert.

c) Die Veroneser Handschrift der Institutiones, die sich dem 5. Jahrhundert zuweisen lässt, erhielt einen Vermerk „gaius" auf der (jetzt) ersten Seite (fol. 50r des Palimpsests) erst nachträglich (aber vor der Zweitbeschriftung mit den Briefen des Hieronymus).[82] Zum Zeitpunkt dieses Vermerks zeigte die Handschrift offenbar keine Autorenangabe. Das war schon bei Entstehung der Handschrift der Fall, wenn die jetzige auch die ursprüngliche erste Seite ist. Damit haben wir eine Handschrift vor uns, die (bei Entstehung oder später) anonym war und durch Identifizierung zu einer Gaius-Handschrift wurde.[83] Sie kann in einer anonymen Tradition stehen, die vor das 5. Jahrhundert und das Zitiergesetz zurückreicht. Unser einziger (fast) vollständiger Überlieferungsträger ist jedenfalls Objekt eines, vielleicht des oben skizzierten, größeren Identifizierungsvorgangs.

6. Die beschriebene Autorenidentifizierung (die auf dem Trugschluss beruhte, bei „Gaius" handle es sich um einen eigenen Juristen) nahmen im Ursprung Experten vor, Kenner der klassischen Rechtsliteratur (bzw. dessen, was zu ihrer Zeit davon zugänglich war); sie taten das gutgläubig, „nach bestem Wissen und Gewissen". Schon dieser Aspekt macht das Modell wahrscheinlicher als alle, die im Autorennamen Gaius eine bewusste Verschleierung des wahren Autors (bzw. der wahren Autorin) sehen.[84] Wer aber ist der wahre Autor des unter dem Namen Gaius überlieferten Ge-

[81] S. Platschek, Verhältnis 282.

[82] Briguglio, Codice Veronese 277, 316–317; (schwach) zu erkennen auf der Abbildung in Briguglio, Gai codex 155; vergrößert ebd. 26.

[83] Ein weiterer Identifizierungsvorgang erfolgte 1816: Niebuhr hielt das Gaius-Lehrbuch zunächst für einen Ulpian-Text; Savigny erkannte darin Gaius, s. Varvaro, Glücksstern 154–155, 159.

[84] S. oben Fn. 67, 69.

samtwerks? Das oben entwickelte Zeitfenster für das Gesamtwerk beruht auf der Annahme, dass alle Gaius zugeschriebenen Werke von einem Autor stammen. Mit dem Namen entfällt aber bereits der methodische Ausgangspunkt, alle Einzelwerke einem einzigen Autor zuzuschreiben. Die Möglichkeit mag bestehen,[85] aber sie ist Extremlösung in einem Spektrum; das andere Extrem wäre darin zu sehen, dass alle Einzelwerke von unterschiedlichen Autoren stammen. Mehr noch: Die Anonymität eines Einzelwerks ist damit vereinbar, dass es sukzessive von mehreren Autoren bearbeitet wurde. In diesem Spektrum findet – vorbehaltlich weiterer Erforschung – Platz, dass Werke des Gaius – etwa die Institutiones – von Cassius begründet wurden, dass im Gesamtwerk Texte des Sex. Pomponius oder des Laelius Felix mit einem Anteil zwischen 0 und 100 % enthalten sind usw. Dieser Teil des Modells kann unmöglich an dieser Stelle entwickelt werden: Er führt tiefer in das Phänomen anonymer Literatur, tiefer in einen sprachlichen Vergleich der Gaius-Werke (und der gesicherten Nicht-Gaius-Werke), zurück zu lange erörterten Fragen wie jener, ob die Institutiones und die Res cottidianae vom selben Autor bzw. Endbearbeiter stammen können.

7. „Ceci n'est pas Kaspar Hauser." „Kaspar Hauser n'a pas existé."

Von der im 19. Jahrhundert überaus populären, durchaus realistischen Darstellung Kaspar Hausers im Moment seines ersten Auftauchens in Nürnberg hätte René Magritte sagen können: „Ceci n'est pas Kaspar Hauser" – das ist nicht der Mensch, sondern ein Bild. Aber auch der bildlich Dargestellte hieß – und ist daher – mit großer Wahrscheinlichkeit nicht Kaspar Hauser. Denn mit derselben Wahrscheinlichkeit, mit der seine Angaben über die eigene Herkunft und sein bisheriges Leben Legende waren, war sein wirklicher Name nicht Kaspar Hauser. Insofern gilt: „Kaspar Hauser n'a pas existé." Ebenso gilt: Der Mensch, der sich so nannte, war einer aus Fleisch und Blut. Jeden später Gaius zugeschriebenen Satz hat ein Mensch aus Fleisch und Blut verfasst. Aber für das Steinbildnis eines sitzenden Jünglings mit der Aufschrift „Gaio" am Palazzo di Giustizia in Rom gilt in jeder Hinsicht: „Ceci n'est pas Gaius". Denn Gaius hat es nicht gegeben. Je suis désolé.

Korrespondenz

Prof. Dr. Johannes Platschek
Leopold-Wenger-Institut für Antike Rechtsgeschichte und Papyrusforschung
Ludwig-Maximilians-Universität München
Professor-Huber-Platz 2, D-80539 München
johannes.platschek@jura.uni-muenchen.de
ORCID-Nr.: 0009-0007-7991-4196

Abkürzungen

C.	Gaius
Cass.	C. Cassius Longinus
Cic.	Marcus Tullius Cicero
Cic. Att.	Cicero, epistulae ad Atticum
Cic. dom.	Cicero, de domo sua
Cic. fam.	Cicero, epistulae ad familiares
Const.	Constitutio
CTh	Codex Theodosianus
D	Digesta Iustiniani
D.	Decimus
Fragm. Vat.	Fragmenta Vaticana
Gai. XII tab	Gaius, ad legem duodecim tabularum
Gai. ed. provinc.	Gaius, ad edictum
Gai. inst.	Gaius, institutiones
Gai. leg. Iul. et Pap.	Gaius, ad legem Juliam et Papiam
Gai. sing. SC Orfit.	Gaius, liber singularis ad SC Orfitianum
Gai. verb. oblig.	Gaius, de verborum obligationibus
Gell.	Aulus Gellius, noctes Atticae
Hs.	Handschrift

[85] Dass alle Gaius zugeschriebenen Schriften einen gemeinsamen Autor haben, erscheint bei Wieacker, Rez. Honoré 402 („und sie sind ja wirklich Werke dieses Autors"); Ders., Rechtsgeschichte II, 112 gelegentlich axiomatisch; in Ders., [Rezension von] Honoré 412 heißt es freilich vorsichtiger: „Der stilistische Eindruck dieser Werke gestattet vorerst die Arbeitshypothese, daß sie wirklich der Verfasser der Institutionen schrieb."

Iav. ex Cass.	Lucius Iavolenus Priscus, ex Cassio
Inst.	Institutiones Iustiniani
Iul. Usr. Fer.	Publius Salvius Iulianus, ad Urseium Ferocem
Ofil.	Aulus Ofilius
Paul. Plaut.	Iulius Paulus, ad Plautium
Petron.	Petronius, satyrica
Plut.	Plutarchos
Pomp.	Sextus Pomponius
Pomp. Q. Muc.	Pomponius, ad Quintum Mucium
Pomp. sing. ench.	Pomponius, enchiridii liber singularis
pr.	principium
Prob.	Probus, in Vergilium commentarius
Q.	Quintus
Ser.	Servius
Serv. Georg.	Servius, commentarius in Vergilii Georgica
Sex.	Sextus
Ulp.	Domitius Ulpianus
Ulp. cens.	Ulpianus, de censibus
Ulp. off. proc.	Ulpianus, de officio proconsulis
urspr.	ursprünglich

Siehe auch das allgemeine Abkürzungsverzeichnis: [https://www.oeaw.ac.at/fileadmin/kommissionen/rechtsgeschichte/pdf/abk.pdf]

Literatur

Horst Balz, Gerhard Schneider (Hgg.), Exegetisches Wörterbuch zum Neuen Testament, Bd. I (Stuttgart u.a. 1980).

Armin Daniel Baum, Pseudepigraphie und literarische Fälschung im frühen Christentum (Tübingen 2001).

Ders., Pseudepigrafie / Pseudepigrafen, in: Evangelisches Lexikon für Theologie und Gemeinde 3 (2024) 1638–1644.

Okko Behrends, Die Prokuratur des klassischen römischen Zivilrechts, in: ZRG-RA 88 (1971) 215–299.

Ders., Gaius noster, in: Holger Altmeppen u.a. (Hgg.), Festschrift für Rolf Knütel zum 70. Geburtstag (Heidelberg 2009) 77–102.

Filippo Briguglio, Il Codice Veronese in trasparenza. Genesi e formazione del testo delle Istituzioni di Gaio (Bologna 2012).

Ders. (Hg.), Gai codex rescriptus in Bibliotheca Capitulari Ecclesiae Cathedralis Veronensis (Firenze 2012).

György Diósdi, Gaius, der Rechtsgelehrte, in: Hildegard Temporini (Hg.), Aufstieg und Niedergang der römischen Welt II, Bd. 15 (Berlin 1976) 605–623.

Giuseppe Falcone, Studi sui commentarii ‚istituzionali' di Gaio I. Formazione e natura del testo (Roma–Bristol 2022).

Jean-Louis Ferrary, Gaius avant la découverte du Codex Veronensis, in: Ulrike Babusiaux, Dario Mantovani (Hgg.), Le Istituzioni di Gaio (Pavia 2020) 717–741.

Robert M. Frakes, Compiling the Collatio Legum Mosaicarum et Romanarum in Late Antiquity (Oxford 2011).

Edmundus Groag, Arturus Stein (Hgg.), Prosopographia imperii Romani, Bd. II (Berolini–Lipsiae ²1936).

Sonja Heine, Condictio sine datione. Zur Haftung aus ungerechtfertigter Bereicherung im klassischen römischen Recht und zur Entstehung des Bereicherungsrechts im BGB (Berlin 2006).

A[nthony] M[aurice] Honoré, Gaius (Oxford 1962) [der häufig zitierte Untertitel „A Biography" erscheint ausschließlich auf dem – bibliographisch nicht maßgeblichen – Schutzumschlag].

Tony Honoré, Ulpian. Pioneer of Human Rights (Oxford ²2002).

Rudolf von Jhering, Scherz und Ernst in der Jurisprudenz. Eine Weihnachtsgabe für das juristische Publikum (Leipzig ⁶1892).

Max Kaser, Karl Hackl, Das römische Zivilprozeßrecht (= Handbuch der Altertumswissenschaft X.3.4, München ²2006).

Dietmar Kienast, Werner Eck, Matthäus Heil, Römische Kaisertabelle. Grundzüge einer römischen Kaiserchronologie (Darmstadt ⁶2017).

Bernhard Kübler, Art. Gaius (2), in: Paulys Realencyclopädie der classischen Altertumswissenschaft, Bd. VII.1 (Stuttgart 1910) 489–508.

Wolfgang Kunkel, Herkunft und soziale Stellung der römischen Juristen (Graz–Wien–Köln ²1967; Weimar ¹1952; ND der 2. Aufl. Köln–Weimar–Wien 2001: „Die römischen Juristen. Herkunft und soziale Stellung [...] mit einem Vorwort von Detlef Liebs").

Ders., Römische Rechtsgeschichte (Köln–Wien ¹²1990).

Otto Lenel, Palingenesia iuris civilis I (Lipsiae 1889).

Detlef Liebs, Römische Provinzialjurisprudenz, in: Hildegard Temporini (Hg.), Aufstieg und Niedergang der römischen Welt II, Bd. 15 (Berlin 1976) 288–362.

Ders., Gaius, in: Klaus Sallmann (Hg.), Die Literatur des Umbruchs. Von der römischen zur christlichen Literatur, 117 bis 284 n. Chr. (= Handbuch der lateinischen Literatur der Antike IV = Handbuch der Altertumswissenschaft VIII.4, München 1997) 188–195 (§ 426).

Ders., Rechtskunde im römischen Kaiserreich. Rom und die Provinzen, in: Martin J. Schermaier, J. Michael Rainer, Laurens C. Winkel (Hgg.), Iurisprudentia universalis. Festschrift für Theo Mayer-Maly zum 70. Geburtstag (Köln 2002) 379–407.

Ders., Biographical Matters about Gaius, in: Ulrike Babusiaux, Dario Mantovani (Hgg.), Le Istituzioni di Gaio (Pavia 2020) 3–28.

Stephan G. Longinescu, Caius, der Rechtsgelehrte (Berlin 1896).

Ulrich Manthe, Das Fortleben des Gaius im oströmischen Reich, in: Lukas de Blois (Hg.), Administration, Prosopography and Appointment Policies in the Roman Empire (Amsterdam 2001) 180–201.

Ders., Gaiuszitate in der Collatio und in anderen Werken der Spätantike, in: Ulrike Babusiaux, Dario Mantovani (Hgg.), Le Istituzioni di Gaio (Pavia 2020) 489–511.

Dario Mantovani, Gaio nella storiografia del novecento, in: Francesco Milazzo (Hg.), Gaius noster. Nei segni del Veronese (Milano 2019).

Ernest Metzger, A New Outline of the Roman Civil Trial (Oxford 1997).

Theodor Mommsen (Hg.), Digesta Iustiniani Augusti, 2 Bde. (Berolini 1870).

Ders., Die Kaiserbezeichnung bei den römischen Juristen, in: Zeitschrift für Rechtsgeschichte 9 (1870) 97–116 = Gesammelte Schriften, Bd. II (Berlin 1905) 155–171.

Ders., Gaius ein Provinzialjurist, in: Jahrbücher des gemeinen Rechts 3 (1859) 1–15 = Gesammelte Schriften, Bd. II (Berlin 1905) 26–38.

Walther Parson u.a., Kaspar Hauser's allegded noble origin – New molecular genetic analyses resolve the controversy, in: iScience 27/9, 110539; zitiert nach Seitenzahl des PDF-Dokuments, abrufbar unter [https://doi.org/10.1016/j.isci.2024.110539] (20. 9. 2020 / 13. 7. 2025).

Johannes Platschek, Das Nebengut der Ehefrau in D. 23.3.9.3 (Ulp. 31 Sab.): quae Gaiae peculium appellantur, in: Quaderni Lupiensi di Storia e Diritto 5 (2015) 125–138.

Ders., Das Verhältnis der institutiones zu den „res cottidianae sive aurea", in: Ulrike Babusiaux, Dario Mantovani (Hgg.), Le Istituzioni di Gaio (Pavia 2020) 279–302.

Franz Pocci, Casperl in der Türkei. Ein constantinopolitanisches Lustspiel in zwei Aufzügen, in: Ders., Lustiges Komödienbüchlein, Bd. I (München [2]1869) 119–137.

David Pugsley, Gaius or Sextus Pomponius, in: Revue internationale des droits de l'antiquité 41 (1994) 353–367.

Werner Riess, Apuleius und die Räuber (Stuttgart 2001).

Stefano Rocchi, C. Gaius Gaius (Noster): il nome dell'autore delle Institutiones e altri ragionamenti letterari ed epigrafici (con un'Appendice sulla tecnica di citazione dei nomi degli auctores nel Digesto), in: Ulrike Babusiaux, Dario Mantovani (Hgg.), Le Istituzioni di Gaio (Pavia 2020) 29–50.

Bruno Rochette, I grecismi in Gaio, in: Ulrike Babusiaux, Dario Mantovani (Hgg.), Le Istituzioni di Gaio (Pavia 2020) 135–163.

Olli Salomies, Die römischen Vornamen. Studien zur römischen Namensgebung (Helsinki 1987).

Richard Samter, War Gaius das männliche Pseudonym einer Frau?, in: Deutsche Juristenzeitung 13 (1908) 1386–1387.

Wolfgang Speyer, Die literarische Fälschung im heidnischen und christlichen Altertum. Ein Versuch ihrer Deutung (= Handbuch der Altertumswissenschaft I.2, München 1971).

Johannes E. Spruit, Gespräch mit Gaius, Jurist in Kleinasien. Aus den nachgelassenen Schriften von Cn. Pompeius Mela (Teil 1/2), in: Rechtsgeschichte 9 (2006) 60–87; 10 (2007) 81–111.

Obrad Stanojević, Gaius and Sextus Pomponius. Notes on David Pugsley, in: Revue internationale des droits de l'antiquité 44 (1997) 333–356.

Ivo Striedinger, Neues Schrifttum über Kaspar Hauser, in: Zeitschrift für bayerische Landesgeschichte 6 (1933) 415–484.

Mario Varvaro, Der „Glücksstern" Niebuhrs und die Institutionen des Gaius. Deutsch-italienische Wissenschaftspolitik im frühen 19. Jahrhundert (Heidelberg [2]2014).

Ders., Itinerari Gaiani: Nota bibliografica su Gaio e sulle Institutiones, in: Studia et Documenta Historiae et Iuris 87 (2021) 231–267.

Matthijs WIBIER, On Homer and the Invention of Money: The Jurist Gaius in Servius' Georgics Commentary (3.306–307), in: Ulrike BABUSIAUX, Dario MANTOVANI (Hgg.), Le Istituzioni di Gaio (Pavia 2020) 513–529.

Franz WIEACKER, [Rezension von] A. M. Honoré, Gaius (1962), in: ZRG-RA 81 (1964) 401–412.

DERS., Römische Rechtsgeschichte, Bd. II (= Handbuch der Altertumswissenschaft X.3.1.2, München 2006).

Ferdinando ZUCCOTTI, Vivagni. XX: Ricordo di Franco Pastori – Vite immaginarie di Gaio (divertissement), in: Rivista di Diritto Romano 20 (2020) 507–552 [https://www.ledonline.it/rivistadirittoromanoallegati/dirittoromano-20-Zuccotti-Vivagni.pdf] (13. 7. 2025).

BRGÖ 2025
Beiträge zur Rechtsgeschichte Österreichs

Philipp Scheibelreiter, Wien

Caesari familiarissimus. Der Superlativ als biographische Anmerkung

Caesari familiarissimus. The superlative as a biographical note

Two Roman jurists, the pre-classicist Aulus Ofilius (D 1.2.2.44, Pomp. l.s. enchirid.) and the early classicist Marcus Cocceius Nerva (D 1.2.2.48, Pomp. l.s. enchirid.), are referred to as Caesari familiarissimi in the introductory chapter on legal history by Sextus Pomponius (2nd century AD). The superlative used here prompts us to investigate how close Aulus Ofilius really was to Gaius Iulius Caesar and how this closeness might have manifested itself, especially as Ofilius is unlikely to have had a political career worth mentioning.

Keywords: *Aulus Ofilius – digesta Caesaris – familiares Caesaris – biographies of Roman lawyers*

1. Die Hauptdarsteller: Sextus Pomponius und Aulus Ofilius

Das Handbuch (encheiridion/enchiridium) des römischen Juristen Sextus Pomponius hat in einigen kürzeren[1] und einem besonders langen Fragment[2] Eingang in die Digesten gefunden.[3] Dieser Text, D 1.2.2, stellt den historischen Abschnitt eines juristischen Einführungswerkes dar, welches wahrscheinlich im ersten Drittel des 2. Jh. n. Chr. erstellt wurde. Seine Abfassung lässt sich aufgrund der Nennung Kaiser Hadrians als optimus princeps[4] in dessen Regierungszeit datieren,[5] also noch vor 138 n. Chr. Fragen der Datierung sind hier aber ebenso wenig zu stellen, wie jene danach, ob es duo libri

---

1 D 1.1.2 (Pomp. l.s. enchirid.); D 50.16.239 pr.-9 (Pomp. l.s. enchirid.); D 38.10.8 (Pomp. 1 enchirid.); D 26.1.13 pr.-1 (Pomp. 2 enchirid.); D 46.3.107 (Pomp. 2 l.s. enchirid.).

2 D 1.2.2 pr.-53 (Pomp. l.s. enchirid.).

3 Vgl. dazu Lenel, Palingenesia 44–52; Nasti, L'enchiridion 229–253.

4 D 1.2.2.49 (Pomp. l.s. enchirid.).

5 Vgl. dazu Nörr, Pomponius 516; ähnlich Nasti, L'enchiridion 20–22, welche andererseits auch überlegt, die Erstellung des Werks in der Regierungszeit von Kaiser Antoninus Pius (138–161 n. Chr.) anzusetzen. Wie Nasti, L'enchiridion 22 selbst ausführt, müsste man dann aber Pomponius eine untechnische Verwendung von optimus princeps Hadrianus (anstelle von divus Hadrianus, eine Titulatur, welche vielleicht in einem verlorenen Fragment des Encheiridion vorgekommen sein mag) unterstellen und auch rechtfertigen, warum Pomponius seinen Reigen berühmter Juristen mit den herausragenden Hochklassikern Publius Salvius Iulianus und Publius Iuventius Celsus beschließt. Nasti, L'enchiridion 180–182 votiert dann aber, aufgrund der Nähe zum gajanischen Kommentar zum edictum provinciale und dem Ediktskommentar des Pomponius, für eine Abfassungszeit unter Antoninus Pius.

https://doi.org/10.1553/BRGOE2025-2s397 *This article was peer-reviewed*

enchiridii oder einen liber singularis enchiridii gegeben habe, und ob letzterer vielleicht die Kurzfassung der beiden Bücher gewesen sei.[6] Im Mittelpunkt des Interesses steht D 1.2.2, das längste der erhaltenen Encheiridion-Fragmente, aufgrund dessen Nörr den Sextus Pomponius zum „Erfinder der äußeren Rechtsgeschichte" geadelt hat.[7]

Das Fragment D 1.2.2 trägt die in der inscriptio gegebene Zuweisung zu einem liber singularis enchiridii. Inhaltlich zerfällt es – in 53 Paragraphen gegliedert – in drei größere Teile:[8] Auf eine allgemeine Darstellung der Grundlagen und Entwicklung des Rechts (iuris origo et processus,[9] §§ 1–12) und die Geschichte der einzelnen Magistraturen (magistratuum nomen et origo,[10] §§ 13–34) folgt eine Übersicht über die römischen Juristen (auctorum successio,[11] §§ 35–53).[12] Dieser letzte thematische Abschnitt,[13] wörtlich: „die Abfolge von Autoren", steht in der Tradition der hellenistischen Philosophen-Biographie im Stile der διαδοχαὶ τῶν φιλοσόφων:[14] Werke wie die Lebensbeschreibungen des Sotion von Alexandria[15] oder des Hippobotos,[16] oder, freilich jünger als das Encheiridion, die Philosophen-Biographien des Diogenes Laertios,[17] erklären eine Wissenschaft (Philosophie, Rechtswissenschaft) anhand ihrer herausragenden Vertreter.

Die auctorum successio des Pomponius beginnt mit dem sagenhaften Kollator der Königsgesetze, (Sextus/Publius) Papirius,[18] und reicht, bis in die Lebenszeit des Verfassers, zum Hochklassiker Publius Salvius Iulianus.[19] Pomponius markiert in der auctorum successio insgesamt acht Juristen als „die ersten ihrer Zunft", jeweils als primus,[20] und entspricht damit dem in der hellenistischen Literatur beliebten Topos von der Suche nach

---

6 So Nasti, L'enchiridion 12. Lenel, Palingenesia 44, A.1 denkt an zwei unterschiedliche Ausgaben ein und desselben Werks.

7 Nörr, Pomponius 533.

8 Vgl. dazu Nörr, Pomponius 517.

9 D 1.2.2 pr. (Pomp. l.s. enchirid.): Necessarium itaque nobis videtur ipsius iuris originem atque processum demonstrare. […].

10 D 1.2.2.13 (Pomp. l.s. enchirid.): Post originem iuris et processum cognitum consequens est, ut de magistratuum nominibus et origine cognoscamus, […].

11 D 1.2.2. 53 (Pomp. l.s. enchirid.): Iuris civilis scientiam plurimi et maximi viri professi sunt: sed qui eorum maximae dignationis apud populum Romanum fuerunt, eorum in praesentia mentio habenda est, ut appareat, a quibus et qualibus haec iura orta et tradita sunt. […].

12 D 1.2.2.13 (Pomp. l.s. enchirid.): […] Post hoc deinde auctorum successione dicemus, quod constare non potest ius, nisi sit aliquis iuris peritus, per quem possit cottidie in melius produci. – Danach werden wir über die Abfolge der Autoren sprechen, weil Recht nicht bestehen kann, wenn nicht irgendein Rechtsgelehrter da ist, durch welchen es täglich verbessert werden kann.

13 In der historischen Einleitung der Ekloga – vgl. dazu von von Lingenthal, Jus Graeco-Romanum 277–282 – ist die auctorum successio ausgespart.

14 So Nasti, Greek Thought 138 mit A.2.

15 Das Werk des Sotion von Alexandria datiert in die Jahre 200–175 v. Chr., vgl. allgemein dazu Fleischer, Philodem 9–10.

16 Zu der φιλοσόφων ἀναγραφή des Hippobotos vgl. Engels, Philosophen.

17 Vgl. so auch Lesky, Geschichte 777. Die zehn Bücher der „Leben und Meinungen herausragender Philosophen" des Diogenes Laertios datieren in die Mitte des 3. Jh. n. Chr.

18 D 1.2.2.36 (Pomp. l.s. enchirid.). Pomponius greift hier die zuvor in D 1.2.2.2 (Pomp. l.s. enchirid.) gemachte Notiz auf, wonach ein Sextus Papirius die leges regiae zusammengestellt habe. Dionysios von Halikarnassos benennt Papirius mit dem Pronomen Gaius (Dion. Hal. 3.36.4); zum Problem vgl. Nasti, L'enchiridion 111–112.

19 D 1.2.2.53 (Pomp. l.s. enchirid.).

20 Es sind dies in D 1.2.2 (Pomp. l.s. enchirid.) die §§ 36 (Appius Claudius), 38 (Tiberius Coruncianus und Lucius Acilius), 41 (Quintus Mucius Scaevola pontifex), 42 (Aulus Ofilius), 47 (Marcus Antistius Labeo und Ateius Capito), 48 (Massurius Sabinus); vgl. dazu auch die Einführung des ius respondendi durch Kaiser Augustus in § 49.

dem protos heuretes:[21] So habe z.B. der republikanische Jurist Tiberius Coruncianus als erster Rechtsunterricht gegeben,[22] Quintus Mucius Scaevola (pontifex) als erster das bürgerliche Recht (ius civile)[23] redigiert und methodisch durchdrungen, oder Massurius Sabinus als erster Ritter das ius respondendi erhalten, also das Privileg, Rechtsauskünfte im Namen des Kaisers zu geben.[24]

Dem Genre der hellenistischen Biographie entsprechen ferner auch (teilweise vielleicht konstruierte) Lehrer-Schüler-Beziehungen und ausgewählte biographische Hinweise auf einzelne Juristen,[25] wobei die Entwicklung der beiden großen Rechtsschulen der Klassik (Sabinianer und Proculianer)[26] ein Leitmotiv in der Darstellung des Pomponius gewesen sein könnte.

In seiner Liste von Rechtsgelehrten bedenkt Pomponius zwei Juristen aus unterschiedlichen Epochen, nämlich Aulus Ofilius aus der späten Republik und den Frühklassiker Marcus Cocceius Nerva mit dem gleichen Epitheton: Caesari familiarissimus – wörtlich: „dem Caesar/Kaiser höchst vertraut". Gegenstand der folgenden Überlegungen soll sein, ob sich aus dem Dativ Caesari in Verbindung mit dem Superlativ familiarissimus biographische Informationen gewinnen lassen. Im Zentrum der vorliegenden Untersuchung soll dabei Aulus Ofilius stehen.[27]

1.1. Aulus Ofilius: is fuit Caesari familiarissimus

Nach einer knappen, aber sehr instruktiven Lebensbeschreibung des Servius Sulpicius Rufus[28] widmet sich Pomponius in dem darauffolgenden Abschnitt den Schülern des Servius, seinen auditores. Auch die Auflistung von Schülern ist ein typisches Element der Philosophenbiographien,[29] dessen sich Pomponius insgesamt dreimal[30] bedient:[31]

Ab hoc plurimi profecerunt, fere tamen hi libros conscripserunt: Alfenus Varus Gaius, Aulus Ofilius, Titus Caesius, Aufidius Tucca, Aufidius Namusa, Flavius Priscus, Gaius Ateius, Pacuvius Labeo Antistius Labeonis Antistii pater, Cinna, Publicius Gellius. ex his decem libros octo conscripserunt, quorum omnes qui fuerunt libri digesti sunt ab Aufidio Namusa in centum quadraginta libros. ex his auditoribus plurimum auctoritatis habuit Alfenus Varus et Aulus Ofilius, ex quibus Varus et consul fuit, Ofilius in equestri ordine perseveravit. […]

Von diesem kommen sehr viele Schüler, ungefähr diese aber schrieben Bücher: Alfenus Varus Gaius, Aulus Ofilius, Titus Caesius, Aufidius Tucca, Aufidius Namusa, Flavius Priscus, Gaius Ateius, Pacuvius Labeo Antistius, der Vater des Labeo Antistius, Cinna, Publicius Gellius. Aus der Gruppe dieser zehn schrieben acht Bücher, von denen alle Bücher zusammengestellt worden sind von Aufidius Namusa in 140 Büchern. Von diesen Schülern das meiste Ansehen hatten Alfenus

21 Es ist also nicht (nur) einem speziellen Interesse des Pomponius geschuldet, sondern wohl auch dem Genre verpflichtet, vgl. Nasti, L'enchiridion 117; Stolfi, Cunabula 268–269.

22 D 1.2.2.38 (Pomp. l.s. enchirid.): Post hos fuit Tiberius Coruncanius, ut dixi, qui primus profiteri coepit.

23 D 1.2.2.41 (Pomp. l.s. enchirid.): Post hoc Quintus Mucius Publii filius pontifex maximus ius civile primus constituit generatim in libros decem et octo redigendo.

24 D 1.2.2.48 (Pomp. l.s. enchirid.): Massurius Sabinus in equestri ordine fuit et publice primus respondit.

25 Vgl. dazu etwa Fleischer, Philodem 9.

26 Pomponius spricht von den scholae oder sectae und könnte sich dabei an der Darstellung der griechischen Philosophenschulen (αἱρέσεις) orientiert haben, vgl. dazu Nasti, L'enchiridion 108–109.

27 Vgl. zum Juristen Nerva aber unten unter 3.1. und 7.

28 D 1.2.2.43 (Pomp. l.s. enchirid.).

29 Nasti, L'enchiridion 131.

30 In D 1.2.2.40 (Pomp. l.s. enchirid.) sind es die Schüler der drei fundatores iuris civilis, in D 1.2.2.42 (Pomp. l.s. enchirid.) jene des Quintus Mucius Scaevola und in D 1.2.2.44 (Pomp. l.s. enchirid.) eben jene des Servius Sulpicius Rufus.

31 D 1.2.2.44 (Pomp. l.s. enchirid.).

Varus und Aulus Ofilius, von welchen Varus auch Konsul gewesen ist. Ofilius aber verharrte im Ritterstand. [...]

Pomponius listet zehn Namen. Aus diesen greift er hierauf zwei Schüler des Servius heraus, welche das meiste Ansehen (plurimum auctoritatis)[32] entfaltet hätten: Publius Alfenus Varus[33] und Aulus Ofilius.[34]

Des Kriteriums der auctoritas bedient sich Pomponius gleich mehrfach und quer durch die Epochen, um die wichtigsten Vertreter der Rechtsgelehrsamkeit ihrer Zeit zu markieren. In der Liste der Schüler des Quintus Mucius Scaevola pontifex etwa werden vier Juristen mit „hervorragend von Ansehen" (praecipue auctoritatis) tituliert. Unter diesen vier wiederum soll – nach der von Pomponius referierten Meinung des Servius Sulpicius Rufus – der Aquilius Gallus beim Volk von höchstem Ansehen (maximae auctoritatis) gewesen sein.[35] Eine Juristengeneration nach Aulus Ofilius hätten Ateius Capito und Marcus Antistius Labeo das höchste Ansehen genossen (maximae auctoritatis fuerunt).[36] Ähnlich urteilt Pomponius auch über den Frühklassiker Gaius Cassius Longinus (sed plurimum in civitate auctoritatis habuit)[37] aus dem 1. Jh. n. Chr.[38] und dessen Zeitgenossen Caelius Sabinus[39] (qui plurimum temporibus Vespasiani potuit).[40]

Pomponius erhöht einzelne Juristen, indem er ihre auctoritas hervorstreicht. Worin aber bestand dieses Ansehen, diese Wirkmacht? Für Proculus[41] gibt uns Pomponius einen wichtigen Hinweis: Die auctoritas des Proculus sei bedeutender gewesen als die seiner Zeitgenossen (Nerva filius[42] und Longinus),[43] da er (wörtlich) „am meisten vermocht habe": sed Proculi auctoritas maior fuit, nam etiam plurimum potuit.[44]

Das plurimum posse bezeichnet nach der herrschenden Meinung den politischen Einfluss des Proculus.[45] Dieser lässt sich nicht allein aus einer Tätigkeit als Beamter erklären: So ist für Proculus nur belegt, dass er Prätor

---

32 Behrends in Behrends u.a., Corpus Iuris Civilis II, 108 übersetzt dies mit „größtem Ansehen".

33 Das praenomen Gaius irritiert und ist wohl nicht auf Alfenus zu beziehen, dessen nomen gentile Alfenus das cognomen Varus beigefügt war – vgl. dazu auch Liebs, Rez. Roth 520 – und der folglich mit vollem Namen Publius Alfenus Varus geheißen hat. Mommsen, Digesta Iustiniani 9, A.4 überlegt daher, Gaius entweder zu streichen oder es auf den ebenfalls in der Liste der Servius-Schüler angeführten Cinna zu beziehen. Schon aufgrund der Reihung der Namen der Schüler des Servius ist die These von Mommsen nicht haltbar; unabhängig davon kann sich Gaius nicht auf den Juristen Alfenus beziehen.

34 Vgl. zu Aulus Ofilius etwa Biavaschi, Caesari familiarissimus; Giaro, Ofilius; Kunkel, Juristen 29–30; Lehne-Gstreinthaler, Iurisperiti 203–221; Liebs, Hofjuristen 17; Münzer, Ofilius.

35 D 1.2.2.42 (Pomp. l.s. enchirid.). Servius Sulpicius Rufus war selbst Schüler des Gaius Aquilius Gallus, vgl. D 1.2.2.43 (Pomp. l.s. enchirid.).

36 D 1.2.2.47 (Pomp. l.s. enchirid.).

37 D 1.2.2.51 (Pomp. l.s. enchirid.).

38 Gaius Cassius Longinus, Schulhaupt der Sabinianer, starb 69 n. Chr.; vgl. Kunkel, Juristen 130–131.

39 Zu Cnaeus Arulenus Caelius Sabinus, Suffektkonsul 69 n. Chr. vgl. Kunkel, Juristen 131–133; Liebs, Rechtsunterricht 209.

40 D 1.2.2.53 (Pomp. l.s. enchirid.).

41 Proculus war nach 33 n. Chr. das Schuloberhaupt (und der Namensgeber) der prokulianischen Rechtsschule.

42 Zu dem Sohn des Marcus Cocceius Nerva und wohl Vater des Kaisers Nerva (96–98 n. Chr.) vgl. Kunkel, Juristen 130, der ihn um 40 n. Chr. datiert.

43 Zu diesem Longinus, wohl einem Prokulianer, ist wenig bekannt; Pomponius tradiert nur das recht häufig auftretende cognomen, vgl. Kunkel, Juristen 131.

44 D 1.2.2.52 (Pomp. l.s. enchirid.).

45 So – auch unter Verweis auf die folgenden Beispiele – Kunkel, Juristen 123, wenn er die Wortfolge „nicht auf das Ansehen des Juristen als solchen, sondern auf seinen Einfluss im politischen Leben" bezieht.

gewesen ist,[46] nicht aber, dass er auch Konsul war.[47] Der Jurist muss also auf eine andere Weise erfolgreich gewirkt haben.[48]

Diese Beobachtung könnte auch für Alfenus und Ofilius gelten und nahelegen, dass Pomponius mit plurimum auctoritatis ganz allgemein darauf hinweist, dass beide zu Lebzeiten politischen Einfluss entfaltet haben.[49]

Zum erstgenannten Juristen erörtert Pomponius freilich gleich darauf, dass dieser Konsul gewesen sei.[50] Tatsächlich hat Alfen, im Unterschied zu den meisten Servius-Schülern, eine erfolgreiche politische Karriere vorzuweisen,[51] was Pomponius besonders hervorhebt. Alfenus könnte 41 v. Chr. in Gallia Cisalpina einer Kommission zur Landverteilung an Veteranen angehört haben,[52] nach seiner Prätur[53] war er im Jahre 39 v. Chr.[54] Suffektkonsul,[55] was sein Prestige gemehrt haben könnte.[56] All dies mag in das plurimum auctoritatis eingeflossen sein.

Anderes gilt für Aulus Ofilius, welcher sein Leben lang ein Ritter geblieben war: Ofilius in equestri ordine perseveravit. Wenn Pomponius dem Aulus Ofilius in der Folge noch zwei Sätze widmet, so ist dies im Gesamtgefüge des Encheiridion besehen, durchaus nicht wenig. Pomponius erläutert:[57]

[...] is fuit Caesari familiarissimus et libros de iure civili plurimos et qui omnem partem operis fundarent reliquit. nam de legibus vicensimae primus conscribit: de iurisdictione idem edictum praetoris primus diligenter

46 D 1.2.2.52 (Pomp. l.s. enchirid.); eine Datierung der Prätur ist nicht möglich, vgl. Kunkel, Juristen 131. Dass die Bekleidung einer Magistratur nicht den Ausschlag gegeben und hier den von Pomponius markierten Unterschied zwischen Proculus zu Longinus ausgemacht habe, folgt auch unmittelbar daraus, dass Longinus zwar praetor gewesen ist, dass aber seine auctoritas als geringer als die des Proculus beschrieben wird, von welchem wiederum nicht belegt ist, dass er Konsul gewesen sei; vgl. so auch Krampe, Proculi Epistulae 5.

47 Dies will Kunkel, Juristen 124 aus eben diesen Zeilen schließen; dagegen aber Krampe, Proculi Epistulae 6; unentschlossen, hier Position zu beziehen, zeigt sich Liebs, Rechtsunterricht 209.

48 Vgl. dazu Krampe, Proculi Epistulae 5 mit A.41. So auch Behrends in Behrends u.a., Corpus Iuris Civilis II, 111, wenn er nam etiam plurimum potuit übersetzt mit „denn er hatte auch den größten Einfluss".

49 Allerdings bezieht Kunkel, Juristen 123 die auctoritas nur auf Juristen aus der Zeit des Proculus und stellt keinen Bezug zu den republikanischen Juristen Alfenus und Ofilius her. Wenn Behrends in Behrends u.a., Corpus Iuris Civilis II, 111 eine andere Übersetzung für auctoritas wählt als in D 1.2.2.44 (Pomp. l.s. enchirid.) und sed Proculi auctoritas maior fuit mit „aber die Autorität des Proculus war größer" überträgt, so irritiert diese inkonsequente Übersetzung etwas; vielleicht möchte Behrends damit aber auch ein jeweils anderes Verständnis auctoritas des Begriffs zum Ausdruck bringen.

50 Dieses Detail verschweigt die Darstellung bei Kunkel, Juristen 29, wo nur davon zu lesen ist, dass der gleichnamige Sohn des Publius Alfenus Varus 2 n. Chr. Konsul gewesen ist.

51 Biavaschi, Caesari familiarissimus 15–16; Lehne-Gstreinthaler, Iurisperiti 221.

52 Zu seiner Tätigkeit als IIIvir agris dividundis im Jahre 41 v. Chr. vgl. Kunkel, Juristen 29, A.62; Lehne-Gstreinthaler, Iurisperiti 221. Liebs, Publius Alfenus Varus 50 zweifelt die Mitgliedschaft des Alfenus in einer Kommission zur Landverteilung an, welche Liebs, Rez. Roth 520 mit A.7 noch angenommen hatte.

53 Vgl. dazu Lehne-Gstreinthaler, Iurisperiti 221–222.

54 So Giaro, Alfenus 489; Roth, Alfeni Digesta 17; Wieacker, Rechtsgeschichte 607.

55 Die consules suffecti, in der Republik ursprünglich nur im Bedarfsfall des Ausscheidens eines Konsuls während des Amtsjahres gewählt, wurden spätestens ab dem 2. Triumvirat (43–30 v. Chr.) zusammen mit den beiden eponymen consules ordinarii gewählt, vgl. Eck, Suffektconsul 1089–1090; Kunkel, Wittmann, Staatsordnung 41, A.9. Die Suffektkonsulate wurden in dieser Epoche zudem vordringlich als Belohnung für Parteigänger eingerichtet. Alfenus war einer von vier Suffektkonsuln des Jahres 39 v. Chr., also insgesamt vielleicht sogar nur der 6. Konsul, vgl. Liebs, Publius Alfenus Varus 38.

56 Darauf lässt das Begräbnis auf Staatskosten schließen, vgl. dazu Lehne-Gstreinthaler, Iurisperiti 221–222; Liebs, Rez. Roth 520. Andererseits vermerkt Liebs, Rez. Roth 520 unter Verweisen auf Cass. Dio 48,35,1-3, dass gerade der Suffektkonsulat „damals besonders gering geachtet war".

57 D 1.2.2.44 (Pomp. l.s. enchirid.).

composuit, nam ante eum Servius duos libros ad Brutum perquam brevissimos ad edictum subscriptos reliquit.

[...] Er war sehr vertraut mit Caesar, und hinterließ sowohl sehr viele Bücher über das ius civile als auch [Bücher], welche jeden Teil dieser Disziplin grundlegend behandelten. Denn er war der Erste, welcher über die Gesetze der Fünf-Prozent-Steuer schrieb. Die Gerichtsbarkeit, das Edikt des praetor, stellte er ebenso als erster sorgfältig zusammen. Vor ihm hatte nämlich [nur] Servius zwei äußerst kurze, dem Brutus gewidmete und zum Edikt geschriebene Bücher hinterlassen.

Ofilius war Caesari familiarissimus, „dem Gaius Iulius Caesar sehr vertraut". An diese beachtliche und für Ofilius nur hier belegte Titulierung[58] reihen sich Hinweise zum Œuvre des Ofilius, welcher jeden Teil des ius civile abschließend behandelt habe[59] und dem hier der erste ausführlichere Kommentar zum prätorischen Edikt[60] ebenso zugeschrieben wird[61] wie, möglicherweise, der Kommentar zu einem Steuergesetz.[62]

---

58 Vgl. Bauman, Lawyers 73: „Indeed, if it were not for Pomponius we would never have known of Ofilius' possession of an appellation which must have some political importance".

59 Zu fundare bei Pomponius – gebraucht etwa auch in D 1.2.2.4, D 1.2.2.39 und D 1.2.2.44 (Pomp. l.s. enchirid.) – als „verfestigen", „konsolidieren" vgl. etwa auch Nörr, Pomponius 537, welcher das Verb mit dem Schaffen von Rechtssicherheit in Verbindung bringt (ebd. 570). D'Ippolito, Giuristi 105 versteht fundare als Indiz dafür, dass Ofilius den Stoff des Edikts grundlegend bearbeitet hat, vgl. dazu auch unten unter 5. Anders deutet Nasti, L'enchiridion 122–123 das Verb in Zusammenhang mit D 1.2.2.39 (Pomp. l.s. enchirid.), wo Publius Mucius Scaevola, Marcus Manilius und Iunius Butus als „Begründer des ius civile" bezeichnet werden. Diese drei Juristen hätten das ius zum ius civile gemacht, was Pomponius mit der Bezeichnung als fundatores zum Ausdruck bringen wollte. Damit unterstellt Nasti dem Aulus Ofilius, in ähnlicher Weise grundlegend (fundamental) rechtspolitisch gewirkt zu haben wie die drei genannten Juristen.

60 Dieser wurde nach Giaro, Ofilius 1120 jedoch bald durch den Ediktskommentar des Marcus Antistius Labeo verdrängt.

61 Die Übersetzung von de iurisdictione idem edictum praetoris primus diligenter composuit ist schwierig. Schon Otto, Schilling, Sintenis, Corpus Iuris Civilis 237 haben eine eigene Schrift „Über die Gerichtsbarkeit" (de iurisdictione) angenommen; ebenso Bremer, Iurisprudentiae antehadrianei quae supersunt 344–345; dagegen Biavaschi, Caesari familiarissimus 32; Falcone, Ofilio 106. Bereits Huschke, Pomponius 199 hat edictum componere als „Bearbeitung des Edikts" verstehen wollen. Auch von Velsen, Edictum provinciale 76 schlägt in diese Kerbe, wenn er die Tätigkeit des Ofilius mit dem edictum componere (Eutrop. 8.17; Aurel. Victor de Caes. 19; Const. Tanta § 18: in compositione ediciti) des Publius Salvius Iulianus gleichsetzt. Und auch Falcone, Ofilio 101 macht – anders als prominente Romanisten vor ihm, vgl. dazu die Liste ebd. 103–104, A.10 – deutlich, dass sich edictum componere nicht auf die Erstellung eines Kommentars beziehen kann; im Kontext mit dem eindeutig als Kommentar markierten Werk des Servius Sulpicius Rufus (nam ante eum Servius duos libros ... ad edictum subscriptos reliquit) liege es aber dennoch nahe, dass es sich auch bei dem Werk des Ofilius um einen Kommentar gehandelt habe, weshalb Falcone, Ofilio 104, ein der Überlieferung geschuldetes, Textproblem annehmen und ad ergänzen möchte: idem <ad> edictum praetoris primus diligenter composuit.

62 Dies ablehnend etwa Schulz, Geschichte 107. Behrends in Behrends u.a., Corpus Iuris Civilis II, 108, A.3 identifiziert als mögliche, hier von Ofilius behandelte 5 %-Steuer jene der lex Manilia (357 v. Chr.) auf Freilassungen oder die von Kaiser Augustus 6 n. Chr. eingeführte Besteuerung von Erbschaften und Legaten zugunsten eines aerarium militare; eben darin möchte Bauman, Lawyers 72 einen wesentlichen Hinweis auf das politische Engagement des Ofilius erblicken; vgl. dazu auch Bauman, Lawyers 83–85. Behrends aber präferiert die Ansicht, dass bloß von einem Werk, nämlich de legibus zu lesen ist; wie D'Ippolito, Giuristi 105 mit A.22 hält auch Behrends das Wort vicensimae für interpoliert bzw. verbessert es zu viginti libros und bezieht es auf das ad edictum. Der Ediktskommentar des Ofilius wäre dann mit 20 Büchen weitaus ausführlicher gewesen als das wegen seiner Kürze gerügte gleichnamige Werk des Servius; vgl. dazu auch Schulz, Geschichte 107 mit A.3. Schon Wieacker, Rechtsgeschichte 610, A.100 hat der Vermutung Raum gegeben, dass das Werk de legibus mit den an Atticus adressierten Büchern des Ofilius (libri ad Atticum) ident sein könnte; ebenso Giaro, Ofilius 1120. Die Frage muss hier nicht weiter diskutiert werden; allgemein dazu vgl. die bei Lehne-Gstreinthaler, Iurisperiti 204, A.1251 gegebene Literaturübersicht.

Worauf aber bezieht sich die Wortfolge Caesari familiarissimus? Die Übersetzungen sprechen von einem „vertrauten Freund Caesars",[63] von Ofilius als dem „(sc. politischen)[64] Agent[en] des Diktators",[65] oder gar der – in juristischen Angelegenheiten – „rechten Hand Caesars" (la mano derecha del César en el ámbito jurídico).[66] Ehe Überlegungen dahingehend angestellt werden können, ob und wie sich diese beiden Worte biographisch auswerten lassen, muss eines von ihnen, nämlich: familiarissimus, der Superlativ und das Adjektiv familiaris, näher betrachtet werden.

2. Familiarissimus: Der Superlativ als biographische Anmerkung

2.1. Der Superlativ als Stilmittel im Encheiridion

Der Superlativ wird gerade im letzten erhaltenen Teil des Encheiridion, der auctorum successio, häufig verwendet, um die positiven Eigenschaften eines Juristen besonders hervorzuheben: Neben der Umschreibung des jeweils „Besten" seiner Epoche als desjenigen, welcher über den größten Einfluss (auctoritas maxima)[67] verfügte oder welchen die größte Gelehrsamkeit (maxima scientia)[68] auszeichnete, gibt es auch konkrete Zuschreibungen wie: „Scipio Nasica,[69] welcher [...] als der beste Römer (vir optimus) bezeichnet wurde,"[70] oder: „Lucius Crassus [...] den Redebegabtesten der Juristen (iurisconsultorum disertissimum)."[71] Oft steht der Superlativ ohne Bezugswort, also ohne Angabe, für wen ein Jurist der Beste oder der Eloquenteste gewesen ist. Zweimal relativiert Pomponius, einmal in Bezug auf das Volk (apud populum Romanum)[72] und eben zweimal hinsichtlich des Caesar (Caesari familiarissimus).

In drei Fällen referiert Pomponius aber auch seine Quelle: (Publius) Scipio Nasica ist vom Senat als „der Beste" bezeichnet worden:[73] Die Bezeichnung als „der Beste der Bürger" beruht auf einem Senatsbeschluss[74] und ist als Ehrentitel zu verstehen.[75] Lucius Crassus wiederum ist von Cicero als der Redebegab-

63 Otto, Schilling, Sintenis, Corpus Iuris Civilis 237; vgl. etwa auch Liebs, Hofjuristen 17 und Biavaschi, Caesari familiarissimus 12, die von einer „stretta amicizia con Giulio Cesare" spricht.

64 Giaro, Ofilius 1120; Wieacker, Rechtsgeschichte 609.

65 Kunkel, Juristen 25.

66 Paricio, Proyectos codificadores 41.

67 D 1.2.2.42 (Pomp. l.s. enchirid.): ex quibus Gallum maximae auctoritatis apud populum fuisse Servius dicit; D 1.2.2.44 (Pomp. l.s. enchirid.): ex his auditoribus plurimum auctoritatis habuit Alfenus Varus et Aulus Ofilius; D 1.2.2.47 (Pomp. l.s. enchirid.): post hunc maximae auctoritatis fuerunt Ateius Capito [...] et Antistius Labeo, qui omnes hos audivit; D 1.2.2.51 (Pomp. l.s. enchirid.): (sc. Gaius Cassius Longinus) sed plurimum in civitate auctoritatis habuit; (sc. Proculus) nam etiam plurimum potuit.

68 D 1.2.2.36 (Pomp. l.s. enchirid.): post hunc Appius Claudius eiusdem generis maximam scientiam habuit; D 1.2.2.37: (Pomp. l.s. enchirid.) fuit post eos maximae scientiae Sempronius; D 1.2.2.38 (Pomp. l.s. enchirid.): deinde Sextus Aelius et frater eius Publius Aelius et Publius Atilius maximam scientiam in profitendo habuerunt.

69 Behrends in Behrends u.a., Corpus Iuris Civilis II, 105, A.3 vermutet, dass hier Publius Cornelius Scipio Nasica Corculum, Konsul 162 und 155 v. Chr. gemeint sei; ebenso D'Ippolito, Giuristi 9–10, A.8; Kunkel, Juristen 11; Lehne-Gstreinthaler, Iurisperiti 87–88. Dieser könnte in der Darstellung wohl mit dem Publius Cornelius Scipio, Konsul 191 v. Chr. und vom Senat im Jahr 204 v. Chr. zum vir optimus erklärt, vermengt worden sein, vgl. Münzer, Cornelius 1498; Nasti, L'enchiridion 113.

70 D 1.2.2.37 (Pomp. l.s. enchirid.): Gaius Scipio Nasica, qui optimus a senatu appellatus est.

71 D 1.2.2.39 (Pomp. l.s. enchirid.): etiam Lucius Crassus frater Publii Mucii, qui Munianus dictus est: hunc Cicero ait iurisconsultorum disertissimum.

72 D 1.2.2.35 und 42 (Pomp. l.s. enchirid.). Während Paragraph 35 sich einleitend auf das Ziel der Darstellung beschränkt, diejenigen der Juristen zu erwähnen, welche beim Volk in höchstem Ansehen standen, wird in Paragraph 42 dezidiert Aquilius Gallus mit dieser Auszeichnung bedacht.

73 D 1.2.2.37 (Pomp. l.s. enchirid.).

74 Liv. 29,14,8. Einem delphischen Orakel aus 204 v. Chr. (oder den sibyllinischen Büchern) zufolge sollte „der beste Römer" das Bild der großen Göttermutter von Pessinus in Rom aufnehmen, und der Senat bestimmte dazu den Lucius Cornelius Scipio Nasica, vgl. Liv. 29.14.9 und dazu auch Münzer, Cornelius 1499.

75 D'Ippolito, Giuristi 9–10, A.8.

teste hervorgehoben worden.[76] Gaius Aquilius Gallus wiederum sei nach der Aussage seines Schülers Servius Sulpicius Rufus von höchstem Ansehen gewesen.[77]

Für die Bezeichnung als Caesari familiarissimus bleibt Pomponius seine Quelle schuldig. Dies könnte bedeuten, dass Pomponius sie – bewusst oder aus mangelnder Kenntnis – verschweigt, oder, dass hier eine Interpretation des Pomponius selbst vorliegt.

2.2. Familiaris und familiarissimus

Ein familiaris, beim Grammatiker Sextus Pompeius Festus definiert als „aus derselben familia[78] stammend,"[79] ist derjenige, welcher zum Haus oder der Familie gehört, häusliche Angelegenheiten erledigt, übertragen: der Vertraute, der Freund.[80] Im klassischen juristischen Schrifttum tritt der Positiv familiaris fast ausschließlich in zweifacher Verbindung auf: Der Löwenanteil der Belege betrifft die res familiaris[81] (Familienvermögen), daneben wird dreimal auf das sepulchrum familiare[82] (Familiengrab) verwiesen. Familiaris als „Vertrauter" taucht sonst in nur zwei Kaiserkonstitutionen aus dem vierten nachchristlichen Jahrhundert auf.[83]

Das Adjektiv familiaris ist besonders typisch für den Sprachgebrauch der späten Republik,[84] wie das Werk des Marcus Tullius Cicero anhand vieler Belege – besonders für den Superlativ familiarissimus – vor Augen führt.[85] In den Juristenschriften hingegen ist dieser überhaupt nur im Encheiridion belegt, dafür aber gleich zweimal – wie schon erwähnt, bedenkt Pomponius nicht nur den Aulus Ofilius, sondern auch den frühklassischen Juristen Marcus Cocceius Nerva mit diesem Epitheton:[86]

Et ita Ateio Capitoni Massurius Sabinus successit, Labeoni Nerva, qui adhuc eas dissensiones auxerunt. hic etiam Nerva Caesari familiarissimus fuit. Massurius Sabinus in equestri ordine fuit et publice primus respondit: posteaque hoc coepit beneficium dari, a Tiberio Caesare hoc tamen illi concessum erat.

Und so folgte dem Ateius Capito der Massurius Sabinus nach; dem Labeo der Nerva, welcher diese Gegensätze noch verstärkte. Dieser Nerva war auch dem Caesar sehr vertraut. Massurius war Ritter und (als solcher) der Erste, welcher öffentlich Rechtsgutachten erstellen durfte. Nachdem man begonnen

76 D 1.2.2.39 (Pomp. l.s. enchirid.); vgl. dazu auch unten unter 4.

77 D 1.2.2.42 (Pomp. l.s. enchirid.).

78 Die familia wiederum definiert Festus p. 86 [Lindsay] s.v. familia als Gruppe freier Menschen, welcher ein pater familias (eine mater familias) vorstand: Familia antea in liberis hominibus dicebatur, quorum dux et princeps generis vocabatur pateret mater familiae.

79 Festus p. 86 [Lindsay] s.v. familia: et familiares, ex eadem familia.

80 Heumann, Seckel, Handlexikon 216 s.v. familiaris (1); Hey, familiaris 248–249; Merguet, Handlexikon 260 s.v. familiaris.

81 Vat. fr. 249,4 (Const. et Caess.); Paul. Sent. 2.28.2; Paul. Sent. 2.28.3; D 2.14.7.14 (Ulp. 4 ad ed.); D 5.1.18 pr. (Ulp. 23 ad ed.); D 16.1.1.1 (Paul. 30 ad ed.); D 17.1.36.1 (Iavol. 7 ex Cass.); D 23.2.64.1 (Call. 2 quaest.); D 26.10.6 (Call. 4 de cogn.); D 30.96 pr. (Iul. 39 dig.); D 34.4.18 (Mod. 8 diff.); D 36.1.82 (Scaev. 5 dig.); D 40.5.36 pr. (Maec. 16 fideicom.); D 43.1.2.1 (Paul. 63 ad ed.); D 48.1.4 (Paul. 37 ad ed.); Inst. 1.26.12; C 2.3.19 (Diocl./Max. a. 290); C 2.52.3 (Gord. a. 238); C 4.44.15 (Grat./Valent./Theod. a. 383); C 5.4.8.9 (Gord. a. 241); C 9.31.1 pr. (Valens/Grat./Valent. a. 378); C 10.19.5 pr. (Theod./Arcad./Honor. a. 393); C 10.32.26.1 (Valent./ Valens a. 373); C 10.35.2.2 (Zeno); C 12.59.4 pr. (Theod./Arcad./Honor. a. 390); vgl. ferner familare ministerium in C 7.12.2.1 (Valer./Galien.).

82 D 11.7.5 (Gai. 18 ad ed. prov.); C 3.44.8 (Philipp. a. 246); C 3.44.13 (Diocl./Max. a. 294).

83 C 12.42.1 (Const. a. 323); C 9.1.20 (Arcad./Honor./ a. 397).

84 D'Ippolito, Giuristi 98–100.; zustimmend Biavaschi, Caesari familiarissimus 12–13, A.15.

85 Vgl. dazu unten unter 3.3.

86 D 1.2.2.48 (Pomp. l.s. enchirid.).

hatte, dieses Privileg zu verleihen, war dieses schließlich[87] auch ihm von Tiberius Caesar verliehen worden.

Nerva (gestorben 33 n. Chr.), der Großvater des gleichnamigen Kaisers (96–98 n. Chr.), wird als Nachfolger des großen Marcus Antistius Labeo eingeführt. Als Leiter der prokulianischen Rechtsschule habe er (gemeinsam mit seinem Konterpart, dem Sabinianer Massurius Sabinus) bewirkt, dass sich der Schulen-Gegensatz vergrößerte. Schließlich wird dem Juristen des 1. Jh. eine große Nähe zu Kaiser Tiberius unterstellt. Pomponius belässt es für Nerva bei dieser kurzen Notiz,[88] welche bei Tacitus inhaltliche Bestätigung findet: Dort wird Nerva als continuus principi comes und proximus amicorum beschrieben.[89]

Auch für Marcus Cocceius Nerva bedient sich nur der Autor der successio auctorum der Wortfolge Caesari familiarissimus. Dies erweckt den Eindruck einer gewissen Formelhaftigkeit. Ein bisher nur wenig beachtetes Detail zur Textgestaltung stützt diese Überlegung. Pomponius sagt nämlich: hic etiam Nerva Caesari familiarissimus fuit – Dieser Nerva war auch (etiam) dem Caesar sehr vertraut.[90] Damit könnte indirekt eine Nähe auch des Massurius Sabinus zu Kaiser Tiberius angedeutet sein.[91]

Bauman versucht, Parallelen zwischen Ofilius und Nerva aufzuzeigen. Beide werden von Pomponius zusammen mit einem zweiten Juristen eingeführt. Doch der Vergleich ist schwierig: Steht dem Caesari familiarissimus Ofilius der politisch erfolgreiche Alfenus gegenüber, so ist das Gegenüber des ebenfalls als Caesari familiarissimus bezeichneten Nerva der Massurius Sabinus. Und dieser ist der Prototyp eines unpolitischen Juristen – er wird gar erst mit 50 in den Ritterstand erhoben und erhält als erster Ritter das ius respondendi verliehen.[92] Darin wäre er also eher dem im Ritterstand verharrenden Ofilius vergleichbar denn dem Nerva, welcher vor 24 n. Chr.[93] (ebenso wie Alfenus 39 v. Chr.) Suffektkonsul gewesen ist. Dass Pomponius den Suffektkonsulat des Nerva bewusst nicht erwähnt hat, um seine Biographie der des Ofilius anzugleichen, so wie Bauman es vermutet hat, scheint doch etwas arg konstruiert zu sein.[94]

Immerhin gibt es einen zeitnahen Beleg, wo ein Vertrauensverhältnis zum Kaiser mit dem Adverb familiarissime ausgedrückt wurde: In der sogenannten oratio Claudii de iure honorario

87 Der Text lässt sich mit tamen, welches einen Gegensatz ausdrückt, schwer verstehen, weshalb etwa Mommsen, Digesta Iustiniani 10, A.7 tandem („schließlich") statt tamen („dennoch") angenommen hat und vorschlägt: nam posteaquem hoc coepit beneficium dari, a Tiberio Caesare hoc tandem illi concessum est. Das Wort tandem statt tamen legt auch Behrends in Behrends u.a., Corpus Iuris Civilis II, 110, A.2 seiner Übersetzung zugrunde.

88 Auch im übrigen erhaltenen Textbestand des Encheiridion wird des Juristen Marcus Cocceius Nerva nicht mehr Erwähnung getan.

89 Tac. ann. 6,26,1; vgl. dazu unten unter 11. Vorweg sei angemerkt, dass die vom Verfasser eingesehenen Kommentare zu Tac. ann. 6,26,1 – mit der rühmlichen Ausnahme von Koesterman, Cornelius Tacitus 180 – das wichtige Zeugnis aus D 1.2.2.48 (Pomp. l.s. enchirid.) bei Darstellung des Verhältnisses von Tiberius und Nerva nicht berücksichtigen.

90 Behrends in Behrends u.a., Corpus Iuris Civilis II, 110 übersetzt: „Dieser Nerva war auch ein enger Freund des Kaisers". Fast wortgleich lautet die Übersetzung bei Otto, Schilling, Sintenis, Corpus Iuris Civilis 239.

91 Vgl. so etwas kryptisch auch Nörr, Pomponius 574, A.342: „Möglicherweise will Pomponius auch besondere Beziehungen des Sabinus zu Tiberius andeuten".

92 D 1.2.2.48 (Pomp. l.s. enchiridii).

93 Vgl. dazu Eck, Cocceius 49; Kunkel, Juristen 120; Shotter, Tacitus 190; Woodman, Annals Book 4, 276. Aufgrund der Inschrift CIL VI 1539 (Rom, 21–22 n. Chr.) und CIL VI 9005 (Rom) lässt sich der Suffektkonsulat des Nerva (ausgeübt gemeinsam mit Gaius Vibius Rufus) in die Jahre 21 oder 22 n. Chr. datieren.

94 Bauman, Lawyers 77–78 bezieht auch Labeo und Capito mit ein.

Gallis dando[95] aus dem Jahre 48 n. Chr.[96] betont Kaiser Claudius, dass er dem Ritter Lucius Iulius Vestinus[97] freundschaftlich zugetan sei:[98] [...] Ex qua colonia inter paucos equestris ordinis ornamentum L. Vestinum fa | miliarissime diligo. Iulius Vestinus, „die Zierde des Ritterstandes" (equestris ordinis ornamentum)[99] der colonia Viennensium (Vienne) dient Claudius als Argument für die Aufnahme von Galliern in den Senat.[100] Iulius Vestinus selbst war kein Senator, „aber eine sehr wichtige und bedeutende Person, die nach Auffassung des Prinzeps durchaus die Stellung eines Senators verdient hätte".[101] Unter Claudius' Nachfolger Nero wurde Iulius Vestinus zum praefectus Aegypti (60–62 n. Chr.), auch Kaiser Vespasian betraute ihn mit wichtigen Aufgaben.[102] Historisch fassbarer Ausgangspunkt der Karriere des Iulius Vestinus aber bleibt, dass Kaiser Claudius ihn als besonders vertraut (familiarissime) hervorhebt. Auch wenn dieses Zeugnis singulär ist, so enthält es einen wichtigen Hinweis: In der oratio spricht der Kaiser Claudius selbst[103] – er markiert Iulius Vestinus mit dem Adverb familiarissime damit als einen Mann, der ihm, dem Kaiser, besonders nahesteht.[104] Dies bedeutet, dass die Qualifikation als familiarissimus von Claudius ausgeht:[105] Und so könnte man versucht sein, zu folgern, dass sich nur der als sein familiarissimus bezeichnen dar, welcher von ihm, dem Kaiser so tituliert worden ist.

2.3. Der Superlativ familiarissimus bei Cicero

Viele Männer aus dem Umfeld des Gaius Iulius Caesar[106] werden als familiarissimi bezeichnet, etwa[107] Lucius Cornelius Balbus[108] oder Aulus Hirtius.[109] Damit werden diese Perso-

[95] CIL XIII 1668 = ILS 212 = FIRA I 43, col. II 11–12. Die Inschrift wurde 1528 in Lyon gefunden; vgl. dazu auch Tac. ann. 11,23-25 und allgemein Buongiorno, Senatus consulta 261–271.

[96] Vgl. dazu Buongiorno, Gallo, Marino, Edoardo Volterra 148–149.

[97] Vgl. dazu Eck, Iulius; Jakobsmeier, Gallier-Rede 182–183; Malloch, Tabula Lugdunensis 144; Stein, Iulius.

[98] Dies tut er, um zu rechtfertigen, dass er Bewohnern der Provinz Gallia Narbonensis den Zutritt zum Senat ermöglichen möchte, vgl. Schillinger-Häferle, Claudius 447–448.

[99] Dies deckt sich mit der Beschreibung des Iulius Vestinus in Tac. hist. 4,53,1 als equestris ordinis virum, sed auctoritate famaque inter proceres (ein Mann aus dem Ritterstand, aber an Ansehen und Prestige unter den Vornehmsten); vgl. dazu auch Malloch, Tabula Lugdunensis 144.

[100] Eck, Iulius 44; Vittinghoff, Rede 359. Die Erwähnung des Iulius Vestinus fehlt in der bei Tacitus (Tac. ann. 11,24) überlieferten literarischen Version der Rede, vgl. dazu Miller, The Claudian Tablet 311 und zu den dafür möglichen Ursachen Vittinghoff, Rede 368–372.

[101] Jakobsmeier, Gallier-Rede 182.

[102] Vespasian habe Iulius Vestinus mit dem Wiederaufbau des Tempels auf dem Kapitol betraut, vgl. Tac. hist. 4,53 und dazu Stein, Iulius 870–871.

[103] Der zugehörige, auf Antrag des Kaisers Claudius ergangene Senatsbeschluss ist nicht erhalten. Schönbauer, Zur oratio Claudii 169 vermutet ihn im ersten, verlorengegangenen Teil der erhaltenen Bronzetafel, dem die „begründende Rede des Kaisers" folgte.

[104] So auch Malloch, Tabula Lugdunensis 144. Zur juristischen Sprache des Claudius vgl. auch Grupe, Über die oratio Claudii 35–37, der jedoch nicht näher auf familiarissime eingeht. Dennoch wird man dem Adjektiv hier mehr Bedeutung zumessen können, als Jakobsmeier, Gallier-Rede 182 es tut, wenn er familiarissime als „floskelhaft verwendeter Superlativ" abtut.

[105] Als Claudio familiaris wird etwa auch genannt Iulius Paelignus, procurator in Cappadocia (Tac. ann. 12,49,1).

[106] Bauman, Lawyers 77 schließt ferner aus dem Kontext von Cic. ad fam. 7,24, dass Marcus Tigellius Hermogenes ein Caesari familiarissimus gewesen sei; zur Verachtung Ciceros für den sardischen Sänger und Schauspieler Tigellius, der hoch in Caesars und auch Kleopatras Gunst gestanden sein soll, vgl. nur Münzer, Tigellius.

[107] Vgl. ferner Cic. ad fam. 7,24,1.

[108] Cic. pro Balb. 64; Sueton Caes. 81,2, vgl. dazu Bauman, Lawyers 73: „Balbus was, like Ofilius, a Caesari familiarissimus [...]". Zu Balbus Aufstieg als Freund Caesars vgl. etwa Lamberty, Amicus Caesaris.

[109] Cic. ad Att. 7,4,2, vgl. dazu Bauman, Lawyers 73: „He [i.e. Balbus] was a close friend of Hirtius, also an important political agent of Caesar's and also a Caesari familiarissimus". Nach Will, Hirtius 616 war Hirtius ein „unbedingter Gefolgsmann Caesars" und Konsul 43 v. Chr.

nen aus der Gruppe von Caesars Vertrauten (familiares)[110] als die besonders Vertrauten (familiarissimi) hervorgehoben, sie bilden den inneren Zirkel.[111] Dies erweckt den Eindruck, dass es sich dabei um eine (zumindest semioffizielle) Titulatur zur Kennzeichnung des engsten Kreises um Caesar gehandelt habe.[112] Dem muss immerhin entgegengehalten werden, dass in den Werken Caesars dazu keine Informationen gegeben werden.[113]

Es ist auffällig, dass alle eben genannten Belege auf Marcus Tullius Cicero zurückgehen. Einschränkend ist zu bemerken, dass Cicero, anders als Pomponius, nur einmal (und das indirekt) die Konstruktion mit dem Dativ (Caesari familiarissimus) überliefert:[114] So bezeichnet Cicero den Lucius Cornelius Balbus[115] als sibi (= Caesari) familiarissimus.[116]

Andererseits findet sich der Superlativ familiarissimus in Verbindung mit einem anderen Dativobjekt mehrfach bei Cicero,[117] welcher einmal von sich selbst als dem familiarissimus des Publius Cornelius Dolabella (familiarissimus Dolabellae) spricht:[118]

In Ciceros sechster Rede gegen Gaius Verres heißt es, dass ein gewisser Kleomenes aus Syrakus mit dem praetor Verres kollaboriert hätte und er, aufgrund von dessen Mittäterschaft, mit diesem höchst vertraut (familiarissimum) gewesen sei: Tum vero omnibus indignissimum visum [...] Cleomenem propter flagitiorum ac turpitudinem societatem familiarissimum esse praetori.[119] Der Kontext muss hier nicht weiter vertieft werden,[120] da es genügt, zu notieren, wie sich nach Cicero diese Ver-

110 Eine Liste findet sich in Cic. ad fam. 6,12,2, wo Pansa, Hirtius, Balbus, Oppius, Matius und Postumus angeführt und unter dem Begriff omnis Caesaris familiaris zusammengefasst werden.

111 Lamberty, Amicus Caesaris 159 spricht vom „innersten Zirkel der römischen Macht".

112 Bauman, Lawyers 88.

113 Bauman, Lawyers 88.

114 Bauman, Lawyers 77.

115 Ciceros Rede pro Balbo datiert in das Jahr 56 v. Chr.; vgl. Fuhrmann, Cicero 792–800; Lamberty, Amicus Caesaris 161–163.

116 Cic. pro Balb. 64: [...] nolite, per deos immortalis, iudices hunc illi acerbum nuntium velle perferri, ut suum praefectum fabrum, ut hominem sibi carissimum et familiarissimum non ob ipsius aliquod delictum, sed suam familiaritatem vestris oppressum sententiis audiat. – Lasst es bei den unsterblichen Göttern nicht zu, o Richter, dass es dahin komme, dass ihm die bittere Nachricht überbracht werde, dass er hören muss, sein Präfekt der Pioniertruppe, ein Mensch, welcher ihm höchst lieb und vertraut ist, sei nicht wegen irgendeines Verbrechens seiner selbst, sondern wegen seiner Nähe (familiaritas) [zu ihm] durch eure Urteile schwer in Bedrängnis geraten.
Als praefectus fabrum darf man einen von Caesar eingeführten, administrativen Funktionärsposten verstehen: Verdiente Männer aus dem ordo equester unterstützten so Caesar bei der Verwaltung einer Provinz, vgl. Kunkel, Wittmann, Staatsordnung 526 mit A.60. Fuhrmann, Cicero 305 übersetzt praefectus fabrum mit „Adjutant mit Verwaltungsaufgaben". Nach Lamberty, Amicus Caesaris 158 umfasste die Position als praefectus fabrum, welcher zumeist jene eines tribunus militum vorausgegangen war, „neben der logistischen Versorgung der Legionen wohl auch militärische Funktionen".

117 Zu familiarissimus mit dem Genetiv vgl. etwa Cic. in Verr. 2,1,49,128: familiarissimus patris istius; Cic. Phil. 3,10,25: familiarissimus eius; Cic. de orat. 2,57: qui cum Dionysi tyranni familiarissimus esset; Cic. ad fam. 6,10a,2: neque enim ipse Caesar, ut multis rebus intellegere potui, est alienus a nobis et omnes fere familiarissimi eius casu devincti magnis meis veteribus officiis me diligenter observant et colunt; Cic. ad fam. 7,24,1: olim, cum regnare existimabamur, non tam ab ullis quam hoc tempore observor a familiarissimis Caesaris omnibus praeter istum; Cic. ad fam. 9,13,2: Leptae nostri familiarissimus; Cic. ad fam. 13,17,1: Attici nostri familiarissimus; Cic. ad Att. 10,12,3: sed ex familiarissimo eius audiebam.

118 Cic. ad fam. 12,14,7: Atque haec omnia is feci, qui sodalis et familiarissimus Dolabellae eram, [...].

119 Cic. in Verr. 2,5,41,107: Dann aber erschien es allen äußerst unwürdig, dass [...] Cleomenes wegen seiner Partnerschaft in Verbrechen und Schandtaten dem Prätor ein engster Vertrauter gewesen ist.

120 Der syrakusische Feldherr Kleomenes war von Verres zum Oberbefehlshaber der römischen Flotte in Sizilien ernannt worden, um ihn auf diese Weise fortschicken und sich an Nike, der schönen Ehefrau des Kleomenes, vergehen zu können (Cic. in Verr. 2,5,31,82). In dem darauffolgenden Gefecht mit Seeräubern geht die von Kleomenes geführte Flotte verloren (Cic. in Verr. 2,5,33,86-2,5,35,91). Kleomenes wird von Verres als einziger der beteiligten Nauarchen verschont (Cic. in Verr. 2,5,40,105); vgl. zur Person des Kleomenes vgl. auch Münzer, Kleomenes 712.

trautheit äußert: Kleomenes sitzt, wie üblich, neben dem Prätor und flüstert ihm vertraulich (familiariter) etwas ins Ohr.[121]

In der Rede für Cluentius (66 v. Chr.)[122] ist davon zu lesen, dass ein gewisser Marcus Asellius, der als familiaris des Statius Habitus Oppianicus vorgestellt wird,[123] mit ebendiesem Oppianicus sehr vertrauten Umgang gepflegt habe (Oppianico familiarissime est usus) und dass er daher „für einen dem Oppianicus sehr vertrauten Freund gehalten worden sei": Oppianico familiarissimum sciebat esse.[124] Asellius aber soll, im Auftrage von Ciceros Mandanten Cluentius, dem Oppianicus in Brot eingebackenes Gift verabreicht haben. Den Umstand der Vertrautheit zwischen Asellius und Oppianicus erhebt Cicero zum Argument: Denn gerade die persönliche Nähe der beiden soll es als höchst unwahrscheinlich erscheinen lassen, dass Cluentius den Freund seines Feindes Oppianicus instrumentalisieren habe können, um durch ihn Oppianicus zu vergiften. Das Argument lässt sich jedoch auch umdrehen: Wer, wenn nicht sein familiarissmus hätte Zugang gehabt zum Mittagstisch des Oppianicus, welcher noch dazu im Exil lebte? Für die vorliegende Studie mag die Feststellung genügen, dass die Vertrautheit zwischen Oppianicus und seinem familiarissimus sich darin äußert, dass letzterer Zutritt zum exilierten Oppianicus findet, um mit ihm gemeinsam zu speisen.

Dass die Bezeichnung als familiarissimus nicht dafür bürgen muss, tatsächlich ein enger Gefolgsmann zu sein, bezeugt Cicero selbst, wenn er gegenüber seinem Bruder Quintus Tullius Cicero 58 v. Chr. beklagt, dass ihn „jeder familiarissimus entweder fürchte oder beneide".[125]

Cicero bezeichnet Caesar selbst als familiarissimus des Hirtius, wenn er sagt, dass Aulus Hirtius von Caesar gekommen ist, qui esset illi familiarissimus.[126] Gaius Vibius Pansa[127] wiederum wird von Cicero als ein mihi homo familiarissimus bezeichnet,[128] ebenso Lucius Manlius Sosis als vir optimus mihique familiarissimus.[129]

Schließlich reiht sich Cicero selbst unter die Caesari familiarissimi, wenn er in einem Brief dem Gaius Matius, einem engen Freund

---

121 Cic. in Verr. 2,5,41,107: Atque eum vident sedere ad latus praetoris et ad aurem familiariter, ut solitus erat, insurrare. Zu den familiarissimi des praetor Verres vgl. auch Cic. in Verr. 2,1,7,18 (suos familiarissimos). Hingegen ist in Cic. in Verr. 2,3,44,106, worauf Bauman, Lawyers 86, A.97 verweist, nur von einem familiaris praetoris zu lesen.

122 In der Rede pro Cluentio verteidigt Cicero 66 v. Chr. den Aulus Habitus Cluentius gegen den Vorwurf, seinen Stiefvater Oppianicus vergiftet und in einem früheren Prozess gegen Oppianicus aus 74 v. Chr. (wo diesem der versuchte Giftmord an Cluentius angelastet worden war) die Richter bestochen zu haben. Nach Classen, Anklage 15–17 ergeht die Anklage gegen Cluentius nur wegen des Giftmordes, bedarf es aber einer längeren Darstellung; zur Rede allgemein vgl. Fuhrmann, Cicero 860–869.

123 Cic. pro Cluent. 169.

124 Cic. pro Cluent. 172.

125 Cic. ad Quint. frat. 1,4,1: Intimus, proximus, familiarissimus quisque aut sibi pertimuit aut mihi invidit. – Jeder persönlich gut Bekannte, Nahestehende, Vertrauteste fürchtet entweder für sich oder er beneidet mich.

126 Cic. ad. Att. 7,4,2. Cicero berichtet in einem Brief an Atticus vom 13. 12. 50 v. Chr. von einem Gespräch mit Pompeius und dass dieser den Eindruck erhalten habe, dass die Zeichen auf Krieg stünden, als Hirtius nach Rom gekommen war und ihn nicht aufgesucht hatte.

127 Pansa war ein enger Vertrauter Caesars schon seit 59 v. Chr. (Cic. Brut. 218), im Bürgerkrieg vielleicht Prätor in Rom, 43 v. Chr. Konsul; vgl. Elvers, Pansa 260; Fündling, Vibius 174.

128 Cic. Phil. 7,5: hunc ipsum, mihi hominem familiarissimum, nisi talis consul esset ut omnis uigilias, curas, cogitationes in rei publicae salute defigeret, consulem non putarem.

129 Cicero empfiehlt dem Marcus Acilius Glabrio, proconsul von Sizilien, den Lucius Manlius Sosis (Cic. ad fam. 13,30,1): sed quoniam habet praeterea negotia vetera in Sicilia sua, et hanc hereditatem fraternam et omnia eius tibi commendo, in primisque ipsum, virum optimum mihique familiarissimum, iis studiis litterarum doctrinaeque praeditum quibus ego maxime delector.

Caesars,[130] für seine Bemühungen dankt, wodurch er, Cicero selbst, dem Caesar ein familiarissimus wäre – ut ego essem illi quam familiarissimum.[131]

Wie diese (und weitere) Belege zeigen, ist ein familiarissimus in die engsten Entscheidungen seines Freundes eingebunden: So sitzt Kleomenes neben dem Verres und tuschelt mit ihm. Lucius Cornelius Balbus wird als familiarissimus Caesaris bezeichnet, eine Denomination, die auch Gaius Suetonius Tranquillus für Balbus gebraucht: In seiner Caesar-Biographie könnte dies seinen Grund darin haben, dass der Verfasser die eigene Glaubwürdigkeit dadurch zu erhöhen trachtet, dass er sich auf Cornelius Balbus beruft:[132] cuius rei, ne quis fabulosam aut commenticiam putet, auctor est Cornelius Balbus, familiarissimus Caesaris. Der vertrauteste Freund Caesars ist eine verlässliche Quelle.

Lässt sich nun auch für Aulus Ofilius eine solche Nähe zu Gaius Iulius Caesar konstruieren, wenn Pomponius ihn als den Caesari familiarissimus bezeichnet?

3. Cicero als Quelle für Pomponius?

Wie die kurze Übersicht ergeben hat, lässt sich der mit Abstand größte Teil der Belege für familiarissimus in der klassischen Literatur bei Cicero finden,[133] und da insbesondere in Verbindung mit (Gaius Iulius) Caesar. Dies ist für Cicero, den Schulz als „stets in Superlativen schwelgender Mann" beschreibt,[134] nicht besonders auffällig. Wenn einerseits gerade und vor allem bei Cicero die Wortfolge familiarissimus Caesaris belegt ist, welcher andererseits auch gerne und häufig familiarissimus mit einem im Dativ stehenden Objekt kombiniert, so läge der Verdacht nahe, dass Pomponius die Formel Caesari familiarissimus von Cicero übernommen hat.[135]

Dieser Gedanke ist nicht neu.[136] Aber auch wenn Cicero im Encheiridion zweimal zitiert wird,[137] lassen sich darin nur ganz allgemeine Bezüge zu Ciceros Werk herstellen. Für die hier aufgeworfene Vermutung als nicht gerade förderlich erweist sich so z.B. die Tatsache, dass die Bezeichnung der auditores Servi für die zehn Schüler des Servius bei Cicero nicht belegt ist.[138] Auch taucht der Jurist Aulus Ofi-

---

130 Vgl. dazu nur Cic. ad fam. 6,12,2 und dazu Bauman, Lawyers 77, A.52. Matius nahm eine Mittlerrolle ein zwischen Caesar und Cicero, vgl. dazu auch Frigo, Matius, und grundlegend zum Verhältnis von Cicero zu Matius Kytzler, Cicero.

131 Cic. ad fam. 11,27,5: Post Caesaris reditum quid tibi maiori curae fuit quam ut essem ego illi quam familiarissimum? – Nach der Rückkehr Caesars [Einschub: 45 v. Chr. aus Spanien], was war dir von größerer Sorge als dass ich jenem möglichst vertraut wäre?

132 Suet. Caes. 81,2. Bei der Einnahme von Capua habe Caesar Gräber geöffnet und umgraben lassen und dabei die Gebeine des Stadtgründers Capys gefunden sowie eine Fluchtafel, welche seinen Tod ankündigt.

133 Die Quelle Suetons für seine Charakterisierung des Balbus als familiarissimus Caesaris (Suet. Caes. 81,2) ist unklar; dass Sueton den Cicero gekannt und auch für seine Biographien benutzt hat, ist aber belegt, vgl. D'Ippolito, Giuristi 100–102. Seine Vorlagen sollen, neben privaten Kaiserbriefen, Archivmaterial, Plinius der Ältere und Publius Cluvius Rufus (Suffektkonsul vor 65 n. Chr.) gewesen sein, vgl. Sallmann, Suetonius 1086.

134 Schulz, Geschichte 53.

135 Vgl. dazu etwa auch Cic. pro Arch. Poet. (3) 5: [...] ut domus, quae huius adulescentiae prima fuerit, eadem esset familiarissima senectuti.

136 Vgl. zuletzt Nasti, Greek Thought 139: „Regarding Cicero, I do not believe it has ever been questioned that he might have been a source for some passages of Pomponius' work; [...]".

137 So in D 1.2.2 einmal in § 40 (etiam Lucius Crassus frater Publii Mucii, qui Munianus dictus est: hunc Cicero ait iurisconsultorum disertissimum), einmal in § 46 als Verteidiger des Quintus Ligarius.

138 Nach Nörr, Pomponius 530 hat Pomponius diese aus einer Schrift des Servius Sulpicius Rufus selbst bezogen, vgl. D 1.2.2.42 (Pomp. l.s. encheir.), wo es heißt: omnes tamen hi a Servio nominantur.

lius insgesamt nur dreimal namentlich in Ciceros Briefen auf[139] und wird dabei nie als familiaris Caesaris tituliert.[140]

Bretone hat daher wiederholt erwogen, dass Ciceros Schrift „Das Zivilrecht" (de iure civili in artem redigendo)[141] das Vorbild des Pomponius gewesen sei[142] – eine These, die sich angesichts der Tatsache, dass von dieser Schrift nichts erhalten ist, nur schwer verifizieren lässt.[143] Das Hauptargument Bretones aber könnte, trotz der oder sogar: angereichert um die Kritik Nörrs,[144] auch für die vorliegende Fragestellung verfangen:

Im Encheiridion steht zu lesen, dass nach Cicero der Licinius Crassus Mucianus einer der herausragendsten Juristen gewesen sei: hunc Cicero ait iuris consultorum disertissimum.[145] Dieses Zitat kann keinem der erhaltenen Werke des Cicero zugeordnet werden. Wenn der Arpinate aber einmal einen anderen Juristen (Quintus Mucius Scaevola pontifex) als iuris peritorum eloquentissimus[146] und schließlich consultorum disertissimus[147] preist,[148] so belegt dies immerhin, dass Cicero diese Wortfolgen gebraucht hat. Möchte man Pomponius kein Fehlzitat unterstellen, indem er das Urteil Ciceros über Quintus Mucius nun dessen Prozessgegner Crassus zugesprochen habe, so könnte man mit Bretone auch annehmen, dass Cicero in einer nicht erhaltenen Schrift wie de iure civili in artem redigendo auch den Publius Licinius Crassus mit diesem Epitheton consultorum disertissimus bedacht[149] und dass Pomponius aus dieser Quelle geschöpft habe. Selbst Nörr, der diese These Bretones als missglückt

---

139 Cic. ad Att. 13,37,4; ad fam. 7,21 u. 16,24,1. Alle drei Fälle betreffen Erbschaftssachen; vgl.dazu näher Bauman, Lawyers 72–74, Lehne-Gstreinthaler, Iurisperiti 205; Nörr, Pomponius 525.

140 In Cic. ad fam. 6,12,2 werden familiares Caesaris aufgezählt, Ofilius fehlt in dieser Liste, vgl. dazu auch Bauman, Lawyers 87.

141 Zitiert wird dieses Werk mit seinem Titel nur in Aul. Gell. 1,22,7; Quint. 12,3,10; Charisius Grammaticus GLK I p. 318, 13 (= 175. 18-19B); vgl. ferner Cic. de orat. 1,42,190; 2,33,142.

142 Bretone, Tecniche 275–283.

143 Nörr, Pomponius 527. Nach Nörr, Pomponius 530–531 ist vielmehr davon auszugehen, dass Pomponius sich im Encheiridion nicht nur auf ein Werk gestützt, sondern aus unterschiedlichen ihm nützlichen Quellen geschöpft hat.

144 Diese sind erstmals formuliert in Nörr, Pomponius 527–529; vgl. dazu sogleich. Aus der Darstellung bei Nasti, Greek Thought 139, A.5 wird nicht deutlich, dass Nörr Bretone in dieser Frage massiv widersprochen hat.

145 D 1.2.2.40 (Pomp. l.s. enchirid.). Nach herrschender Meinung unterlief Pomponius, welcher den Publius Licinius Crassus (consul 131 v. Chr.) gemeint haben muss, hier ein Irrtum. Denn nur Publius Licinius Crassus war – im Unterschied zu dem berühmten Redner Lucius Licinius Crassus – Jurist, vgl. dazu Behrends in Behrends u.a., Corpus Iuris Civilis II, 107, A.1; D'Ippolito, Giuristi 13, A.13; Nörr, Cicero-Zitate 138; Nörr, Pomponius 524.

146 Cic. Brut. 39,45; Schulz, Geschichte 65, A.1 wertet das als „ein sehr zweifelhaftes Kompliment, wenn man bedenkt, daß Cicero die Juristen im Allgemeinen für schlechte Redner hält".

147 Cic. Brut. 40,148.

148 Brutus kontrastiert im gleichnamigen Dialog Quintus Mucius Scaevola, den Redegewandtesten der Juristen, mit Publius Licinius Crassus, den rechtskundigsten der Redner (Cic. Brut. 39,145): [...] atque ita tum ab his patronis aequalibus etiam consularibus causa illa dicta est, cum uterque ex contraria parte ius civile defenderet, ut eloquentium iuris peritissumus Crassus, iuris peritorum eloquentissumus Scaevola putaretur. – Und so wurde damals von diesen beiden gleich(alt)en Anwälten, auch bereits ehemaligen Konsuln, jener Rechtsfall vertreten, als jeder von beiden von der entgegengesetzten Perspektive das ius civile verteidigte, sodass Crassus als der rechtskundigste der Redner angesehen wurde, Scaevola als der Redebegabteste der Rechtskundigen.
Dies greift Brutus nochmals auf (Cic. Brut. 40,148): nam ut paulo ante dixi consultorum alterum disertissumum, disertorum alterum consultissumum fuisse, sic in reliquis rebus ita dissimiles erant inter sese, statuere ut tamen non posses, utrius te malles similorum. – Denn wie ich kurz zuvor gesagt habe, dass der eine der Redegewandteste der Rechtsgelehrten, der andere der Rechtskundigste der Redner gewesen sei, so waren sie untereinander verschieden in den übrigen Dingen, sodass du dennoch nicht feststellen konntest, wem von beiden du lieber ähneln möchtest.

149 Bretone, Pomponio 180–181; Bretone, Tecniche 281–282. Nörr, Cicero-Zitate 138 bezeichnet die Hypothese, dass Cicero den Mucianus an anderer Stelle entsprechend qualifiziert, als eher unwahrscheinlich.

verwirft,[150] möchte nicht ausschließen, „daß die Formel vom iurisconsultorum disertissimus letztlich auf Cicero zurückgeht",[151] wenn er auch dafür vorsichtig eine mündliche Tradition vorschlägt, welche Pomponius etwa aus dem Schulbetrieb gekannt haben könnte.[152] Ohne, dass hier Position für Bretones nicht beweisbare These oder Nörrs gut begründete Entgegnung bezogen werden muss, darf man diese Beobachtungen als sehr wertvoll für die vorliegende Fragestellung erachten: Vielleicht nämlich bieten sie mögliche Deutungsmodelle dafür, wie Pomponius von Cicero die Formel übernommen haben könnte, dass Aulus Ofilius ein Caesari familiarissimus gewesen sei.[153] Und vielleicht lässt sich dies so – „unmittelbar oder mittelbar – auf Cicero zurückführen".[154]

4. Aulus Ofilius als Caesari familiarissimus

Bei erster Lektüre dieses Abschnittes aus D 1.2.2.44 entstand unweigerlich der Eindruck, dass Alfenus erfolgreicher gewesen sei als Ofilius. Alfenus war, wie oben dargelegt, Konsul geworden. Ofilius jedoch habe kein Amt bekleidet und sei lebenslang Ritter geblieben: Ofilius in equestri ordine perseveravit.

Doch das Verb perseverare,[155] wörtlich: „verharren", indiziert nicht notwendiger Weise, dass Ofilius gescheitert ist: Damit könnte nämlich auch eine bewusste Entscheidung des Juristen gegen die politische Laufbahn zum Ausdruck gebracht werden.[156] Es drängen sich biographische Parallelen zu anderen Juristen auf: Aulus Cascellius[157] etwa hat sich freiwillig nicht über die erste Stufe des cursus honorum, die Quästur, weiterentwickelt und soll ebenso den Konsulat ausgeschlagen haben, welcher ihm von Augustus angeboten worden war, wie um 5. n. Chr.[158] der Marcus Antistius Labeo.[159] Aufgrund der stereotypen Darstellung bei Pomponius könnte man versucht sein, hierin einen Topos zu sehen. Andererseits entspricht die Position des Ofilius auch dem Selbstverständnis eines Juristen der späten Republik bzw. des frühen Prinzipats, welcher, selbst aus dem Ritterstand

[150] Nörr, Cicero-Zitate 136, A.93. Nörr, Cicero-Zitate 139 und Nörr, Pomponius 524–526 vermutet, dass Pomponius sich geirrt und den Brutus gar nicht gelesen habe und listet als Gründe gegen eine Textverstümmelung des Encheiridion etwa auch auf, dass Pomponius sich im gleichen Paragraphen noch zweimal geirrt habe: So war Publius Rutilius Rufus ein legatus Asiae und nicht proconsul, Quintus Tubero wiederum werde irrig als consul tituliert; vgl. auch Nörr, Pomponius 524, A.125.

[151] Nörr, Cicero-Zitate 139–140.

[152] Vgl. Nörr, Pomponius 524–525.

[153] Ciceros verschollene Schrift de iure civili in artem redigendo wird in das Jahr 55/54 v. Chr. datiert, vgl. Bretone, Pomponio 178; Bretone, Tecniche 278.

[154] So allgemein Nörr, Pomponius 525.

[155] Vgl. dazu auch Biavaschi, Caesari familiarissimus 16. Das Verb perseverare verwendet Pomponius auch in D 1.2.2.47 (Pomp. l.s. enchirid.) zur Beschreibung der vielleicht konservativeren Position, welche Ateius Capito in der Lehre eingenommen hat: nam Ateius Capito in his, quae ei tradita fuerant, perseverabat.

[156] So etwa auch D'Ippolito, Giuristi 18, 102–103; Münzer, Ofilius 2040. Biavaschi, Caesari familiarissimus 14 überlegt, ob hinter dem Stocken in der Karriere des Ofilius „una scelta politica particolarmente nefasta" stehen könnte, betont aber im selben Atemzug, dass es auch dafür keine sicheren Anhaltspunkte in den Quellen gebe, und vermutet weiters (ebd. 15), dass Ofilius freiwillig im Ritterstand verblieben sein könnte. Daher folgert sie „che egli non volle seguire il cursus honorum e rifuggì dagli impegni politici" (ebd. 15).

[157] D 1.2.2.45 (Pomp. l.s. enchirid.). Hier ist nichts von einer bewussten Opposition des Cascellius gegen Augustus zu lesen, was aber auch an der bewusst neutralen Darstellung des Pomponius liegen könnte, vgl. dazu nur Nörr, Pomponius 572; hier ist auf Valerius Maximus (Val. Max. 6.2.1) zu verweisen und dazu vgl. Lehne-Gstreinthaler, Iurisperiti 260. Zum Juristen Aulus Cascellius, der zwar Schüler des Servius, aber nur wenig jünger als dieser gewesen ist, vgl. Kunkel, Juristen 25–27; Lehne-Gstreinthaler, Iurisperiti 260–264.

[158] So datiert bei Behrends in Behrends u.a., Corpus Iuris Civilis II, 109, A.2.

[159] D 1.2.2.47 (Pomp. l.s. enchirid.); vgl. dazu Tac. ann. 3,75 und unten unter 7. Labeo habe sich lieber ein halbes Jahr dem Rechtsunterricht, ein halbes Jahr der Forschung gewidmet.

stammend,[160] wie viele seiner Standesgenossen[161] kein genuines Interesse an einer politischen Karriere gehabt hat.[162]

Die ihm von Pomponius dennoch zugewiesene, größte auctoritas muss sich Ofilius daher auf anderem Felde erworben haben: Pomponius, der das Œuvre des Ofilius überblickt haben dürfte[163] und ihn als Lehrer des Quintus Aelius Tubero[164] anführt, lässt keinen Zweifel an der juristischen Expertise des Ofilius. So bezeichnet er ihn als gelehrter als zwei – nebenbei bemerkt, wie Ofilius lebenslang im Ritterstand verbliebenen[165] – etwas jüngere Spitzenjuristen,[166] den erfahrenen Gaius Trebatius Testa[167] und den redebegabten, aber wenig produktiven Aulus Cascellius.[168] Auch die Respondiertätigkeit[169] des Ofilius ist bei Cicero[170] dreimal bezeugt.[171]

Wenn Pomponius zusätzlich noch die besondere Nähe des Ofilius zu Caesar betont, so liegt nahe, dass eben diese für das „größte Ansehen" des Ofilius letztlich ausschlaggebend gewesen ist.[172] Die auctoritas des Ofilius hat sich also nicht in politischen Ämtern manifestiert wie bei Alfenus Varus, sondern erklärt sich inoffiziell, aus seiner Nähe zu Caesar. Im Encheiridion hat die Titulierung Caesari familiarissimus eine erzählerische Funktion: Pomponius relativiert auf diese Weise die Tatsache, dass Ofilius stets nur ein Ritter geblieben sei.[173]

Es sei hier nur auf die vergleichbare Situation der Juristen Labeo und Capito verwiesen: Während Labeo sich dem Konsulat verweigerte und ganz der Lehre und Forschung widmete, wurde Capito von Augustus zum Suffektkonsul gemacht. In der Parallelüberlieferung bei Tacitus wird die Verleihung des Konsulats an Capito damit begründet,

[160] In der jüngsten Generation der republikanischen Juristen haben die Ritter ein deutliches Übergewicht, vgl. Kunkel, Juristen 53.

[161] Vgl. dazu etwa Kunkel, Juristen 50–51. Als Ritter lassen sich römische Bürger definieren, welche nicht Senatoren waren, aber laut dem Zensus über ausreichend Vermögen verfügten, um sich ein Pferd leisten zu können und daher Dienst in der römischen Reiterei leisten konnten. Der Ritterstand bildet also, im Unterschied zu den Senatoren (welche von Geburt aristokratisch waren), den Geldadel.

[162] So auch Bretone, Geschichte 115; vgl. dazu ferner Biavaschi, Caesari familiarissimus 17–19.

[163] Vgl. D 50.16.180.1 (Pomp. 30 ad Sab.).

[164] D 1.2.2.46 (Pomp. l.s. enchirid.). Quintus Aelius Tubero – vgl. Kunkel, Juristen 37; Lehne-Gstreinthaler, Iurisperiti 254–260 – war der Sohn des Lucius Aelius Tubero, vgl. Kunkel, Juristen 14; Lehne-Gstreinthaler, Iurisperiti 112–113.

[165] So Kunkel, Juristen 27–28. Bauman, Lawyers 72 vermutet „that these three jurists were very much of an age and were linked together in some way".

[166] D 1.2.2.45 (Pomp. l.s. enchirid.) ex his Trebatius peritior Cascellio, Cascellius Trebatio eloquentior fuisse dicitur, Ofilius utroque doctior. Dass dahinter, wie Biavaschi, Caesari familiarissimus 17 festhält, auch bloß eine Wertung des Pomponius stehen könnte, ist hier, wo es ja um die Darstellung des Ofilius durch Pomponius geht, nicht weiter von Belang. D'Ippolito, Giuristi 18 setzt eben diese Wertung des Pomponius in unmittelbaren Zusammenhang mit dem Caesari familiarissimus.

[167] Kunkel, Juristen 28 datiert die Lebenszeit des Trebaz zwischen die Mitte der 80er-Jahre v. Chr. und das Jahr 4 n. Chr; vgl. zu Trebaz auch Lehne-Gstreinthaler, Iurisperiti 265–289; Scheibelreiter, De eo, qui 199–200.

[168] Nach Kunkel, Juristen 25–27 wurde Cascellius um 104 v. Chr. geboren. Er hat keine Bücher verfasst, wenn man von dem nichtjuristischen liber bene dictorum absieht; vgl. dazu auch Biavaschi, Caesari familiarissimus 17, A.27 und Lehne-Gstreinthaler, Iurisperiti 260–264.

[169] Vgl. zu einem guten Überblick dazu Lehne-Gstreinthaler, Iurisperiti 205–221.

[170] Vgl. dazu nochmals Cic. ad Att. 13,37,4; Cic. fam. 7,21; Cic. fam. 16,24,1.

[171] Vgl. dazu auch Bauman, Lawyers 72-74 und oben A. 139.

[172] Vgl. so auch D'Ippolito, Giuristi 16–18.

[173] Vgl. dazu auch Bauman, Lawyers 88–89. In Verbindung mit dem Ofilius in equestri ordine perseveravit könnte man versucht sein, is fuit Caesari familiarissimus adversativ zu übersetzen mit: „und dennoch war Oflius der engste Vertraute von Caesar". Doch das ist bereits Interpretation.

„damit er den als Juristen ihm überlegenen Labeo wenigstens durch die Ehrenstellung überflügelte":[174]

consulatum ei adcelaverat Augustus, ut Labeonem Antistium isdem artibus praecellentem dignatione eius magistratus anteiret. – Den Konsulat hatte Augustus ihm [= Capito] rasch angetragen, damit er den Labeo Antistius, welcher in derselben Wissenschaft hervorstach, durch die Würde dieses Amtes hinter sich lasse.[175]

Es bleibt zu überlegen, ob es Indizien dafür gibt, dass die juristische Tätigkeit des Ofilius ausschlaggebend dafür war, dass er ihn als Caesari familiarissimus tituliert hat. Informationen, die für Aulus Ofilius nicht überliefert sind, liegen immerhin für andere Juristen seiner Zeit vor.

In Briefen Ciceros an den eben genannten Gaius Trebatius Testa[176] lässt sich das Modell einer stufenweisen Annäherung an Caesar ausmachen, welches auch für den Ofilius gelten könnte.

Der junge Trebaz war dem Gaius Iulius Caesar wiederholt von Cicero anempfohlen worden. In einem Brief aus dem April 54 v. Chr. preist Cicero neben seinem guten Charakter[177] auch die Rechtskunde des Trebaz:[178] Accedit etiam, quod familiam ducit in iure civili singularia memoria, summa scientia. – Hinzu kommt auch, dass er die familia anführt in einzigartiger Erinnerung und höchster Wissenschaft. Die Wortfolge familiam ducere sticht ins Auge – Cicero könnte, dem Genre des Empfehlungsschreibens geschuldet, in Überhöhung vom „ersten seiner Zunft" sprechen.[179]

Trebaz erlangt Zugang zu Caesar und begleitet ihn daraufhin nach Gallien. Cicero geht es zu langsam, er wünscht sich eine raschere Annäherung zwischen Trebaz und Caesar, wenn er diesen im Juni 54 v. Chr., angesichts des bevorstehenden Aufbruchs Caesars nach Britannien, ermahnt:[180] Sin autem sine Britannia adsequi, quod volumus, possumus, perfice ut sis in familiaribus Caesaris. – Wenn wir auch ohne Britannien erreichen können, was wir uns wünschen, dann schau, dass du in die Gruppe der familiares Caesaris kommst!

Im August desselben Jahres erfährt Cicero von Caesars Bedauern darüber, dass er mit Trebaz noch nicht näher in Kontakt getreten sei:[181] Scripsit ad me Caesar perhumaniter non te sibi satis esse familiarem propter occupationes suas, sed certe fore. – Caesar schrieb mir allzu freundlich, dass du ihm wegen seiner Verpflichtungen noch nicht ausreichend vertraut (geworden) bist, aber, dass du es sicher werden wirst.

Bald darauf aber dürfte Trebaz von Caesar als guter Jurist wahrgenommen worden sein – so zumindest stellt dieser es dem Cicero dar:[182] Legi tuas litteras, ex quibus intellexi te Caesari nostro valde iure consultum videri. – Ich

---

174 Nörr, Pomponius 573.

175 Tac. ann. 3,75,1-2.

176 Vgl. dazu nur Kunkel, Juristen 28; Lehne-Gstreinthaler, Iurisperiti 264–289.

177 Cic. ad fam. 7,5,3: probiorem hominem, meliorem virum, pudentiorem esse neminem.

178 Cic. ad fam. 7,5,3; vgl. dazu auch Cic. ad fam. 7,7,1.

179 How, Clark, Cicero 212 übersetzen „he is at the top of his profession" und leiten die Wortfolge familiam ducere aus einer Bezeichnung für den Anführer einer Gruppe von Sklaven her. Bauman, Lawyers 125: „Cicero is probably saying that Trebatius is the best of the bunch". Bauman, Personal Names 8–9 zieht diese eigene Wertung jedoch in Zweifel und schlägt stattdessen vor, dass Trebaz damit inoffiziell als Schulhaupt bezeichnet werden könnte.

180 Cic. ad fam. 7,7,2.

181 Cic. ad fam. 7,8,1.

182 Cic. ad fam. 7,12,1.

habe deinen Brief gelesen, dem ich entnommen habe, dass du unserem Caesar als Jurist mehr als aufgefallen bist.

Cicero gibt sich wegen der nun entstandenen Nähe des Trebaz zu Caesar fast ein wenig neidig:[183] verum tamen – rideamus licet; sum enim a te invitatus – subinvideo tibi ultro etiam accersitum ab eo, ad quem ceteri non propter superbiam eius sed propter occupationem aspirare non possunt. – Immerhin aber – wir sollen lachen, denn du lädst mich dazu ein – ich beneide dich ein wenig, dass du herbeigerufen worden bist von ihm, zu dem die anderen nicht etwa wegen seiner Überheblichkeit, sondern wegen seiner Beanspruchung nicht gelangen können.

In Briefen aus dem Jänner[184] und März 53 v. Chr.[185] ist zu lesen, dass Caesar wiederholt den juristischen Rat des Trebaz eingeholt habe.[186] Und kurz darauf ist das Ziel erreicht: Trebaz findet, zur großen Freude Ciceros, zuerst (im Juni 53 v. Chr.) Zugang zu den familiares Caesaris[187] und schließlich zu Caesar selbst:[188] Illud quidem perlibenter audivi ex eodem Chrysippo, te esse Caesari familiarem. – Jenes habe ich nur allzu gerne von demselben Chrysippus[189] gehört, nämlich, dass du dem Caesar ein familiaris bist.

Das von Cicero für Trebaz als Karriereplan formulierte Ziel ist erreicht: die familiaritas Caesaris.[190]

In Analogie zu Trebaz ist immerhin denkmöglich, dass für Ofilius die Entwicklung hin zu einer Caesari familiaritas ähnlich verlaufen ist. Und Ofilius, welcher Caesar ebenfalls „juristisch beraten" hat,[191] könnte sich so vom Caesari familiaris zum Caesari familiarissimus hochgearbeitet haben. Es bleibt zu spekulieren, wobei sich Caesar seiner rechtskundigen Expertise bedient hat. Bauman argumentiert dafür, dass Ofilius an der Konzeption der lex Iulia municipalis (der Tabula Heracleensis)[192] gewesen sei,[193] Behrends denkt hier an die lex Ursonensis.[194] Mehrheitlich aber wird vertreten, dass Ofilius der führende Jurist in Caesars Digesten-Projekt gewesen sei.

---

183 Cic. ad fam. 7,12,1.

184 Cic. ad fam. 7,13,2.

185 Cic. ad fam. 7,15,1.

186 In welchen konkreten Vorhaben er dies getan hat, ist nicht belegt; zu den Spekulationen etwa einer Mitwirkung an der lex Iulia municipalis (Tabula Heracleensis) oder der lex coloniae Iuliae genetivae vgl. Lehne-Gstreinthaler, Iurisperiti 267 mit A.1558.

187 Cicero freut sich außerordentlich darüber, dass Trebaz nun mit Gaius Matius, einem engen Freund Caesars (Cic. ad fam. 6,12,2 u. 11,27,5; vgl. dazu oben unter 3.3) befreundet sei (Cic. ad fam. 7,17,3): quom vero in Gai Mati, suavissimi doctissimique hominis familiaritatem venisti, non dici potest, quam valde gaudeam. – Es gibt keine Worte dafür, wie sehr ich mich darüber freue, dass Du aber in den engeren Freundeskreis (familiaritas) des Gaius Matius, eines so angenehmen und gelehrten Mannes gekommen bist.

188 Cic. ad fam. 7,18,2.

189 Vettius Chrysippus ist ein Freigelassener des Architekten Vettius Cyrus; vgl. zu diese Cic. pro Mil. 46–48.

190 Vgl. dazu auch D'Ippolito, Giuristi 98–100.

191 Liebs, Hofjuristen 17.

192 Zur Tabula Heracleensis vgl. Crawford, Roman Statutes 355–391 und jetzt auch Rafetseder, Lex Tabulae Heracleensis. Das Gesetz kann mit Crawford, Roman Statutes 360–362 in die Lebenszeit Caesars datiert werden, wobei ältere, da tralatizische Elemente nicht auszuschließen sind.

193 Bauman, Lawyers 73–74 bezieht sich hier auf eine Bestimmung aus der lex Iulia municipalis, wonach aktiv als Auktionäre tätige Bürger (praecones) vom Dekurionen-Amt ausgeschlossen sein sollten (FIRA 1.147-148). Dies setzt er in Beziehung zu dem Brief Ciceros an Lepta (Cic. ad fam. 6,18,1) aus 45 v. Chr., der sich auf diese Bestimmung beziehen und sie interpretieren könnte, wenn es dort heißt, dass vom Verbotsgehalt der Norm nur aktive praecones betroffen seien, nicht aber ehemalige. Daraus zu schließen, dass dieser Interpretation ein responsum von Ofilius zugrundeliege, zumal sich dieser auch mit Munizipalrecht beschäftigt hätte, ist allerdings Spekulation – so Behrends, Rez. Bauman 607 –, vgl. aber dennoch Bauman, Lawyers 73: „There is an element of interpretation here, and we are possibly looking at a responsum of Ofilius as transmited by Balbus".

194 Behrends, Le due giurisprudenze 198, 217 mit A.52 u. 53.

5. Aulus Ofilius und Caesars Kodifikationsvorhaben

Nur bei Sueton und Isidor von Sevilla[195] wird überliefert, dass Gaius Iulius Caesar den Plan gehabt hatte, das ius civile zu kompilieren und zu ordnen:[196]

(1) Nam de ornanda instruendaque urbe, item de tuendo ampliandoque imperio plura ac maiora in dies destinabat: [...] (2) ius civile ad certum modum redigere atque ex immensa diffusaque legum copia optima quaeque et necessaria in paucissimos conferre libros; bibliothecas Graecas Latinasque quas maximas posset publicare data Marco Varroni cura comparandarum ac digerendarum.

(1) Tag für Tag nämlich fasste er mehr und umfangreichere Pläne, um die Stadt zu verschönern und zu organisieren, ebenso, um die Herrschaftsgewalt zu bewahren und auszubauen: [...] (2) [Er plante], das ius civile auf ein bestimmtes Maß zusammenzufassen und, was aus der unermesslichen und verstreuten Fülle an Gesetzen das Wichtigste und Notwendigste war, in sehr wenigen Büchern zusammenzufassen; und so viele griechische und lateinische Schriften als möglich zu veröffentlichen, nachdem er Marcus Varro die Aufgabe übertragen hatte, diese zu erwerben und zu ordnen.

Ob Caesar damit ein Projekt gleicher Ausrichtung des Pompeius aufgegriffen hat,[197] welches dieser aus Angst vor seinen Gegnern[198] wieder fallen gelassen hatte,[199] wie Isidor von Sevilla freilich aus größerer zeitlicher Distanz[200] berichtet,[201] ist in diesem Kontext nicht von Bedeutung.[202]

---

195 Vgl. Paricio, Proyectos codificadores 32: „[...] es una noticia a la que las fuentes romanas conservadas no prestan atención".

196 Suet. Caes. 44,2.

197 Vgl. Isid. Orig. 5,1,5: Leges autem redigere in libris primus consul Pompeius instituere voluit, sed non perseveravit, obtrectatorum metu. Deinde Caesar coepit id facere sed ante interfectus erit. – Als Erster aber wollte der Konsul Pompeius die Gesetze anordnen, aber er blieb nicht dabei, aus Angst vor den Gegnern (dieses Vorhabens). Daraufhin begann Caesar, dies fortzusetzen, aber wurde vor (Vollendung) getötet.

198 D'Ippolito, Giuristi 97–98 vermutet eine Gegnerschaft des Servius Sulpicius Rufus; vorsichtig zustimmend Biavaschi, Caesari familiarissimus 22.

199 Kritisch zu diesem Beleg äußerst sich etwa Pólay, Kodifizierungsplan 29–30, der ihm aus mehreren Gründen die Verwertbarkeit (nicht aber die Glaubwürdigkeit) abspricht: So sei schon die unjuristische Begriffsverwendung bei Isidor (was genau meinte er mit leges?) hinderlich, aus der Quelle nähere Informationen zu beziehen (ebd. 30). Ähnliches gelte nach Pólay, Kodifizierungsplan 37 auch für den Bericht Suetons (dazu sogleich unten). Paricio, Proyectos codificadores 35 allerdings widerspricht, indem er auf die Rechtsquellenlehre des Isidor hinweist, welche belege, dass er Senatsbeschlüsse, responsa prudentium oder Gesetze im engeren Sinne sehr wohl unterschieden habe. Dennoch versteht Paricio leges hier im übertragenen Sinn als positive Quellen des Rechts, z.B. im Gegensatz zu den mores gemäß Isid. Orig. 5.3.1.

200 Die Etymologiae vel Origenes des Isidor datieren in das 7. Jh. n. Chr. Paricio, Proyectos codificadores 31 mit A.1 datiert sie in die Jahre 615–620; vgl. dazu auch Fontaine, Isidoro 197–209.

201 Isid. Orig. 5,1,5: Deinde Caesar coepit id facere, sed ante interfectus est. Zum legem autem redigere in libris hatte Pompeius Zeit in einem seiner drei Konsulate (70, 55 und 52 v. Chr.); für 52 v. Chr. votieren etwa Paricio, Proyectos codificadores 33–34; Pólay, Kodifizierungsplan 33; zur Frage vgl. auch Buchwitz, Ehmer, Ciceros Topica 16.

202 Kunkel, Schermaier, Rechtsgeschichte 143 sehen darin eine Reaktion des Pompeius (und später des Caesar) auf die vielleicht bei Cic. de off. 2,65 angedeutete Verwässerung der Rechtswissenschaft durch allzu viele, nicht dem Senatorenstand entstammende Juristen, welche zu einer confusio temporum geführt hätten; allgemein vgl. dazu Buchwitz, Ehmer, Ciceros Topica 16, A.43; Kunkel, Ius respondendi 448–449; Paricio, Proyectos codificadores 35. Paricio, Proyectos codificadores 37 hält allerdings auch für erwägenswert, dass dem Pompeius dieses Projekt in einer Quelle, aus der Isidor geschöpft hat, nachträglich zugeschrieben worden war, z.B. um Caesar der Originalität seines Vorhabens zu berauben.

Dieses (mögliche) Kodifikationsprojekt[203] – darauf könnte die Beschreibung mit ius civile ad certum modum redigere schließen lassen[204] – hat Caesar nie verwirklichen können.[205]

Das Projekt Caesars lässt sich als Versuch auffassen, Rechtssicherheit durch Entschlackung der unübersichtlichen Normenflut bereits gegen Ende des 1. Jh. v. Chr. zu erreichen – diesem Ziel dienen ja auch die spätantiken Kodifikationsprojekte der Kaiser Theodosius II. (408–450)[206] oder Justinian I. (527–565).[207] Freilich ist es nicht sicher, ob man dies unmittelbar aus Sueton herauslesen darf und etwa den Halbsatz [Caesar destinabat] [...] immensaque diffusaque legum copia optima quaeque necessaria in paucissimos conferre libros auf den Plan, das ius civile zu redigieren, beziehen darf. Die beiden Halbsätze sind mit atque verbunden. Daraus könnte, muss aber nicht folgen, dass der atque-Satz den allgemeiner gehaltenen und vorangestellten Satzteil inhaltlich näher ausführt.[208] Der Text lässt die Deutung zu, dass Caesar ein Projekt zum ius civile, verstanden als Juristenrecht[209] verfolgte,[210] und dass neben dieses auch ein zweites tritt, eine Sammlung der leges (Gesetze).[211] Andererseits ist schwer vorstellbar, dass mit leges die Volksgesetze gemeint waren, deren Zahl – gerade in Bezug auf privatrechtliche Materien – höchst überschaubar geblieben war.[212] Kunkel erwägt deshalb, dass Caesars Plan eine Sammlung von Juristenrecht vorgesehen habe.[213]

---

203 Allgemein dazu etwa Waldstein, Rainer, Rechtsgeschichte 181. Pólay, Kodifizierungsplan 50–51 vermutet dahinter eher eine Aufwertung des Juristenstandes im Sinne der Verleihung des ius respondendi, welche dann eine Generation später von Augustus durchgesetzt worden sei.

204 So auch Buchwitz, Ehmer, Ciceros Topica 17; Sacchi, L'ars hermeneumatis 399 mit A.78.

205 Sowohl Isid. Orig. 5.1.1 (coepit facere) als auch Suet. Caes. 44,2, welches unter der Generalklausel für alle hier gelisteten Projekte Caesars steht, welche er durchgeführt und geplant habe (Suet. Caes. 44,4: alia agentem atque meditantem mors praevenit), erlauben die Deutung, dass Caesars rechtskodifikatorische Pläne bereits im Status der Umsetzung gewesen sind, als er starb, vgl. so auch Paricio, Proyectos codificadores 37–38.

206 Diese Motivation des Kaisers lässt sich ersehen aus der Konstitution zur Einsetzung der Kommissionen für das Kodifikationsprojekt in CTh. 1.1.6.1-3 (Theod./Valentin. a. 429).

207 Vgl. dazu etwa den ersten Absatz der Constitutio Haec (13. 2. 528 n. Chr.) zur Einsetzung der (ersten) Codex-Kommission und ferner § 7 der Constitutio Deo auctore (15. 12. 530 n. Chr.) zur Einsetzung der Digesten-Kommission.

208 Dagegen Pólay, Kodifizierungsplan 37–43, welcher zwei verschiedene Pläne Caesars identifzieren möchte. Auch die Übersetzung bei Martinet, C. Suetonius Tranquillus 77 suggeriert, dass hier eine Aufzählung unterschiedlicher Projekte vorliegt: „Das bürgerliche Recht plante er auf einen bestimmten Umfang hin zu überarbeiten; aus der übergroßen und sich verästelnden Fülle von Gesetzen sollte nur das Beste und Notwendigste in wenigen Büchern zusammengestellt werden; [...]".

209 Vgl. Cerami, Cesare dictator 431 unter Verweis auf D 1.2.2.12, wo ius civile definiert wird als quod sine scripto in sola prudentium interpretatione consistit.

210 So Paricio, Proyectos codificadores 40 ohne konkrete Angaben von Gründen: „[...] el proyecto de César al menos a tenor de las palabras de Suetonio y de San Isidoro, fue único [...]".

211 Mommsen, Römische Geschichte 563–564 denkt an eine Neufassung des Ediktes: „Offenbar war es notwendig, das alte Stadtrecht, soweit es nicht in das neuere übergegangen war, definitiv zu beseitigen und in dem letzteren der willkürlichen Änderung durch jeden einzelnen Stadtrichter angemessene Grenzen zu setzen, etwa auch die subsidiäre Anwendung desselben neben den Lokalstatuten zu regulieren" (ebd. 564). Krüger, Geschichte 17 denkt hier vorsichtig an eine Endredaktion der Gesetze, vergleichbar jener des prätorischen Edikts durch den Juristen Julian 130 n. Chr. Cerami, Cesare dictator, 431–432 unterscheidet zwei Projekte – eines in Bezug auf das Juristenrecht, eines hinsichtlich des ius legitimum.

212 Kunkel, Ius respondendi 449. Genau vom Gegenteil ausgehend meint Huschke, Pomponius 196: „Zweitens läßt es sich wohl denken, daß Ofilius die, das eigentliche ius civile betreffenden leges, so groß deren Menge auch war, durch Beschränkung auf optima quaeque et necessaria in zwanzig Büchern zusammenfaßte."

213 Kunkel, Ius respondendi 448–449. Diese hätte von den Juristen selbst als Angriff empfunden werden müssen, womit sich auch das Scheitern des Projekts von Pompeius erklären ließe.

Für die vorliegende Fragestellung aber interessiert nur die Möglichkeit, dass Aulus Ofilius in dieses eben erst reifende Vorhaben Caesars[214] eingebunden worden sein könnte. Der bei Pomponius tradierte Satz lautet dabei: is fuit Caesari familiarissimus et libros de iure civili plurimos et qui omnem partem operis fundarent reliquit. Als Argument für die Beteiligung am Digestenprojekt Caesars oder gar für dessen Leitung durch Aulus Ofilius könnten sowohl seine Nähe zu Caesar als auch die hier dokumentierte, große Bedeutung des Ofilius für das ius civile dienen, welches er in allen Facetten behandelt habe.

Bereits Huschke[215] hat einen Konnex zu Ofilius als dem Lieblingsjuristen Caesars hergestellt.[216] Damit würde das sehr allgemein gehaltene Caesari familiarissimus mit einem wesentlichen Inhalt gefüllt, nämlich dem ius civile ad certum modum redigere, von dem Sueton berichtet, und welches mit der Publikationstätigkeit des Ofilius in Zusammenhang gebracht wurde.[217] Pólay hat die Mitwirkung des Ofilius schon allein deswegen verworfen, weil dieser dann ja bei Sueton als federführend genannt werden hätte müssen – ebenso wie der Antiquar und Jurist Marcus Terentius Varro in Zusammenhang mit Caesars Bibliotheken-Projekt genannt wird.[218] Ursächlich dafür könnte aber auch der Umstand sein, dass die beiden Projekte – die Kodifikation des ius civile und der Aufbau einer Bibliothek – zu diesem Zeitpunkt unterschiedlich weit gediehen waren.[219]

Während Casavola dem Ofilius die Erstellung „di un sistema di dottrine di ius civile" zudenkt,[220] ohne dies näher auszuführen, möchte D'Ippolito auf Basis des bei Pomponius gebrauchten Verbs fundare („grundlegend gestalten")[221] in Ofilius den wissenschaftlichen Leiter von Caesars Digestenprojekt ausmachen.[222] Auch Bauman schreibt dem Ofilius die Beteiligung an dieser Unternehmung zu, welche jedoch über Vorarbeiten nicht hinausgekommen sei.[223] Noch vorsichtiger will auch Bretone die Beteiligung von „einem oder anderen Juristen (z.B. Aulus Ofilius)" an dem Kodifikationsprojekt nicht ausschließen.[224] Cerami überlegt sogar, ob Pomponius nicht gar andeuten könnte, dass Ofilius das für Caesars Projekt bereits vorbereitete Material nach dessen Tod publiziert habe.[225] Auch in der rezenten Forschung – etwa von Biavaschi[226] oder Lehne-Gstreinthaler[227] – wird eine Beteiligung des Ofilius am Digestenprojekt Caesars immerhin für möglich gehalten.

---

214 Vgl. Pólay, Kodifizierungsplan 33.

215 Huschke, Pomponius 189–199.

216 Vgl. nur Pólay, Kodifizierungsplan 31: „Ziemlich allgemein ist auch die Ansicht, das [sic!] ein Rechtsgelehrter (A. Ofilius) den Stoff der Kodifikation, den er vorbereitet hatte, nach dem Tod Caesars veröffentlicht habe."

217 So auch Huschke, Pomponius 194.

218 Dass bei Sueton, wie oben dargelegt, Cornelius Balbus als familiarissimus Caesaris bezeichnet wird (Suet. Caes. 81,2), lässt sich für die Frage, ob Sueton auch Ofilius als familiarissimus bezeichnet hätte, wenn er seiner Erwähnung getan hätte, nicht auswerten.

219 Vgl. Suet. Caes. 44,4: alia agentem atque meditantem mors praevenit und dazu oben, A.204.

220 Casavola, Cicerone 283.

221 D 1.2.2.44 (Pomp. l.s. enchirid.) et libros de iure civili plurimos et qui omnem partem operis fundarent reliquit; zu fundare vgl. schon oben unter 2.

222 D'Ippolito, Giuristi 102–105. Durch einen Vergleich auch mit dem § 4 des Pomponius-Fragments, wo zu lesen ist, dass die Gemeinschaft durch die Zwölftafelgesetzgebung gefestigt worden sei (civitas fundaretur legibus), folgert D'Ippolito, Giuristi 105: „L'opera di Ofilio insisteva sull'editto in modo ordinatorio e perciò era intesa a dare assetto stabile a questa delicata materia."

223 Bauman, Lawyers 85: „We conclude that although Ofilius almost certainly worked on Cesar's planned codification, he did not compile a De legibus, and it is thus unlikely that he took the preliminary work to an advanced stage."

224 Bretone, Geschichte 130.

225 Cerami, Sistema ofiliano 85; vgl. dazu Biavaschi, Caesari familiarissimus 27.

226 Biavaschi, Caesari familiarissimus 12–13: „[...] con cui [= Caesar] probabilmente collaboró, secondo quanto suppone buona parte della letteratura, addirittura a un progetto di codificazione."

227 Lehne-Gstreinthaler, Iurisperiti 203: „Wahrscheinlich wirkten beide [= Trebaz und Ofilius] an Cäsars Gesetzen mit und assistierten ihm auch bei der Rechtsprechung."

Pólay bereitet in seiner Ablehnung dieser Annahme unbewusst ein wichtiges Argument dafür vor, nämlich, dass Sextus Pomponius und Suetonius Tranquillus Zeitgenossen, und, dass beide auch Juristen gewesen sind:[228] Damit nämlich könne beiden ein ähnliches Verständnis von ius civile im Sinne von Juristenrecht unterstellt werden.[229]

Paricio wiederum ist davon überzeugt, dass Aulus Ofilius eine wichtige Rolle in Caesars Kodifikationsvorhaben gespielt hat[230] und argumentiert mit einer politischen Komponente: Ofilius sei eben nicht Teil der senatorischen Gegnerschaft Caesars gewesen so wie Servius Sulpicius Rufus (Konsul 51 v. Chr.) oder Publius Alfenus Varus. Gerade weil er stets Ritter geblieben ist und mit Caesar vertraut war, sei es unausweichlich („inevitable"), dass Ofilius die Erstellung der Digesten Caesars in leitender Funktion hätte überwachen sollen: „es imposible imaginar otra cosa."[231]

6. Caesari familiarissimus: Zur Exegese zweier Worte

Immerhin lassen sich auf diese Weise die wenigen überlieferten biographischen Details über Aulus Ofilius zusammenfügen:[232] Aulus Ofilius, der apolitische, große Jurist, ein Schüler des Servius, Lehrer etwa des Quintus Aelius Tubero, war einer der wenigen, mit denen Caesar ein Projekt, welches von senatorischen Kreisen mit Argwohn beobachtet wurde, realisieren konnte und auch wollte.

Als Ergebnis lässt sich, abseits der in dieser Frage nur möglichen Spekulationen, immerhin festhalten, dass Ofilius seine Nähe zu Caesar wohl seiner juristischen Expertise zu verdanken hatte. Darin gründet die Wertung des Pomponius, wenn er sagt: is fuit Caesari familiarissimus. Gleiches trifft jedenfalls auch auf den anderen Caesari familiarissimus des Encheiridion zu, wie die parallele Überlieferung bestätigt: So wird Marcus Cocceius Nerva in den Annalen des Tacitus zweimal als engster Berater des Kaiser Tiberius erwähnt.[233] Als erste der positiven Eigenschaften des Nerva erwähnt Tacitus die legum peritia des Marcus Cocceius Nerva[234], und dass er ein Experte des göttlichen und des menschlichen Rechts (divini humanique iurs sciens) gewesen sei.[235] Dies liest sich gleichsam als Begründung dafür, dass der Jurist, welcher etwa auch als einziges Mitglied des Senats[236] mit dem Kaiser 26 n. Chr.[237] nach Kampanien und Capri reiste,[238] ständiger Begleiter des Kaisers (continuus principi comes) gewesen ist:[239]

228 Gaius Suetonius Tranquillus (geb. 70 n. Chr. in Hippo) genoss in Rom eine Ausbildung zum Anwalt (orator, vgl. Suet. Gramm. 4,9) und war unter Kaiser Hadrian Leiter ab epistulis; vgl. dazu Sallmann, Suetonius 1084–1085.

229 Pólay, Kodifizierungsplan 38–39. Pólay, Kodifizierungsplan 41–42, 44 folgert aber weiters, dass das ius civile zur Zeit Caesars durch das Lehrbuch des Quintus Mucius Scaevola und den Ediktskommentar des Servius Sulpicius Rufus bereits ausreichend aufbereitet war.

230 Paricio, Proyectos codificadores 41.

231 Paricio, Proyectos codificadores 41.

232 Vgl. dazu auch D'Ippolito, Giuristi 113, der aber den Schwerpunkt darauf legt, dass Ofilius als Jurist die Rechtswissenschaft mit den rechtspraktischen Bedürfnissen seiner Zeit in Einklang gebracht hat.

233 Tac. ann. 4,58,1; 6,26,1; vgl. dazu Petersen, Recht 86–87.

234 Tac. ann. 4,58,1.

235 Tac. ann. 6,26,1; vgl. dazu auch Crifó, Il suicidio 430; Liebs, Rechtsunterricht 209. Für die Befassung mit ius divinum gibt es für Nerva allerdings nach Martin, Tacitus 154 kaum Belege.

236 Marcus Cocceius Nerva war zudem seit 24 n. Chr. curator aquarum (Frontin. Aqu. 102,4); vgl. dazu Kunkel, Juristen 120; Martin, Tacitus 154; Woodman, Annals Book 4, 276.

237 Vgl. dazu Martin, Tacitus 154; Woodman, Annals Books 5–6, 182.

238 Tac. ann. 4,58,1: Profectio arto comitatu fuit: unus senator consulatu functus, Cocceius Nerva, cui legum peritia; […] – Die Abreise erfolgte mit kleinem Gefolge: als einziger Senator Cocceius Nerva, ein ehemaliger Konsul, welcher sich durch Kenntnis des Rechts auszeichnete; […]; vgl. dazu auch Eck, Cocceius 49; Petersen, Recht 86; Sonnabend, Tiberius 84.

239 Tac. ann. 6,26,1.

Haud multo post Cocceius Nerva, continuus principi comes, divini humanique iuris sciens, integro statu, corpore inlaeso, moriendi consilium cepit.

Wenig später fasste Cocceius Nerva, dem princeps ständiger Begleiter, Kenner des göttlichen und menschlichen Rechts, von untadeligem Stand und bei unbeeinträchtigter Gesundheit, den Entschluss, zu sterben.[240]

Wenn im nächsten Satz Nerva als der proximus amicorum, als „Erster unter den Freunden des Kaisers" bezeichnet wird, so können auch für den frühklassischen Juristen dessen herausragende Rechtsgelehrtheit und seine enge Vertrautheit mit dem Caesar in einen unmittelbaren Zusammenhang gebracht und zueinander in Beziehung gesetzt werden. Eben weil er so ein herausragender Jurist gewesen ist, hat der Kaiser seinen Rat und seine Nähe gesucht, und deswegen entwickelte sich zwischen dem Juristen und dem Herrscher ein besonders enges Verhältnis.[241] Dies mag auch für Aulus Ofilius und Caesar gelten; dies zu belegen, gebricht es an paralleler Überlieferung. Sextus Pomponius aber lässt diese Deutung zu.

Korrespondenz

Prof. Dr.Philipp Scheibelreiter
Universität Wien
Institut für Römisches Recht
und Antike Rechtsgeschichte
Schenkenstraße 8
1010 Wien
philipp.scheibelreiter@univie.ac.at
ORCID-Nr.: 0000-0002-1461-7883

Abkürzungen

a.	anno
Aul. Gell.	Aulus Gellius
AUPA	Annali des semindario giuridico dell'Università degli studi di Palermo
Aurel. Victor de Caes.	Aurelius Victor de Caesaribus
Call. de cogn.	Callistratus de coqnitionibus
Call. quaest.	Callistratus quaestiones
Cass.	Gaius Cassius Longinus
Cic.	Marcus Tullius Cicero
Cic. ad Att.	Cicero epistulae ad Atticum
Cic. ad fam.	Cicero epistulae ad familiares
Cic. ad Quint. frat.	Cicero epistulae ad Quintum fratrem
Cic. Brut.	Cicero Brutus
Cic. de off.	Cicero de officiis
Cic. de orat.	Cicero de oratore
Cic. in Verr.	Cicero in Verrem
Cic. Phil.	Cicero in M. Antonium orationes Philippicae
Cic. pro Arch. Poet.	Cicero pro Archia poeta
Cic. pro Balb.	Cicero pro Balbo
Cic. pro Cluent.	Cicero pro Cluentio
Cic. pro Mil.	Cicero pro Milone
Const.	Konstantin I.
Const. et Caess.	Konstantin I. und Mitkaiser
Const. Tanta	Constitutio Tanta
CTh	Codex Theodosianus
D	Digesten
Diocl./Max.	Diocletian/Maximian
Dion. Hal.	Dionysios von Halikarnass
Eutrop.	Eutropius breviarium ab urbe condita

[240] Vgl. zum Selbstmord des Nerva auch Cass. Dio 58,21,4-5. Als Motivation für den Selbstmord gibt Tacitus die Verzweiflung über den Niedergang des Staatswesens an. Cassius Dio nennt als Ursache nicht näher identifizierbare, vom Kaiser erlassene, Verwirrung und Unordnung schaffende Gesetze über das Vertragsrecht (τοὺς νόμους τοὺς περὶ συμβολαίων ὑπὸ τοῦ Καίσαρος τεθέντας, ἐξ ὧν καὶ ἀπιστία καὶ ταραχὴ πολλὴ γενήσεσθαι ἔμελλεν); vgl. dazu etwa Crifó, Il suicidio 432–435 und Nörr, Rechtskritik 106–107, welcher einen Eingriff des Kaisers in bestehende Vertragsverhältnisse (etwa durch Zinsenreduktion) aufgrund der Wirtschaftskrise des Jahres 33 n. Chr. vermutet. Woodman, Annals Books 5–6, 197 scheint diese Version wenig glaublich; allerdings bezieht er die τοὺς νόμους τοὺς περὶ συμβολαίων fälschlich auf „financial measures which Tiberius has introduced"; doch das steht nicht bei Cassius Dio. Woodman, Annals. Books 5–6 selbst interpretiert den Hungertod des Nerva jedenfalls ganz allgemein als Protest gegen die Politik des Kaisers.

[241] Vgl. dazu auch Crifó, Il suicidio 430, A.16.

FIRA	Salvatore Riccobono u.a. (Hgg.), Fontes Iuris Romani anteiustiani, 3 Bde. (Florenz 1941 – 1943).
Frontin. Aqu.	Sextus Iulius Frontinus, De aquis urbis Romae
Gai. ad ed. prov.	Gaius ad edictum provinciale
GLK I	Heinrich Keil, Grammatici Latini, Bd. 1 (Leipzig.1957)
Gord.	Gordian III.
Grat./Valent./Theod.	Gratian/Valentinian II./ Theodosius I.
Iavol. ex Cass.	Lucius Iavolenus Priscus libri ex Cassio
Isid. Orig.	Isidor von Sevilla origines
Iul. dig.	Publius Salvius Iulianus digesta
Inst.	Institutiones Iustiniani
IVRA	Rivista Internazionale di Diritto Romano e Antico
Liv.	Titus Livius ab urbe condita
Maec. fideicom.	Maecianus de fideicommissis
Mod. diff.	Herennius Modestinus differentiae
Paul. ad ed.	Iulius Paulus ad edictum
Paul. Sent.	Paulus sententiae receptae
Pomp.	Sextus Pomponius
Pomp. ad Sab.	Pomponius ad Sabinum
Pomp. l.s. enchirid.	Pomponius liber singularis enchiridii
Pomp. 1/2 enchirid.	Pomponius libro primo/ secundo enchiridii
pr.	principium
RhM	Rheinisches Museum für Philologie
sc.	scilicet
Scaev. dig.	Quintus Cervidius Scaevola digesta
Suet.	Gaius Suetonius Tranquillus
Suet. Gramm.	Sueton de grammaticis
Suet. Caes.	Sueton de vita Caesarum
Tac.	Publius Cornelius Tacitus
Tac. ann.	Tacitus annales
Tac. hist.	Tacitus historiae
Theod./Arcad./Honor.	Theodosius I./ Arcadius/Honorius
Theod./Valentin.	Theodosius II./ Valentinian III.
Ulp. ad ed.	Domitius Ulpianus ad edictum
Val. Max.	Valerius Maximus facta et dicta memorabilia
Valens./Grat./Valent.	Valens, Gratian und Valentinian II.
Valent./Valens.	Valentinian I./Valens
Valer./Galien.	Valerian/Gallienus
Vat. fr.	Fragmenta Vaticana

Siehe auch das allgemeine Abkürzungsverzeichnis: [https://www.oeaw.ac.at/fileadmin/kommissionen/rechtsgeschichte/pdf/abk.pdf]

Literatur

Richard Alexander Bauman, Lawyers in Roman Transitional Politics. A Study of the Roman jurists in their political setting in the Late Republic and Triumvirate (München 1985).

Ders., Personal Names, Adoptions and Families of the Roman Jurists, in: ZRG-RA 108 (1991) 1–20.

Okko Behrends, Le due giurisprudenze romane e le forme dello loro argomentazioni, in: Index 12 (1983–84) 189–225.

Ders., Rez. Richard A. Bauman, Lawyers in Roman Republican Politics, München 1983, und Lawyers in Roman Transitional Politics, München 1985, in: ZRG-RA 107 (1990) 585–610.

Ders. u.a., Corpus Iuris Civilis. Text und Übersetzung, Bd. II: Digesten 1–10 (Heidelberg 1995).

Paola Biavaschi, Caesari familiarissimus. Ricerche su Aulo Ofilio e il diritto successorio tra repubblica e principato (Mailand 2011).

Franz Peter Bremer, Iurisprudentiae antehadrianei quae supersunt (Leipzig 1896).

Mario Bretone, Pomponio lettore di Cicerone, in: Labeo 16 (1970) 177–182.

Ders., Tecniche e ideologie dei giuristi romani (Neapel ²1982).

Ders., Die Geschichte des römischen Rechts. Von den Anfängen bis zu Justinian. Aus dem Italienischen übersetzt von Brigitte Galsterer (München 1998).

Wolfram Buchwitz, Matthias Ehmer, Ciceros Topica als Beitrag zu seinem Programm. De iure civili in artem redigendo, in: Diess. (Hgg.), Ciceros Topica als Beitrag zu seinem Programm. De iure civili in artem redigendo (Berlin 2023) 9–35.

Pierangelo Buongiorno, Senatus consulta Claudianis temporibus facta. Una palingenesi delle deliberazioni senatorie dell'età di Claudio (41–54 D.C.) (Neapel 2010).

Ders., Annarosa Gallo, Salvatore Marino, Edoardo Volterra, Senatus Consulta (Stuttgart 2017).

Franco Casavola, Cicerone e Giulio Cesare tra democrazia e diritto, in: Giovanni Gualberto Archi (Hg.), Questioni di giurisprudenza tardo-repubblicana. Atti di un seminario, Firenze 27–28 maggio 183 (Mailand 1985) 281–292.

Pietro Cerami, IX. Cesare dictator ed il suo progetto costituzionale: dal consociativismo al potere personale, in: Ders., Ricerche romanistiche e prospettive storico-comparatistiche, in: AUPA 3 (1995) 201–458, 410–435.

Ders., Il sistema ofiliano, in: Elio Dovere (Hg.), La codificazione del diritto dall'antico al moderno: incontri di studio (Neapel 1996) 83–120.

Carl Joachim Classen, Die Anklage gegen Cluentius (66 v. Chr. Geb.), in: ZRG-RA 89 (1972) 1–17.

Michael Crawford, Roman Statutes, II Bde. (London 1996).

Giuliano Crifó, Il suicidio di Cocceio Nerva "pater" e i suoi problemi del quasi usufrutto, in: Arnaldo Biscardi (Hg.), Studi in onore di Gaetano Scherillo, Bd. I (Mailand 1972) 427–440.

Federico D'Ippolito, I giuristi e la città: Ricerche sulla giurisprudenza romana della repubblica (Neapel 1978).

Werner Eck, Cocceius [5], in: Der Neue Pauly, Bd. 3 (Stuttgart 1997) 49.

Ders., Iulius [II 146], in: Der Neue Pauly, Bd. 6 (Stuttgart 1999) 44.

Ders., Suffektconsul, in: Der Neue Pauly, Bd. 11 (Stuttgart 2001) 1089–1090.

Karl-Ludwig Elvers, Pansa, in: Der Neue Pauly, Bd. 8 (Stuttgart 2000) 260–261.

Joachim Engels, Philosophen in Reihen. Die Φιλοσόφων ἀναγραφή des Hippobotos, in: Michael Erler, Stefan Schorn (Hgg.), Die griechische Biographie in hellenistischer Zeit. Akten des internationalen Kongresses vom 26.–29. Juli 2006 in Würzburg (Berlin–Boston 2012) 173–194.

Giuseppe Falcone, Ofilio e l'editto, in: Labeo 42 (1996) 101–106.

Kilian Josef Fleischer, Philodem. Geschichte der Akademie. Einführung. Ausgabe, Kommentar (London–Boston 2023).

Jacques Fontaine, Isidoro de Sevilla. Génesis y originalidad de la cultura hispánica en tiempos de los visigodos: Traducción de M. Montes (Madrid 2002).

Thomas Frigo. Matius [1], Gaius, in: Der Neue Pauly, Bd. 7 (Stuttgart 1999) 1026.

Jörg Fündling, Vibius [2] Pansa Caetronianus, Gaius, in: Der Neue Pauly, Bd. 12/2 (Stuttgart 2002) 174–175.

Manfred Fuhrmann, Cicero. Die Prozessreden. Bd. 1 (Zürich–Düsseldorf 1997).

Tomas Giaro, Alfenus [4], in: Der Neue Pauly, Bd. 1 (Stuttgart 1996) 489.

Ders., Ofilius, Aulus, in: Der Neue Pauly, Bd. 8 (Stuttgart 2000) 1120.

Eduard Grupe, Über die oratio Claudii de iure honorum Gallis danda und Verwandtes, in: ZRG-RA 42 (1921) 31–41.

Hermann Gottlieb Heumann, Emil Seckel, Handlexikon zu den Quellen des römischen Rechts (Graz [11]1971).

Oskar Hey, familiaris, in: Thesaurus linguae Latinae VI/1: f–fysis (Stuttgart 1988) 246–254.

Walter Wybergh How, Albert Curtis Clark, Cicero. Selected Letters, with Historical Introduction, Notes and Appendices (Oxford 1926, ND 1959).

Rudolph Huschke, Pomponius über die Aelier und Catonen und über A. Ofilius, in: Zeitschrift für geschichtliche Rechtswissenschaft 15 (1850) 177–202.

Heinz Jakobsmeier, Die Gallier-Rede des Claudius aus dem Jahr 48 n. Chr. Historisch-philologische Untersuchungen und Kommentar zur tabula Claudiana aus Lyon (München 2019).

Erich Koestermann, Cornelius Tacitus. Annalen, Bd. II: Buch 4–6, erläutert und mit einer Einleitung versehen (Heidelberg 1965).

Christoph Krampe, Proculi Epistulae (Karlsruhe 1970).

Paul Krüger, Geschichte der Quellen und Litteratur des Römischen Rechts (Leipzig–München [2]1912).

Wolfgang Kunkel, Das Wesen des ius respondendi, in: ZRG-RA 66 (1948) 423–457.

Ders., Die römischen Juristen. Herkunft und soziale Stellung (Köln–Weimar–Wien [2]1967, ND Köln–Weimar–Wien 2001).

Ders., Roland Wittmann, Staatsordnung und Staatspraxis der römischen Republik. Zweiter Abschnitt: Die Magistratur (München 1995).

Wolfgang Kunkel, Martin Josef Schermaier, Römische Rechtsgeschichte (Köln–Weimar–Wien [14]2005).

Bernhard Kytzler, Cicero und Matius, in: Historia 9 (1960) 96–121.

John Lamberty, Amicus Caesaris. Der Aufstieg des L. Cornelius Balbus aus Gades, in: Altay Coşkun (Hg.), Roms auswärtige Freunde in der späten Republik und im frühen Prinzipat (Göttingen 2005) 155–173.

Christine Lehne-Gstreinthaler, Iurisperiti et oratores. Eine Studie zu den römischen Juristen der Republik (Wien–Köln–Weimar 2019).

Otto Lenel, Palingenesia Iuris Civilis I (Halle 1889, ND Frankfurt a.M. 2006).

Albin Lesky, Die Geschichte der griechischen Literatur (Bern–München [3]1971).

Detlef Liebs, Variae lectiones (Zwei Juristenschriften), in: Studie in onore Edoardo Volterra, Bd. V (Mailand 1971) 51–88.

Ders., Der Rechtsunterricht am Ausgang der Republik und zu Beginn des Prinzipats, in: Hildegard Temporini (Hg.), Aufstieg und Niedergang der römischen Welt, Bd. II/15 (Berlin–New York 1976) 177–187.

Ders., Rez. Hans-Jörg Roth, Alfeni Digesta. Eine spätrepublikanische Juristenschrift, Berlin 1999, in: ZRG-RA 117 (2000) 519–525.

Ders., Hofjuristen der römischen Kaiser bis Justinian (München 2010).

Ders., Publius Alfenus Varus – Eine Karriere in Zeiten des Umbruchs, in: ZRG-RA 127 (2010) 32–52.

Simon J.V. Malloch, The Tabula Lugdunensis. A Critical Edition with Translation and Commentary (Cambridge 2020).

Ronald Martin, Tacitus. Annals V & VI, edited with an introduction, translation and commentary (Warminster 2001).

Hans Martinet, C. Suetonius Tranquillus. Die Kaiserviten – De vita Caesarum. Berühmte Männer – De viris illustribus (Berlin [4]2014).

Hugo Merguet, Handlexikon zu Cicero (Hildesheim 1964).

Norma P. Miller, The Claudian Tablet and Tacitus: a Reconsideration, in: RhM 99 (1956) 304–315.

Theodor Mommsen, Digesta Iustiniani Augusti recognovit adsumpto in operis societatem Paulo Kruegero (Leipzig 1870, ND Goldbach 2001).

Ders., Römische Geschichte, Bd. 3: Von Sullas Tod bis zur Schlacht von Thapsus (Berlin 1904).

Friedrich Hermann Münzer, Cornelius [353], in: Paulys Real-Encyclopädie der classischen Altertumswissenschaft, Bd. 4/1 (Stuttgart 1900) 1497–1501.

Ders., Kleomenes [10], in: Paulys Real-Encyclopädie der classischen Altertumswissenschaft, Bd. 11 (Stuttgart 1922) 712.

Ders., M. Tigellius Hermogenes in: Paulys Real-Encyclopädie der classischen Altertumswissenschaft, Bd. 6A/1 (Stuttgart 1936) 943–946.

Ders., Ofilius [4], in: Paulys Real-Encyclopädie der classischen Altertumswissenschaft, Bd. 17/2 (Stuttgart 1937) 2040–2041.

Fara Nasti, Greek Thought and Roman Jurists: A preliminary survey on Pomponius' Enchiridion, in: Fara Nasti, Aldo Schiavone (Hgg.), Jurists and Legal Science in the History of Roman Law (London–New York 2022) 137–158.

Ders., L'enchiridion di Sesto Pomponio. Una ricostruzione (Roma–Bristol 2023).

Dieter Nörr, Rechtskritik in der römischen Antike (München 1974).

Ders., Pomponius oder zum Geschichtsverständnis römischer Juristen, in: Hildegard Temporini (Hg.), Aufstieg und Niedergang der römischen Welt, Bd. II/15 (Berlin–New York 1976) 497–604. = Ders., Historiae iuris antiqui. Gesammelte Schriften, Bd. II, hg. v. Tiziana J. Chiusi, Wolfgang Kaiser, Hans-Dieter Spengler (Goldbach 2003) 985–1092.

Ders., Cicero-Zitate bei klassischen Juristen. Zur Bedeutung literarischer Zitate bei den Juristen und zur Wirkungsgeschichte Ciceros, in: Ciceroniana III. Atti III Colloquium Tullianum 1976 (Roma 1978) 111–150. = Ders., Historiae iuris antiqui. Gesammelte Schriften, Bd. II, hg. v. Tiziana J. Chiusi, Wolfgang Kaiser, Hans-Dieter Spengler Goldbach 2003) 1187–1226.

Karl Eduard Otto, Bruno Schilling, Karl Friedrich Ferdinand Sintenis, Das Corpus Iuris Civilis (Romani), Bd. 1 (Leipzig 1832, ND Aalen 1984).

Javier Paricio, Los proyectos codificadores de Pompeyo y César en San Isidoro de Sevilla, in: Labeo 50 (2004) 31–43.

Jens Petersen, Recht bei Tacitus (Berlin–Boston 2019).

Elemér Pólay, Der Kodifizierungsplan des Julius Caesar, in: IVRA 16 (1965) 27–51.

Niklas Rafetseder, Die lex Tabulae Heracleensis: A missing link?, in: Esther Ayasch, Jaqueline Bemmer, David Tritremmel (Hgg.), Wiener Schriften. Neue Perspektiven aus der jungen Romanistik (Wien 2018) 83–110.

Hans-Jörg Roth, Alfeni Digesta. Eine spätrepublikanische Juristenschrift (Berlin 1999).

Osvaldo Sacchi, L'ars hermeneumatis dei giuristi romani tra propensione analogista e anomalista nel diritto, in: Isabella Piro (Hg.), Scritti per Alessandro Corbino, Bd. 6 (Tricase 2016) 381–426.

Klaus Sallmann, Suetonius [2] Tranquillus Gaius, in: Der Neue Pauly, Bd. 11 (Stuttgart 2001) 1085–1088.

Philipp Scheibelreiter, De eo, qui sciens commodasset pondera. Zum Verleihen und Gebrauchen falscher Gewichte bei Trebaz und Paulus, in: ZRG-RA 134 (2017) 188–233.

Ute Schillinger-Häferle, Claudius und Tacitus über die Aufnahme von Galliern in den Senat, in: Historia 14 (1965) 443–454.

Ernst Schönbauer, Zur oratio Claudii de iure honorum Gallis dando, in: IVRA 6 (1955) 160–169.

Fritz Schulz, Geschichte der römischen Rechtswissenschaft (Weimar 1961).

David C.A. Shotter, Tacitus. Annals IV, edited with a commentary (Warminster 1989).

Holger Sonnabend, Tiberius. Kaiser ohne Volk (Darmstadt 2021).

Arthur Stein, Iulius [529], in: Paulys Real-Encyclopädie der classischen Altertumswissenschaft, Bd. 10 (Stuttgart 1918) 870–872.

Emanuele Stolfi, Cunabula, in: AUPA 54 (2010/11) 259–287.

Friedrich von Velsen, Das edictum provinciale des Gaius, in: ZRG-RA 21 (1900) 73–148.

Friedrich Vittinghoff, Zur Rede des Kaisers Claudius über die Aufnahme von „Galliern" in den römischen Senat (CIL 13,1,1, p. 232–235, n. 1668 = Dessau 212 und Tacitus, Annales II, 24), in: Hermes 82 (1954) 348–371.

Wolfgang Waldstein, Johannes Michael Rainer, Römische Rechtsgeschichte (München [12]2024).

Franz Wieacker, Römische Rechtsgeschichte. Quellenkunde, Rechtsbildung, Jurisprudenz und Rechtsliteratur. Erster Abschnitt: Einleitung. Quellenkunde. Frühzeit und Republik (München 1988).

Wolfgang Will, Hirtius, Aulus, in: Der Neue Pauly, Bd. 5 (Stuttgart 1998) 616–617.

Anthony John Woodman, The Annals of Tacitus. Books 5 and 6 (Cambridge 2017).

Ders., The Annals of Tacitus. Book 4 (Cambridge 2018).

Karl Eduard Zachariä von Lingenthal, Jus Graeco-Romanum 2. Synopsis minor et epitome (Leipzig 1856).

BRGÖ 2025
Beiträge zur Rechtsgeschichte Österreichs

Christoph SCHMETTERER, Halle a.d. Saale

Selbstdarstellungen österreichischer Juristen

Autobiographies of Austrian lawyers

This article examines how 17 Austrian lawyers portrayed themselves in collections of autobiographies edited by lawyer and historian Nikolaus Grass in the early 1950s. The lawyers included in these collectionas are: Ludwig Adamovich sen., Robert Bartsch, Ernst Durig, Godehard Josef Ebers, Alexander Hold-Ferneck, Ferdinand Kadečka, Heinrich Klang, Paul Koschaker, Adolf Julius Merkl, Hans Planitz, Max Rintelen, Theodor Rittler, Hans Sperl, Artur Steinwenter, Alfred Verdross, Leopold Wenger, and Karl Wolff.

Keywords*: Academia – Austrian lawyers – autobiographies*

1. Einleitung

Zu den wichtigsten Quellen für das Leben von Universitätsakademikern, die in ihrem Fachbereich mehr oder weniger bekannt waren, aber nicht in einem allgemeinen Sinn berühmt, zählen Nachrufe. Nachrufe sind aber notwendigerweise unvollständig, und zwar nicht nur, weil sie ein ganzes Leben auf wenige Seiten zusammenfassen (müssen). Darüber hinaus folgen sie meistens der ungeschriebenen Regel „de mortuis nihil nisi bene".

Wenn man nur auf Nachrufe vertraute, bekäme man den Eindruck, die akademische Welt bestünde nur aus brillanten Forschern, inspirierenden Lehrern und noblen Menschen. Dass das nicht der Realität entsprechen kann, ist für alle, die Erfahrungen in diesem Bereich haben, evident. Menschliche Schwächen und zwischenmenschliche Konflikte, die es auch – vielleicht sogar gerade – in der akademischen Welt gibt, werden üblicherweise ganz ausgespart oder bestenfalls in einer verklausulierten Art angedeutet, die für Zeitgenossen verständlich sein mag, es für nachgeborene Historiker aber oft nicht mehr ist.

Ähnliches gilt für autobiographische Darstellungen, wenn auch aus etwas anderen Gründen. Grundsätzlich ist man selbst in Bezug auf die eigene Person am kompetentesten, aber trotzdem sind Autobiographien zumeist nicht die besten Quellen für die Schwächen einer Person. Das mag an zwei Gründen liegen: Einerseits hat niemand ein ganz vollständiges Bild von sich selbst, so dass man manche der eigenen Schwächen nicht kennt und auch nicht kennen kann. Andererseits hat man oft kein Interesse daran, die Schwächen, die man sehr wohl kennt, offen zu legen. Am deutlichsten wird das wohl in der klassischen, wenn auch nicht gerade originellen Frage in Bewerbungsgesprächen: „Was sind Ihre Schwächen?"

https://doi.org/10.1553/BRGOE2025-2s424 *This article was peer-reviewed*

2. Grass' Sammlungen

Im Folgenden soll untersucht werden, wie sich österreichische Juristen in Sammlungen von Autobiographien darstellten, die der Jurist und Historiker Nikolaus Grass am Beginn der 1950er-Jahre herausgab.[1] 1950 erschien ein erster Band „Österreichische Geschichtswissenschaft der Gegenwart in Selbstdarstellungen",[2] 1951 ein zweiter[3] und 1952 dann das einbändige Werk „Österreichische Rechts- und Staatswissenschaften der Gegenwart in Selbstdarstellungen".[4] 1990 gab Grass dann mit seinem Kollegen Hermann Baltl nochmals eine vergleichbare Sammlung, „Recht und Geschichte",[5] heraus, die auch Autobiographien der beiden Herausgeber enthält, hier aber außer Betracht bleiben soll, weil die dort Dargestellten durchwegs anderen Generationen angehören als die in den drei Bänden vom Beginn der 1950er-Jahre Behandelten.

Der erste Band zur Geschichtswissenschaft enthält neun Autobiographien, darunter die des Romanisten Leopold Wenger, der zweite elf Beiträge, von denen drei von Juristen stammen (Paul Koschaker, Hans Planitz, Max Rintelen). Der Band zu den Rechts- und Staatswissenschaften umfasst schließlich 16 Autobiographien, die allerdings nicht alle von Juristen stammen. In der seinerzeitigen Fakultätsgliederung der österreichischen Universitäten waren auch die Wirtschaftswissenschaften der rechts- und staatswissenschaftlichen Fakultät zugeordnet, und so enthält der Band zu dieser Fakultät neben Beiträgen von 13 Juristen (Ludwig Adamovich, Robert Bartsch, Ernst Durig, Godehard Josef Ebers, Alexander Hold-Ferneck, Ferdinand Kadečka, heinrich Klang, Adolf Julius Merkl, Theodor Rittler, Hans Sperl, Artur Steinwenter, Alfred Verdroß, Karl Wolff) auch die Selbstdarstellungen zweier Ökonomen (Ferdinand Degenfeld-Schonburg, Hans Mayer) und eines Statistikers (Wilhelm Winkler), wobei auch die drei letztgenannten jeweils ein juristisches Studium absolviert hatten. Grundsätzlich werden nur die Autobiographien jener 17 Männer untersucht, die sowohl juristisch ausgebildet als auch beruflich tätig waren.[6] Im Einzelnen sind das:

Ludwig Adamovich sen. (1890–1955), Universitätsprofessor für Staatsrecht in Prag, Graz und Wien, Richter am Verfassungsgerichtshof, später dessen Präsident;[7]

Robert Bartsch (1874–1955), Verwaltungsbeamter, Universitätsprofessor für Rechtsgeschichte und Privatrecht in Wien, Richter am Verwaltungsgerichtshof und am Bundesgerichtshof;[8]

Ernst Durig (1870–1955), Richter, Präsident des Verfassungsgerichtshofs und des Bundesgerichtshofs;[9]

Godehard Josef Ebers (1880–1958), Universitätsprofessor für Kirchenrecht in Münster, Köln und Innsbruck, Mitglied des Verfassungsgerichtshofs;[10]

---

1 Grass, Selbstdarstellung.

2 Grass, Geschichtswissenschaft 1.

3 Grass, Geschichtswissenschaft 2.

4 Grass, Rechts- und Staatswissenschaften.

5 Grass, Baltl, Recht und Geschichte.

6 Die drei Bände aus den 1950er-Jahren enthalten zwar keine Darstellung einer Juristin, aber immerhin ist auch eine Frau vertreten, die Historikerin Mathilde Uhlirz; hier war es entscheidend, dass das Geschichtsstudium schon 1897 für Frauen geöffnet worden war, das Jus-Studium aber erst danach (Olechowski, Staudigl-Ciechowicz, Ehs, Rechts- und Staatswissenschaftliche Fakultät 159, 166).

7 Olechowski, Staudigl-Ciechowicz, Ehs, Rechts- und Staatswissenschaftliche Fakultät 512–516.

8 Zu Bartsch siehe den Beitrag von Kohl in diesem Band.

9 Enderle-Burcel, Follner, Diener vieler Herren 75–77.

10 Hollerbach, Über Godehard Josef Ebers.

Alexander Hold-Ferneck (1875–1955), Universitätsprofessor für Straf- und Völkerrecht in Wien;[11]

Ferdinand Kadečka (1874–1961), Ministerialbeamter, Universitätsprofessor für Strafrecht in Wien;[12]

Heinrich Klang (1875–1954), Richter, Universitätsprofessor für Zivilrecht in Wien;[13]

Paul Koschaker (1879–1951), Universitätsprofessor für Römisches Recht in Innsbruck, Prag, Frankfurt, Leipzig, Berlin, Tübingen;[14]

Adolf Julius Merkl (1890–1970), Verwaltungsbeamter, Universitätsprofessor für Staatsrecht in Wien und Tübingen;[15]

Hans Planitz (1882–1954), Universitätsprofessor für Deutsches, Bürgerliches und Handelsrecht in Leipzig, Basel, Frankfurt, Köln, Wien;[16]

Max Rintelen (1880–1965), Universitätsprofessor für Deutsches Recht und Österreichische Reichsgeschichte in Prag und Graz;[17]

Theodor Rittler (1876–1967), Universitätsprofessor für Strafrecht in Innsbruck;[18]

Hans Sperl (1861–1959), Universitätsprofessor für Zivilprozessrecht in Graz und Wien;[19]

Artur Steinwenter (1888–1959), Universitätsprofessor für Römisches Recht in Graz;[20]

Alfred Verdroß (1890–1980), Universitätsprofessor für Völkerrecht in Wien, Richter am Europäischen Gerichtshof für Menschenrechte;[21]

Leopold Wenger (1874–1953), Universitätsprofessor für Römisches Recht in Graz, Wien, Heidelberg und München;[22]

Karl Wolff (1890–1963), Universitätsprofessor für Zivilrecht in Czernowitz und Innsbruck, Vizepräsident des Verfassungsgerichtshofs.[23]

Diese 17 Männer gehörten nicht derselben Generation an. Der 1861 geborene Hans Sperl hätte als Ältester der Vater der vier 1890 geborenen und damit jüngsten (Adamovich, Merkl, Verdroß und Wolff) sein können. Was aber alle 17 verbindet ist, dass sie beide Weltkriege als Erwachsene erlebt – und überlebt – haben, und ihre juristische Ausbildung durchwegs noch in der Monarchie erfahren hatten.

Bezüglich der Fächer bemühte sich Grass offenbar, typischerweise drei Vertreter der – aus seiner Sicht – zentralen Fächer vorzustellen. Für das Römische Recht waren das Koschaker, Steinwenter und Wenger, für das Deutsche Recht Bartsch, Planitz und Rintelen, für das öffentliche Recht Adamovich, Durig und Merkl, für das Strafrecht Hold-Ferneck, Kadečka und Rittler und für das Zivilrecht Bartsch, Klang und Wolff.

Nur jeweils eine Selbstdarstellung stammt von Vertretern des Kirchenrechts (Ebers) und des Zivilprozessrechts (Sperl), während das

[11] Olechowski, Staudigl-Ciechowicz, Ehs, Rechts- und Staatswissenschaftliche Fakultät 526–533.

[12] Olechowski, Staudigl-Ciechowicz, Ehs, Rechts- und Staatswissenschaftliche Fakultät 432–437.

[13] Gössler, Heinrich Klang; Olechowski, Staudigl-Ciechowicz, Ehs, Rechts- und Staatswissenschaftliche Fakultät 350–361.

[14] Wesener, Paul Koschaker.

[15] Olechowski, Staudigl-Ciechowicz, Ehs, Rechts- und Staatswissenschaftliche Fakultät 484–487.

[16] Becker, Hans Planitz.

[17] Wesener, Max Rintelen.

[18] Spendel, Theodor Rittler.

[19] Olechowski, Staudigl-Ciechowicz, Ehs, Rechts- und Staatswissenschaftliche Fakultät 399–406.

[20] Wesener, Römisches Recht und Naturrecht 89–97.

[21] Busch, Marboe, Luf, Alfred Verdross; Olechowski, Staudigl-Ciechowicz, Ehs, Rechts- und Staatswissenschaftliche Fakultät 533–538.

[22] Höbenreich, À propos Antike Rechtsgeschichte; Wesener, Römisches Recht und Naturrecht 79–85.

[23] https://www.uibk.ac.at/de/newsroom/verfolgt-vertrieben-ermordet/1683823/ (1. 9. 2008 / 28. 7. 2025).

Völkerrecht mit Hold-Ferneck und Verdroß vergleichsweise stark vertreten ist. Das mag allerdings damit zusammenhängen, dass Hold-Ferneck primär Strafrechtler, wenn auch mit ausgeprägtem Interesse am Völkerrecht war. Überhaupt lassen sich nicht alle Dargestellten nur einer einzigen Fachrichtung zuordnen (neben Hold-Ferneck auch Bartsch, Planitz und Steinwenter, die Rechtshistoriker und Privatrechtler waren).

Der Großteil der Beiträge umfasst zwischen zehn und etwas über zwanzig Druckseiten. Kürzer sind nur zwei: der einseitige von Karl Wolff, der ein bloßer Lebenslauf und keine Selbstdarstellung ist, und die sechsseitige Selbstdarstellung von Theodor Rittler, die diesen Namen trotz der Kürze durchaus verdient. Ein Sonderfall ist der Beitrag von Adolf Julius Merkl, der kurioserweise gleichzeitig besonders kurz und einer der längsten ist.

Merkls Selbstdarstellung umfasst zwar 24 Seiten, doch davon sind nur zweieinhalb seiner Person gewidmet, der Rest seinem wissenschaftlichen Werk. Auch Hans Planitz trennte seinen – zweieinhalb Seiten umfassenden – eigentlichen Lebenslauf von der Darstellung seiner Forschung, doch ist sein Beitrag mit zwölf Seiten insgesamt kürzer als der von Merkl.

Die längste Selbstdarstellung eines Juristen ist die von Ernst Durig mit 28 Seiten. Die allerlängsten Darstellungen stammen im Übrigen nicht von Juristen, sondern vom Historiker Hermann Wopfner im ersten Band und vom Ökonomen Hans Mayer im dritten. Beide Beiträge stehen übrigens am Ende eines Bandes: bei Wopfner des Alphabets wegen, bei Mayer, weil er seinen Beitrag erst abgab, nachdem die anderen bereits im Druck waren, sodass seine Selbstdarstellung den anderen am Schluss angefügt wurde.[24]

Manche Eigenheiten der akademischen Welt, wie das notorische Nichteinhalten von Fristen,[25] gab es also schon Mitte des 20. Jahrhunderts und vermutlich schon lange zuvor. Eine andere Eigenheit von Selbstdarstellungen, nicht nur in der akademischen Welt, ist deren Beginn mit einer Geste – vermeintlicher – Bescheidenheit. Sie findet sich in drei der untersuchten Beiträge:

Wenger leitete seinen mit der Erklärung ein, dass er Grass' Einladung „nicht ohne Bedenken gegen eigene Berufung, aber [...] dankend und gerne Folge" leiste.[26] Durig erklärte zu Beginn, er habe sich „[e]rst nach einigem Zögern [...] entschlossen der ehrenvollen Einladung Folge zu leisten",[27] und Ebers ging sogar so weit, zu schreiben, dass er der Aufforderung des Herausgebers „[n]ur ungern" nachkomme.[28] Inwieweit derartige Bekundungen Ausdruck ehrlicher Bescheidenheit oder als opportun empfundene Floskel waren, lässt sich aus der zeitlichen Distanz schwer beurteilen. Eine Bemerkung Koschakers am Beginn seiner Selbstdarstellung macht aber den Eindruck, dass er seine Biographie zumindest in einer Hinsicht nicht übertrieben wichtig nahm.

Er begann seinen Beitrag mit einem Absatz über die Herkunft seiner Eltern, die beide wohl ursprünglich slowenischen Familien entstammten, die in den Generationen vor Koschaker dann aber deutschsprachig wurden. Dazu erläuterte er: „Ich führe diese an sich höchst uninteressanten Tatsachen an, weil sie einen geschichtlichen Prozeß von großer Bedeutung illustrieren, nämlich die Germanisierung von Millionen von Slawen durch das alte Österreich auf völlig friedlichem Wege".[29]

---

24 Grass, Rechts- und Staatswissenschaften 10.

25 Darüber klagte auch Klang bei den beiden Auflagen des von ihm herausgegebenen ABGB-Kommentars: „Ich machte bei dieser Auflage [...] genau dieselben Erfahrungen wie bei der ersten und habe bald mit Mangel an Manuskripten, bald, aber nur selten, mit Überlastung der Druckerei zu kämpfen." Klang, Selbstdarstellung 128, 134.

26 Wenger, Selbstdarstellung 133.

27 Durig, Selbstdarstellung 55.

28 Ebers, Selbstdarstellung 83.

29 Koschaker, Selbstdarstellung 105.

Hier ging es Koschaker erklärtermaßen nicht um die besondere individuelle Bedeutung seiner Familie, sondern im Gegenteil darum, dass er ihre Entwicklung für typisch hielt.

Der Großteil der Beiträge (13)[30] beginnt ganz klassisch: mit der eigenen Geburt und einigen Hinweisen zum Elternhaus – bei Wenger und Ebers erst nach einer einleitenden Bescheidenheitskundgebung, auf die bei Wenger auch noch eine kurze Reflexion zu Autobiographien folgt.[31] Unter den vier übrigen gibt es eine gewisse Ähnlichkeit zwischen Durig und Steinwenter, die beide einen Bezug zwischen ihrer juristischen Tätigkeit und ihrem Leben herstellten. Durig, indem er betonte, wie sehr das richterliche Denken seine ganze Laufbahn prägte,[32] Steinwenter mit der Feststellung, dass er durch eine Reihe von Zufällen Jurist wurde.[33] Koschaker begann – wie schon erwähnt – mit Überlegungen zu seiner Familie, und Rintelen mit Gedanken zu seinem Fach, der Rechtsgeschichte.

In Rintelens 24-seitigem Beitrag enthalten die ersten acht Seiten einen Überblick über die Entwicklung des Fachs Rechtsgeschichte an den österreichischen Universitäten ohne irgendeinen persönlichen Bezug. Auch ihm selbst war bewusst, dass das ungewöhnlich war. Er schrieb: „Mit den bisherigen Ausführungen glaube ich dem Zweck des vorliegenden Sammelwerkes auch nicht untreu geworden zu sein; einen Beitrag zur Kenntnis der Entwicklung österreichischer Geschichtswissenschaft und ihrer Lehre zu liefern, sowie ein Bekenntnis über Wesen und Wert der einzelnen Fächer abzulegen. Es obliegt jedoch, auch dem Stil des Gesamtplanes zu entsprechen, ihm in Form einer Selbstbeschreibung nachzukommen."[34]

Erst dann kommt der Satz, der so ähnlich am Beginn der meisten Beiträge steht: „Ich bin am 23. Februar 1880 geboren."[35] Doch selbst nachdem er so den „Weg zu sich" gefunden hatte, verriet Rintelen praktisch nichts Persönliches über sich, sondern beschränkte sich auf Überlegungen zu seinem Fach und dessen Bedeutung für das juristische Studium.

3. Das Studium

Ihrem eigenen Studium widmeten sich alle 17 Juristen, wobei der Raum, auf dem sie das taten, sehr unterschiedlich war: im mit 20 Seiten durchaus umfangreichen Beitrag von Hans Sperl handelt nur ein halber Satz von seinem Studium;[36] Rittlers mit sechs Seiten viel kürzere Darstellung widmet hingegen rund eine Seite seinem eigenen Studium.[37] Adamovich und Merkl betonten, dass sie keine Paukerkurse notwendig hatten, um ihr Studium zu absolvieren, wobei Adamovich diese Kurse eindeutig als Übel sah, während Merkl sie nicht bewertete.[38]

Den naheliegenden Schluss, dass dieses Übel auch aus der nicht überragenden Qualität der universitären Lehre resultierte (und bis heute resultiert), zog Adamovich freilich nicht. Bartsch immerhin schrieb, dass er grundsätzlich fleißig in Vorlesungen ging, „es aber nicht in allen aus[hielt], weil man dort mit viel Zeitaufwand nicht mehr hörte, als was [sic!] ich aus Lehrbüchern erfuhr."[39] Im Gegensatz zu Adamovich erwähnte Bartsch in seiner weiteren Darstellung auch seine eige-

---

30 Wenger, Planitz, Adamovich, Bartsch, Ebers, Hold-Ferneck, Kadečka, Klang, Merkl, Rittler, Sperl, Verdroß, Wolff.

31 WENGER, Selbstdarstellung 133.

32 DURIG, Selbstdarstellung 55.

33 STEINWENTER, Selbstdarstellung 187.

34 RINTELEN, Selbstdarstellung 146f.

35 RINTELEN, Selbstdarstellung 147.

36 SPERL, Selbstdarstellung 167: „Dort [in Graz] machte ich das I. Staatsgymnasium durch, 1879 Matura und sodann die juristische Fakultät in Graz, wo ich [am] 23. Mai 1884 Doktor der Rechte wurde."

37 RITTLER, Selbstdarstellung 161f.

38 ADAMOVICH, Selbstdarstellung 12; MERKL, Selbstdarstellung 137.

39 BARTSCH, Selbstdarstellung 22.

ne Lehre. Einen Zusammenhang zwischen seiner Perspektive als Student und der späteren als Dozent stellte aber auch er nicht her – wie übrigens auch keiner der anderen. Dass Bartsch seine eigene Vorlesung zum Zivilrecht jahrzehntelang aus demselben Kollegienheft hielt, deutet nicht unbedingt auf eine besonders lebendige Vortragsweise.[40]

Auch Koschaker kritisierte manche Vorlesungen, die er an der Universität Graz hörte. Der später berühmte Romanist machte das gerade am römischen Recht fest, das „ein biederer Niederdeutscher [las], wissenschaftlich völlig unbedeutend". Die Unterlagen dieses Professors, den Koschaker nicht namentlich nannte, „waren zu Beginn unterhaltend, auf die Dauer aber doch zu primitiv, ‚nicht genug wissenschaftlich', wie der ehrwürdige Universitätsportier bei manchen der vervielfältigten Nachschriften von Vorlesungen [...] zu sagen pflegte, wenn er sie den Studenten verkaufte."[41] Koschaker zog daraus dieselbe Konsequenz wie Bartsch: „Ich blieb der Vorlesung daher alsbald ferne. So hielt ich es übrigens mit allen Vorlesungen, die mich nicht interessierten."[42]

In die – für ihn – interessanten Vorlesungen ging Koschaker allerdings sehr wohl, und das Beispiel, das er dafür nannte, war auch ein Römischrechtler, und zwar Gustav Hanausek (1855–1927),[43] der nach der Ausbildung in Heidelberg, Wien, Berlin und Göttingen Professor in Wien, Prag und Graz wurde. Über ihn schrieb Koschaker: „Er war alles eher als ein guter Dozent. Aber er war ein ausgezeichneter Jurist, der seine Fähigkeiten bei Behandlung des einzelnen Falles und von Einzelproblemen entfaltete."[44] Mit der Wertschätzung für Hanausek war Koschaker nicht allein. Auch für Wenger, Steinwenter und Rintelen war er ein entscheidender Förderer, dessen Seminar eine wichtige Station auf ihrem Weg in die Wissenschaft war.[45] „[Er] hat [...] diejenigen, die er für begabt hielt, in selbstlosester Weise gefördert, [...] Hanausek hat keine Schule gehabt. Er hat seinen Schützlingen das juristische Denken beigebracht, im übrigen war es ihm gleichgültig, welcher Disziplin sie sich zuwandten [...]. Hanausek hat sie gefördert alleine um ihrer Begabung willen und das ist etwas Großes und Selbstloses an diesem Manne, das festgehalten zu werden würdigt."[46]

Koschaker nahm in seine Darstellung nicht nur seine eigene, so positive Einschätzung seines Lehrers auf, sondern referierte auch, dass Mitteis seinen Kollegen Hanausek „einmal etwas boshaft als den Mann charakterisiert [habe], der sich freue, wenn andere arbeiten".[47] Der hier zitierte Ludwig Mitteis (1859–1921)[48] war der zweite besonders oft erwähnte Rechtshistoriker.[49] Er hatte in Wien studiert, sich dort auch habilitiert und wurde nach Stationen in Prag und Wien schließlich Professor in Leipzig.

Koschaker berichtete nicht nur sehr positiv, wie Mitteis ihn persönlich trotz Anfangsschwierigkeiten gefördert hatte, sondern auch von der generellen Attraktivität seiner Vorlesungen (was Mitteis wohl von Hanausek unterschied): „Unter den Vorlesungen und Übungen hat mir den tiefsten Eindruck hinterlassen die Pandektenexegese Mitteis', die er damals vor etwa 500 Studenten, eine in Deutschland schon seit Dezennien unvorstellbare Zahl, hielt. Die Auswahl der Stellen [...,] die Verbindung der gewonnen Resultate mit dem modernen Recht, das alles gewürzt

40 Bartsch, Selbstdarstellung 31.

41 Koschaker, Selbstdarstellung 108.

42 Ebd.

43 Wesener, Gustav Hanausek und seine Schüler.

44 Ebd.

45 Rintelen, Selbstdarstellung 149; Steinwenter, Selbstdarstellung 187; Wenger, Selbstdarstellung 135.

46 Koschaker, Selbstdarstellung 109.

47 Ebd.

48 Höbenreich, À propos Antike Rechtsgeschichte; nicht zu verwechseln mit seinem Sohn Heinrich Mitteis, der ebenfalls Rechtshistoriker war.

49 Bartsch, Selbstdarstellung 24; Rittler, Selbstdarstellung 161; Steinwenter, Selbstdarstellung 187.

durch echt Mitteis'sche Sarkastik ließen den geborenen Juristen erkennen und waren schlicht meisterhaft."[50]

Dass man mit Sarkasmus Eindruck auf Studenten machen konnte, wurde bei einem anderen Professor noch deutlicher, beim Staatsrechtler Edmund Bernatzik (1854–1919), einem jener Vertreter des geltenden Rechts, der in den Erinnerungen besonders häufig erwähnt wurde. Bernatzik hatte in Wien studiert und sich auch habilitiert und war dann Professor in Basel, Graz und Wien.[51] Dass der Eindruck, den er bei den Studenten hinterließ, nicht nur positiv war, zeigt Adamovichs Einschätzung:

„Bernatzik, eine der geistreichsten Persönlichkeiten, die die Wiener Universität jemals aufgewiesen, gehörte bei den Studierenden ob seiner nervösen Art und beißenden Ironie zu den gefürchtetsten Prüfern. Seine Lehrveranstaltungen aber waren glänzend besucht, nicht zuletzt wegen der mannigfachen witzigen und satirischen Bemerkungen, mit denen er den Vorlesungsstoff zu würzen pflegte und die auch vor den höchsten Stellen nicht halt machten."[52] Adamovich fügte allerdings hinzu, dass er selbst sich von der vornehmen und zurückhaltenden Art von Bernatziks Fachkollegen Adolf Menzel (1857–1938)[53] mehr angezogen fühlte, „der durch die Klarheit und die durchsichtige Systematik seines Vortrags den etwas trockenen Ton seiner Vorlesung vollkommen vergessen machte".[54]

Menzel wurde von den anderen Autoren allerdings seltener erwähnt als Bernatzik, den Bartsch einen „sarkastischen Spötter" nannte.[55] Sperl schrieb, Bernatzik war „anerkannt als scharfsinniger Jurist, wie als Mann treffenden, oft recht scharfen Witzes",[56] und er war der einzige Staatsrechtler, den Rittler erwähnte.[57] Für Merkl war Bernatzik der erste in seiner Liste der Lehrer, die ihn beeindruckt hatten (in der Menzel nicht vorkam, Hans Kelsen aber als zweiter Staatsrechtler neben Bernatzik),[58] aber Verdroß erwähnte doch beide – freilich ohne weitere Charakterisierung.[59]

Neben Bernatzik war der Straf- und Völkerrechtler Heinrich Lammasch (1853–1920) ein Vertreter des geltenden Rechts, der in den Selbstdarstellungen auffallend oft erwähnt wurde. Nach Studium und Habilitation in Wien war er zunächst Professor in Innsbruck und dann wieder in Wien. Über die akademische Welt hinaus wurde er während des Ersten Weltkriegs als Pazifist bekannt und schließlich als letzter Ministerpräsident der österreichischen Reichshälfte der Habsburgermonarchie.[60]

Durig nannte Lammasch neben dem Ökonomen Eugen Böhm-Bawerk (1851–1914) einen der zwei Innsbrucker Professoren von „weithin anerkanntem Ruf". Beide konnte er wegen ihrer Wechsel nach Wien aber nicht mehr als Vortragende in ihren Fächern hören.[61] Durig machte diese Erfahrung am Ende von Lammaschs erster Professur in Innsbruck, Verdroß eine ähnliche gegen Ende von dessen zweiter und letzter Professur in Wien: „Hingegen habe ich den berühmten Professor Heinrich Lammasch leider nie gehört, da er damals wegen anderer Aufgaben beurlaubt war."[62] Dass Lammasch an der Universität

---

50 Koschaker, Selbstdarstellung 110.

51 Olechowski, Staudigl-Ciechowicz, Ehs, Rechts- und Staatswissenschaftliche Fakultät 468.

52 Adamovich, Selbstdarstellung 11.

53 Olechowski, Staudigl-Ciechowicz, Ehs, Rechts- und Staatswissenschaftliche Fakultät 399–503.

54 Adamovich, Selbstdarstellung 12.

55 Bartsch, Selbstdarstellung 22.

56 Sperl, Selbstdarstellung 169.

57 Rittler, Selbstdarstellung 162.

58 Merkl, Selbstdarstellung 138.

59 Verdross, Selbstdarstellung 201.

60 Oberkofler, Rabofsky, Heinrich Lammasch; Schennach, Strafrechtswissenschaftler Heinrich Lammasch.

61 Durig, Selbstdarstellung 57.

62 Verdross, Selbstdarstellung 201. Diese anderen Aufgaben während Verdroß' Studium waren die Arbeiten am letzten in der Monarchie erstellten Strafrechtsentwurf.

Wien „die in der Welt bekannteste Gestalt der Fakultät" war, bestätigte auch Sperl,[63] der auch von „Lammasch' dreifacher Größe als Mann der Wissenschaft, als Schiedsrichter und als Staatsmann" sprach.[64]

Hold-Ferneck besuchte nach seinem Doktorat Seminare sowohl bei Lammasch als auch bei dessen Fachkollegen Carl Stooss (1849–1934),[65] und lobte, dass Lammasch ihm seitdem sein Interesse zuwandte und ihn nach Kräften förderte, „obwohl er bald erkannt hatte, daß ich ihm wissenschaftlich nicht Gefolgschaft leisten konnte."[66] Auch Rittler stellte Stooss und Lammasch einander gegenüber. Über Stooss meinte er, er „konnte als freier Schweizer manche österreichischen Eigentümlichkeiten nicht verstehen, übte Kritik an der Gesetzgebung und Rechtsprechung und trat entschieden für Reformen ein". Lammasch hingegen war „in der Monarchie aufgewachsen und stand allem Neuen zwar keineswegs ablehnend, aber doch vorsichtig abwägend gegenüber".[67]

Ein letzter Vertreter des geltenden Rechts, der einen besonders starken Eindruck hinterließ, war Franz Klein (1854–1926), Zivilprozessualist und Schöpfer der österreichischen ZPO.[68] Entsprechend seiner vielfältigen Tätigkeit wurde er als akademischer Lehrer und auch als Vorgesetzter in der Ministerialbürokratie erwähnt. Diejenigen, die ihn erwähnten, waren sich einig, dass er ein Genie war.[69]

Dass Klein rechthistorische Wurzeln hatte, wird an der Bemerkung von Bartsch deutlich, die Pandektenexegese bei Klein habe ihn ungemein gefesselt. „[Er] ließ die Schüler selbständig arbeiten, er beschränkte sich auf Einwürfe, die er bloß andeutete, er ließ uns untereinander streiten, bis er uns auf andere Stellen aufmerksam machte, die zur Entscheidung beitrugen."[70]

Selbstständiges Arbeiten seiner Schüler und Mitarbeiter war für Klein entscheidend. Durig berichtete aus seiner Zeit im Justizministerium: „Exzellenz Klein ließ von allem Anfang an keinen Zweifel darüber, daß [wir] vollkommen selbständig arbeiten müßten, und keine vorgängigen Weisungen von ihm erwarten dürften. Es wäre auch nicht ratsam gewesen, ihn um solche, abgesehen von seltenen Ausnahmsfällen, zu fragen."[71]

An anderer Stelle bezeichnete Durig Klein als „wegen seines strengen Urteils gefürchteten" Sektionschef, nicht ohne hinzuzufügen, dass der strenge Vorgesetzte über ihn, Durig, sagte: „Da haben wir, scheint's, einen guten Fang gemacht".[72] Typisch für Klein war auch, dass er an Ergebnissen interessiert war, nicht an langen Diskussionen. „Wurde man gerufen, so fragte man sich schon, bevor man vor ihn hintrat, was er etwa wollen werde, und überlegte in aller Eile, wie man in möglichst knappen Worten die gewünschte Antwort geben könne, für längere Ausführungen hätte er nur tadelnde Blicke gehabt."[73]

Durig berichtete auch, wie er und ein Kollege mit diesen hohen Anforderungen umgingen: „Um vor dem Gewaltigen bestehen zu können, tauschten [wir] unsere Anträge und Entwürfe, bevor wir sie Klein vorlegten, miteinander aus, um so nach gemeinsamer Prüfung eine gewisse Gewähr dafür zu haben, daß sie vor seinem strengen Auge standhalten werden."[74] Es passt in dieses Bild, dass Durig

63 Sperl, Selbstdarstellung 169.

64 Sperl, Selbstdarstellung 178.

65 Olechowski, Staudigl-Ciechowicz, Ehs, Rechts- und Staatswissenschaftliche Fakultät 423–425.

66 Hold-Ferneck, Selbstdarstellung 94.

67 Rittler, Selbstdarstellung 162.

68 Brauneder, Juristen in Österreich 234–242; Hofmeister, Forschungsband Franz Klein; Olechowski, Staudigl-Ciechowicz, Ehs, Rechts- und Staatswissenschaftliche Fakultät 397–399.

69 „[G]eniale Persönlichkeit", Durig, Selbstdarstellung 63.

70 Bartsch, Selbstdarstellung 28.

71 Durig, Selbstdarstellung 63.

72 Durig, Selbstdarstellung 62.

73 Durig, Selbstdarstellung 63.

74 Ebd.

seine Ausführungen zu Klein, dem er immerhin fast zwei Seiten widmete, mit dessen sehr sparsamen Umgang mit Lob beendete: „Worte der Anerkennung durfte man von ihm nicht erwarten. Ein einziges Mal vernahm ich mit größter Überraschung die Worte ‚Das haben Sie gut gemacht!'"[75]

Hans Sperl, der einzige Zivilprozessualist in Grass' Sammlung, behandelte die Persönlichkeit seines – wohl deutlich berühmteren[76] – Fachkollegen nicht, kritisierte aber das strenge Neuerungsverbot der österreichischen ZPO auf mehr als zwei Seiten,[77] und nannte Klein immerhin „einen großen Österreicher".[78] Auch Heinrich Klang verzichtete auf eine Charakterisierung von Klein (was er generell bei den Kollegen tat, die er erwähnte), nannte aber zwei Berührungspunkte, einen mehr institutionellen, und einen stärker persönlichen. Institutionell war Kleins Justizreform und der damit verbundene Personalbedarf der Grund, aus dem Klang in den letzten Jahren des 19. Jahrhunderts die Richterlaufbahn einschlug.[79] Außerdem gründete Klein nach dem Ersten Weltkrieg die bürgerlich-demokratische Partei, deren letzter Obmann schließlich Klang werden sollte.[80]

4. Der Beruf

Die Grenze zwischen Lehrern und Kollegen ist natürlich schwimmend; einerseits, weil im Lauf einer akademischen Karriere frühere Lehrer zu Kollegen werden können, und andererseits wegen des Altersunterschiedes der Autoren. Bernatzik, Lammasch und Klein waren für die meisten Dargestellten Lehrer, für Sperl als den Ältesten aber nur Kollegen. Insgesamt fällt auf, dass die Beziehungen zu Kollegen kein großes Thema in den Selbstdarstellungen waren.

Besonders auffällig ist, dass nahezu alle Autoren der Regel „de collegis nihil nisi bene" folgten. Wer die akademische Welt kennt, weiß, dass damit ein nicht unwesentlicher Teil dieser Welt (bewusst oder unbewusst) ausgeklammert wurde. Der einzige Fall von Polemik sind die Ausführungen Hold-Fernecks zu seinem akademischen Feind Hans Kelsen.

Wie verbittert die Auseinandersetzung war, wird schon daran deutlich, dass Hold-Ferneck selbst von seinem „Kampf gegen die Lehren des Prof. Dr. Hans Kelsen" sprach.[81] Für ihn bestand der schwerste Mangel von Kelsens Reiner Rechtslehre darin, „daß er meinte, das Recht bilde den Gegenstand einer Wissenschaft, während sich vier Wissenschaften damit zu befassen haben, deren jede sich der ihr eigenen Methode bedienen muß; die Jurisprudenz oder Rechtsdogmatik, die Grundlehre vom Recht, die Rechtsgeschichte und die Rechtsphilosophie".[82] (Was der Unterschied zwischen der Grundlehre vom Recht und der Rechtsphilosophie war, erläuterte Hold-Ferneck zumindest in diesem Zusammenhang nicht.)

Wie zentral für Hold-Ferneck die Auseinandersetzung mit Kelsen war, zeigt auch, dass er ihr beinahe ein Zehntel seines Textes widmete. Diese knappe Seite macht aus heutiger Sicht vor allem den Eindruck, er habe die Lehre seines Gegners nicht verstanden, vielleicht auch nicht verstehen wollen. Hold-Ferneck selbst hingegen kam zu folgendem Ergebnis: „Ich darf wohl sagen, daß es mir gelungen ist, seinen Einfluß zu brechen".[83] Wenn man bedenkt, welche Rolle Kelsen bis heute für die österreichische Rechtswissenschaft spielt und

---

75 DURIG, Selbstdarstellung 63.

76 OLECHOWSKI, STAUDIGL-CIECHOWICZ, EHS, Rechts- und Staatswissenschaftliche Fakultät 399: „Im Schatten von Franz Klein und seinem Werk stand Hans Sperl".

77 SPERL, Selbstdarstellung 175–177.

78 SPERL, Selbstdarstellung 178.

79 KLANG, Selbstdarstellung 117.

80 KLANG, Selbstdarstellung 124, 128.

81 Aus Kelsens Perspektive, OLECHOWSKI, Kelsen 403–407.

82 HOLD-FERNECK, Selbstdarstellung 101.

83 HOLD-FERNECK, Selbstdarstellung 102.

wie groß Hold-Fernecks aktuelle Bedeutung ist, darf man wohl sagen, dass diese Einschätzung etwas voreilig war.

Bei Hold-Fernecks Kritik ging es ihm insgesamt wohl mehr um Kelsens Lehre, als um dessen Person, doch vermutlich gab es auch eine deutliche persönliche Antipathie. Hold-Fernecks Ausführungen zu Karl Renner verdeutlichen das. Als monarchistischer Deutschnationaler bezeichnete er ihn nur unter Anführungszeichen als „Staatskanzler",[84] und bei seinem Bericht über die Versuche, die Habsburgermonarchie auch durch eine sogenannte Personalautonomie zu reformieren, erwähnte er nicht, dass Renner der Urheber dieser Idee war.[85] Dass Renner das Angebot von Hold-Ferneck ablehnte, eine Verfassung für Deutschösterreich auszuarbeiten, und stattdessen Kelsen beauftragte, wird auch nicht zur Entspannung beigetragen haben.[86]

Mit dieser Verhärtung war Hold-Ferneck unter den Autoren allein. Adamovich etwa war auch Monarchist, der meinte: „Mit dem Zusammenbruch des alten Donaureiches im November 1918 ist mir buchstäblich eine Welt in Trümmer gegangen."[87] Das hinderte ihn aber nicht, seine Position als Berater Renners unmittelbar nach dem Zweiten Weltkrieg gerade deshalb zu schätzen, „weil sie mir die Gelegenheit gegeben hat, die einzigartigen Leistungen unseres verehrten, seither verstorbenen Bundespräsidenten Dr. Renner so richtig kennen und würdigen zu lernen".[88]

Ein Mann, der als Kollege mehrfach positiv erwähnt wurde, ist schließlich jemand, von dem man es möglicherweise nicht unbedingt erwarten würde: Ernst Schönbauer (1885–1966), Rechtshistoriker, Mitglied des Landbundes, dann Nationalsozialist und von 1938 bis 1943 Dekan der juristischen Fakultät.[89] Interessant ist auch, wer sich anerkennend über Schönbauer äußerte. Es waren nämlich gerade nicht seine Parteigänger, sondern Personen aus dem bürgerlichen Lager, für die die NS-Herrschaft Schwierigkeiten bedeutete.

Für Adamovich war klar, „[d]aß im nationalsozialistischen Dritten Reich für meine weitere Tätigkeit kein Raum war [...]. Die Wiener Fakultät, im besonderen ihr Dekan Dr. Ernst Schönbauer, haben sich, wie ich wahrheitsgemäß feststellen darf, zwar eindringlichst bemüht, mein Verbleiben im Lehramt durchzusetzen, so lange, bis ihnen jede weitere Intervention in meiner Sache bei sonstigen Zwangsfolgen untersagt wurde."[90]

Auch Verdroß sollte zwangspensioniert werden. „Am 24. Dezember 1938 teilte mir der Vertreter der Partei an der Universität Prof. Dr. Marchet, dem ich zufällig vor der Universität begegnete mit, daß meine Sache trotz verschiedener Bemühungen des Dekans Prof. Dr. E. Schönbauer in meinem Interesse ‚sehr schlecht' stünde." Verdroß wurde aber im Gegensatz zu Adamovich schließlich nicht zwangspensioniert.[91]

An der juristischen Fakultät wurde auch der – hier sonst nicht behandelte – Statistiker Wilhelm Winkler zwangspensioniert, weil er sich nicht von seiner jüdischen Frau trennen wollte. „Ich möchte hier noch dankbar vermerken, daß mir in jener schweren Zeit ein freundlicher, meine internationale Stellung betonender Beschluß des Professorenkollegiums meiner Fakultät, über den mir der damalige Dekan Prof. Dr. Ernst Schönbauer eine Bestätigung ausstellte, wesentliche Ret-

---

84 Hold-Ferneck, Selbstdarstellung 96.

85 Renner, Selbstbestimmungsrecht.

86 Hold-Ferneck, Selbstdarstellung 98; Olechowski, Kelsen 272–305; siehe auch das Projekt „Die Entstehung des Bundes-Verfassungsgesetzes 1920", gefördert durch den österreichischen Wissenschaftsfonds FWF (Projekt I 5679) und die Deutsche Forschungsgemeinschaft DFG (Projekt 471843206), https://b-vg.acdh.oeaw.ac.at (28. 7. 2025).

87 Adamovich, Selbstdarstellung 12; sein Sohn betonte, dass er das sein ganzes Leben lang blieb (Adamovich, Erinnerungen 11).

88 Adamovich, Selbstdarstellung 18.

89 Kalwoda, Ernst Schönbauer.

90 Adamovich, Selbstdarstellung 16; das bestätigte auch Adamovichs Sohn (Adamovich, Erinnerungen 18).

91 Verdross, Selbstdarstellung 208.

tungsdienste leistete und mit dazu beitrug, mich und meine Familienangehörigen vor dem Ärgsten zu bewahren."[92]

Durig war der einzige unter den 17 Juristen, der nicht (auch) an einer Universität unterrichtete. Noch auf der ersten Seite seiner Autobiographie führte er zu seinem Beruf als Richter aus: „Seit der Entschluß, Richter zu werden, in mir gereift war, habe ich mich stets zutiefst dem richterlichen Denken verbunden gefühlt. [...] Gewissenhafte Abwägung des Für und Wider, unverbrüchliche Ausrichtung auf das Gesetz, auf die Gebote der Gerechtigkeit, auf das dem Rechtsempfinden Gemäße."[93]

Kein Einziger der anderen 16 erklärte in vergleichbarer Weise, sich zutiefst als Lehrer empfunden zu haben. Das ist einerseits erstaunlich, wo doch die universitäre Lehre ein wesentlicher Teil ihres Berufs war; andererseits war es wohl auch schon damals so, dass man mit guter Lehre keine akademische Karriere machte. Auffällig ist jedenfalls, dass die Vertreter der historischen Fächer in ihren Darstellungen der akademischen Lehre deutlich mehr Raum widmeten als die des geltenden Rechts. Rintelens Beitrag ist viel eher eine Darstellung des Fachs Österreichische Rechtsgeschichte als eine Selbstdarstellung, wobei auch er sich nicht mit didaktischen Fragen beschäftigte, sondern Überlegungen zur Relevanz des Fachs anstellte.

Ähnliches gilt für Steinwenter, dessen Beitrag vor allem ein Essay zur Bedeutung des Römischen Rechts im juristischen Studium ist. Allerdings ist er doch etwas persönlicher gehalten als der von Rintelen. Steinwenters Gesamteindruck vom österreichischen Jus-Studium bis in die Mitte des 20. Jahrhunderts war insgesamt negativ:

„Ich muß also die oben gestellte Frage, ob wir mit unserem Rechtsunterricht auf dem richtigen Wege sind, leider mit nein beantworten. Die gegenwärtige persönliche und wirtschaftliche Lage der Studierenden, die mangelnde Begabtenauslese, sowie die Studienordnung mit ihrer Engherzigkeit und der Verquickung von Fachschule mit wissenschaftlichem Unterricht machen es auch einem pädagogisch begabten Lehrer unmöglich, alle Hörer zu dem von ihm gesteckten Ziele zu führen. Es wird nur bei einer kleinen Anzahl von wirklich begabten und fleißigen jungen Leuten gelingen."[94]

Hier zeigt sich eine elitäre Vorstellung vom juristischen Studium. Für Steinwenter war die Lösung klar: „All das wäre mit einem Schlag anders, wenn wir neben den wissenschaftlichen Rechtsfakultäten noch juristische Mittelschulen hätten. Wenn jeder Baumeister, Betriebsleiter einer kleinen Fabrik oder eines Elektrizitätswerks Diplomingenieur sein müßte, jeder Dentist und jede Hebamme Dr. med. univ., dann würden dieselben Übelstände, unter denen wir Juristen zu leiden haben, sich auch auf anderen Gebieten einstellen. Berufe, für die zwar praktische Rechtskunde, aber keine Befähigung zum selbständigen juristischen Arbeiten und zur Fortbildung des Rechts notwendig ist, sollten sich mit dem Reifezeugnis einer Rechtsakademie begnügen; an die Universitäten gehören nur Studenten mit entsprechender Vorbildung und mit wissenschaftlichen Interessen."[95]

Steinwenter wollte die Berufsausbildung also weitgehend aus der Universität auslagern, die der „reinen Wissenschaft" vorbehalten sein sollte. Obwohl er sich wesentlich mehr mit der Lehre beschäftigte als andere, war gerade seine Vorstellung von der Universität eine, die ganz von der Forschung geprägt war, weil er die Lehre nur als Vorbereitung auf eine wissenschaftliche Tätigkeit sehen wollte. Bei einem praktischen Studium wie

92 Winkler, Selbstdarstellung 221; in einer anderen autobiographischen Selbstdarstellung brachte Winkler das noch stärker in Verbindung mit Schönbauer: „Ich hatte gleich am Anfang der Hitlerei die gute Eingebung gehabt, mich an den Dekan meiner Fakultät um eine Art Geleitbrief – im Hinblick auf meine wissenschaftlichen Leistungen und mein Ansehen im Ausland – zu bemühen. Der Fakultätsbeschluss kam auch zustande und Prof. Ernst Schönbauer, der als führender Nationalsozialist kommissarischer Dekan geworden ist, stellte mir ein sehr vorteilhaftes Zeugnis aus, das nicht verfehlte, immer wenn vorgezeigt, Eindruck zu machen." (Feichtinger, Wissenschaft zwischen den Kulturen 226).

93 Durig, Selbstdarstellung 77.

94 Steinwenter, Selbstdarstellung 197f.

95 Steinwenter, Selbstdarstellung 196.

dem juristischen durchaus eine „Themenverfehlung". Dass seine elitäre Universitäts-Konzeption nicht gerade vorausschauend war, zeigt ein Blick auf die Entwicklung seither.

Es ist wohl kein Zufall, dass gerade die Vertreter der historischen Fächer in ihrem Unterricht besonders auf die Wissenschaft hin orientiert waren, weil hier die unmittelbare praktische Anwendung schlichtweg nicht in Betracht kommt. In dieses Bild passt auch, was Wenger über seinen Zugang zur Lehre schrieb: „Der Lehrberuf machte mir große Freude. […] So sehr die großen Kollegien reizten und lockten, meine besondere Freude waren doch die Seminare, die ich [...] auch jungem Nachwuchs für die Lehrkanzeln in möglichst guten Bibliotheken zur Verfügung zu stellen bemüht war."[96]

Genauso wenig dürfte es ein Zufall sein, dass es Rechtshistoriker waren, die die Bedeutung ihrer Fächer für die juristische Ausbildung besonders betonten. Die Vertreter von Privat-, Straf- und Staatsrecht hatten das schlichtweg nicht nötig. Die historischen Fächer waren zwar weit nicht so umstritten wie im späten 20. und frühen 21. Jahrhundert, aber seit dem späten 19. Jahrhundert hatten alle Reformen der Studienordnung (1893,[97] 1935[98]) ihre Stundenzahl leicht reduziert. Sie waren also nicht existenziell bedroht, aber anders als in der Mitte des 19. Jahrhunderts doch in der Defensive.

Alle wissenschaftlich Tätigen widmeten ihrer Forschung viel Raum, wobei manche die wissenschaftliche Arbeit im Wesentlichen chronologisch im Rahmen des Lebenslaufes behandelten, während andere beide Bereiche klar trennten. Trotz ausführlicher Darstellungen des Inhalts der eigenen Forschung sind Reflexionen über die wissenschaftliche Arbeit an sich selten.

Koschaker gab diesbezüglich am meisten von sich preis, wenn er schrieb: „Ich habe niemals leicht produziert und die Formulierung hat mir Schwierigkeiten bereitet, noch mehr der Umstand, daß sich mir die Feder sträubte, wenn ich nicht etwas neues zu sagen können glaubte, mag dies auch in den meisten Fällen falsch gewesen sein. Demgemäß war meine publizistische Tätigkeit weder umfangreich noch gleichmäßig. Mit jenem Hemmnis hängt zusammen meine Unfähigkeit, ein Lehr- oder Handbuch zu schreiben. Meine Begabung, wenn ich mir eine solche zuschreiben darf, lag immer in der Behandlung von Einzelproblemen, in der Monographie."[99]

Im Gegensatz zu Koschaker unternahm Sperl mehrere Anläufe zu Gesamtdarstellungen des österreichischen Zivilverfahrensrechts, die er aber allesamt nicht vollendete. 1903 publizierte er „eine geordnete Übersicht über die Rechtsquellen des Zivilprozesses und der Exekution […]. Das Buch […] wurde aber dann nicht fortgesetzt, da ich daran ging, ein umfassendes Lehrbuch über den Gegenstand auszuführen. […] Es kam aber nur der erste, allerdings umfangreichste Band zustande. […] die zwei weiteren Bände kamen nicht zustande. Zu der alle Arbeitszeit in Anspruch nehmenden akademischen Lehrtätigkeit, der in Wien so sehr fühlbaren Last der Prüfungen und Rigorosen, kam dazu, daß ich in steigendem Ausmaße herangezogen wurde, um in schwebenden großen Rechtsangelegenheiten Österreichs Gutachten zu erstatten."[100] Dass diese Gutachten mutmaßlich deutlich besser

[96] Wenger, Selbstdarstellung 137.

[97] RGBl. 68/1893; dazu Olechowski, Staudigl-Ciechowicz, Ehs, Rechts- und Staatswissenschaftliche Fakultät 130–134.

[98] BGBl. 378/1935; dazu Olechowski, Staudigl-Ciechowicz, Ehs, Rechts- und Staatswissenschaftliche Fakultät 144–150.

[99] Koschaker, Selbstdarstellung 124f.

[100] Sperl, Selbstdarstellung 172.

bezahlt waren als seine anderen Tätigkeiten, erwähnte Sperl nicht, ihren Inhalt referierte er aber.

In den Darstellungen der Karrieren wurden Schwierigkeiten nicht allzu oft erwähnt, und persönlicher Ehrgeiz oder die bewusste Karriereplanung gar nicht. Vielfach schrieben die 17 Dargestellten, ihnen sei etwas angeboten, etwas an sie herangetragen oder sie seien zu etwas eingeladen worden. Die Konkurrenz um Positionen wurde fast überhaupt nicht erwähnt, auch nicht Verbindungen und Verabredungen, um bestimmte Personen zu fördern und andere zu verhindern. Dabei waren Bartsch, Hold-Ferneck, Kadečka und Sperl Mitlieder im deutsch-nationalen und antisemitischen „Deutschen Klub",[101] was keiner von ihnen in seiner Selbstdarstellung erwähnte.

Bartsch berichtete immerhin von den Schwierigkeiten, einen Habilitations-Vater zu finden,[102] und Koschaker von einer unerfreulichen Begegnung mit seinem vier Jahre älteren Kollegen Stephan Brassloff (1957–1943) in der Phase der Themenfindung für die Habilitation: „[D]er treffliche Kollege Stephan Brassloff aus Wien, damals ebenfalls zur Ausbildung in Leipzig, der mit den obskursten alten römischen und griechischen Autoren jonglierte und mir auf meine naive Frage ‚wer ist denn das?' entrüstet entgegenschleuderte: ‚Was, das wissen sie nicht!': all das war nicht geeignet, mein Selbstvertrauen zu heben."[103]

Sonst wurden akademische Auseinandersetzungen praktisch überhaupt nicht erwähnt. Das ist eine bemerkenswerte Leerstelle, die auch damit zusammenhängen mag, dass die 17 Dargestellten durchwegs zu jenen gehörten, die letztlich eine erfolgreiche Karriere machen konnten. Dass es akademische Intrigen und Auseinandersetzungen auch schon in der ersten Hälfte des 20. Jahrhunderts gab, ist wohl dokumentiert.[104] In den behandelten Selbstdarstellungen finden aber nur eine große und eine kleine Erwähnung.

Die große Auseinandersetzung ist Hold-Fernecks schon behandelter Kampf gegen Kelsen, die kleine ein von Klang überlieferter Vorgang, als 1924 am Deutschen Juristentag in Heidelberg Miet- und Wohnrecht diskutiert wurden. Der deutsche Hauptreferent empfahl, zur völligen Vertragsfreiheit des BGB zurückzukehren, Klang hingegen wollte einen gewissen Mieterschutz aufrechterhalten und das Stockwerkseigentum wiedereinführen. Seine Vorschläge wurden in der zuständigen Abteilung übergangen, doch Klang beantrage, das Thema noch einmal in der Plenarversammlung zu behandeln.[105]

„Nun war die Tagesordnung des Juristentages immer überlastet, eine sachliche Beratung in einer Plenarversammlung daher schwer unterzubringen. Deshalb schlug der Vorsitzende, Geheimrat Kahl, einen Kompromiß vor, nach dem ich mich mit einem Beschlusse begnügen sollte, daß das Thema nochmals auf die Tagesordnung eines der nächsten Juristentage gestellt werden sollte. Als argloser Mann ging ich auf diesen Vorschlag ein und mein in diesem Sinne abgeänderter Antrag

101 Huber, Erker, Taschwer, Deutscher Klub; Olechowski, Staudigl-Ciechowicz, Ehs, Rechts- und Staatswissenschaftliche Fakultät 71.

102 Bartsch, Selbstdarstellung 23–26.

103 Koschaker, Selbstdarstellung 109; zu Brassloff die – sehr positive – Darstellung von Meissel, Römisches Recht und Erinnerungskultur.

104 Generell dazu die Ausführungen zu akademischem Antisemitismus und zu Disziplinarverfahren bei Olechowski, Staudigl-Ciechowicz, Ehs, Rechts- und Staatswissenschaftliche Fakultät 67–100; zu einem Einzelfall: Schmetterer, Karl Friedrich Adler.

105 Klang, Selbstdarstellung 126f.

wurde mit allen gegen eine Stimme angenommen. Auf der Tagesordnung eines Juristentages ist das Thema nicht mehr erschienen."[106]

Ganz anders als Hold-Ferneck den Kampf gegen Kelsen behandelte Wenger die akademische Auseinandersetzung mit seinem Lehrer Mitteis um Wengers Konzept der Antiken Rechtsgeschichte. Er stellte seine eigene Position dar, verlor aber nicht ein negatives Wort über Mitteis.[107]

Einige der 17 Juristen betonten doch, dass ihre Karrieren keineswegs geradlinig verliefen. Durig etwa schrieb: „Meine berufliche Laufbahn hat sich keineswegs auf einem geradlinigen, von vornherein vorgezeichneten Gleis bewegt. In wesentlichen Stufen war sie durch von außen herangetragenen Einwirkungen, durch Zufälligkeiten bestimmt; so ist sie denn auch durch wiederholten Wechsel zwischen richterlicher und Verwaltungstätigkeit gekennzeichnet."[108] Auch Steinwenter meinte, er sei durch „[e]ine Reihe von Zufällen" Jurist und Professor geworden.[109]

Viel offener als alle anderen thematisierte Kadečka Rückschläge und Umwege in seiner Karriere. „Wenn ich meine Laufbahn rückschauend betrachte, kommt sie mir vor wie ein Märchen. Meine Karriere besteht, wenn ich es recht bedenke, aus einer ununterbrochenen Kette von Fehlschlägen. Alles, was ich geworden bin, bin ich, wenn auch nicht geradezu gegen meinen Willen, so doch ohne mein besonderes Zutun geworden und immer an Stelle von etwas anderem, was ich in erster Linie angestrebt hatte."[110]

Er war der Einzige, der ein Gefühl von Überdruss ebenso thematisierte (in Bezug auf seine Arbeit im Justizministerium) wie die bitteren Enttäuschungen, als er eine Professur in Breslau nicht bekam und dann auch nicht zum Generalprokurator ernannt wurde, obwohl ihm das bereits zugesagt worden war.[111] In beiden Fällen konnte er aber retrospektiv das Gute sehen: „Wenn ich aber an das grausame Schicksal denke, das der Stadt Breslau im zweiten Weltkrieg zuteil geworden ist, kann ich mich glücklich preisen, daß sich mein Wunsch damals nicht erfüllt hat."[112]

Über die misslungenen Aspirationen auf die Position des Generalprokurators schrieb er: „Ich war damals sehr unglücklich. In Wahrheit hatte ich allen Grund der Vorsehung dafür dankbar zu sein, daß sie mich von dieser exponierten Stellung fernhielt. Sie hätte mir aller Wahrscheinlichkeit nach in der nationalsozialistischen Aera ebenso das Konzentrationslager eingetragen wie meinem siegreichen Mitbewerber."[113] Bei Kadečka war es daher offenbar keine Floskel, wenn er schrieb, dass ihm wesentliche Karriereschritte „zuflogen" („Inzwischen hatte ich mich [...] habilitiert – oder richtiger: ich wurde habilitiert. Denn wieder ging die Initiative nicht von mir aus.")[114] Er gab nämlich auch preis, was seine eigentlichen Ziele waren und dass und wie er sie nicht erreichte.

5. Die Umbrüche

Alle 17 dargestellten Juristen erlebten innerhalb von nicht einmal 30 Jahren vier politische Umbrüche: Das Ende der Monarchie 1918, das Ende der Demokratie 1933/34, den Beginn der NS-Herrschaft 1938 und deren Ende 1945. Wie viel und was sie zu diesen Umbrüchen in ihre Selbstdarstellungen aufnahmen, war durchaus unterschiedlich.

Für Adamovich zerbrach 1918 eine Welt, und auch Hold-Ferneck stellte den Ausgang des Ersten Weltkriegs als zutiefst einschneidendes Ereignis dar. Der Fokus war aber jeweils

106 Klang, Selbstdarstellung 127.

107 Höbenreich, À propos Antike Rechtsgeschichte; Wenger, Selbstdarstellung 152.

108 Durig, Selbstdarstellung 55.

109 Steinwenter, Selbstdarstellung 127.

110 Kadečka, Selbstdarstellung 106.

111 Ebd., Selbstdarstellung 110f.

112 Ebd., Selbstdarstellung 111.

113 Ebd, Selbstdarstellung 111.

114 Ebd., Selbstdarstellung 110.

ein etwas anderer: bei Adamovich – und in Ansätzen bei Koschaker[115] – der Zerfall der Habsburgermonarchie, bei Hold-Ferneck die „aufgezwungenen Friedensverträge".[116]

In den Darstellungen von Durig und Merkl standen mehr technische Aspekte im Vordergrund. Über die Arbeit im Justizministerium schrieb Ersterer: „Der Zusammenbruch der Monarchie war mit einschneidenden Änderungen im Körper des Justizministeriums verbunden, er führte zum Ausscheiden der anderssprachigen Kräfte [...]. Der Geschäftskreis des Justizministeriums erfuhr durch die Verkleinerung des Staatsgebiets eine sehr weitgehende Einschränkung, etwa auf ein Drittel; dagegen war dasselbe in Bezug auf die Belastung durch gesetzgeberische Arbeiten keineswegs der Fall; denn für solche Arbeiten ist im allgemeinen nur der Gegenstand der Regelung, nicht das weitere oder engere örtliche Anwendungsgebiet von entscheidendem Belang."[117]

Merkl wiederum verknüpfte – in einer für ihn wohl charakteristischen Weise – sein persönliches Schicksal mit einer staatsrechtlichen Beobachtung: „Als Österreich [...] zerfiel, war ich der erste Beamte des Ministerratspräsidiums, der – ein einzigartiger staatrechtlicher Tatbestand – durch Dienstbefehl meiner eigenen Dienstbehörde ermächtigt und verpflichtet wurde, mich am 2. November 1918 dem designierten Kanzler der neuen Deutsch-Österreichischen Regierung, Dr. Karl Renner zur Dienstleistung zur Verfügung zu stellen."[118]

Das Ende der Demokratie 1933/34 war für die 17 dargestellten Juristen kein besonderer Einschnitt; nicht zuletzt, weil unter ihnen kein einziger deklarierter Sozialdemokrat war, was Einiges über die Berufungspolitik der Zwischenkriegszeit sagt. Durig und Adamovich hatten allerdings als Präsident und Mitglied des VfGH einen entscheidenden beruflichen Berührungspunkt, als die Regierung Dollfuß nach der sogenannten Selbstausschaltung des Parlaments auch den Gerichtshof ausschaltete.[119]

Adamovich verlor dazu nur einen – allerdings eindeutigen – Satz: „Die tiefschmerzlichen Ereignisse des Jahres 1933 führten zur Lahmlegung des Verfassungsgerichtshofes, die rückgängig zu machen Präsident Durig vergeblich bemüht war."[120] Durig widmete der Ausschaltung des Verfassungsgerichtshofs fast eine Seite, in der er die Ereignisse korrekt darstellte, ohne eine persönliche Stellungnahme dazu abzugeben. Auch aus seiner Schilderung geht aber klar hervor, dass er sich bemühte, den Gerichtshof mit Hilfe von Bundespräsident Miklas wieder „flott zu machen": „Der Herr Bundespräsident würdigte vollkommen, die ihm zugetragenen Anschauung, sah sich jedoch nicht in die Lage versetzt, ihr zum Durchbruch zu verhelfen."[121]

Der Anschluss des Jahres 1938 hatte für Klang und Winkler existentielle Folgen. Klang wurde als Jude 1942 in das Konzentrationslager Theresienstadt deportiert; Winkler, der „Arier" war, sich aber nicht von seiner jüdischen Frau trennen wollte, wurde nicht nur zwangspensioniert, sondern verlor eine Tochter, die im Zuge des nationalsozialistischen „Euthanasie"-Programms ermordet wurde.[122]

Klang überging seine Zeit im Konzentrationslager zwar nicht mit Schweigen, meinte aber: „Es hätte auch hier wenig Sinn, die Beschwernisse und Leiden des Lagerlebens zu schildern. Sie sind im allgemeinen bekannt genug und auf Einzelheiten kommt es nicht an. Das menschliche Gedächtnis hat die Eigenschaft die Vergangenheit zu verklären; die Erinnerung an harte und beschwerende Erlebnisse verblaßt, die an erfreuliche haftete lebhafter. Es wäre nicht gut, dieser natürlichen Tendenz

---

115 Koschaker, Selbstdarstellung 106.

116 Hold-Ferneck, Selbstdarstellung 100.

117 Durig, Selbstdarstellung 71.

118 Merkl, Selbstdarstellung 138.

119 Olechowski, Ausschaltung des Verfassungsgerichtshofes.

120 Adamovich, Selbstdarstellung 16.

121 Durig, Selbstdarstellung 78.

122 Pinwinkler, Wilhelm Winkler 8.

entgegenzuarbeiten und Widerwärtigkeiten, die der Vergessenheit anheimfielen, wieder heraufzubeschwören."[123]

Winkler verschwieg seine behinderte und ermordete Tochter überhaupt, obwohl er auf seine anderen Kinder und deren Lebensweg ausführlicher einging als alle anderen.[124] Damit war Winkler nicht der einzige, der Wesentliches aus der NS-Zeit verschwieg. Auf der „anderen Seite" war das durchwegs der Fall. Drei der 17 Autoren waren Mitglieder der NSDAP: Bartsch, Sperl und Steinwenter – und keiner von ihnen, verlor auch nur ein Wort darüber.[125]

Ein Sonderfall war Hold-Ferneck. Er bekannte als einziger seine Sympathien für die NSDAP ein: „Den besten Antrieb fand die Sache [die Revision des Vertrags von Versailles] durch die nationalsozialistische Bewegung."[126] Vor diesem Hintergrund ist sein einziger Satz zur NS-Herrschaft in Österreich erstaunlich: „Während der Herrschaft Hitlers in Österreich veröffentlichte ich keine Zeile, weil ich mich nicht einer Zensurierung aussetzen wollte."[127] Das mag auch ein Grund gewesen sein; die ganze Wahrheit war es aber nicht: Hold-Ferneck wollte Parteimitglied werden, aber wegen der jüdischen Herkunft seiner Frau wurde ihm empfohlen, seinen Antrag wieder zurückzuziehen.[128]

Das Maß, in dem Politik eine Rolle in den Selbstdarstellungen spielte, ist auch jenseits der großen Umbrüche sehr unterschiedlich. Klang war der einzige, der im engeren Sinn parteipolitisch aktiv war, wenn auch nur für die kleine bürgerlich-demokratische Partei. Dementsprechend spielt die kurze Geschichte dieser Partei in seinem Beitrag keine geringe Rolle.[129] Das genaue Gegenteil war Rittler, der in seiner kurzen Selbstdarstellung überhaupt nichts Politisches schrieb. Dabei hätte er Interessantes zu berichten gehabt: Er war Mitglied einer deutschnationalen Burschenschaft, setzte sich Ende der 1920er-Jahre aber für den wegen Vatermordes angeklagten jüdischen Studenten Philipp Halsmann ein, was wiederum dazu führte, dass er aus der Burschenschaft ausgeschlossen wurde.[130]

6. Die Menschen

Es ist keine ganz große Überraschung, dass Kadečka derjenige war, dessen Selbstdarstellung am meisten Persönliches enthielt: Er berichtete vergleichsweise ausführlich von seinen Hobbies: von der Musik (Brahms als Lieblingskomponist, Robert Bartsch als Bratschist in der häuslichen Kammermusik), der versgerechten Übertragung antiker Dichtungen und der Amateurfotografie; und er erwähnte seine Ehefrau, die beiden Kinder sowie die fünf Enkel als „Freude meines Alters".[131]

Sperl widmete fast eine Seite seines Beitrags der Tätigkeit als (belletristischer) Schriftsteller, die für ihn offenbar mehr als nur ein Hobby war. Einige seiner Werke erschienen auch im Druck, erreichten also auch die Öffentlichkeit.[132] Im eigentlichen Sinn Privates findet sich in seiner Selbstdarstellung hingegen überhaupt nicht.

Der Verzicht auf Persönliches war bei Rintelen am stärksten ausgeprägt. Er erwähnte seine Eltern und einen Cousin recht knapp,[133] seinen berühmt-berüchtigten Bruder Anton (1876–1946, Professor für zivilgerichtliches

123 Klang, Selbstdarstellung 133.

124 Winkler, Selbstdarstellung 221f.

125 Der Ökonom Hans Mayer war ebenfalls NSDAP-Mitglied und auch er schwieg sich darüber aus.

126 Hold-Ferneck, Selbstdarstellung 100.

127 Ebd.

128 Olechowski, Staudigl-Ciechowicz, Ehs, Rechts- und Staatswissenschaftliche Fakultät 530.

129 Klang, Selbstdarstellung 124, 125, 128–130.

130 Gehler, Studenten und Politik 110.

131 Kadečka, Selbstdarstellung 112.

132 Olechowski, Staudigl-Ciechowicz, Ehs, Rechts- und Staatswissenschaftliche Fakultät 405f.

133 Rintelen, Selbstdarstellung 147.

Verfahren, Landeshauptmann der Steiermark und von den NS-Putschisten im Juli 1934 designierter Bundeskanzler)[134] verschwieg er hingegen. Kaum Privates enthalten auch die Beiträge von Wenger und Steinwenter; ein Sonderfall ist der von Koschaker, der zwar kaum etwas über sein Privatleben enthält, aber insofern doch durchaus persönlich gehalten ist, als er viel über sich selbst und seinen Beruf reflektierte.

Alle 17 Juristen erwähnten ihre Eltern; eigene Kinder und Ehefrauen spielen hingegen – soweit vorhanden und erwähnt – in keinem Beitrag eine besonders große Rolle. Den meisten Raum widmete Bartsch seiner Frau, doch auch sie blieb in seiner Selbstdarstellung letztlich schemenhaft.[135] Durig etwa erwähnte seine Frau nur in einem Satz, weil deren Krankheit der Grund war, aus dem er nicht dauerhaft nach Wien ziehen wollte.[136]

7. Resümee

Die eigenen Schwächen spielen in den 17 Selbstdarstellungen keine große Rolle; sie wurden aber nicht vollkommen ausgespart. Einige legten kritische Rechenschaft über das ab, was ihnen wissenschaftlich lag und was nicht. Koschakers Bekenntnis, Lehr- und Handbücher seien nicht seine Sache gewesen, wurde bereits behandelt. Wenger beschrieb nicht nur seine Leidenschaft für die Papyrusforschung und die antike Rechtsgeschichte, sondern bekannte auch: „Auf dem eigentlichen Felde der Romanistik, dem des römischen Privatrechts, habe ich fast nichts an Eigenem aufzuweisen."[137]

Adamovich gestand weniger Schwächen ein, als sich gegen mögliche Kritik zu verteidigen, wenn er schrieb: „Wer meine bisherigen Arbeiten betrachtet, mag auszusetzen haben, daß ich mich zu ausschließlich mit dem positiven Recht befaßt, die Theorie demgegenüber vernachlässigt habe. Ich muß diesen Eindruck, vielleicht auch jenen des ‚multa, non multum', gelten lassen, aber diese vorläufige Beschränkung auf das Gebiet der wissenschaftlichen Behandlung des positiven Rechts entspricht ebenso wie die von mir immer betonte Notwendigkeit einer Verbindung von Theorie und Praxis meiner grundsätzlichen Einstellung."[138]

Menschliche Schwächen im engeren Sinn wurden – erwartungsgemäß und verständlicherweise – in den Selbstdarstellungen nicht erwähnt, doch gerade das Beispiel von Adamovich zeigt, dass es sie gab. Sein gleichnamiger Sohn (1932–2024) wurde wie er Professor für öffentliches Recht und dann auch Präsident des Verfassungsgerichtshofs. In seiner ausführlichen Autobiographie zeichnet er ein Bild seines Vaters, das dessen kurzer Selbstdarstellung zwar nicht widerspricht, aber doch ganz andere Aspekte seiner Persönlichkeit betont:

„Mein Vater war ohne Zweifel das, was man in einer berühmten soziologischen Studie eine ‚authoritarian personality' genannt hat."[139] Dafür gab Adamovich jun. unter anderem folgendes Beispiel: „Eines Tages kam ich aber auf die Idee, mir ein Buch des Historikers Viktor Bibl zu kaufen. Ich wusste nicht, dass Bibl profilierterer Nationalsozialist war. Mein Vater bekam daraufhin einen seiner gefürchteten Wutanfälle, weil er Indoktrinierung witterte. In pädagogischer Hinsicht war diese Reaktion wenig förderlich, weil sie in mir wiederum Angst hervorrief; eine sachliche Auseinandersetzung und Begründung hätten bessere Wirkung gezeigt."[140]

Den Glücksfall eines vergleichsweise prominenten Kindes, das selbst ausführliche und freimütige Erinnerungen schrieb, gibt es für die 16 anderen Juristen nicht; doch dieser eine Glücksfall bestätigt eindrücklich, dass auch Selbstdarstellungen im besten Fall nur

---

134 Fraydenegg-Monzello, Landesfürst und Hochverräter.

135 Bartsch, Selbstdarstellung 35.

136 Durig, Selbstdarstellung 77.

137 Wenger, Selbstdarstellung 147.

138 Adamovich, Selbstdarstellung 18f.

139 Adamovich, Erinnerungen 11.

140 Adamovich, Erinnerungen 16.

ein redliches, aber unvollständiges Bild bieten können, im schlechtesten sogar ein unehrliches.

Korrespondenz

Christoph Schmetterer
MLU Halle-Wittenberg
Universitätsring 4
D-06108 Halle (Saale)
christoph.schmetterer@jura.uni-halle.de
ORCID-Nr.: 0000-0002-2996-7851

Abkürzungen

Siehe das allgemeine Abkürzungsverzeichnis: [https://www.oeaw.ac.at/fileadmin/kommissionen/rechtsgeschichte/pdf/abk.pdf]

Literatur

Ludwig Adamovich [sen.], Selbstdarstellung, in: Grass, Rechts- und Staatswissenschaften 11–19.

Ludwig Adamovich [jun.], Erinnerungen eines Nonkonformisten (Wien 2011).

Robert Bartsch, Selbstdarstellung, in: Grass, Rechts- und Staatswissenschaften 21–39.

Hans-Jürgen Becker, Hans Planitz (1882–1954). Die Erforschung der Geschichte des deutschen Privat- und Vollstreckungsrechts und der Rechtsgeschichte der deutschen Stadt, in: Steffen Augsberg, Andreas Funke (Hgg.), Kölner Juristen im 20. Jahrhundert. Beiträge zu einer Ringvorlesung an der Universität zu Köln, Sommersemester 2010 und Wintersemester 2010/2011 (= Beiträge zur Rechtsgeschichte des 20. Jahrhunderts 74, Tübingen 2013) 75–99.

Wilhelm Brauneder (Hg.), Juristen in Österreich 1200–1980 (Wien 1987).

Jürgen Busch, Irmgard Marboe, Gerhard Luf, Alfred Verdross – Ein Mann des Widerspruchs?, in: Franz-Stefan Meissel u.a. (Hgg.), Vertriebenes Recht – Vertreibendes Recht. Zur Geschichte der Wiener Rechts- und Staatswissenschaftlichen Fakultät zwischen 1938 und 1945 (= Juridicum Spotlight 2, Wien 2012) 139–202.

Ernst Durig, Selbstdarstellung, in: Grass, Rechts- und Staatswissenschaften 55–82.

Godehard Josef Ebers, Selbstdarstellung, in: Grass, Rechts- und Staatswissenschaften 83–92.

Gertrude Enderle-Burcel, Michaela Follner, Diener vieler Herren. Biographisches Handbuch der Sektionschefs der Ersten Republik und des Jahres 1945 (Wien 1997) 75–77.

Linda Erker, Andreas Huber, Klaus Taschwer, Der Deutsche Klub. Austro-Nazis in der Hofburg (Wien 2020).

Johannes Feichtinger, Wissenschaft zwischen den Kulturen. Österreichische Hochschullehrer in der Emigration 1933–1945 (Wien 2001).

Andreas Fraydenegg-Monzello, Landesfürst und Hochverräter. Anton Rintelen. Eine österreichische Karriere (= Schriftenreihe des Forschungsinstituts für politisch-historische Studien der Dr. Wilfried-Haslauer-Bibliothek 86, Wien–Köln 2023).

Nikolaus Grass (Hg.), Österreichische Geschichtswissenschaft der Gegenwart in Selbstdarstellungen, 2 Bde (Innsbruck 1950/51).

Ders. (Hg.), Österreichische Rechts- und Staatswissenschaften der Gegenwart in Selbstdarstellungen (Innsbruck 1952).

Ders. (Hg.), Recht und Geschichte. Historiker und Juristen berichten aus ihrem Leben (Sigmaringen 1990).

Günter Gössler, Martin Niklas, Heinrich Klang. Praxis und Theorie – Verfolgung und Rückkehr, in: Franz-Stefan Meissel u.a. (Hgg.), Vertriebenes Recht – Vertreibendes Recht. Zur Geschichte der Wiener Rechts- und Staatswissenschaftlichen Fakultät zwischen 1938 und 1945 (= Juridicum Spotlight 2, Wien 2012) 281–300.

Evelyn Höbenreich, À propos „Antike Rechtsgeschichte". Einige Bemerkungen zur Polemik zwischen Ludwig Mitteis und Leopold Wenger, in: ZRG-GA 109 (1992) 547–562.

Herbert Hofmeister (Hg), Forschungsband Franz Klein (Wien 1988).

Alexander Hollerbach, Über Godehard Josef Ebers (1880–1958): Zur Rolle katholischer Gelehrter in der neueren publizistischen Wissenschaftsgeschichte, in: Horst Ehmke (Hg.), Festschrift für Ulrich Scheuner zum 70. Geburtstag (Berlin 1973) 143–162.

Alexander Hold-Ferneck, Selbstdarstellung, in: Grass, Rechts- und Staatswissenschaften 93–103.

Ferdinand Kadečka, Selbstdarstellung, in: Grass, Rechts- und Staatswissenschaften 105–116.

Johannes Kalwoda, Ernst Schönbauer (1885–1966). Biographie zwischen Nationalsozialismus und Wiener Fakultätstradition, in: BRGÖ 2 (2012) 282–316.

Heinrich Klang, Selbstdarstellung, in: Grass, Rechts- und Staatswissenschaften 117–135.

Paul Koschaker, Selbstdarstellung, in: Grass, Geschichtswissenschaft 2, 105–125.

Franz-Stefan Meissel, Römisches Recht und Erinnerungskultur. Zum Gedenken an Stephan Brassloff (1875–1943) (Wien 2008).

Adolf Julius Merkl, Selbstdarstellung, in: Grass, Rechts- und Staatswissenschaften 137–159.

Gerhard Oberkofler, Eduard Rabofsky, Heinrich Lammasch (1853–1920). Notizen zur akademischen Laufbahn des großen österreichischen Völker- und Strafrechtsgelehrten (Innsbruck 1993).

Thomas Olechowski, Kamila Staudigl-Ciechowicz, Tamara Ehs, Die Wiener Rechts- und Staatswissenschaftliche Fakultät 1918–1938 (Wien 2014).

Thomas Olechowski, Hans Kelsen. Biographie eines Rechtswissenschaftlers (Tübingen 2020).

Ders., Die Ausschaltung des Verfassungsgerichtshofs 1933, in: Alfred Pfoser, Katharina Prager, Werner Michael Schwarz (Hgg.), Die Zerstörung der Demokratie. Österreich, März 1933 bis Februar 1934. Wie aus der demokratischen Republik Österreich in nur einem Jahr ein autoritärer Staat wurde (Salzburg–Wien 2023) 156–159.

Alexander Pinwinkler, Wilhelm Winkler (1884–1984). Ein Leben für die Statistik, in: Archiv für die Geschichte der Soziologie in Österreich 24 (2003) 7–20.

Hans Planitz, Selbstdarstellung, in: Grass, Geschichtswissenschaft 2, 127–138.

Karl Renner, Das Selbstbestimmungsrecht der Nationen in besonderer Anwendung auf Österreich. Zugleich zweite, vollständig umgearbeitete Auflage von des Verfassers Buch „Der Kampf der österreichischen Nationen um den Staat". Erster Teil: Nation und Staat (Leipzig–Wien 1918).

Max Rintelen, Selbstdarstellung, in: Grass, Geschichtswissenschaft 2, 139–162.

Theodor Rittler, Selbstdarstellung, in: Grass, Rechts- und Staatswissenschaften 131–136.

Martin P. Schennach, Der Strafrechtswissenschaftler Heinrich Lammasch und der „Schulenstreit" in der österreichischen Monarchie, in: ZNR 42 (2020) 202–233.

Günter Spendel, Theodor Rittler (1876–1967) – zu seinem 90. Geburtstag, in: Ders. (Hg.), Kriminalistenporträts, Neun biographische Miniaturen (Asendorf 2001) 82–91.

Hans Sperl, Selbstdarstellung, in: Grass, Rechts- und Staatswissenschaften 187–186.

Artur Steinwenter, Selbstdarstellung, in: Grass, Rechts- und Staatswissenschaften 187–200.

Alfred Verdross, Selbstdarstellung, in: Grass, Rechts- und Staatswissenschaften 201–210.

Leopold Wenger, Selbstdarstellung, in: Grass, Geschichtswissenschaft 1, 133–156.

Gunter Wesener: Max Rintelen †, in: Zeitschrift des Historischen Vereines für Steiermark 61 (1970) 255–260.

Gunter Wesener, Römisches Recht und Naturrecht (= Geschichte der Rechtswissenschaftlichen Fakultät der Universität Graz 1, Graz 1978).

Gunter Wesener, Paul Koschaker (1879–1951), Begründer der altorientalischen Rechtsgeschichte und juristischen Keilschriftforschung, in: Karl Acham (Hg.), Rechts-, Sozial- und Wirtschaftswissenschaften aus Graz (Wien–Köln–Weimar 2011) 273–285.

Ders., Gustav Hanausek (1855–1927) und seine Schüler. Das Hanausek-Seminar, in: Peter Mach, Matej Pekarik, Vojtech Vladár (Hgg.), Constans et Perpetua Voluntas. Pocta Petrovi Blahovi k 75. Narodeninám (Trnava 2014) 693–722.

Wilhelm Winkler, Selbstdarstellung, in: Grass, Rechts- und Staatswissenschaften 211–229.

Karl Wolff, Selbstdarstellung, in: Grass, Rechts- und Staatswissenschaften 232f.

BRGÖ 2025
Beiträge zur Rechtsgeschichte Österreichs

Gabriele Schneider, Wien

Margareta Haimberger.

Die sichtbare Frau in der österreichischen Strafjustiz

Margareta Haimberger. The visible woman in Austrian criminal justice

Margareta Haimberger, a trailblazing jurist in Austrian justice, led a remarkable life marked by numerous challenges in both her professional and personal spheres. Through her expertise, courage, tireless dedication, and determination, Haimberger achieved a groundbreaking career as a criminal judge and prosecutor despite the obstacles she faced. She became a pioneer for women in Austrian criminal justice, contributing significantly to increasing the visibility of women in a legal field that had long been reserved exclusively for men. This article traces Margareta Haimberger's extraordinary professional and personal journey, highlighting her impact on gender equality in the judiciary.

Keywords: *Austria – criminal justice – pioneering women – women in legal professions*

Der Lebensweg der Juristin Margareta Haimberger, die zu den Pionierinnen in der österreichischen Justiz zählt, ist in mehrfacher Hinsicht bemerkenswert, denn nicht nur in ihrer beruflichen Laufbahn, sondern auch in ihrem Privatleben hatte sie eine Vielzahl an Hürden zu überwinden. Dank ihrer fachlichen Kompetenz, aber vor allem auch dank ihres Mutes, ihres unermüdlichen Einsatzes und ihrer Zielstrebigkeit gelang Haimberger trotz aller Herausforderungen eine einzigartige Karriere als Strafrichterin und Staatsanwältin. Sie übernahm damit eine Vorreiterrolle für Frauen in der österreichischen Strafjustiz und leistete einen wesentlichen Beitrag für das Sichtbarwerden von Frauen in diesem – lange Zeit ausschließlich Männern vorbehaltenen – Rechtsgebiet.

Der folgende Beitrag zeichnet Margareta Haimbergers beruflichen und privaten Lebensweg nach, wobei die Juristin Bekanntheit nicht nur unter dem Zunamen Haimberger, dem Namen ihres zweiten Ehemannes, sondern auch unter dem Zunamen Tanzer, dem Namen ihres ersten Ehemannes, bzw. dem Zunamen Eisenstädter, ihrem Geburtsnamen, erlangt hat.[1]

[1] Die Untersuchung basiert in weiten Teilen auf dem Personalakt Haimbergers, der mir freundlicherweise vom Landesgericht für Strafsachen Wien und dem Bundesministerium für Justiz zur Verfügung gestellt wurde. Dafür danke ich dem Präsidenten des Straflandesgerichtes Wien, Mag. Friedrich Forsthuber, und dem LStA Mag. Gerhard Nogratnig, LL.M sehr herzlich.

https://doi.org/10.1553/BRGOE2025-2s443 *This article was peer-reviewed*

1. Familiäres Umfeld und schulische Bildung: 1916–1935

Margareta Haimberger wurde am 25. Mai 1916 in Wien als Margareta Charlotta Riccarda Felizia Eisenstädter in eine gutbürgerliche Familie geboren.[2] Ihr Vater, Dr. Gustav Eisenstädter, stammte aus Preßburg, wo er als Sohn des Kaufmanns und Stadtrepräsentanten Wilhelm Eisenstädter und seiner Frau Charlotte, geborene Adler, in einem jüdischen Elternhaus aufwuchs. Nach Abschluss der schulischen Ausbildung in seiner Heimatstadt ging der junge Mann zwecks Absolvierung des Studiums der Rechtswissenschaften nach Wien und schlug die Berufslaufbahn eines Rechtsanwaltes ein. Im Jahre 1900 erfolgte seine Eintragung in die Liste der Hof- und Gerichtsadvokaten;[3] seine Kanzlei führte er in der Wiener Innenstadt, zunächst in der Schwarzenbergstraße 8, später am Graben 29. Der ursprünglich der israelitischen Kultusgemeinde angehörige Gustav trat Ende 1915 aus dieser aus und ließ sich wenige Monate vor der Geburt seiner Tochter Margareta evangelisch taufen.[4]

Die Mutter Margareta Haimbergers, Margareta Emilia Maria, geborene Schulze, war als Tochter des Kaufmanns Friedrich Julius Schulze und seiner Gattin Marie Antonie, geborene Baumgarten, in einem evangelischen Umfeld in Giebichenstein, einem kleinen Ort in Sachsen, der heute zu Halle an der Saale gehört, aufgewachsen. Wann und aus welchem Grund Margaretas Mutter nach Wien gekommen war, lässt sich heute nicht mehr sagen, ob sie die – laut Wiener Adress- und Branchenverzeichnissen – ab 1908 zunächst als Sprachlehrerin in Wien tätige und ab 1915 die „Pension Washington“ in der Ebendorferstraße 8, 1010 Wien, betreibende „Margarete Schulze“ war, muss nach derzeitigem Forschungsstand offenbleiben.[5]

Im Jahre 1916, als Margareta zur Welt kam, hatten ihre damals 43-jährige Mutter und ihr 47-jähriger Vater bereits einen Sohn, Gustav Richard Ewald Felix Eisenstädter, geboren am 2. Mai 1912.[6] Sowohl zum Zeitpunkt der Geburt seines Sohnes als auch zum Zeitpunkt der Geburt seiner Tochter war das Paar ledig, wobei der Vater in beiden Fällen die Vaterschaft anerkannt hatte. Die Ehe schlossen die Eltern erst wenige Monate nach der Geburt Margaretas am 5. November 1916;[7] der Grund dafür lag wohl im ursprünglich unterschiedlichen Religionsbekenntnis der Eltern, das einer Heirat entgegengestanden war.

Margareta wurde, gleich ihrem Bruder Gustav, in der Lutherkirche Wien Währing evangelisch getauft.[8] Ihre Patinnen – übrigens dieselben wie bei ihrem Bruder – waren Marie Stehmann, „Hofopernsängers-Gattin“,[9] und Josefine Kühnast, Private,[10] beide wohnhaft in Wien. Gemeinsam mit ihrem um vier Jahre älteren Bruder wuchs Margarete wohlbehütet in einem bildungsorientierten, weltoffenen und – aus der Wahl der oben genannten Taufpaten zu schließen – wohl auch musikaffinen Haushalt auf. Die elterliche Wohnung lag im 18. Wiener Gemeindebezirk, Abt-Karl-Gasse 25, in einem Zinshaus, das im Eigentum der Kusine von Margaretas Großmutter väterlicherseits, Serafine Diamant (geborene

2 Ev. Pfarrgemeinde A.B. Wien-Währing & Hernals, Taufbuch (Sig. 01–22) 1915/16, pag. 99 Zl. 50.

3 Amtsblatt zur Wiener Zeitung, Nr. 127 v. 3. 6. 1900, 1.

4 Taufe am 25. 3. 1916, Taufbuch (Sig. 01–22) 1915/16, pag. 84 Zl. 22. Taufpate war Johann Zink, Mitglied der k.k. Hofkapelle und k.k. Hoforganist, wohl ein guter Freund des Vaters.

5 Lehmann, Wohnungs-Anzeiger 1908, 2, 1035; Lehmann, Wohnungs-Anzeiger 1915, 1, 1020.

6 Ev. Pfarrgemeinde A.B. Wien-Währing & Hernals, Taufbuch (Sig. 01–19) 1912, pag. 52 Zl. 83.

7 Ev. Pfarrgemeinde A.B. Wien-Währing & Hernals, Trauungsbuch (Sig. 02–11) 1914–1916, pag. 173 Zl. 71.

8 Ev. Pfarrgemeinde A.B. Wien-Währing & Hernals, Taufbuch (Sig. 01–22) 1915/16, pag. 99. Zl. 50.

9 Verheiratet mit dem aus Deutschland stammenden Gerhard Stehmann, der als Bassbariton ab 1899 an der Hofoper und späteren Staatsoper engagiert war.

10 Als Adresse Kühnasts war im Taufbuch Ebendorferstraße 8, 1010 Wien, angegeben, jene Adresse, an der im Branchenbuch von 1916 Margarte Schulze als Inhaberin der „Pension Washington“ eingetragen war.

Adler), stand und von Margaretas Vater verwaltet wurde.[11] Nach Besuch der Volksschule absolvierte Margareta ihre weiter Schulausbildung im damaligen Mädchenrealgymnasium, Haizingergasse 37 in 1180 Wien, wo sie am 25. Mai 1935, somit genau an ihrem 19. Geburtstag, ihre Matura ablegte.

2. Studium der Rechtswissenschaften und erste Berufserfahrungen: 1935–1945

Margareta, die durch ihren Vater wohl bereits in jungen Jahren im elterlichen Haushalt mit rechtlichen Fragen in Berührung gekommen war, entwickelte schon vor Beendigung ihrer schulischen Ausbildung den Wunsch, Juristin zu werden. Sie inskribierte ab dem Wintersemester 1935/36 an der Universität Wien das Studium der Rechtswissenschaften – und war damit eine der wenigen Frauen, die in der Ersten Republik die Ausbildung zur Juristin wählten. Das rechtswissenschaftlichen Studium stand Frauen zwar seit dem Sommersemester 1919 offen, doch war die Zahl der Studentinnen in dieser Studienrichtung äußerst gering, sie lag in den 1930er Jahren bei ca. 8 %.[12] Der Grund für diesen niedrigen Anteil weiblicher Studierender lag vor allem im Ausschluss von Frauen vom höheren Staatsdienst, dem Richteramt, der Staatsanwaltschaft und auch dem Notariat.[13] Als Berufsfelder für Juristinnen standen in den 1920er und 1930er Jahren somit im Wesentlichen die Fürsorge – wofür Frauen als besonders geeignet galten –, die Privatwirtschaft und freie Berufe (Rechtsanwaltschaft) offen. In welche berufliche Richtung es Margareta zu Beginn ihres Studiums zog, lässt sich heute nicht mehr sagen, neben ihrem Studium sammelte sie jedenfalls bereits in jungen Jahren praktische Erfahrung durch Mitarbeit in der Kanzlei ihres Vaters.[14]

Kaum hatte Margareta mit dem Studium begonnen – sie befand sich gerade erst im zweiten Semester – begann für sie auch ein neuer Lebensabschnitt ihr Privatleben betreffend. Nur wenige Tage vor ihrem 20. Geburtstag heiratete die nach damaliger Rechtslage noch Minderjährige mit der dafür erforderlichen Zustimmung ihres Vaters am 20. Mai 1936 Kurt Mansuet Friedrich Maria Tanzer.[15] Tanzer, geboren am 21. Jänner 1912 in Sarajewo, war Kunsthändler und Kaufmann. Die Trauung fand in der Lutherkirche Wien Währing statt, Trauzeuge war der Bruder des Bräutigams, Egon Tanzer. Das junge Paar wohnte an derselben Adresse wie die Brauteltern, d.h. in der Abt-Karl-Gasse 25 im 18. Wiener Gemeindebezirk, ob in einer eigenen Wohnung oder in der von Margaretas Eltern liegt im Dunkeln.

Trotz Eheschließung setzte Margareta ihr Studium fort, sie war allerdings im Wintersemester 1936/37 aufgrund von Krankheit gezwungen, dieses zu unterbrechen. Ab dem Sommersemester 1937 inskribierte wieder an der rechtswissenschaftlichen Fakultät und legte am 26. Juni 1937 die erste Staatsprüfung mit mehrstimmig „Gut" ab. Im weiteren Studienverlauf hatte die junge Frau allerdings mit zahlreichen Herausforderungen infolge des „Anschlusses" 1938 zu kämpfen. Nach den nationalsozialistischen Rassengesetzen galt sie als „Mischling 1. Grades" und solchen war die Fortsetzung des Studiums zunächst zwar grundsätzlich möglich, jedoch unter dem Vorbehalt des jederzeitigen Widerrufs. Was Margaretas Mitarbeit in der Kanzlei ihres Vaters betraf, so fiel diese den Repressionen, denen ihr Vater als Rechtsanwalt mit jüdischer Abstammung ausgesetzt war, zum Opfer. Gustav Eisenstädter musste seine ursprünglich in der Wiener Innenstadt betriebene Kanzlei in die Privatwohnung verlegen, nach eigener Aussage vom Juni 1938 hatte er keine Mitarbeiter und auch nahezu keine

11 Anmerkung Gustav Eisenstädters zur Vermögensaufstellung vom 28. 6. 1938, OeStA/AdR, Finanzen, VVSt, VA 41.654.

12 Vgl. u.a. Ehs, Staatswissenschaften 238ff., insbes. 243.

13 Vgl. dazu Schneider, RichterInnen 190ff.; Schneider, Staatsanwaltschaft 305ff.

14 Diese betrieb er seit 1912 in der Jasomirgottstraße 5, 1010 Wien.

15 Ev. Pfarrgemeinde A.B. Wien-Währing & Hernals, Trauungsbuch (Sig. 02–26) 1936, pag. 21 Zl. 38.

Klienten mehr. Seine Vermögensaufstellung datiert mit Juni 1938 spiegelt insgesamt eine äußerst triste Lage wider.[16]

Aber auch Margaretas Studienfortsetzung erwies sich als schwierig – für das Wintersemester 1938/39 und das Sommersemester 1939 war sie „beurlaubt" aufgrund eines von ihr gestellten Gesuches.[17] Nach einer aus dem Jahre 1970 stammenden Erklärung Haimbergers, die auch eidesstättlich von ihrem Bruder Gustav bestätigt wurde, war das Gesuch um „Beurlaubung" keineswegs freiwillig abgegeben worden: „Die Studienbeurlaubung für das WS 1938 und das SS 1939 wurde aufgrund eines Gesuches vorgenommen, dessen Einbringung mir auf dem Dekanat in sehr diskreter aber so unmißverständlicher Weise nahegelegt wurde, daß jeder Widerspruch sinnlos gewesen wäre. Trotz Beurlaubung habe ich aber meine Studienarbeiten intensiv fortgesetzt und, wie ich glaube, auch in diesem Zeitraum die Rechtskurse Dr. Weihs weiterbesucht." [18]

Die für die zielstrebige junge Frau wohl sicher nicht einfache Zeit der „Beurlaubung" war zudem von zwei einschneidenden Ereignissen ihr Privatleben betreffend bestimmt. Zum einen verstarb am 10. Februar 1939 im Alter von 71 Jahren ihr Vater, der für sie eine prägende Rolle hinsichtlich ihres Interesses an juristischen Themen und somit auch auf die Studienwahl eingenommen hatte. Die einige Monate vor seinem Tod erfolgte Entziehung seiner Berufsbefugnis aufgrund des Reichsbürgergesetzes[19] dürfte nicht nur für ihn, sondern auch für die gesamte Familie, vor allem wohl Margareta, ein herber Schlag gewesen sein. Im Totenprotokoll war er nicht mehr als Rechtsanwalt, sondern als „Privater" eingetragen.[20] Zum anderen wurde im Jahre 1939 – nach bisher nicht überprüfbaren Primärquellen – auch Margaretas erster Sohn, Hardy Eisenstädter, in Ägypten geboren, wo er bis zu seinem 16. Lebensjahr aufwuchs.[21] Die näheren Umstände liegen bis heute im Dunkeln. Im Jahre 1955 kam er nach Österreich, absolvierte die Theresianische Militärakademie in Wiener Neustadt, war neben seiner Karriere beim Militär, wo er bis zu dem Rang eines Brigadiers aufstieg, als Dolmetscher, Sachbuchautor und im Pferdesport als Turnierrichter tätig.

Fest steht jedenfalls, dass Margareta im Wintersemester 1939/40 wieder an der Wiener rechtswissenschaftlichen Fakultät inskribiert war. Zwischenzeitlich war mit 1. April 1939 die reichsdeutsche Juristenausbildungsordnung in Kraft gesetzt worden, die – anders als das zuvor geltende berufsspezifische Ausbildungssystem – eine einheitliche Juristenausbildung vorsah.[22] Der erste Abschnitt, das eigentliche Studium, endete mit der Referendarprüfung (Erste Staatsprüfung), der zweite Abschnitt (Praxisteil) mit der Assessorprüfung (Zweite Staatsprüfung), wodurch die Befähigung zum Richteramt, der Staatsanwaltschaft, der Rechtsanwaltschaft, dem Notariat und dem höheren Verwaltungsdienst erlangt wurde. Ab dem Jahre 1940 war das Studienjahr zudem nicht in Semester geteilt, sondern in Trimester.[23]

Doch mit Anfang 1940 waren nicht nur diese Änderungen Studieninhalt und Gliederung des Studienjahres betreffend in Kraft gesetzt worden, sondern auch restriktivere Regelungen für Studierende, die nach den Nürnberger

16 Verzeichnis über das Vermögen von Juden. Unterzeichnet von Gustav Eisenstädter am 28. 6. 1938: Beiliegend eine handschriftliche Zusammenstellung seines Betriebsvermögens.

17 Kniefacz, Tanzer.

18 Schreiben Haimbergers an das Bundesministerium für Justiz v. 19. 5. 1970.

19 Vgl. Sauer, Reiter-Zatloukal, Advokaten 119.

20 Totenverzeichnisse 1868–1942 [https://www.familysearch.org/ark:/61903/3:1:3Q9M-C39S-9SHN-P?cat=96269&i=144] (24. 1. 2025).

21 [https://de.wikipedia.org/wiki/Hardy_Eisenst%C3%A4dter] (6. 7. 2025 / 29. 7. 2025); Kniefacz, Tanzer.

22 Kundmachung des Reichstatthalters in Österreich, wodurch die VO über die Befähigung zum Richteramt, zur Staatsanwaltschaft, zum Notariat und zur Rechtsanwaltschaft vom 4. 1. 1939 bekanntgemacht wird, GBlLÖ. 116/1939. Vgl. Reiter-Zatloukal, Juristenausbildung 18ff.

23 Infolge starker Kritik wurde die Unterteilung des Studienjahres in Trimester mit Wintersemester 1941/42 wieder aufgegeben.

Rassengesetzen als „Mischlinge" galten. Diese hatten für die Fortsetzung ihres Studiums nunmehr eine Bewilligung des Reichserziehungsministeriums in Berlin einzuholen, im Falle von Margareta wurde ihr im April 1940 gestelltes Ansuchen mit Schreiben der reichsdeutschen Behörde vom 9. Mai 1940 jedoch nicht bewilligt. Angesichts der sich in greifbarer Nähe befindlichen Abschlussprüfung (Referendarprüfung) wohl ein besonders harter Schlag für die Studentin, denn sie hätte Ende des Sommersemesters 1940 diese Prüfung abgelegen können – ihre Studiendauer betrug zum Zeitpunkt der Verweigerung der Studienfortsetzung sechs Semester und ein Trimester (Abgangszeugnis der Universität Wien vom 21. März 1940). Aufgrund ihres Ausschlusses vom Studium ging die junge Frau in die Privatwirtschaft, wo sie zunächst von 1941 bis 1942 bei der Firma G. Reiss (1010 Wien, Elisabethstraße 36) angestellt war, von 1943 bis 1945 bei der Firma Dostal (1010 Wien, Graben 28) – in unmittelbarer Nachbarschaft zur ursprünglichen Kanzleiadresse ihres Vaters Graben 29. Die Firma Dostal (Geschäftsinhaber Kurt Dostal) betrieb einen Kleinhandel mit Galanterie- und Lederwaren, Reiseartikeln, Handschuhen und Schirmen.[24] Wohl ein tiefer Einschnitt für die das Berufsziel einer Juristin anstrebende junge Frau.

Mit dem Ende der nationalsozialistischen Herrschaft ergaben sich für Margareta wieder neue Perspektiven und vor allem die Hoffnung, ihr Studium der Rechtswissenschaften fortsetzen und abschließen zu können – nun auch wieder nach den österreichischen Regelungen, denn ab Ende Mai 1945 standen die früheren Studien- und Prüfungsordnungen in der Fassung vom 13. März 1938 für die österreichischen Hochschulen in Geltung.[25] Umgehend nahm Margareta Kontakt zur Universität auf: „Ich habe mich bereits im Mai 1945 zwecks Fortsetzung meines Studiums am Dekanat gemeldet und war seither auch mit Prof. Dr. Graßberger, der an Stelle des abwesenden Prof. Kadecka meine Dissertation betreute, in ständigem Kontakt."[26] An der Universität Wien konnte grundsätzlich erst im Wintersemester 1945/46 ein Studium (weiter) inskribiert werden, Margareta hatte dieses Semester jedoch nicht inskribiert, worin in weiterer Folge aber weder die Universität noch die Justizverwaltung ein Problem sahen, da sie „schon ab Mai 1945 ihr Studium der Rechtswissenschaften neuerlich aufgenommen hat" und „die unmittelbare Aufnahme des Studiums nach Wegfall der Behinderung kann nicht in Inskription weiterer Semester bestehen, sondern in der nach jahrelanger Pause erforderlichen Vorbereitung auf die judizielle Staatsprüfung."[27]

Zunächst stellte Margareta ihre bereits im Jahre 1940 bei Professor Dr. Ferdinand Kadecka[28] begonnene Dissertation zum Thema „Belings Fahrlässigkeitsformen und der Fahrlässigkeitsbegriff nach Beling" fertig, wobei als Gutachter nun die Strafrechtsprofessoren Dr. Roland Graßberger jun.[29] und Dr. Alexander Hold-Ferneck[30] fungierten.[31] Nach Approbation ihrer Dissertation am 3. Dezember 1945 und Ablegung des mündlichen Rigorosums am 13. Dezember 1945 (in den Fächern Strafrecht, Strafprozessrecht und Handelsrecht mit „ausgezeichnet", Völkerrecht und Bürgerliches Recht mit „gut") promovierte die junge Frau am 20. Dezember 1945 mit der Gesamtbeurteilung „sehr gut" zum „Doktor juris". Die für den Studienabschluss noch erforderliche 2. Staatsprüfung – bestehend aus den Fächern Österreichisches Privatrecht, Handels- und Wechselrecht, Zivilgerichtsverfahrensrecht, Strafrecht und Strafverfahrensrecht – legte Margareta nur wenige Monate später am 6. März 1946 mit einstimmig „gut" ab. Auf Grundlage der Juristischen Studien- und Staatsprüfungsord-

[24] Völkischer Beobachter, Wiener Ausgabe, Nr. 217 v. 5. 8. 1942, 6.

[25] Kundmachung der Provisorischen Staatsregierung v. 20. 6. 1945 über die Aufhebung der deutschen Rechtsvorschriften auf dem Gebiet des Hochschulwesens, StGBl. 75/1945. Vgl. Adaomovich, Bericht 58ff.

[26] Aktenvermerk v. 21. 5. 1951.

[27] Bescheid des Bundesministeriums für Justiz v. 15. 3. 1972.

[28] Grassberger, Kadecka 721.

[29] Almanach der Österreichischen Akademie der Wissenschaften für das Jahr 1991/92, Bd. 142, 465ff. (1993).

[30] Grassberger, Hold-Ferneck 523–524.

[31] Adamovich, Bericht 55; Kniefacz, Tanzer.

nung von 1945[32] wertete die Universität Wien die bereits 1937 abgelegte rechtshistorische Staatsprüfung, die Doktorprüfung vom Dezember 1945, die 2. Staatsprüfung vom März 1946 und ein Seminarzeugnis („Staatsrechtliches Seminar") vom Dezember 1939 als Referendarexamen. „Nur dadurch, dass ich mir bis etwa Sommer 1940 den Stoff des zweiten Studienabschnittes gründlichst erarbeitete und auch meine Dissertation (bei Prof. Kadecka) in Angriff nahm, war mir nach Kriegsende überhaupt möglich, mein Studium so schnell zum Abschluß zu bringen"[33], stellte Margareta rückblickend fest. Sie inskribierte – nach eigener Angabe vorsichtshalber – sodann noch die im Sommersemester 1946 angebotenen Lehrveranstaltungen.

3. Gerichtspraxis und richterlicher Vorbereitungsdienst: 1946–1948

Margareta erfüllte nun im Frühjahr 1946 alle Voraussetzungen für den Antritt der Gerichtspraxis, einer mehrmonatigen Ausbildungszeit bei verschiedenen Gerichten und der Staatsanwaltschaft, deren Absolvierung Voraussetzung für die Zulassung zur berufsspezifischen Ausbildung für das Richteramt, die Rechtsanwaltschaft und das Notariat war.[34] Zum Gerichtsjahr waren Frauen – anders als zum richterlichen Vorbereitungsdienst, d.h. der Richterausbildung – auch schon in den 1920er und 1930er Jahren zugelassen worden, wobei die das Gerichtsjahr absolvierenden Jurist*innen in der Ersten Republik und den ersten Jahren nach dem Zweiten Weltkrieg als „Rechtsanwaltsanwärter" bezeichnet wurden.[35]

Die junge Juristin trat ihre Gerichtspraxis mit 28. Mai 1946 im Oberlandesgerichtssprengel Wien an, wobei sie aufgrund ihres bereits während des Studiums vorhandenen besonderen Interesses an strafrechtlichen Themen in ihrem Bewerbungsschreiben um eine Zuteilung zur Strafjustiz gebeten hatte. „Bei meinem Dienstantritt als Rechtsanwaltsanwärter im Jahre 1946 hat man meinen Wunsch auch sofort berücksichtigt und mich dem Untersuchungsrichter beim Landesgericht für Strafsachen Wien zugeteilt. Ich glaube, man hat diesem Wunsch sogar gern entsprochen, denn damals herrschte ein sehr fühlbarer Mangel an Arbeitskräften auf dem Strafrechtssektor."[36] Von Beginn an war Haimberger in allen untersuchungsrichterlichen Bereichen – außer Votieren – tätig.

Abb. 1: Foto aus dem Personalakt

[32] VO des Staatsamtes für Volksaufklärung, für Unterricht und Erziehung und für Kultusangelegenheiten v. 3. 9. 1945 über die juristische Studien- und Staatsprüfungsordnung, StGBl. 164/1945.

[33] Schreiben Haimbergers an das Bundesministerium für Justiz vom 19. 5. 1970.

[34] Vgl. Köhl, Gerichtspraxis.

[35] Vgl. Grünstäudl, Richterausbildung 19–23.

[36] Haimberger, Juristin 44.

„Und niemand hat daran etwas Bedenkliches gefunden, denn mein Einsatz erfolgte ja nicht in der Öffentlichkeit."[37]

Als Margareta nach sechs Monaten in einer Untersuchungsabteilung am Straflandesgericht Wien zur Staatsanwaltschaft beim Jugendgerichtshof Wien wechselte, stand sie vor den ersten Hürden für Frauen in der Justiz, wie sie im Jahre 1968 rückblickend feststellte: „[...] und da begannen schon die Schwierigkeiten. Die Rechtsanwaltsanwärter wurden nämlich damals, eben in Hinblick auf den erwähnten Arbeitskräftemangel, auch als Sitzungsvertreter eingeteilt und hatten während der Verhandlung alle Funktionen eines Staatsanwaltes auszuüben. Im Gegensatz zu meinen Kollegen erhielt ich keine Sitzungseinteilungen und glaubte zuerst, daß dies ein Zufall wäre. Als sich herausstellte, daß es kein Zufall, sondern Absicht war, wollte ich die Sache nicht auf sich beruhen lassen. Auf meine diesbezüglichen Fragen an die maßgeblichen Stellen antwortete man mir nun nicht, daß man eine Frau vielleicht deshalb nicht zu Sitzungen einteilen könne, weil man annehme, daß dafür besondere männliche Begabungen nötig seien, die eine Frau nicht mitbringen könne, etwa Geistesgegenwart, Autorität und Rednergabe. Die Antwort, die man mir gab, war viel typischer: Sie lautete: ‚Bei den Sitzungen müßten Sie doch einen Talar tragen und das kann eine Frau nicht!'"[38]

Spätestens in dieser Situation begann der Einsatz der jungen Juristin für das Sichtbarwerden von Frauen in der Justiz, denn sie ließ sich von dieser Begründung in ihren Bestrebungen nach einer Sitzungsvertretung nicht abhalten, sondern verfolgte mutig und zielstrebig die Zulassung zu einer solchen. „Ich habe dann einen sehr zähen, intensiven und erfolgreichen Kampf geführt, der überdies nicht länger als 14 Tage dauerte" stellte sie im Jahre 1968 rückblickend fest.[39] Trotz der in der zweiten Hälfte der 1940er Jahre und darüber hinaus noch weitverbreiteten Meinung, Frauen seien für die Rechtsprechung im Allgemeinen und die Strafjustiz im Besondern nicht geeignet,[40] fand die junge Juristin Unterstützung sowohl von Seiten der Justizverwaltung als auch von Seiten der Staatsanwaltschaft. „Die maßgeblichen Herren, Minister Dr. Gerö, Oberstaatsanwalt Dr. Reitinger und der Leitende Staatsanwalt Dr. Nagl, waren glücklicherweise durchaus aufgeschlossene, modern denkende Menschen, die keine Befriedigung darin gefunden hätten, eine natürliche Entwicklung gewaltsam zu verzögern. So kam es dann, daß ab September 1946 eine Frau als Sitzungsvertreter der Staatsanwaltschaft beim Jugendgerichtshof Wien in aller Öffentlichkeit auftrat."[41] Niemand habe etwas dabei gefunden und die Situation, dass eine Frau öffentlich bei Gericht auftrat, sei als selbstverständlich hingenommen worden, so Haimberger. „Mit der Selbstverständlichkeit war es dann allerdings wieder vorbei, als ich 1947 zur Staatsanwaltschaft Wien versetzt wurde. Da ließ man mich nämlich wieder nicht zu den Verhandlungen zu." So kam es zu einem – wie Haimberger es nannte – „grotesken" Zustand. Bei der Staatsanwaltschaft Wien führte sie nämlich ein eigenes Referat, wurde aber weiterhin zum Jugendgerichtshof zu Verhandlungen geschickt. „Ich habe mich nun sehr bemüht, diesen merkwürdigen Zustand aus der Welt zu schaffen, und es ist mir das wiederum in relativ kurzer Zeit gelungen."[42]

Ihre, während der Gerichtspraxis gesammelten ersten Erfahrungen in der Justiz weckten in der jungen Juristin den Wunsch, Richterin bzw. Staatsanwältin zu werden. Nach dem seit Ende der nationalsozialistischen Herrschaft wieder in Geltung stehenden berufsspezifischen österreichischen Ausbildungssystem für das Richteramt bzw. die Staatsanwaltschaft lag die Entscheidung über die Zulassung zum richterlichen Vorbereitungsdienst beim jeweiligen Oberlandesgericht. Während in der Ersten Republik

37 Ebd.

38 Ebd.

39 Ebd.

40 Vgl. u.a. Moravek, Jurist 29–30.

41 Haimberger, Juristin 44.

42 Ebd. 45.

keine einzige Frau zur Richterausbildung zugelassen worden war,[43] gelang es Margareta – wohl auch infolge des akuten Richtermangels nach dem Zweiten Weltkrieg – als einer der ersten Frauen Österreichs diese Hürde zu überwinden. Auf ihre unmittelbare Dienstzuteilung hatte das im Wesentlichen keinen Einfluss, denn die am 4. März 1947 zur Richteramtsanwärterin ernannte Juristin war weiterhin sowohl am Straflandesgericht Wien als auch der Staatsanwaltschaft beim Jugendgerichthof tätig und hatte Sitzungsvertretungen über.

Rechtliche Grundlage für die richterliche Ausbildung zur damaligen Zeit bildeten Normen, die noch aus der Monarchie stammten und zunächst in den Rechtsbestand der Ersten Republik und nach Ende der nationalsozialistischen Herrschaft in jenen der Zweiten Republik übernommen worden waren: es waren dies das Gerichtsorganisationsgesetz 1896,[44] die Verordnung über den richterlichen Vorbereitungsdienst 1897[45] sowie die Verordnung zur Richterprüfung aus 1900.[46] Danach umfasste die richterliche Ausbildungszeit drei Jahre, wobei vor Beginn des Vorbereitungsdienstes zurückgelegte Zeiten der Gerichtspraxis eingerechnet werden konnten. Als nach dem Zweiten Weltkrieg die Personalsituation in der Justiz äußerst angespannt war, räumte der Gesetzgeber dem Staatsamt für Justiz zudem das Recht ein, per Verordnung die Dauer der Ausbildung zu verkürzen.[47] Nach dieser in weiterer Folge erlassen „Einrechnungsvorschrift"[48] wurden Richteramtsanwärtern Zeiträume, während der sie durch militärische Dienstleistung, aus einem anderen durch den Krieg gegebenen Grund oder aus nationalen, sogenannten rassischen oder politischen Gründen vom Antritt oder der Fortsetzung der Gerichtspraxis ausgeschlossen oder an der Vollendung ihrer Studien verhindert waren (Behinderungszeit), in die vorgeschriebene Dauer des Vorbereitungsdienstes bis zu einem Höchstmaß von einem Jahr eingerechnet.

Aufgrund der Einrechnung der Zeit ihrer Gerichtspraxis und der Zeit ihrer Behinderung konnte Margareta bereits nach nur 14 Monaten im richterlichen Vorbereitungsdienst am 12. Mai 1948 zur Richteramtsprüfung antreten, die sie mit „sehr gutem" Erfolg ablegte. Noch am selben Tag wurde sie zur Hilfsrichterin am Bezirksgericht Wien Innere Stadt ernannt,[49] bereits eine Woche später erfolgte allerdings ihre Dienstzuteilung an die Staatsanwaltschaft Wien, wo sie sich bereits als Richteramtsanwärterin bewährt hatte. In der von der Qualifikationskommission bei der Oberstaatsanwaltschaft Wien für das Jahr 1948 erstellten Dienstbeschreibung Haimbergers hob diese lobend hervor, dass sie „gute Gesetzeskenntnisse, eine rasche Auffassungsgabe" habe und „in der Bearbeitung von Strafsachen, soweit sie nicht grösseren Umfang hatten, sehr gut befähigt" sei. Außerdem wurde sie als sehr fleißig, gewissenhaft und verlässlich beschreiben. Dennoch sei sie „für den staatsanwaltschaftlichen Dienst nicht geeignet" und auch „für einen leitenden Posten nicht geeignet" – Einschätzungen, die wohl in den damals noch in weiten Kreisen vorhandenen Vorbehalten gegenüber Frauen in der Justiz im Allgemeinen und in der Strafjustiz im Besondern wurzelten.

4. Anfangsjahre im Richteramt: 1948–1955

Einen ersten Höhepunkt in der Berufskarriere Haimbergers stellte zweifellos ihre Ernennung zur Richterin am Landesgericht für Strafsachen Wien mit 16. November 1948 dar. In der Praxis konnte Margareta ihre neu erlangte Position allerdings nicht lange

43 Vgl. SCHNEIDER, Frauen.

44 RGBl. 217/1896.

45 RGBl. 192/1897.

46 RGBl. 182/1900.

47 § 14 lit. a GOG 1945, StGBl. 47/1945.

48 VO des Staatsamtes für Justiz v. 27. 8. 1945 über Erleichterungen für Anwärter der Rechtsberufe anläßlich der Wiederherstellung der österreichischen Rechtspflege, StGBl. 145/1945.

49 Zur Stellung von Hilfsrichtern vgl. SCHNEIDER, Pionierinnen 123.

ausüben, denn nur zwei Wochen nach Ihrer Ernennung zur Richterin ging sie in Mutterschutz, d.h. sie war zum Zeitpunkt der Ernennung bereits hochschwanger. Rund sechs Wochen später kam am 1. Jänner 1949 ihr Sohn Michael Georg Gustav Tanzer in Wien zur Welt.[50] Seine spätere Schulausbildung absolvierte er bei den Piaristen in Wien, studierte sodann Rechtswissenschaften, wurde im Jahre 1980 habilitiert und hatte ab 1987 eine Professur für Finanzrecht an der Universität inne.

Doch zurück zur jungen Richterin und Mutter: Nach Ablauf der Mutterschutzfrist verhinderten massive gesundheitliche Probleme ihre für Mitte Februar 1949 geplante Rückkehr in den Justizdienst. Sie war zwischenzeitlich an Lungentuberkulose erkrankt, wodurch wiederholte Krankenhausaufenthalte sowie ein mehrwöchiger Erholungsaufenthalt in der Lungenheilanstalt Buchberg-Traunkirchen notwendig waren und zu monatelanger Dienstunfähigkeit führten. In diese für Margareta ohnehin schon schwierige Zeit fiel ein, wohl für die gesamte Familie, erschütterndes Vorkommnis: ihr Ehemann Kurt Tanzer war Berichten in mehreren Printmedien zufolge im Dezember 1949 als Autolenker in einen Verkehrsunfall verwickelt, bei dem eine Person ums Leben kam. Er selbst und ein weiterer Beifahrer dürften mit leichten Verletzungen davongekommen sein.[51]

Als die Juristin im Jahre 1950 wieder in den Justizdienst zurückkehrte, stellte sie auf Anraten ihres Arztes zwecks Ausheilung ihrer Lungenerkrankung das Ansuchen um Zuteilung an das in Nähe der Lungenheilanstalt gelegene Bezirksgericht Bad Ischl während der Sommermonate. Die Bewilligung erhielt sie völlig problemlos, doch ihr Wunsch nach einer Zuteilung zu einer Strafabteilung in Bad Ischl stieß auf Widerstand und wurde ihr zunächst verwehrt. Denn das Oberlandesgericht Linz sah es gar nicht gerne, dass die junge Richterin eine solche anstrebte, da sich eine Frau – so das Argument des Linzer Oberlandesgerichtspräsidenten – bei der ländlichen Bevölkerung nicht werde durchsetzen können, ein häufig von Seiten der Justizverwaltung und der Richterschaft vorgebrachtes Argument gegen Frauen in der Strafjustiz. Margaretas in Bad Ischl gemachten Erfahrungen zeigen allerdings ein völlig anderes Bild: „In der Folge ist mir das aber gar nicht schwer gefallen und ich habe niemals die geringsten Widerstände seitens der ländlichen Bevölkerung zu spüren bekommen."[52]

Haimberger verbrachte nicht nur im Jahre 1950 sieben Monate von Frühling bis Herbst am Bezirksgericht Bad Ischl, sondern auch fünf Monate im Sommer des Jahres 1951, jeweils in einer Strafrechtsabteilung. In Wien übte sie seit ihrer Ernennung zur Richterin 1948 (unterbrochen durch Mutterschutz und Krankenstände) die Funktion einer Untersuchungsrichterin aus, zuerst als Aufarbeitungsrichterin, dann übernahm sie eine eigene Gerichtsabteilung, in der allgemeine Strafsachen anfielen. „Sie bewährt sich in ihrer Verwendung, zu der sie nicht nur große Vorliebe, sondern für eine Frau ganz überraschende Energie, Zielstrebigkeit und Durchschlagskraft mitbringt [...] und hat die mit argen Rückständen belastete Gerichtsabteilung schon so ziemlich auf gleich gebracht" wurde ihr anlässlich der Amtsuntersuchung des Landesgerichtes für Strafsachen im Frühjahr 1954 attestiert.[53] Dass sich Vorbehalte gegen Frauen in der Strafjustiz aber weiterhin hartnäckig hielten, kommt in der Dienstbeschreibung Margaretas für die Zeit von Oktober 1950 bis Mai 1954 eindrucksvoll zum Ausdruck. Obwohl sie als „fachlich sehr gut ausgebildet, sehr gut befähigt" beschrieben und ihr auch zugestanden wurde, „alle zur Amtsführung notwendigen Kenntnisse [...] sowie gute und rasche Auffassungsgabe zu besitzen, [...] sehr fleißig, gewissenhaft und verlässlich [...] und als Untersuchungsrichter mit sehr zufriedenstellendem Erfolg" tätig zu sein, findet sich die Feststellung, dass sie „als Frau – nicht mangels ihrer Fähigkeiten – für Strafsachen weniger geeignet" sei.

50 [https://finanzrecht.univie.ac.at/ueber-uns/emuniv-profdr-michael-tanzer/lebenslauf-prof-tanzer/] (29. 7. 2025).

51 U.a. Wiener Zeitung, Nr. 300 v. 24. 12. 1949, 5; Arbeiter-Zeitung, Nr. 300 v. 24. 12. 1949, 3.

52 Haimberger, Juristin 45.

53 Äußerung des Gerichtsinspektors Dr. Hugo Dworak v. 15. 3. 1954.

Vorurteile und Stereotype bestimmten somit weiterhin die Einstellung gegenüber Frauen in der Strafjustiz.

Gegen Mitte der 1950er Jahre stand Margareta – neben ihrem durchaus fordernden Beruf als Richterin und ihrer infolge der Lungentuberkulose weiterhin labilen Gesundheit – vor massiven Herausforderungen und Veränderungen in ihrem Privatleben. Zum einen verstarb am 9. April 1955 ihr Gatte Kurt Tanzer nach rund einjähriger Krankheit.[54] Die Richterin war somit im Alter von nur 39 Jahren Witwe und alleinerziehende Mutter. Für Margareta wohl nicht nur ein tiefer persönlicher Lebenseinschnitt, sondern auch ein finanzieller. Ihre Finanzlage infolge des Todes ihres Gatten beschrieb sie in einem Schreiben an das Bundesministerium für Justiz als angespannt; ihr Gatte habe ihr keine nennenswerten Vermögenswerte hinterlassen, weder sie selbst noch ihr sechsjähriger Sohn erhielten nach seinem Tod einen Versorgungsgenuss und sie hätte zudem noch ihre 82-jährige Mutter, die mit ihr in einem gemeinsamen Haushalt lebte, zu versorgen.[55]

Zum anderen hatte Margareta bereits vor dem Tod ihres Gatten den Entschluss gefasst, die Wohnung in der Abt-Karl-Gasse im 18. Wiener Gemeindebezirk aufzugeben. Die Gründe dafür liegen im Dunkeln, ob möglichweise auch eine Entfremdung der Ehegatten ausschlaggebend war, lässt sich heute nicht mehr sagen. Fest steht, dass die Richterin ab Anfang August 1954 eine Wohnung in der Schmiedgasse 4, 1080 Wien, gemietet hatte, deren Zustand sie als „desolat" beschrieb, außerdem fehlten Installationen wie etwa Gaszuleitung und Elektroanschlüsse. Die Kosten für die Instandsetzung der Wohnung veranlassten Margareta zur Stellung eines Ansuchens um Gehaltsvorschuss, das auch bewilligt wurde. Wenngleich die Instandsetzung der Wohnung und die Übersiedlung mit hochbetagter Mutter und sechsjährigem Sohn sicher eine große Herausforderung darstellten, so brachte der neue Wohnsitz in logistischer Hinsicht den Vorteil, dass sowohl das Straflandesgericht Wien als auch die Volksschule und später das von ihrem Sohn besuchte Gymnasium der Piaristen in unmittelbarer Nähe lagen und fußläufig gut erreichbar waren.

5. Karriereschritte im Richteramt: 1956–1960

Haimbergers weitere Karriereschritte im Richteramt fielen in eine Zeit, in der Frauen in der Justiz weiterhin zu Ausnahmeerscheinungen zählten. 1953, beispielsweise, waren österreichweit nur zwölf Frauen in der Rechtsprechung tätig, und selbst bis 1961 stieg die Zahl der Richterinnen und Staatsanwältinnen (inklusive Anwärterinnen!) auch nur auf 32 an, das entsprach einem Frauenanteil von ca. 2 %.[56] Die sich hartnäckig haltende Skepsis gegenüber Frauen im Richteramt und der Staatsanwaltschaft kam besonders prägnant in einer Berufsberatungsbroschüre aus dem Jahre 1953 zum Ausdruck. Darin wurde Frauen die grundsätzliche Eignung zur Juristin zwar nicht abgesprochen, „doch wird der juristische Beruf der Frau nur mit einigen Vorbehalten anzuraten sein. […] Es kann kein Zweifel bestehen, daß die geistig und seelisch gesunde und normal entwickelte Frau den Beruf des Richters, des Staatsanwaltes, als ihrem Wesen nicht gemäß empfinden muß".[57] So nimmt es nicht Wunder, dass Karriereschritte in der Justiz im Allgemeinen und der Strafjustiz im Besonderen hart erkämpft werden mussten.

Davon gibt Haimberger Zeugnis, als sie Mitte der 1950er Jahre als Strafrichterin den Vorsitz in einer Schöffenverhandlung anstrebte: „Die größten Widerstände gab es aber dann, als ich als Untersuchungsrichter beim Landesgericht für Strafsachen Wien einen Vorsitz anstrebte. Die Einwände, die dagegen erhoben wurden, waren Legion." Unterstützung fand sie im damaligen Justizminister und späteren Präsidenten des Oberlandesgerichtes Wien, Dr. Hans Kapfer, und „so ereignete sich dann im April 1956 das, was man wirklich ein ‚Wunder' nennen muß, nämlich daß eine Frau in Schöffenverhandlungen

54 Sterbeurkunde Standesamt Wien Währing Nr. 675/55.

55 Ansuchen um Gehaltsvorschuss vom Juli 1955.

56 Probst, Aufgaben 59f.

57 Moravec, Jurist 29f.

den Vorsitz führte."[58] Haimberger war österreichweit die erste Frau, die als Strafrichterin in einer Schöffenverhandlung den Vorsitz überhatte. In den folgenden Jahren führte sie praktisch zwei Abteilungen, „da man mir nebenbei auch die Untersuchungsabteilung beließ, mit der sehr schmeichelhaften Begründung, daß man auf einen so hervorragenden Untersuchungsrichter einfach nicht verzichten könne." Sie habe diese Begründung zwar nicht ernst genommen und für fünf Jahre die Doppelbelastung getragen, „weil ich der Meinung bin, dass ein Pionier nicht wehleidig sein darf und etwas aushalten muß."[59]

Haimbergers Arbeitseinsatz dürfte in den späten 1950er Jahren enorm gewesen sein, in der Amtsuntersuchung aus dem Jahre 1961 wird sie folgendermaßen beschrieben: „[...] energische Persönlichkeit, sie hat sich in der für eine Frau ungewöhnlichen Stellung eines Strafrichters und insbesondere auch eines erkennenden Richters in Strafsachen in anerkennenswerter Weise durchgesetzt. [...] Der Verwendungserfolg [...] ist sehr zufriedenstellend. Mit Rücksicht auf ihre Energie und ihre theoretische Ausbildung steht sie bereits erheblich über dem Durchschnitt."[60]

In diesen Jahren intensiver beruflicher Belastung ging Margareta neuerlich eine private Bindung ein, sie verlobte sich mit dem um 26 Jahre älteren Reginald Charles Frederick Dodgson, einem britischen Staatsbürger. Der am 12. Mai 1890 in Dharmsala in Indien geborene Sohn eines Teeplantagenbesitzers war in Großbritannien aufgewachsen und dürfte im Zuge seines Militäreinsatzes während des Ersten Weltkrieges nach Österreich gekommen sein.[61] Die Richterin plante offenbar eine gemeinsame Zukunft mit Dodgson, in einem an das Justizministerium gerichteten Schreiben aus dem Jahre 1958 berichtet sie jedenfalls von der Verlobung mit ihm. Grund für dieses Schreiben, in dem sie um einen Gehaltsvorschuss bat, war ein weiterer Schicksalsschlag: ihr Verlobter war am 24. Mai 1958 verstorben. Die näheren Umstände liegen im Dunkeln, sie hatte jedenfalls die Krankenhauskosten und Kosten des Begräbnisses übernommen, da sich Dodgsons Vermögen zum Großteil in England befand und die Einantwortung noch Jahre dauern könne. Margaretas Verlobter ist – ebenso wie ihr verstorbener Ehemann Tanzer – im Grab ihrer Eltern am Wiener Zentralfriedhof beerdigt.

Margareta blieb allerdings nicht lange allein, sie ging bald eine neue Beziehung ein und heiratete am 25. August 1959 den Juristen und Kaufmann Dr. Georg Olof Haimberger.[62] Es war für beide Ehepartner die zweite Ehe. Der 1918 geborene Sohn einer altösterreichischen Adelsfamilie, sein Vater war Paul Freiherr von Haimberger, hatte in Wien das Studium der Rechtswissenschaften absolviert und war 1950 in die USA emigriert, wo er zum Zeitpunkt seiner Hochzeit mit Margarete schon acht Jahre in New York ansässig gewesen war. Bereits wenige Tage nach der standesamtlichen Hochzeit in Wien brach Georg Haimberger nach New York zwecks Auflösung seines dortigen Hausstandes auf und wollte voraussichtlich Anfang 1960 für ständig nach Österreich zurückkehren. Seine Pläne dürften sich jedoch während seines Aufenthaltes in die USA geändert haben, er hatte nämlich zwischenzeitlich beschlossen, doch dauerhaft in den USA zu bleiben und forderte seine Gattin auf, auch in die USA kommen. Margareta lehnte dies aus Rücksicht auf ihre mit ihr in einem Haushalt lebende 87-jährige Mutter, wie sie selbst angab, aber wohl auch aus beruflichen Gründen ab. Die aufgrund der unterschiedlichen Lebensmittelpunkte resultierende Entfremdung der Ehegatten veranlasste Margareta schließlich im Februar 1965 zur Einbringung der Scheidungsklage. Das Gericht gab dieser mit der Feststellung statt, dass sich die beiden Streitteile durch die lange Trennung auseinandergelebt hätten und die Wiederherstellung

58 Haimberger, Juristin 46.

59 Ebd.

60 Äußerung des Gerichtsinspektors Dr. Emil Scheibenhof v. 1. 4. 1961.

61 [https://www.familysearch.org/ark:/61903/3:1:3Q9M-C39S-9SHN-P?cat=96269&i=144] (20. 1. 2025).

62 Heiratsurkunde Standesamt Wien Innere Stadt – Mariahilf Nr. 891/1959.

einer dem Wesen der Ehe entsprechenden Lebensgemeinschaft nicht mehr erwartet werden könne; es erfolgte kein Verschuldensspruch.[63]

6. Zwischen Jugendgerichtshof und Staatsanwaltschaft: 1961–1975

Einen weiteren Karriereschritt Margaretas stellte ihre Ernennung zur Senatsvorsitzenden beim Jugendgerichtshof Wien und zum Oberlandesgerichtsrat mit Wirksamkeit 1. April 1961 dar. Bis Ende des Jahres 1961 blieb sie allerdings auf eigenen Wunsch weiterhin dem Landesgericht für Strafsachen Wien dienstzugeteilt, denn ihr Gesundheitszustand hatte sich zum einen durch ihr seit Jahren bestehendes Lungenleiden in Verbindung mit einer Grippe, zum anderen aber auch aufgrund der Pflege ihrer am 7. Mai 1961 verstorben Mutter verschlechtert, weshalb sie die Fahrt mit öffentlichen Verkehrsmitteln – und solche hätte sie zur Erreichung des Jugendgerichtshofes benützen müssen – auf Anraten ihres Arztes für einige Monate vermeiden sollte.

So vollzog sich Haimbergers Wechsel zum Jugendgerichtshof erst Anfang 1962, wo sie zunächst für einige Wochen eine Gerichtsabteilung für Jugendschutzsachen und Tilgungssachen leitete, ab März 1962 sodann als Vorsitzende eines Schöffensenates tätig war.[64] Insgesamt blieb sie für 15 Monate am Jugendgerichtshof Wien und hatte, im Gegensatz zu ihrer vorherigen Tätigkeit beim Straflandesgericht Wien, nur eine Abteilung über, was sie „als durchaus angenehm empfunden hat".[65] Im Frühjahr 1963 kehrte sie wieder zur Staatsanwaltschaft Wien zurück und wurde mit 8. November 1963 zur Staatsanwältin ernannt – nach Dr. Gerda Meissl die zweite Ernennung einer Frau zur Staatsanwältin in Österreich.[66] Haimberger führte bei der Staatsanwaltschaft Wien sodann ein Referat im Rahmen einer Revisionsgruppe, ab 1. Juli 1966 war sie revisionsfrei.[67] In der Dienstbeschreibung der Staatsanwältin von 1967 wurden einmal mehr ihre Leistungen positiv hervorgehoben: „[...] führt ein Buchstabenreferat mit außergewöhnlich gutem Erfolg [...], hat sehr gute Kenntnisse des formellen und materiellen Strafrechts [...]" und wurde „aufgrund ihrer überdurchschnittlichen Fähigkeiten und Leistungen [...] mit ausgezeichnet beurteilt".[68] Zudem zeigte Haimberger Interesse an rechtlichen und rechtspolitischen Fragen und dies habe „Niederschlag in der Verfassung juristischer Artikel in Fachschriften und in der Ausarbeitung von Stellungnahmen zu Gesetzentwürfen gefunden".[69]

Im Herbst 1968 nahm Haimberger an der auf Initiative des damaligen Bundesministers für Justiz, Dr. Hans Klecatsky, veranstalteten Tagung „Die Juristin in der Justiz", teil, wo Juristinnen Vorträge über ihre jeweiligen Tätigkeitsbereiche hielten und so ein breiter Überblick über die verschiedenen Wirkungsbereiche von Frauen in der Justiz und ihre Erfahrungen gewonnen werden konnte. Mit dieser Veranstaltung gab es aber auch erstmals ein Forum, wo Juristinnen ihre Anliegen vorbringen konnten, wodurch sich die Justizverwaltung „praktische Vorschläge, wie sie dies oder jenes besser machen könne, um Juristinnen günstigere Arbeitsbedingungen zu verschaffen" erhoffte.[70] Haimberger, die einen Vortrag zum Thema „Die Juristin in der Strafrechtspflege" hielt, gewährte in diesem zum einen umfassende Einblicke in ihre Erfahrungen als junge Juristin während des Gerichtsjahres, des richterlichen

[63] Urteil LG ZRS v. 12. 3. 1965.

[64] Infolge Margaretas Wechsel vom Straflandesgericht Wien zum Jugendgerichtshof 1961/62 gab es in den Folgejahren – zumindest bis 1968 – in Österreich keine Frau, die in einer Strafverhandlung den Vorsitz führte. HAIMBERGER, Juristin 46.

[65] Ebd.

[66] Zu Meissl vgl. SCHNEIDER, Staatsanwaltschaft 315f.

[67] Dienstbeschreibung 1966.

[68] Dienstbeschreibung v. 3. 3. 1967, Personalakt.

[69] Vom 28. 8. 1971 zu Punkt 6. des Standesbogens. Nähere Angaben zu den Publikationen Haimbergers finden sich leider nicht im Personalakt und eine erste Durchsicht der Fachzeitschrift „Juristische Blätter" und der „Österreichischen Richterzeitung" der 1960er und 1970er Jahre ergaben keine Ergebnisse.

[70] Bundesministerium für Justiz, Juristin.

Vorbereitungsdienstes und der Anfangsjahre nach ihrer Ernennung zur Richterin, zum anderen legte sie aber auch ihre Sicht zu Frauen in der Strafjustiz im Allgemeinen dar. Danach seien die wichtigsten Voraussetzungen für einen Juristen im Allgemeinen und einen Strafjuristen im Besonderen – abgesehen von fundierter Gesetzeskenntnis – Kontaktfähigkeit und Autorität ohne Überheblichkeit – und diese Eigenschafen ließen sich ebenso gut bei Frauen wie bei Männern finden. Dennoch hätten Frauen, so Haimberger, eine typische Eigenschaft – gleich ob sie Ehefrauen oder Mütter seien – in Form einer spezifischen Ausstrahlung fraulicher Wärme und mütterlichen Verständnisses. Frauen sollten nicht in bestimmte Bereiche gedrängt werden, aber im strafrechtlichen Bereich böte sich für Frauen insbesondere die Jugendgerichtsbarkeit an. Den Einsatz von Frauen beim Jugendgerichtshof, bei der Jugendstaatsanwaltschaft und auch bei oberen Instanzen, soweit diese mit Jugendstrafsachen und Jugendsachen befasst sind, hielt die Strafrichterin nicht nur für wünschenswert, sondern für naturgegeben. Was die Stellung von Frauen bei der Staatsanwaltschaft Wien betraf, so sah Haimberger in diesem Bereich keine Zurücksetzung der Frau,[71] das Problem läge auch nicht bei den Dienstzuteilungen der bereits ernannten Richterinnen, sondern vielmehr bei der Übernahme in den richterlichen Vorbereitungsdienst.

Diese äußerst restriktive Aufnahmepolitik wurde von Seiten der Justizverwaltung primär damit begründet, dass Männer eine Familie erhalten müssten und deshalb aus sozialen Gründen vorzuziehen seien.[72] Zudem würden weibliche Übernahmswerber einer genaueren Prüfung unterzogen als männliche, wie Ministerialrat Dr. Felix Sinzinger bei der Tagung im Jahre 1968 feststellte: „Eines wird immer klar sein müssen – zumindest wird das für die nächsten Jahre noch gelten –, daß eine Frau wesentlich genauer angeschaut wird, ob sie für den Richterberuf geeignet ist."[73] Haimberger replizierte mit folgenden Worten: „Ich sehe wirklich nicht ein, warum Männer und Frauen anders beurteilt werden, warum die Frau mehr leisten soll als ein Mann. Beide kommen von der Universität, beide haben das gleiche Studium abgeschlossen, beide sind verfassungsmäßig vollkommen gleich gestellt. Woher kommt dann der Gedanke, bei einer Frau müsse man genauer schauen? Was sind da die Gedankengänge der Männer?"[74] Die Vorbehalte gegenüber Frauen in der Justiz kämen, so gab Sinzinger zu, primär aus den Reihen der Richter und Staatsanwälte: „[...] vor allem die Bevölkerung ist mehr bereit, eine Richterin anzunehmen als vielleicht wir Juristen unter uns [...]. In den Berufskreisen gibt es somit eher eine Gegnerschaft, zum Teil vielleicht aus sachlichen Gründen, zum Teil vielleicht auch aus emotionalen Gründen."

Trotz der auch in den späten 1960er und den 1970er Jahren noch weitgehend geschlechterdiskrimierenden Arbeitswelt in der Justiz wurde Haimberger mit Wirkung 1. Jänner 1972 zum „Gruppenleiter" der Staatsanwaltschaft mit dem Amtstitel „Erster Staatsanwalt" ernannt und in weiterer Folge wiederholt vertretungsweise mit der Revision anderer Referate betraut.[75] Zwei Jahre später übernahm sie die Leitung einer Revisionsgruppe und führte daneben rückstandsfrei ein Buchstabenreferat weiter. Zudem war sie auch als Sitzungsvertreterin bei Sitzungen der Ratskammer, insbesondere bei Haftprüfungsverhandlungen, tätig und im Jahre 1974 wurde ihr der Titel „Hofrat" verliehen.

Haimberger zeigte in den 1970er Jahren auch zunehmendes Engagement in gesellschaftspolitischen Fragen mit strafrechtlicher Relevanz, vor allem in der Fristenlösung, d.h. in der Frage der Strafbarkeit von Schwangerschaftsabbrüchen, die im Zuge der Strafrechtsreform 1975 breite Diskussionen in Österreich ausgelöst hatte. Sie war Mitglied des Komitees „Helfen statt strafen – Kein Zurück zum § 144" und legte ihre Bedenken gegen § 144 Strafgesetzbuch, wonach ein Schwangerschaftsabbruch strafbar war, in

---

71 Haimberger, Juristin 118.

72 Bundesministerium für Justiz, Juristin 117.

73 Ebd. 111.

74 Ebd. 112.

75 Zu Punkt 6 des Standesbogens des Ersten Staatsanwaltes Dr. Margareta Haimberger v. 28. 8. 1971.

einem Beitrag, der in der Austria Wochenschau gesendet wurde, dar.[76] Sie nahm unter anderem auch zur 1975 ergangenen Entscheidung des deutschen Bundesverfassungsgerichtshofes gegen die Fristenlösung in der „Sozialistischen Korrespondenz" Stellung.[77] Darin führte sie aus, dass strafrechtliche Sanktionen eines Schwangerschaftsabbruches keine geeigneten Maßnahmen zum Schutz ungeborenen Lebens seien, denn sie hätten kaum generalpräventive Wirkung. Es käme nur in den seltensten Fällen zu Anzeigen, „jedenfalls war die Summe aller Anzeigen im Verhältnis zu der enormen Zahl der Abtreibungen – man schätzt die Dunkelziffer auf etwa 70.000 jährlich – derart gering, dass das Risiko einer Entdeckung und damit einer strafrechtlichen Verfolgung, praktisch keine Rolle als Hemmfaktor spielen konnte."

Abb. 2: Haimberger im Talar (© Michael Tanzer)

7. Vizepräsidentin des Landesgerichtes für Strafsachen Wien und Ruhestand: 1976–1987

Höhepunkt in Haimbergers Karriere stellte zweifellos ihre Ernennung zur Vizepräsidentin Landesgerichtes für Strafsachen Wien mit 1. Jänner 1976 dar. Sie war die erste Frau Österreichs in dieser Position und sie war somit nicht nur Pionierin als Strafrichterin und Staatsanwältin, sondern auch Pionierin in einer Leitungsfunktion in der Strafgerichtsbarkeit. Haimberger übte das Amt der Vizepräsidentin unter zwei Präsidenten aus: zunächst unter Dr. Konrad Wymtal, der 1972 das Präsidium übernommen hatte, und ab 1977 unter Dr. August Matouschek. Während ihrer Vizepräsidentschaft hatte Haimberger verschiedene Aufgabenbereiche über, so u.a. eine Tilgungsabteilung und verschiedene Funktionen in der Ratskammer. Mit Ablauf des 6. Juli 1980 trat die Juristin in den Ruhestand; sie wies zu diesem Zeitpunkt unter Einrechnung ihrer Behinderungszeit während der nationalsozialistischen Herrschaft eine Dienstzeit von 38 Jahren, einem Monat und neun Tagen auf.

Wie Margareta die Jahre ihres Ruhestandes verbracht hat, liegt nach derzeitigem Forschungsstand im Dunkeln. Sie starb am 22. April 1987 im Alter von 70 Jahren und ist auf dem Perchtoldsdorfer Friedhof (Niederösterreich) begraben – somit nicht gemeinsam mit ihren Eltern, ihrem ersten Ehegatten Kurt Tanzer und ihrem Verlobten Reginald Dodgson, die alle im selben Grab am Wiener Zentralfriedhof bestattet worden waren.

8. Resümee

Die Untersuchung hat gezeigt, mit welchen Vorurteilen und Schwierigkeiten Frauen in der Justiz in den ersten Jahrzehnten nach Ende des Zweiten Weltkrieges zu kämpfen hatten, wobei vor allem das Strafrecht in weiten Kreisen der Justizverwaltung, des Richterstandes und der Staatsanwaltschaft als ein für Juristinnen ungeeignetes Rechtsgebiet gesehen wurde. Doch es war gerade das Strafrecht, dem Margareta Haimbergers besonderes Interesse galt. Schon während des Gerichtsjahres strebte die junge Juristin eine Zuteilung zur Strafjustiz an – und war in der Praxis umgehend mit der Ungleichbehandlung von Frauen und Männern konfrontiert. Diese Erfahrungen setzten sich nicht nur während ihres richter-

76 Austria Wochenschau 08/1972, Die Ära Kreisky (1967–1983) Teil 2: „Reformen und Widerstände 1971–1975 (Strafrechtsreform und Liberalisierung – „Heisses Eisen § 144").

77 Johanna Dohnal Archiv (XV. Fristenregelung Box 1) 4.

lichen Vorbereitungsdienstes, sondern auch nach ihrer Ernennung zur Richterin und später jener zur Staatsanwältin fort. Frauen sollten nach weitgehend einhelliger Meinung in den späten 1940er und 1950er Jahren – wenn überhaupt – in „unsichtbaren" Bereichen der Justiz eingesetzt werden, d.h. vor allem in Registersachen und Außerstreitangelegenheiten. Das öffentliche Auftreten einer Frau in der Strafjustiz – verbunden mit dem Tragen eines Talars – musste erst hart erkämpft werden.

Doch dank Haimbergers Entschlossenheit und Zielstrebigkeit, aber auch durch Unterstützung einiger „durchaus aufgeschlossener, modern denkender Menschen" sowohl in der Staatsanwaltschaft als auch in der Justizverwaltung gelang ihr die Überwindung dieser Hürden.[78] Bereits 1946 übernahm sie Sitzungsvertretungen beim Jugendgerichtshof Wien, 1956 führte sie als erste Frau Österreichs den Vorsitz in einer Schöffenverhandlung und zwei Jahrzehnte später, im Jahre 1976 wurde mit ihr erstmals eine Frau zur Vizepräsidentin am Straflandesgericht Wien ernannt. Haimberger leistete mit ihrer einzigartigen Karriere in der Strafjustiz somit wahre Pionierarbeit für nachfolgende Generationen von Juristinnen und war Wegbereiterin für das Sichtbarwerden von Frauen in der Justiz.

Doch nicht nur in ihrem Berufsleben, sondern auch in ihrem Privatleben waren die an Margareta Haimberger gestellten Herausforderungen zahlreich. Ausschluss vom Studium der Rechtswissenschaften während der nationalsozialistischen Herrschaft, gesundheitliche Probleme, Krankheit und Tod des ersten Ehemannes und die Situation einer alleinerziehenden Mutter, die auch noch ihre eigene Mutter zu versorgen hatte, machten ihr Privatleben nicht einfach. Dazu kamen in weiterer Folge der Tod ihres späteren Verlobten, Scheidung ihrer zweiten Ehe, Pflege ihrer hochbetagten Mutter – eine Vielzahl an Schicksalsschlägen und Schwierigkeiten, die Haimberger zu überwinden hatte.

Es war somit ein sowohl beruflich als auch privat äußert herausforderndes und bewegtes Leben, das Margareta, geborene Eisenstädter, verwitwete Tanzer, geschiedene Haimberger dank ihrer schier unerschöpflichen Energie, Unerschütterlichkeit und Willenskraft gemeistert hat!

Korrespondenz

Ass.-Prof. Dr. Gabriele Schneider
Universität Wien
Institut für Rechts- und Verfassungsgeschichte
Schottenbastei 10–16
A-1010 Wien
gabriele.schneider@univie.ac.at
ORCID Nr. 0000-0002-1231-2955

Abkürzungen

A.B.	Augsburger Bekenntnis
dRGBl.	deutsches Reichsgesetzblatt
Ev.	Evangelisch
GBlLÖ.	Gesetzblatt für das Land Österreich
GOG	Geschäftsordnungsgesetz
JAO	Justizausbildungsordnung
LG ZRS	Landesgericht für Zivilrechtssachen
LStA	Leitender Staatsanwalt
OeStA/AdR	Österreichisches Staatsarchiv/ Archiv der Republik
SS	Sommersemester
VA	Vermögensanmeldungen
VVSt.	Vermögensverkehrsstelle
WS	Wintersemester
Zl.	Zahl

Siehe auch das allgemeine Abkürzungsverzeichnis: [http://www.rechtsgeschichte.at/files/abk.pdf]

Quellen

Personalakt „Dr. Margareta Haimberger", Bundesministerium für Justiz und Landesgericht für Strafsachen Wien.

Ev. Pfarrgemeinde A.B. Wien-Währing & Hernals, Taufbuch (Sig. 01–19) 1912.

Ev. Pfarrgemeinde A.B. Wien-Währing & Hernals, Taufbuch (Sig. 01–22) 1915/16.

Ev. Pfarrgemeinde A.B. Wien-Währing & Hernals, Trauungsbuch (Sig. 02–11) 1914–1916.

Ev. Pfarrgemeinde A.B. Wien-Währing & Hernals, Trauungsbuch (Sig. 02–26) 1936.

OeStA/AdR, Finanzen, VVSt, VA 41.654.

Johanna Dohnal Archiv (XV. Fristenregelung).

[78] Haimberger, Juristin 44.

Literatur

Ludwig Adamovich, Bericht über den Studienbetrieb an der Wiener Universität vom Sommer-Semester 1945 bis zum Sommer-Semester 1947 (Wien 1947).

Bundesministerium für Justiz (Hg.), Die Juristin in der Justiz. Tagung des Bundesministeriums für Justiz am 29. und 30. Oktober 1968 in der Justizschule Schwechat (Wien o.J.).

Tamara Ehs, Die Staatswissenschaften: Historische Fakten zum Thema „Billigdoktorate" und „Frauen- und Ausländerstudien", in: zeitgeschichte 4 (2010) 238–256.

Roland Grassberger, Kadecka, Ferdinand, in: NDB 10 (Berlin 1974) 721.

Ders., Hold-Ferneck, Alexander, in: NDB 9 (Berlin 1972) 523–524.

Georg Grünstäudl, Richterauswahl und Richterausbildung im Systemvergleich. Österreich, Deutschland und die Schweiz seit 1945 (= Schriftenreihe zur Justizforschung 16, 2018).

Margarete Haimberger, Die Juristin in der Strafrechtspflege, in: Bundesministerium für Justiz (Hg.), Die Juristin in der Justiz. Tagung des Bundesministeriums für Justiz am 29. und 30. Oktober 1968 in der Justizschule Schwechat (Wien o.J.) 39–48.

Peter Huemer, Karin Moser (Hgg.), Die Ära Kreisky: historische Filmdokumente + Zeitzeugeninterviews (DVD 2/3, Wien 2011).

Katharina Kniefacz, Margarete Charlotte Tanzer (Eisenstädter, Haimberger), Gedenkbuch für die Opfer des Nationalsozialismus an der Universität Wien 1938 [https://gedenkbuch.univie.ac.at/person/margarete-charlotte-tanzer-eisenstaedter-haimberger] (29. 7. 2025).

Friedrich Köhl, Die Gerichtspraxis – Eine seit über 100 Jahren bewährte Einrichtung zur Juristenausbildung in Österreich, in: Kriminalsoziologische Bibliographie 54 (1987) 37–43.

Gerald Kohl, Richter in der Habsburgermonarchie, in: Gerald Kohl, Ilse Reiter-Zatloukal (Hgg.), RichterInnen in Geschichte, Gegenwart und Zukunft. Auswahl, Ausbildung, Fortbildung und Berufslaufbahn (Wien 2014) 63–82.

Adolph Lehmann's allgemeiner Wohnungs-Anzeiger nebst Handels- und Gewerbe-Adressbuch für die k.k. Reichshaupt- und Residenzstadt Wien und Umgebung (Wien 1859–1942).

Robert Moravek, Der Jurist (= Schule und Beruf 46/48, Wien 1953).

Irmgard Probst, Aufgaben und Stellung der Juristin in der heutigen Gesellschaft, in: Bundesministerium für Justiz (Hg.), Die Juristin in der Justiz. Tagung des Bundesministeriums für Justiz am 29. und 30. Oktober 1968 in der Justizschule Schwechat (Wien o.J.) 55–68.

Ilse Reiter-Zatloukal, Juristenausbildung in Österreich unter dem NS-Regime. Kontinuitäten und Brüche 1938/45 am Beispiel der Wiener Juristenfakultät, in: Franz-Stefan Meissel, Thomas Olechowski, Ilse Reiter-Zatloukal, Stefan Schima (Hgg.), Vertriebenes Recht – Vertreibendes Recht. Zur Geschichte der Wiener Rechts- und Staatswissenschaftlichen Fakultät zwischen 1938 und 1945 – Juridicum Spotlight II. (Wien 2012) 9–33.

Barbara Sauer, Ilse Reiter-Zatloukal, Advokaten 1938. Das Schicksal der in den Jahren 1938 bis 1945 verfolgten österreichischen Rechtsanwältinnen und Rechtsanwälte (Wien 2010).

Gabriele Schneider, Richterinnen in Deutschland, Österreich und der Schweiz, in: Gerald Kohl, Ilse Reiter-Zatloukal (Hgg.), RichterInnen in Geschichte, Gegenwart und Zukunft. Auswahl, Ausbildung, Fortbildung und Berufslaufbahn (Wien 2014) 189–210.

Dies., Frauen in der österreichischen Staatsanwaltschaft. Ein historischer Rückblick, in: Gerald Kohl, Ilse Reiter-Zatloukal (Hgg.), „... das Interesse des Staates zu wahren" – Staatsanwaltschaften und andere Einrichtungen zur Vertretung öffentlicher Interessen. Geschichte, Gegenwart, Perspektiven (Wien 2018) 303–318.

Dies., Frauen und das Richteramt in der Ersten Republik im Spiegel der Österreichischen Richterzeitung, in: RZ 12 (2022) 287–292.

BRGÖ 2025
Beiträge zur Rechtsgeschichte Österreichs

Kamila Staudigl-Ciechowicz, Wien

„Frau Professor"

Wiener Professorengattinnen der Zwischenkriegszeit: Forschungsansätze und erste Ergebnisse

Viennese Professors' Wives in the Interwar Period: Research Approaches and Findings

This article offers insights into ongoing research and the author's preliminary findings on the topic of the "Frau Professor" (The Professor's Wife). The research examines the wives of Viennese legal scholars of the interwar period from a collective and individual biographical perspective. The article focuses primarily on the professors' wives as a collective and examines marriage patterns in relation to the academic careers of the legal scholars. The age of the bridal couples at the time of marriage, and the question of the contemporary media presence of the wives of legal scholars, are also considered. This study is based on an analysis of various sources, with a particular focus on autobiographical texts, correspondence, and newspaper articles. The analysis explores the (social) role of professors' wives, both as a collective entity and as individual actors. The author has primarily drawn upon archival sources from the Vienna University Archive and the Austrian State Archive, along with contemporary newspaper articles, for her research.

Keywords: *faculty spouses – university – Viennese faculty of law and state – women in legal sciences*

1. Einleitung

Der vorliegende Beitrag soll erste Einblicke in die Ergebnisse des noch nicht abgeschlossenen Projekts „'Frau Professor' – Ehefrauen Wiener Rechtsgelehrter zwischen Patriarchat und Emanzipation" präsentieren.[1]

Die bisherigen Forschungen zu Professorengattinnen sind bestenfalls lückenhaft, beschäftigen sich mit einzelnen Frauen, behandeln jedoch kaum je die gesamte Gruppe als Kollektiv. Vereinzelt finden Professorengattinnen in universitätshistorischen Sammelwerken und Ausstellungen Erwähnung. So wurde ihnen ein kurzer Abschnitt in der mehrbändigen Universitätsgeschichte der Berliner (Friedrich-Wilhelms-)Universität 2012 gewidmet.[2] Der Autor des entsprechenden Beitrags, Charles E. McClelland, nannte Untersuchungen zu Professorengattinnen als „geistigen Gehilfin[nen]"[3] ein Forschungsdesiderat. 2024 widmete sich eine Ausstellung des Museums der Jagiellonischen Universität den ersten Frauen an der Univer-

---

1 Das Projekt wird gefördert von der Stadt Wien Kultur.

2 McClelland, Professoren 506–508.

3 McClelland, Professoren 506.

https://doi.org/10.1553/BRGOE2025-2s459 *This article was peer-reviewed*

sität.[4] Dabei wurde der Blick zwar vertieft auf die ersten Studentinnen und wissenschaftlichen Kräfte gerichtet, aber nicht nur. Eine Ausstellungstafel beleuchtete die Bedeutung der Professorengattinnen im Zweiten Weltkrieg nach der Verhaftung fast aller Professoren der Jagiellonischen Universität im Rahmen der sog. „Sonderaktion Krakau".[5] Durch diese unerwartete Verhaftungs- und Deportationswelle mussten die Professorengattinnen nicht nur die finanzielle Absicherung der Familie übernehmen, gleichzeitig galt es den Aufenthaltsort der verschleppten Professoren ausfindig zu machen und Schritte zwecks Befreiung der Ehegatten zu setzen. Auch an wissenschaftlicher Front übernahmen die Professorengattinnen Aufgaben: Es war der Verdienst vieler Professorengattinnen, dass einige wissenschaftliche Bibliotheken und Forschungseinrichtungen nicht zerstört wurden, sondern den Zweiten Weltkrieg überlebten.

Eine universitätsgeschichtliche Ausstellung, in deren Mittelpunkt Professorengattinnen standen, wurde hingegen 2018/19 in Bonn präsentiert.[6] Die Quellenbasis für diese Ausstellung gaben Tagebücher und Briefe der Professorengattinnen Caroline Brandis und Cäcilia Hasse.[7]

Stärkere Berücksichtigung erfuhren Professorengattinnen bei Untersuchungen von Gelehrten-Ehepaaren, wie beispielsweise Hedwig Hintze (geb. Guggenheimer)[8] und Otto Hintze,[9] sowie Helene Schlesinger und Max Herrmann.[10] Gut erforscht ist auch Marianne Weber als Frauenrechtlerin, Wissenschaftlerin und Gefährtin von Max Weber.[11]

Die meisten Professorenehegattinnen hingegen sind nach wie vor im Hintergrund verborgen, erfahren gelegentlich eine namentliche Erwähnung in lexikalischen Artikeln und Biographien über ihre Ehegatten.[12] Ziel des Projektes „Frau Professor" ist es, diese Forschungslücke zumindest ansatzweise zu schließen, sowie neue Impulse für weitere Forschungen zu setzen.[13]

2. Forschungsansatz, Methode und Herausforderungen

Das Projekt untersucht Professorengattinnen und Ehefrauen von Privatdozenten der Wiener Rechts- und Staatswissenschaftlichen Fakultät der Zwischenkriegszeit sowohl aus kollektiv-biographischer als auch aus einer individuell-biographischen Sicht. Der Fokus der Recherchen liegt zwar auf den Professorengattinnen, gleichzeitig dient jedoch die Gruppe der Ehefrauen der Privatdozenten als Vergleichsbasis. Hinzu kommt, dass einige der Wiener Privatdozenten in späteren Jahren ebenfalls zu Professoren aufstiegen, so dass auch ihre Ehefrauen Professorengattinnen wurden, nur eben nicht im Untersuchungszeitraum bzw. nicht in Wien.

---

4 Die Ausstellung „Ladies, what do you need that for? Women at the Jagiellonian University" wurde vom 18. 10. 2024 bis 31. 1. 2025 im Museum der Jagiellonischen Universität in Krakau präsentiert.

5 August, „Sonderaktion Krakau".

6 https://www.rheinische-anzeigenblaetter.de/bonn/c-nachrichten/das-wirken-der-frauen_a128126 (13. 12. 2018 / 30. 7. 2025); https://www.bonn.de/bonn-erleben/besichtigen-entdecken/imblick-diebonnerprofessorengattinnen carolinebrandis-caeciliahasse-sophieritschlundihrsozialesumfeld.php (30. 7. 2025).

7 Caroline Brandis, geb. Hausmann, war die Ehefrau von Christian August Brandis, Professor für Philosophie in Bonn. Hertling, Brandis 245.

8 Hedwig Guggenheimer war eine der ersten Frauen, die sich in Deutschland habilitierte.

9 Oestreich, Hedwig und Otto Hintze; Stephan, Schicksal 143–156.

10 Vogt, Vom Hintereingang zum Hauptportal 73f.

11 Vgl. bspw. Meurer, Weber.

12 So bspw. Margarete Kelsen in der Biographie von Hans Kelsen. Olechowski, Kelsen insbes. 113–119, 179.

13 Vgl. bereits den ersten Werkstattbericht: Staudigl-Ciechowicz, „Frau Professor".

Sowohl die Professorengattinnen wie auch die Ehefrauen der Privatdozenten werden in einem ersten Schritt als Gruppe kollektivbiographisch untersucht. Dabei stehen Fragestellungen wie das Heiratsalter, die Herkunft, das familiäre Umfeld, die Konfession und der Bildungsweg der Frauen im Mittelpunkt. Die diesbezügliche Datenerhebung gestaltet sich oftmals schwierig. In vielen Fällen ist bereits die Frage, ob der betreffende Professor oder Privatdozent verheiratet war, und falls ja, der Name der Ehefrau, schwer zu eruieren. Das von Professoren und Privatdozenten an der Universität Wien in der Zwischenkriegszeit auszufüllende Personalblatt enthielt keine Rubrik zum Familienstand.[14] Im Gegensatz dazu wurde der Familienstand nach dem „Anschluss" 1938 durch ein Formular zur „Anzeige über Verheiratung",[15] sowie auch in der Zweiten Republik in den entsprechenden Personenstandesblättern abgefragt.[16] Manchmal ergeben sich diese Informationen aus den Personalakten, beispielsweise in Dankesbriefen auf Kondolenzschreiben,[17] Auskünften über die Hinterbliebenenansprüche[18] oder durch Briefe der Professoren.[19] Zudem existieren für einige Rechtsgelehrte Einträge in biographischen oder genealogischen Datenbanken, die für das gegenständliche Projekt herangezogen werden können.[20]

Der kollektiv-biographische Teil soll Tendenzen und Entwicklungslinien aufzeigen, dient aber gleichzeitig als Einstieg in die individuell-biographische Forschung. In diesem Bereich geht es um die Ehefrauen als Persönlichkeiten, ihren Lebensweg, ihre Wahrnehmung im universitären Umfeld, aber auch durch die zeitgenössischen Medien, sowie ihr Engagement für soziale Fragen. Die Untersuchung soll somit einerseits die Biographien der einzelnen Frauen erforschen, gleichzeitig jedoch auch deren Rolle für die Universitäten als Mikrokosmos beleuchten.

3. Zur Rolle der „Frau Professor"

Die Bedeutung der Ehefrauen nicht nur für den persönlichen und familiären Lebensbereich, sondern auch für die wissenschaftliche Tätigkeit wird deutlich in der von Robert Bartsch Anfang der 1950er Jahre verfassten Selbstdarstellung:

„Ich kann die Erinnerung an meine Tätigkeit in der Fürsorge nicht abschließen, ohne dankbar der Unterstützung durch meine Frau und ihrer Mithilfe zu gedenken. Ihre vieljährige Arbeit auf verschiedenen Gebieten der freiwilligen Jugendfürsorge vermittelte mir Kenntnisse und Erfahrungen, die ich ohne sie nicht erlangt hätte, sie sah als Frau vieles, was ich als Mann nicht bemerkte. Bei Tagungen und Besichtigungen vertrauten ihr besonders Frauen Dinge an, die sie mir nicht sagen wollten. Ich verdanke meiner Frau viele wertvolle Anregungen, ich habe manche meiner Pläne mit ihr durchgesprochen und danach korrigiert, sie erprobte meine Absichten in der Praxis und hat durch ihr Beispiel zur Anwendung auch durch andere geführt. [...] Das hohe Gut der Gesundheit ist uns beiden in reichem Maß zuteil geworden. Nur meine Augen leiden seit längerer Zeit, meine Fähigkeit zu sehen und besonders zu lesen,

14 Vgl. bspw. Personalblatt von Max Layer, Universitätsarchiv Wien (UAW), Senat S 304.716.

15 So bspw. bei Hubert Streicher, der 1922 geheiratet hatte. UAW, J PA 416, 017.

16 Vgl. bspw. Personalakt von Rudolf Köstler. UAW, J PA 341, 060.

17 Vgl. im Personalakt Helfried Pfeifer das Schreiben der Witwe, Hilda Pfeifer, an den Dekan v. 14. 5. 1970, UAW, J PA 379, 002.

18 So bspw. im Personalakt von Ludwig Adamovich sen. das Schreiben des Dekans an die Witwe Emma Adamovich v. 24. 9. 1955, UAW, J PA 3, 084.

19 So bspw. der Brief von Franz Peter Bremer an den Kurator der Univ. Straßburg v. 5. 3. 1874, Archives Departementales du Bas-Rhin, Fonds de l'Université de Strasbourg, 1869–1919 (1939), 103 AL, 331 (Personalakt Bremer), 12.

20 In diese Kategorie fallen einerseits biographische Lexika wie das Österreichische Biographische Lexikon und die Neue Deutsche Biographie. Diese führen jedoch oft den Familienstand gar nicht oder nur sehr verkürzt an. An genealogischen Datenbanken sind insbes. GenTeam und MyHeritage zu nennen.

ist arg beeinträchtigt, ich bin auf das Vorlesen angewiesen, das vor allem meine Frau in opferwilliger Weise besorgt."[21]

Nun war es Robert Bartsch zwar nicht gegönnt je einen Lehrstuhl zu bekleiden,[22] doch sprechen seine Erinnerungen mehrere Bereiche an, wo Ehefrauen von Rechtsgelehrten ihre Ehemänner unterstützt haben. Dazu gehörten einfache Hilfstätigkeiten wie Vorlesen, darüber hinaus übernahmen die Professorengattinnen oft das Abtippen von Korrespondenzen, aber auch wissenschaftlicher Texte. Einerseits handelte es sich dabei um administrative Tätigkeiten, denn Sekretariatskräfte standen den Professoren nur selten zur Verfügung und Privatdozenten hatten gar keine organisatorische Anbindung an die Universität. Andererseits konnten die Ehefrauen durch die Übertragung der handschriftlichen Aufzeichnungen der Rechtsgelehrten auf der Schreibmaschine durchaus (zumindest) stilistische Ausbesserungen durchführen.[23] Die Professoren hatten keine Büros an der Universität, folglich erfolgte die Forschungsarbeit zu einem großen Teil in den Privatwohnungen, die gleichzeitig für den wissenschaftlichen Austausch und den Studienbetrieb mitbenützt wurden.

Darüber hinaus übernahmen Professorengattinnen repräsentative Aufgaben. Darunter fiel einerseits das Führen eines „internationale[n] Haus[es]", also Aufgaben als Gastgeberin, und Netzwerken, wie bspw. bei Caroline Brandis in Bonn berichtet wird.[24] Der Professorengattin oblag es, solche Veranstaltungen zu planen und zu beaufsichtigen, die das Ansehen und die Vernetzung des Ehegatten steigern würden und zuweilen auch einen wissenschaftlichen Austausch ermöglichten. Hier zeigt sich wieder die Verschränkung von Privatem und Öffentlichen im Wohnraum des Professors. So veranstalteten manche Professoren Privatseminare in ihren Wohnräumen, um Schüler (und ganz vereinzelt später auch Schülerinnen)[25] den Raum für wissenschaftlichen Debatten zu geben. Gemeinsam wurden neu erschienene Fachartikel und -bücher besprochen, Ideen ausgetauscht, Theorien ausprobiert und – durch Einbeziehung ausländischer Gäste – auch genetzwerkt. In seiner Selbstdarstellung erinnert sich Theodor Rittler an die Gastfreundschaft des Strafrechtlers und Berliner Professors Franz v. Liszt: „Von Liszt legte Wert darauf, persönliche Beziehungen zu seinen Seminaristen herzustellen. Er lud alle 14 Tage zu einem Bierabend in sein Haus, wo er, seine geistvolle Frau Rudolfine, eine geborene Freiin Drotleff von Friedenfels und seine beiden Töchter für uns sorgten."[26] So wurden persönliche Verbindungen aufgebaut, die über das Wissenschaftliche hinaus für spätere Kontakte in der scientific community von Bedeutung sein konnten.

Anderseits übernahmen Professorengattinnen aber auch die Vertretung des Ehemannes bei wichtigen gesellschaftlichen Anlässen. So erfahren wir aus einem Brief von Hilda Pfeifer, der Witwe des Staats- und Verwaltungsrechtlers Helfried Pfeifer, dass bei dem Begräbnis von Pfeifer in – freilich nicht offizieller – Vertretung des Dekans der rechts- und staatswissenschaftlichen Fakultät Erwin Melichar, dessen Ehefrau, Frieda Melichar,[27] teilnahm. Hilda Pfeifer bedankte sich anschließend dafür, dass Melichars „liebe Frau

---

21 Bartsch, Selbstdarstellung 35, 38.

22 Für seinen beruflichen Werdegang vgl. Schartner, Staatsrechtler 151–155.

23 Für einen entsprechenden Hinweis möchte ich mich bei Frau Prof.in Susanne Lepsius bedanken.

24 https://www.rheinische-anzeigenblaetter.de/bonn/c-nachrichten/das-wirken-der-frauen_a128126 (13. 12. 2018 / 30. 7. 2025).

25 Ein allgemeiner exakter Zeitpunkt, ab wann Frauen an Privatseminaren teilnahmen, ist nicht feststellbar, da das von den länderspezifischen Regulierungen des Hochschulstudiums für Frauen abhängig war, so wie von den individuellen Gegebenheiten der einzelnen Privatseminare. Für das Privatseminar von Hans Kelsen vgl. Gassner, Weiblich, jüdisch, vergessen? 110–122.

26 Rittler, Selbstdarstellung 163.

27 Zur Vermählung vgl. Eintrag im Taufbuch der Pfarre St. Anton von Padua (1100 Wien) 1913, fol. 690.

den weiten Weg nicht gescheut und in [Melichars] Vertretung [ihrem] Mann die letzte Ehre erwiesen hat".[28]

Gleichzeitig blieben die Professorenfrauen im Schatten des Semiprivaten. Bezeichnend ist, dass Bartsch in seiner Selbstdarstellung eine Reihe von Männern (sowie eine Frau, Margarete Roller)[29] namentlich nennt, den Namen seiner Gattin jedoch – trotz mehrfacher sehr positiver Erwähnung ihrer Person – verschwieg. Dieser Umgang mit dem Privaten ist in dieser Periode nicht ungewöhnlich. Auch viele der anderen Rechtsgelehrten erwähnen ihre Ehefrau (oder überhaupt ihren Familienstand) in den Selbstdarstellungen nicht. Das Private bleibt privat, in der Selbstdarstellung hingegen soll exakt das Bild des wissenschaftlichen Erfolges für spätere Generationen verankert werden, das dem Selbstnarrativ des jeweiligen Autors entspricht.

Ausnahmen im Hinblick auf die namentliche Nennung der Ehefrau finden sich beispielsweise bei Ferdinand Degenfeld-Schonburg, Ferdinand Kadečka,[30] Alfred Verdroß[31] und Karl Wolff.[32] Degenfeld-Schonburg nennt seine Frau, Maria geb. Freiin von Biegeleben, nicht nur namentlich, er gibt sogar das Hochzeitsdatum und die Trauungskirche an.[33] Auffallend ist jedoch, dass diese vier Rechtswissenschaftler sonst ihre Ehefrauen im Text nicht erwähnen. Ähnlich wie in Bartschs Selbstdarstellung kommt auch in der Selbstdarstellung Wilhelm Winklers wiederholt die Ehegattin vor – als namenslose „liebe Frau und treue Weggefährtin".[34] Woran mag es nun liegen, ob die Ehegattin erwähnt wird, ob mit oder ohne Namen bzw. gar nicht? Es ist wohl einerseits eine sehr persönliche Entscheidung, reflektiert unter Umständen auch die Herangehensweise an eine Selbstdarstellung. So lässt sich die knapp gefasste Selbstdarstellung von Karl Wolff mehr wie ein etwas stärker ausformulierter tabellarischer Lebenslauf lesen, in dem auch die Information zum Familienstand inklusive Namens der Ehefrau nicht fehlen darf. Ähnlich – wenn auch nicht der Form nach – präsentiert sich die Selbstdarstellung von Kadečka, der in einem Schlussteil auf sein Privatleben und seine Hobbies eingeht.

Einem anderen Zweck scheinen die Namensnennungen bei Degenfeld-Schonburg und Verdroß zu dienen. Hier könnte die Herkunftsfamilie der Ehegattin eine Rolle für die Namensnennung gespielt haben. Degenfeld-Schonburg stellt seine Angetraute als die „Tochter des damaligen hessischen Gesandten in Berlin, Dr. h.c. Maximilian Freiherr [...] von Biegeleben und seiner Ehefrau Elisabeth, geb. Zernentsch"[35] vor. Die Familie Biegeleben war ein Adelsgeschlecht mit einigen prominenten Mitgliedern, die politische Ämter bekleideten.[36] Verdroß führte seine Gattin, Elisabeth, geb. Maurocordato, als „Großnichte des gleichnamigen griechischen Freiheitskämpfers" in seine Selbstdarstellung ein.[37]

Soll hingegen die Rolle der Ehegattin im Privaten und bei der beruflichen Tätigkeit des Rechtsgelehrten unterstrichen werden, so reicht es wohl, sie ohne Namen zu erwähnen. Diejenigen, die sie kennen, wissen, wie sie heißt, und allen anderen kann es egal sein, geht es doch um ihre „Funktion" für den Ehegatten und nicht um sie als Person.

Berichte über Professorengattinnen – wenn auch beiläufige – zeigen jedenfalls ein sehr buntes Bild. So berichtete das Prager Tagblatt im Sommer 1936 über die deutsche Statistik zu Führerscheininhaberinnen. Demnach

28 Schreiben der Witwe, Hilda Pfeifer, an den Dekan v. 14. 5. 1970, UAW, J PA 379, 002.

29 Bartsch, Selbstdarstellung 32f.

30 Kadečka, Selbstdarstellung 112.

31 Verdross, Selbstdarstellung 202.

32 Wolff, Selbstdarstellung 231.

33 Degenfeld-Schonburg, Selbstdarstellung 44.

34 Winkler, Lebensgeschichte 221.

35 Degenfeld-Schonburg, Selbstdarstellung 44.

36 Kneschke, Neues allgemeines Deutsches Adels-Lexicon 418.

37 Verdross, Selbstdarstellung 202.

waren elf Prozent der „Frauen am Steuer" Ehegattinnen „von Wissenschaftlern, deren Männer so intensiv mit ihren Gedankengängen beschäftigt [waren], daß sie gar keine Zeit [fanden], selbst das Fahren zu erlernen."[38] Insgesamt findet sich zu Professorengattinnen allgemein nur wenig in den Zeitungen, oft sind kleine Einblicke zu ihrem Alltag nur zwischen den Zeilen zu finden. So appellierte Max Schlesinger in seinem ironischen Artikel im Wiener Salonblatt an ihre Nachsicht, wenn die Professoren bei Kongressfahrten „ein Bischen [sic] – Ethnographie studier[t]en", eine „vernünftige, in Wien zurückgelassene Professorengattin [müsse] gewiß ein Auge zudrücken" gegenüber einer „eventuellen, kleinen, vorübergehenden [...] Caprice".[39]

4. Wiener Professorengattinnen aus kollektivbiographischer Sicht

Ein Blick auf die Zusammensetzung des Lehrkörpers der Wiener Rechts- und Staatswissenschaftlichen Fakultät in der Zwischenkriegszeit zeigt, dass in diesen 20 Jahren insgesamt 42 aktive Professoren und 91 Privatdozenten der Fakultät angehörten. Von den 42 Professoren waren 38 verheiratet, wobei die wenigsten von ihnen tatsächlich in der Zwischenkriegszeit heirateten.[40] Trotzdem erscheint der Zeitpunkt der Eheschließung interessant. Vieles spricht dafür, dass eine Eheschließung erst nach der Ernennung zum Professor erfolgte. Als Haupt der Familie hatte der Ehemann gem. § 91 ABGB „die Verbindlichkeit [...] der Ehegattin nach seinem Vermögen den anständigen Unterhalt [...] zu verschaffen".[41] Angesichts der oft prekären finanziellen Situation in der Wissenschaft, konnte eine auf die Zukunft ausgerichtete Verbindung nur dann eingegangen werden, wenn diese Zukunft auch finanziell durch Einkünfte abgesichert war. Eine solche Absicherung erfolgte noch nicht durch die erste Hürde der akademischen Karriere, die Habilitation.[42] Mit der erfolgreichen Habilitation erreichten die Wissenschaftler zwar die Stellung eines Privatdozenten, diese Position war jedoch nicht mit regulären Einkünften verbunden. Der Privatdozent[43] hatte zwar das Recht, an der entsprechenden Fakultät zu unterrichten, somit die venia decendi, doch damit waren keinerlei Dienstverhältnis und auch keine Bezüge – außer des Kollegiengeldes – verbunden. Erst die Ernennung zum Professor und damit die Aufnahme in die Gruppe der Staatsbeamten führte zu einer finanziell stabilen Position.[44] Dieser berufliche Erfolg ermöglichte auch eine private Verwirklichung, denn nun konnte ein ehelicher Haushalt gegründet werden. Diese Verknüpfung zwischen Professur und Eheschließung lässt sich quellenmäßig untermauern. So erinnert sich Godehard Josef Ebers, der 1936 als Professor für Kirchenrecht nach Innsbruck berufen wurde,[45] in seiner Selbstdarstellung an seine erste Berufung zum Extraordinarius nach Münster 1910, nur wenige Jahre nach seiner Habilitation in Breslau [Wrocław]: „Ich war am Ziel und konnte an die Gründung einer Familie denken. Am 7. Jänner 1911 schloß ich die Ehe mit Elisabeth Nowak, der Tochter des Chefredakteurs der ‚Schlesischen Volks-

---

38 Beilage zum Prager Tagblatt, Nr. 150 v. 27. 6. 1936, S. I. Für diesen Zeitungsartikel möchte ich mich herzlich bei Frau Prof.in Anita Ziegerhofer bedanken.

39 Schlesinger, Allerlei aus der Woche 2f.

40 Dabei handelt es sich um Ludwig Adamovich, Ferdinand Degenfeld-Schonburg, Adolf J. Merkl, Heinrich Mitteis, Ernst Schönbauer und Hubert Streicher.

41 § 91 ABGB i.d.F. JGS 946/1811.

42 Ausführlich zur Habilitation vgl. Staudigl-Ciechowicz, Dienst-, Habilitations- und Disziplinarrecht 245–320.

43 Es wird bewusst die männliche Form verwendet. Die ersten Habilitationen von Frauen an der Rechts- und Staatswissenschaftlichen Fakultät erfolgten erst nach dem Zweiten Weltkrieg. Vgl. dazu Staudigl-Ciechowicz, Long Struggle 23.

44 Zur Stellung der Professoren vgl. Staudigl-Ciechowicz, Dienst-, Habilitations- und Disziplinarrecht 127–134, 149–183.

45 Grass, Godehard Josef Ebers † XXIVf.

zeitung', die mir die verständnisvolle Gattin und unermüdlich treusorgende Mutter unserer vier Kinder geworden […] ist."[46]

Kennengelernt dürfte Ebers seine künftige Ehegattin noch vor seiner Berufung nach Münster haben: Die Familie Nowak lebte in Breslau, der Vater von Elisabeth Nowak, Konstantin Nowak, gehörte – wie auch Ebers und dessen Vater, der Diözesanbaumeister Josef Ebers – als Alter Herr der Verbindung Winfridia des Cartellverbandes an.[47]

Hinweise auf das Zuwarten mit der Eheschließung finden sich auch bei Josef Freiherr Schey von Koromla. Schey war der Sohn des Großhändlers und Bankiers Friedrich Schey, der 1859 geadelt wurde.[48] Allein der Blick auf die imposante Familiengruft der Familie Schey von Koromla am Wiener Zentralfriedhof, in der auch Joseph Unger und seine Ehegattin Emmy Unger, geborene Freiin von Schey, ihre letzte Ruhe fanden, macht den Wohlstand und die gesellschaftliche Position dieser Familie deutlich. Umso bemerkenswerter erscheint, dass Josef Freiherr Schey von Koromla mit seiner Vermählung mit Henriette Lang zuwarten musste.[49] Er hatte sich 1877 in Wien habilitiert, im Herbst 1884 erfolgte seine Bestellung zum Extraordinarius an der Wiener Fakultät, nur wenige Monate später – im Jänner 1885 – wurde er als Ordinarius nach Graz berufen.[50] Keine drei Monate später, am 15. März 1885, feierte er seine Vermählung mit Henriette Lang im Stadttempel in Wien. Durch die Zeremonie führte der Prediger Adolf Jellinek; unter den Anwesenden waren „viele Professoren der juridischen Fakultät", auch die Minister Joseph Unger und Julius Glaser gehörten zu den Gästen.[51] Einen Hinweis zur langen Wartezeit auf die Hochzeit liefert die Wochenschrift „Die Neuzeit" im März 1885. In einer kurzen Notiz zur Hochzeit von Josef Schey und Henriette Lang heißt es: „Das Brautpaar hatte in treuer Liebe viele Jahre ausgeharrt, bis die Stunde der Vermählung herannahte."[52] Zwar ergibt sich aus diesem Passus nicht, warum zugewartet werden musste, doch ist die kurze Zeitspanne zwischen Berufung und Eheschließung ein starkes Indiz dafür, dass eben die finanzielle Stabilität und gesellschaftlich angesehene Position ursächlich dafür waren. Noch klarer gehen diese Motive aus den Erinnerungen von Alix Byers-Schey, der Enkelin Josef und Henriette Scheys hervor: „At the age of 32, in 1885, Josef married Henriette Lang, generally known as Hansi. He had known her for a long time and had doubtless been overcome by her extreme beauty and originality of character for many a year, but felt he could not ask her to marry him until he was offered a university professorship and had established himself in such a capacity. Having been appointed to the professorship of Roman Law at the University of Graz, he married Hansi."[53]

Wenn wir nun zurückkehren zum Gesamtblick auf die Professoren der Wiener Rechts- und Staatswissenschaftlichen Fakultät in der Zwischenkriegszeit, so ist es bemerkenswert, dass lediglich ein knappes Drittel nach der Berufung zum Professor in Wien heiratete,[54] zwei Drittel hingegen bei Antritt ihrer Wiener Professur bereits verehelicht waren. Auf den ersten Blick scheint diese Auswertung die zuvor aufgestellte These zu widerlegen. Doch muss hier mitberücksichtigt werden, dass die Wiener Fakultät nur selten die erste Station der akademischen Karriere als Professor darstellte; vielmehr war Wien für viele erst am Zenit ihrer wissenschaftlichen Karriere erreichbar. Daraus erklärt sich auch, warum

46 Ebers, Selbstdarstellung 85.

47 Anonym, Verzeichnis der in Schlesien und Posen wohnenden Alten Herren 7, 18.

48 Mentschl, Schey 100.

49 Vgl. Staudigl-Ciechowicz, „Frau Professor" 116f.

50 Neue Freie Presse, Nr. 7335 v. 29. 1. 1885 Abendblatt, 1

51 Die Neuzeit, Nr. 12 v. 20. 3. 1885, 114.

52 Die Neuzeit, Nr. 12 v. 20. 3. 1885, 114.

53 Steinberg, The Scheys 35.

54 Und zwar: Carl Grünberg, Josef Hupka, Rudolf Köstler, Rudolf Laun, Alexander Löffler, Adolf Menzel, Adolf Merkl, Ernst Schönbauer, August Seidler und Leo Strisower.

der Großteil der Professoren zum Zeitpunkt der Berufung nach Wien bereits verheiratet war.

Ein Blick auf die Gruppe jener Professoren, die nach der Berufung nach Wien heirateten, zeigt gewisse Gemeinsamkeiten: Sechs von ihnen heirateten weniger als zwei Jahre nach der Bestellung zum Professor.[55] Es handelte sich jeweils um ein Extraordinariat und war die erste Station als Professor nach der Habilitation. So beispielsweise bei Carl Grünberg. Er wurde im November 1899 zum außerordentlichen Professor ernannt,[56] die Eheschließung mit Hildegarde Ehrenzweig erfolgte Anfang Juni 1900.[57] Vor der Eheschließung hatte die Braut noch einiges zu erledigen: Während Carl Grünberg bereits zum katholischen Glauben konvertiert war, musste Hildegarde Ehrenzweig noch aus dem mosaischen Glauben austreten (10. 1. 1900) und die Taufe empfangen (26. 4. 1900),[58] danach erst konnte das Aufgebot erfolgen. Dass sich Carl Grünberg und Hildegarde Ehrenzweig schon länger gekannt hatten, ist anzunehmen. Schließlich absolvierte Grünberg gemeinsam mit Armin Ehrenzweig, dem Bruder Hildegardes, während des Studiums Lehrveranstaltungen,[59] in den 1890er Jahren waren Grünberg und Armin Ehrenzweig beide Privatdozenten an der Wiener Fakultät.

Bei den restlichen vier Professoren (Hupka, Menzel, Merkl und Schönbauer) scheint der Zeitpunkt der Eheschließung nicht direkt mit der Bestellung zum Professor zusammenzuhängen.

Ein kollektiver Blick auf die Professoren der Rechts- und Staatswissenschaften der Zwischenkriegszeit und deren Ehefrauen zeigt auch Besonderheiten beim Heiratsalter. Wie bereits erwähnt heiratete nur ein sehr kleiner Teil der in der Zwischenkriegszeit aktiven Professoren zwischen 1918 und 1938, 32 Eheschließungen fanden noch zu Zeiten der Monarchie statt, die früheste zwischen Carl Stooss[60] und Anna Martha Ziegler 1875.[61] Folglich wurden für die Untersuchung des typischen Heiratsalters nicht Zahlen aus der Republik herangezogen, sondern die Auswertung der biographischen Daten der Professoren statistischen Daten der Stadt Wien aus der Monarchie gegenübergestellt. Zu diesem Zweck wurden die Statistischen Jahrbücher für die Jahre 1895 und 1913 herangezogen und die Altersstruktur der Professorenehen mit jener der allgemeinen Wiener Bevölkerung verglichen. Dabei fielen einige Besonderheiten auf. Relativ wenige Unterschiede sind bei der Altersstruktur der Ehefrauen erkennbar. In der allgemeinen Statistik für Wien sind zwei Altersgruppen als typisches Alter bei Eheschließung von Frauen identifizierbar: 28 % der Bräute waren 1913 zwischen 20–24 Jahre alt, 39 % hingegen zwischen 24 und 30 Jahre alt.[62] Mit 27 %, respektive 38 % waren diese beide Gruppen auch 1895 führend.[63] Ähnlich gestaltet sich die Situation bei den Professorengattinnen: 29 % von ihnen waren bei der Eheschließung 20 bis 24, 34 % hingegen 24 bis 30 Jahre alt. Auffallend ist lediglich, dass bei den Professorengattinnen ein vergleichsweise höherer Anteil (16 %) 16- bis 20-jähriger Bräute war als bei der allgemeinen Bevöl-

---

55 Carl Grünberg, Rudolf Köstler, Rudolf Laun, Alexander Löffler, August Seidler und Leo Strisower.

56 ÖStA, AVA Unterricht, Kart. 610, Personalakt Grünberg, Z. 20.587/1899.

57 Eintrag im Trauungsbuch v. 6. 1900, Pfarre Unsere Liebe Frau zu den Schotten (1010 Wien), fol. 62; online: https://data.matricula-online.eu/de/oesterreich/wien/01-unsere-liebe-frau-zu-den-schotten/02-55/?pg=62 (30. 7. 2025).

58 Taufeintrag v. 26. 4. 1900, Pfarre Unsere Liebe Frau zu den Schotten (1010 Wien), fol. 42; online: https://data.matricula-online.eu/de/oesterreich/wien/01-unsere-liebe-frau-zu-den-schotten/01-60/?pg=45 (18. 2. 2025).

59 UAW, Jur. Nat. 193, fol. 80; UAW, Jur. Nat. 192, fol. 333.

60 Carl Stooss emeritierte 1921. Vgl. Staudigl-Ciechowicz, Strafrecht und Strafprozessrecht 425.

61 Mühlemann, Stooss 440.

62 Magistrat der Stadt Wien, Statistisches Jahrbuch der Stadt Wien für das Jahr 1913, 48.

63 Magistrat der Stadt Wien, Statistisches Jahrbuch der Stadt Wien für das Jahr 1895, 34.

kerung (1895: 6 %, 1913: 7 %).[64] Viel größer hingegen sind die Unterschiede der Altersstruktur der Professoren bei Eheschließung im Vergleich zur allgemeinen Bevölkerung. Aus den statistischen Jahrbüchern für Wien ergibt sich, dass 49 % der Bräutigame 1895 24 bis 30 Jahre alt waren, 22 % hingegen 30 bis 35 Jahre alt.[65] Diese beiden Gruppen stellen auch 1913 die meisten Bräutigame: 54 % der Männer waren bei Eheschluss zwischen 24 und 30, 19 % zwischen 30 und 35 Jahre alt.[66] Ein Blick auf die Altersverteilung bei den Eheschließungen der Professoren zeigt ein ganz anderes Bild: Zwar sind auch bei den Professoren die 24- bis 30-jährigen mit 26 % stark vertreten, doch stellen die größte Gruppe die 30- bis 35-jährigen mit 37 % der Bräutigame dar. Ebenfalls viel stärker als bei der allgemeinen Bevölkerung ist die Gruppe der 35- bis 40-jährigen Bräutigame, die bei den Professoren 21 %, somit mehr als das doppelte in relativen Zahlen als in der allgemeinen Bevölkerung ausmacht. Selbst ein Vergleich mit den Eheschließungen bei Beamten[67] zeigt, dass die Altersstruktur bei den Beamten viel näher an jener der allgemeinen Bevölkerung als an jener der Professoren liegt.

Besonders auffallend sind außerdem die großen Altersunterschiede zwischen den Ehegatten bei den Professorenehen. Ältere oder gleichalte Ehefrauen stellen die Ausnahme dar, sieben Ehefrauen waren weniger als fünf Jahre jünger, 13 Ehefrauen waren fünf bis neun Jahre jünger, zehn Ehefrauen zehn bis 14 Jahre jünger und fünf Ehefrauen 15 oder mehr Jahre jünger als ihre Ehemänner. Das höhere Lebensalter bei den Professoren zum Zeitpunkt der Eheschließung in Verbindung mit dem großen Altersunterschied zeigt auch signifikante Abweichungen im Vergleich zu den statistischen Werten des gegenseitigen Alters der getrauten Paare in Wien 1895 und 1913.[68] Sowohl die Zahlen aus 1895 als auch aus 1913 belegen, dass bei der größten Gruppe (1895: 22 %, 1913: 24 %) der Eheschließenden in Wien sowohl die Bräutigame als auch die Bräute zwischen 24 und 30 Jahre alt waren. Bei den Eheschließungen der Professoren hingegen machte diese Gruppe nur 13 % aus. Noch stärker zeigen sich die Abweichungen bei der Gruppe der wesentlich jüngeren Ehefrauen. Laut den statistischen Jahrbüchern machten die Gruppen der 30- bis 40-jährigen Bräutigame und der 20- bis 24-jährigen Bräute 1895 6 % und 1913 5 % aus – bei den Professoreneheschließungen war das hingegen mit 21 % die größte Gruppe.

Aus diesen Daten ergibt sich deutlich, dass Professoren später heirateten als der statistische Durchschnittsbürger, aber auch als in Wien lebende Beamte. Paradoxerweise scheinen sie dann aber gleichzeitig häufiger viel jüngere Frauen zu heiraten, wenn man der Statistik folgt. Hier ist angesichts des (noch) kleinen Untersuchungssamples Vorsicht angebracht. Die Aussage lässt sich zwar mit den Zahlen untermauern, doch sind die „Fälle" in absoluten Zahlen so wenige, dass es auch einfach Zufall sein könnte. Auch die Anzahl der älteren Brautpaare ist zum statistischen Durchschnitt – wenn auch nicht signifikant – erhöht. Eine mögliche Erklärung wäre, dass gerade durch die lange „Vorlaufszeit" bis zur Professur das Kennenlernen von Frauen im statistisch „typischen" Heiratsalter, also zwischen 24 und 30 Jahre alt, durch etwa gleichaltrige Rechtswissenschaftler nicht im Eheglück resultierte. Gerade in dieser Lebensphase mussten die künftigen Professoren sich stärker auf ihre wissenschaftliche Arbeit fokussieren, was unter Umständen mit einer größeren Mobilität verbunden war. In manchen Fällen warteten gleichaltrige Frauen auf die Erreichung der Professur durch

64 Magistrat der Stadt Wien, Statistisches Jahrbuch der Stadt Wien für das Jahr 1895, 34 – wobei hier das Alter bis 20 berücksichtigt wird, also auch etwaige jüngere Bräute. Magistrat der Stadt Wien, Statistisches Jahrbuch der Stadt Wien für das Jahr 1913, 48.

65 Magistrat der Stadt Wien, Statistisches Jahrbuch der Stadt Wien für das Jahr 1895, 34.

66 Magistrat der Stadt Wien, Statistisches Jahrbuch der Stadt Wien für das Jahr 1913, 48.

67 Hier wurden die Zahlen aus 1913 herangezogen: Magistrat der Stadt Wien, Statistisches Jahrbuch der Stadt Wien für das Jahr 1913, 53.

68 Verwendet wurden die Zahlen aus: Magistrat der Stadt Wien, Statistisches Jahrbuch der Stadt Wien für das Jahr 1895, 35; Magistrat der Stadt Wien, Statistisches Jahrbuch der Stadt Wien für das Jahr 1913, 49.

ihren Außerwählten, was die leicht erhöhte Zahl von älteren Brautpaaren erklärt. In anderen Fällen lernten die frisch ernannten Professoren Töchter oder Schwestern ihrer Kollegen kennen, was mitunter zu großen Altersunterschieden führen konnte. Womöglich begann die Suche einer Ehefrau bereits nach der Habilitation als Privatdozent. Ein entscheidender Schritt Richtung akademischer Karriere war zu diesem Zeitpunkt erfolgreich abgeschlossen und Privatdozenten erfreuten sich – so man den zeitgenössischen Unterhaltungsmedien Glauben schenkt – bei den Müttern unverheirateter Frauen großer Beliebtheit.[69]

Inwiefern diese Annahmen zutreffen, muss künftig in einem zweiten Schritt durch die Ausweitung des zeitlichen, geographischen und/oder fachlichen Faktors untersucht werden.[70] Eine strenge Systematik ist freilich nicht zu erwarten, denn wer weiß schon, wo die Liebe hinfällt.

5. (Professoren)Gattinnen in den Medien

In den letzten Jahren haben digitalisierte Periodika vergangener Jahrzehnte und Jahrhunderte neue Möglichkeiten bei biographischer Forschung (und nicht nur) eröffnet. Viele dieser Bestände lassen sich im Volltext durchsuchen, sind dabei mehr oder weniger fehleranfällig, bieten aber trotzdem oft neue Puzzlestücke. Bereits erwähnt wurden die seltenen Berichte zu den Professorengattinnen als sozialer Gruppe. Selbst wenn über Ehefrauen von Gelehrten und Professoren in Zeitungen geschrieben wurde, so sind diese Zeitungsartikel eher Glücksfunde; das Suchwort „Professorengattinnen" führt nur zu wenigen Ergebnissen.[71] Doch selbst aus diesen wenigen Treffern lässt sich die gesellschaftliche Stellung der Professorengattinnen erahnen – so beispielsweise im Bericht zu den Professorengattinnen und Professorentöchtern beim Studentenball 1898.[72] Im gleichen Jahr wurde beim Juristenball den Professorentöchtern ein gleichnamiger Walzer vom Komponisten Béla v. Ujj gewidmet.[73]

Weitere Facetten des sozialen und gesellschaftlichen Lebens der Professorengattinnen als Gruppe, aber auch Mosaiksteine der einzelnen Lebenswege, lassen sich durch die Suche nach den einzelnen Namen in den zeitgenössischen Zeitungen aufspüren. Hier sollen nur ein paar wenige Beispiele präsentiert werden. Zwar ist dieser Teil der Recherchen noch nicht abgeschlossen, doch bereits jetzt zeigt sich, dass diese Beispiele nicht unbedingt repräsentativ für die Präsenz der (künftigen) Professorengattinnen und Ehefrauen von Rechtsgelehrten in den zeitgenössischen Medien sind. Es sind mehr „Gustostückchen", erfreuliche Glücksfunde, die hier verdeutlichen sollen, wie facettenreich diese soziale Gruppe trotz vieler Gemeinsamkeiten war, und die die Individualität und Einzigartigkeit dieser Frauen, ihres Selbstverständnisses und ihrer Lebenswege unterstreichen sollen.

So findet sich im Neuen Wiener Tagblatt 1925 ein Bericht über „Fräulein Löffler", die bei Amtshandlungen ihres Verlobten, des Strafrichters und Privatdozenten Julius Bombiero, anwesend war.[74] Es handelt sich dabei um Bertha Leopoldina Löffler, die einen knappen Monat später in der Schloßkapelle in Schönbrunn den ehemals adeligen Bombiero heiratete.[75] Der Ton der Berichterstattung war tadelnd; es wurde nicht nur moniert, dass Bombiero seine Verlobte ins Haus des

[69] So zumindest die Zusammenfassungen der 1930 ausgestrahlten Tonfilmoperette „Annemarie (Die Lindenwirtin)". Vgl. Österreichische Film-Zeitung, Nr. 38 v. 20. 9. 1930, 21; Jellinek, Annemarie 13f.

[70] Die Autorin führt auch Forschungen zur Universität Strasbourg 1871–1919 durch, die als Vergleichsbasis herangezogen werden sollen. Die Förderung dieser Recherchen erfolgte durch die Gerda Henkel Stiftung.

[71] Die Suche auf ANNO, durchgeführt am 18. 2. 2025, ergab lediglich 22 Treffer.

[72] Neues Wiener Journal, Nr. 1552 v. 18. 2. 1898, 7.

[73] Neues Wiener Tagblatt, Nr. 28 v. 29. 1. 1898, 9.

[74] Wiener Neues Tagblatt, Nr. 170 v. 22. 6. 1925, 4.

[75] Eintrag im Trauungsbuch 16. 7. 1925, Pfarre Maria Hietzing (1130 Wien), fol. 115; online: https://data.matricula-online.eu/de/oesterreich/wien/13-maria-hietzing/02-12/?pg=123 (30. 7. 2025).

Verdächtigen mitnahm, sondern insbesondere ihre Mitwirkung verurteilt: „Er ließ durch dieses Fräulein sogar die photographischen Aufnahmen am Tatorte bestellen, die zu einer weiteren Untersuchung dienen sollen."[76] Was exakt für den Unmut in der Berichterstattung verantwortlich war – die Mitnahme einer unbeteiligten Privatperson zur Amtshandlung, das Erstellen von Fotografien durch eine Privatperson oder die Tatsache, dass Löffler Bombieros Verlobte bzw. eine Frau war – bleibt ungeklärt. Doch ergibt sich zwischen den Zeilen, dass Bertha Löffler eine Leidenschaft für Fotografie gehabt haben muss und das notwendige, damals durchaus kostspielige, Equipment. Solche Zeitungsberichte stellen die Ausnahme dar. Viel häufiger hingegen wurden (künftige) Professorengattinnen namentlich in Heiratsanzeigen genannt. Diese gaben nicht nur Auskunft über die bevorstehende Vermählung, sondern dienten vereinzelt der Präsentation des frisch ernannten Professors. So auch die kurze Notiz im Neuigkeits-Welt-Blatt vom Juli 1927. Darin heißt es: „Gestern nachmittags hat Bundeskanzler Dr. Seipel in der Piaristenkirche ‚Maria Treu' den Ministerialsekretär des Bundeskanzleramts Privatdozent Doktor Ludwig von Adamovich und Frl. Emma v. Hofmann getraut. Dr. Adamovich, ein vielverheißender junger Staatsrechtlehrer und staatsrechtlicher Schriftsteller Oesterreichs, verläßt Wien im kommenden Herbst, um einen Ruf an die Prager deutsche Universität als o. ö. Professor für Staats- und Verwaltungsrecht Folge zu leisten."[77] Zwar fungierte diese Notiz unter dem Titel „Vermählung", aber eigentlich scheint die Vermählung hier fast nebensächlich. Selbstverständlich werden das Brautpaar, Trauungsort und -zeit genannt, doch die Anzeige vermittelt viel mehr als nur das. Sie macht deutlich, wie gut das Brautpaar in der österreichischen politischen Gesellschaft vernetzt sein muss, dass – wie gleich im ersten Satz betont – die Trauung niemand geringerer als der Bundeskanzler Seipel selbst vornahm. Auch werden der Bräutigam und sein berufliches Fortkommen in den Mittelpunkt gerückt – gleichzeitig ist die kurze Anzeige ein Hinweis, dass auch in diesem Fall die Vermählung in direktem Zusammenhang mit der erfolgreichen Berufung auf eine Professur stand.

Auch bei einer Anzeige im „Neuen Wiener Journal" vom 29. Mai 1915 ging es um das Heiraten – doch aus ganz anderer Perspektive. Ein kurzer Zweizeiler, der es trotzdem vermag, die Braut als selbstbewusste Frau auftreten zu lassen: „Fräulein Käthe Ehren vom Johann-Strauß-Theater zeigt ihre Vermählung mit Dr. Paul Grünwald an."[78] Käthe Ehren war den zeitgenössischen Medien und der Kunst- und Unterhaltungsszene keine Unbekannte. Sie ist hier aus mehrfacher Sicht eine Ausnahmeerscheinung. Ihr Auserwählter war (wie auch der schon zuvor genannte Julius Bombiero) kein Professor, zum Zeitpunkt der Trauung nicht einmal Privatdozent, sondern Finanzrat im Finanzministerium. Seine Habilitation erfolgte erst 1920 und eine Professur sollte er Zeit seines Lebens nicht mehr erreichen.[79] Käthe Ehren war nicht ihr bürgerlicher Name, sondern ihr Künstlername. Im Gegensatz zu den meisten Ehefrauen von Gelehrten wurde Käthe Ehren öfter in den Zeitungen erwähnt als ihr Gatte, was an ihrer Bekanntheit und Beliebtheit als Schauspielerin und Operettensängerin lag.[80] 1913 zierte ihr Bild gar die Titelseite der Zeitschrift für die Theater- und Kunstwelt „Der Humorist".[81]

Abschließend noch ein typisches Beispiel für die Erwähnung von (Professoren)gattinnen in Medien: Ballberichte. Angesichts ihrer hohen gesellschaftlichen Stellung waren Professorengattinnen immer wieder in die Organisation und Durchführung von Bällen involviert, übernahmen die Schirmherrschaft und wurden in dieser Funktion Patronessen genannt. Zu Ehren der zwölf Patronessen,

76 Wiener Neues Tagblatt, Nr. 170 v. 22. 6. 1925, 4.

77 Neuigkeits-Welt-Blatt, Nr. 155 v. 8. 7. 1927, 4.

78 Neues Wiener Journal, Nr. 7756 v. 29. 5. 1915, 10.

79 Vgl. zu ihm Ehs, Finanzwissenschaft & Finanzrecht 605f.

80 Eine am 19. 2. 2025 durchgeführte Suche nach „Käthe Ehren" in der ANNO-Volltextsuche ergab 3.616 Treffer, jene nach „Paul Grünwald" hingegen lediglich 374.

81 Der Humorist, Nr. 33 v. 20. 11. 1913, 1.

großteils adeliger Damen,[82] komponierte Johann Strauß Sohn für den Ball der Wiener Studenten 1862 einen eigenen Patronessen-Walzer (op. 264), der sich fortan großer Beliebtheit erfreute.[83] Zwei Jahre später wurde aus der gleichen Feder die Patronessen-Polka (op. 286) präsentiert.[84] Bälle waren ein Fixpunkt des gesellschaftlichen Lebens, Berichte über Bälle finden sich in unzähligen Tageszeitungen. Beschrieben werden die Veranstalter:innen, die Räumlichkeiten, die Musik, die Anwesenden und insbesondere auch deren Kleidung. In vielen dieser Zeitungsartikel werden Namen der Professorengattinnen (und auch jene der Professoren) genannt. Einer der letzten großen Bälle vor dem „Anschluss" an Hitler-Deutschland war der im Februar 1938 zum ersten (und letzten) Mal stattfindende Ball der Front. Von den Zeitungen als „glänzendes und großes Ballfest", als „österreichische[r] Staatsball"[85] beschrieben, wurde er bis ins kleinste Detail beschrieben – insbesondere hinsichtlich der Ballgäste und der Abendtoilette, weniger bezüglich der Musik. Doch so erfahren wir, dass die Professorengattin Emma Adamovich, Mitglied im Patronessenkomitee, „grünen Brokat mit Schleppe trug".[86] Ebenfalls im Patronessenkomitee war eine weitere Professorengattin, „Baronin Hold-Ferneck". Sie trug „blauen Silberlamé, Gazemantel, Brilliantdiadem".[87]

6. Die individuell-biographische Frage als Auftakt – eine persönliche Conclusio

Den Abschluss dieses kleinen Forschungsberichts zum Projekt „Frau Professor" soll ein kurzer und persönlicher Blick auf dessen Geburtsstunde bilden – diesen ungewöhnlichen Schritt mag die werte Leser:innenschaft verzeihen. Denn wo, wenn nicht im Band zu Juristinnen und Juristen als Menschen, mag so ein Abschluss gestattet sein? Es begann im Dezember 2019 in Regensburg mit einer Unterhaltung zur umfassenden Biographie über Hans Kelsen. Diese war zum damaligen Zeitpunkt noch nicht erschienen, doch die Autorin dieser Zeilen hatte das Werk bereits auszugsweise gelesen. Und so entspann sich die Diskussion, was wohl Grete Kelsen so gemacht hat und dass man darüber eigentlich nur sehr wenig weiß. Es begann mit dem individuell-biographischen Blick und Martin Löhnigs Bemerkung, dass er darüber gerne ein Buch lesen würde.[88] Die Idee, Grete Kelsen, aber eben nicht nur, zu erforschen war geboren, daraus entwickelte sich das Projekt „Frau Professor". Und Grete Kelsen als „Frau Professor" soll hier als abschließender Blick auf den individuell-biographischen Ansatz skizzenhaft beleuchtet werden.[89] Margarete (Grete) Bondi kam 1890 in einer jüdischen Familie in Wien zur Welt, im Mai 1912 heiratete sie Hans Kelsen, der sich ein knappes Jahr zuvor an der Wiener Rechts- und Staatswissenschaftlichen Fakultät habilitiert hatte.[90] Für diese Eheschließung konvertierte sie zum evangelischen Glauben. Sie war Hans Kelsen in den über 60 Ehejahren nicht nur im familiären, sondern auch im wis-

82 Die Ost-Deutsche Post nannte: Fürstin Kinsky, Fürstin Eleonore Schwarzenberg und Fürstin Khevenhüller, Frau v. Lasser, Gräfin Thurn und Gräfin Mniszek, Frau Hofrätin Opolzer, Gräfin Werszowitz-Rey, Gräfin Hardegg, Baronin Spannochi, Gräfin Potocki und Fürstin Liechtenstein. Ost-Deutsche Post, Nr. 28 v. 29. 1. 1862, [3].

83 Der Zwischen-Akt, Nr. 65 v. 7. 3. 1862, [4].

84 Fremden-Blatt, Nr. 44 v. 13. 2. 1864, [10].

85 Neues Wiener Tagblatt, Nr. 41 v. 11. 2. 1938, 5.

86 Neues Wiener Tagblatt, Nr. 41 v. 11. 2. 1938, 6.

87 Neues Wiener Tagblatt, Nr. 41 v. 11. 2. 1938, 6.

88 An dieser Stelle möchte sich die Autorin bei Herrn Prof. Martin Löhnig für dieses und viele weitere inspirierende Gespräche bedanken.

89 Für eine ausführlichere, wenn auch bei Weitem nicht umfassende Skizze vgl. Staudigl-Ciechowicz, „Frau Professor" 118f. Vgl. auch Olechowski, Kelsen insbes. 113–119, 179.

90 Olechowski, Kelsen 144.

senschaftlichen Bereich eine Stütze. Sie besorgte die maschinelle Verarbeitung seiner Werke und tippte seine Korrespondenz. Zwar wissen wir nur wenig über ihre Schulbildung,[91] doch muss sie sowohl besondere fremdsprachliche Fähigkeiten besessen haben, als auch ein Verständnis für juristische Texte. Sie fertigte nicht nur die Übersetzung eines Beitrages des russisch-französischen Rechtswissenschaftlers Boris Mirkin-Getzewitsch für die von Hans Kelsen mitherausgegebene Zeitschrift für Öffentliches Recht an, sondern war auch (spätestens) „in Genf und Berkeley als [Kelsens] Übersetzerin und Assistentin"[92] tätig. Sie ist ein schönes Beispiel für die im Verborgenen gebliebenen Professorengattinnen, die es zu erforschen, vor den Vorhang zu holen und in die universitäre Erinnerungskultur zu integrieren gilt.

Korrespondenz

Ass.-Prof.in Dr.in Kamila Staudigl-Ciechowicz, LL.M.
Universität Wien
Institut für Rechts- und Verfassungsgeschichte
Schottenbastei 10–16
1010 Wien
kamila.staudigl-ciechowicz@univie.ac.at
ORCID-Nr. 0000-0002-7018-535X

Abkürzungen

ANNO	AustriaN Newspapers Online
AVA	Allgemeines Verwaltungsarchiv
bspw.	beispielsweise
h. c.	honoris causa
J PA	Juridische Personalakten
Jur. Nat.	Juridische Nationale
o. ö.	ordentlich öffentlich
op.	Opus
ÖStA	Österreichisches Staatsarchiv
PL	Polen
UAW	Universitätsarchiv Wien
Z.	Zahl

Siehe auch das allgemeine Abkürzungsverzeichnis: [https://www.oeaw.ac.at/fileadmin/kommissionen/rechtsgeschichte/pdf/abk.pdf]

Literatur

VI. Jahresbericht des Mädchenlyzeums der Frau Dr. Phil. Eugenie Schwarzwald in Wien (Stadt) (Wien 1908).

[Anonym], Verzeichnis der in Schlesien und Posen wohnenden Alten Herren (Breslau 1909).

Jochen August (Hg.), „Sonderaktion Krakau". Die Verhaftung der Krakauer Wissenschaftler am 6. November 1939 (Hamburg 1997).

Robert Bartsch, Selbstdarstellung, in: Nikolaus Grass (Hg.), Österreichische Rechts- u. Staatswissenschaften der Gegenwart in Selbstdarstellungen (Innsbruck 1952) 21–39.

Ferdinand Degenfeld-Schonburg, Selbstdarstellung, in: Nikolaus Grass (Hg.), Österreichische Rechts- u. Staatswissenschaften der Gegenwart in Selbstdarstellungen (Innsbruck 1952) 41–54.

Godehard Josef Ebers, Selbstdarstellung, in: Nikolaus Grass (Hg.), Österreichische Rechts- u. Staatswissenschaften der Gegenwart in Selbstdarstellungen (Innsbruck 1952) 83–92.

Tamara Ehs, Finanzwissenschaft & Finanzrecht, in: Thomas Olechowski, Tamara Ehs, Kamila Staudigl-Ciechowicz, Die Wiener Rechts- und Staatswissenschaftliche Fakultät 1918–1938 (Göttingen 2014) 604–612.

Miriam Gassner, Weiblich, jüdisch, vergessen? Die Frauen des Wiener Kelsen-Kreises und ihr Beitrag zu Kelsens Rechts- und Demokratietheorie, in: Clemens Jabloner, Miriam Gassner (Hgg.), Hans Kelsen und die österreichische Wissenschaftkultur (Wien 2024) 107–145.

Nikolaus Grass, Godehard Josef Ebers †, in: ZRG KA 45 (1959) XIII–XXXI.

Georg von Hertling, Brandis, Christian August, in: Allgemeine Deutsche Biographie, Bd. 3 (Leipzig 1876) 245.

Malvine Jellinek, Annemarie (Die Lindenwirtin), in: Das Kino-Journal, Nr. 1051 v. 20. 9. 1930, 12–14.

Ferdinand Kadečka, Selbstdarstellung, in: Nikolaus Grass (Hg.), Österreichische Rechts- u. Staatswissenschaften der Gegenwart in Selbstdarstellungen (Innsbruck 1952) 105–116.

91 Im Namensverzeichnis der VII. Lyzealklasse (Wissenschaftliche Fortbildungskurse) des Mädchen-Lyzeums am Kohlmarkt scheint 1908 der Name Grete Bondi auf. VI. Jahresbericht des Mädchenlyzeums der Frau Dr. Phil. Eugenie Schwarzwald in Wien (Stadt) 84.

92 Gassner, Weiblich, jüdisch, vergessen? 115.

Ernst Heinrich Kneschke (Hg.), Neues allgemeines Deutsches Adels-Lexicon, Bd. I (Leipzig 1859).

Charles E. McClelland, Die Professoren an der Friedrich-Wilhelms-Universität, in: Heinz-Elmar Teorth (Hg.), Geschichte der Universität Unter den Linden, Bd. 1: Gründung und Blütezeit der Universität zu Berlin 1810–1918 (Berlin 2012) 427–511.

Josef Mentschl, Schey von Koromla Friedrich, in: ÖBL, Bd. 10 (Wien 1994) 100f.

Bärbel Meurer (Hg.), Marianne Weber. Beiträge zu Werk und Person (Tübingen 2004).

Guido Mühlemann, Stooss, Carl, in: NDB, Bd. 25 (Berlin 2013) 440f.

Thomas Olechowski, Hans Kelsen. Biographie eines Rechtswissenschaftlers (Tübingen 2020).

Brigitta Oestreich, Hedwig und Otto Hintze. Eine biographische Skizze, in: Geschichte und Gesellschaft 11 (1985) 397–419.

Theodor Rittler, Selbstdarstellung, in: Nikolaus Grass (Hg.), Österreichische Rechts- u. Staatswissenschaften der Gegenwart in Selbstdarstellungen (Innsbruck 1952) 161–166.

Irmgard Schartner, Die Staatsrechtler der juridischen Fakultät der Universität Wien im ‚Ansturm' des Nationalsozialismus (Frankfurt a.M. u.a. 2011).

Max Schlesinger, Allerlei aus der Woche, in: Wiener Salonblatt, Nr. 12 v. 25. 3. 1894, 2f.

Magistrat der Stadt Wien (Hg.), Statistisches Jahrbuch der Stadt Wien für das Jahr 1895 (Wien 1897).

Magistrat der Stadt Wien (Hg.), Statistisches Jahrbuch der Stadt Wien für das Jahr 1913 (Wien 1916).

Kamila Staudigl-Ciechowicz, Strafrecht und Strafprozessrecht, in: Thomas Olechowski, Tamara Ehs, Kamila Staudigl-Ciechowicz, Die Wiener Rechts- und Staatswissenschaftliche Fakultät 1918–1938 (Göttingen 2014) 420–463.

Dies., Das Dienst-, Habilitations- und Disziplinarrecht der Universität Wien 1848–1938 (Göttingen 2017).

Dies., Werkstattbericht: „Frau Professor" – zu Lebenswegen von Ehefrauen Rechtsgelehrter zwischen Patriarchat und Emanzipation, in: Rechtskultur 10 (2022) 111–124.

Dies., The Long Struggle to Open Austria's Law Faculties to Women, in: Journal on European History of Law 13/2 (2022) 12–23.

Ruth Steinberg, [The story of our family]. Vol. 1: The Scheys, Leo Baeck Institute Archives, AR 25396; digitalisiert: https://digipres.cjh.org:443/delivery/DeliveryManagerServlet?dps_pid=IE5332244 (2005 / 20. 2. 2025).

Inge Stephan, Das Schicksal der begabten Frau im Schatten berühmter Männer (Stuttgart 1989).

Alfred Verdross, Selbstdarstellung, in: Nikolaus Grass (Hg.), Österreichische Rechts- u. Staatswissenschaften der Gegenwart in Selbstdarstellungen (Innsbruck 1952) 201–210.

Annette Vogt, Vom Hintereingang zum Hauptportal? Lise Meitner und ihre Kolleginnen an der Berliner Universität und in der Kaiser-Wilhelm-Gesellschaft (Stuttgart 2007).

Wilhelm Winkler, Lebensgeschichte eines Statistikers, in: Nikolaus Grass (Hg.), Österreichische Rechts- u. Staatswissenschaften der Gegenwart in Selbstdarstellungen (Innsbruck 1952) 211–229.

Karl Wolff, Selbstdarstellung, in: Nikolaus Grass (Hg.), Österreichische Rechts- u. Staatswissenschaften der Gegenwart in Selbstdarstellungen (Innsbruck 1952) 231f.

BRGÖ 2025
Beiträge zur Rechtsgeschichte Österreichs

Alfred Waldstätten, Wien

Einiges zu den Wiener Gerichtspräsidenten

Some facts about the presidents of the Vienna courts

The author has compiled short biographies of the presidents of the Vienna Commercial Court from 1850 to 2015, then of the presidents of the Vienna Regional Court (including the Juvenile Court and the previous Vienna 'Landgericht') from 1850 to 1945 (both published in print), as well as of the presidents of the Vienna Higher Regional Court from 1850 to 2021 (in preparation for printing). Approximately 80 individuals were covered. The article discusses the source material and some of the research findings.

Keywords: *Biographies – Source material – Vienna court presidents*

Die Tagung gab dem Verfasser Gelegenheit, sein noch nicht abgeschlossenes Vorhaben vorzustellen: Kurzbiographien der Präsidenten und Leiter[1] der Wiener Gerichtshöfe der ordentlichen Gerichtsbarkeit (also nicht auch des öffentlichen Rechts) seit 1850. Es geht dabei um etwa 140 Personen.

Grundlage des nunmehrigen Vorhabens waren die Listen der Präsidenten und Leiter, die ich für mein Buch „Staatliche Gerichte in Wien seit Maria Theresia" erstellt hatte.[2] Die meisten Wiener Gerichtshöfe (nicht alle) haben „Ahnengalerien" mit Bildern ihrer früheren Präsidenten, zumindest gab es Auflistungen.[3] Fehlende Daten konnten zumeist insbesondere an Hand der Amtskalender und des Amtsblattes der österreichischen Justizverwaltung erhoben werden. Die Datenbank ANNO der Österreichischen Nationalbibliothek stand damals noch nicht zur Verfügung.

Über Anregung der Präsidentin des Handelsgerichts Wien entstand 2018/2019 der Band „Die Präsidenten des Handelsgerichts Wien 1850–2015".[4]

Nach der Tagung erschien der Band „Die Wiener Landesgerichtspräsidenten 1850–1945".[5] Der erfasste Zeitraum wurde dabei wegen der Vielzahl der Personen mit 1945 begrenzt. Ginge es nach dem Inhalt, müsste der Titel lauten: „Die Präsidenten der Landesgerichte in Wien, die Leiter und Präsidenten der strafgerichtlichen Abteilung des Landesgerichts Wien, die Präsidenten des Jugendgerichts-

1 Ich „genderisiere" hier nicht, zumal die bereits näher erfassten Personen alle männlich waren und Frauen erst in jüngster Zeit in solche Positionen gelangt sind.

2 Waldstätten, Staatliche Gerichte.

3 So etwas war beim 1920–1939 bestandenen Landesgericht für Strafsachen Wien II nicht aufzufinden.

4 Waldstätten, Die Präsidenten des Handelsgerichtes Wien.

5 Waldstätten, Die Wiener Landesgerichtspräsidenten.

https://doi.org/10.1553/BRGOE2025-2s473 *This article was peer-reviewed*

hofs sowie die Präsidenten des Landgerichts Wien 1850–1945"; aus praktischen Gründen wurde aber der kürzere – wenngleich unscharfe – Titel „Die Wiener Landesgerichtspräsidenten 1850–1945" gewählt.

Bereits als „Rohfassung" gibt es den Band „Die Präsidenten des Oberlandesgerichts Wien 1850–2021".

Das sind zusammen an die 80 Personen.

In Planung ist ein Band betreffend die Präsidenten des Obersten Gerichtshofs seit 1850. Ausständig wären dann noch Kurzbiographien zu den Präsidenten der beiden Landesgerichte, der Jugendgerichtshofs und des Arbeits- und Sozialgerichts seit 1945.

Diese Kurzbiographien haben einen einheitlichen Aufbau: Herkunft / Familie, Ausbildung, Laufbahn, Tod, und sind – je nach dem aufgefundenen Material – unterschiedlich lang, von etwa zwei Druckseiten aufwärts; sie sind als Grundlagen für weiterführende Forschungen vorgesehen.[6]

Die Quellenlage erwies sich als ganz unterschiedlich und durchaus heterogen.

Österreichische Personalakten sind (von einzelnen Ausnahmen abgesehen) erst ab 1945 vorhanden.[7] Aus der NS-Zeit gibt es Personalakten des Reichsjustizministeriums in Berlin, die den Krieg überdauert haben, von der Sowjetischen Besatzungsmacht sichergestellt, und, soweit sie Österreicher betrafen, an Österreich abgetreten wurden.[8] Diese Akten enthalten (meist) nicht nur Angaben zur Abstammung, sondern auch einen Lebenslauf und ein Foto. Für die Zeit zuvor gibt es immerhin, wenngleich nicht vollständig, Personalstandesausweise,[9] das sind Formulare, in denen die wesentlichen Daten zur Person und zur Laufbahn vermerkt sind. Herangezogen wurden für die Zeit bis 1918 teilweise auch militärische Unterlagen, nämlich Grundbuchsblätter (entsprechen in etwa den Standesausweisen) und Qualifikationslisten.[10]

Informativ sind auch das biographische Lexikon von Wurzbach[11] und das Österreichische Biographische Lexikon, wenngleich die Angaben teilweise unscharf bis fehlerhaft sind.

In der Monarchie gab es zur Thematik eine sehr dichte Zeitungsberichterstattung (erschlossen durch die Datenbank ANNO der Österreichischen Nationalbibliothek).[12] Bezogen auf die Präsidenten gab es meist gehaltvolle Artikel aus Anlass ihrer Ernennung, Pensionierung oder des Todes.[13] Diese Berichterstattung wird im Ersten Weltkrieg und in der Zwischenkriegszeit immer schütterer und versiegt sodann fast vollständig.

Wichtige Informationen ergaben sich weiters aus den Matriken (Kirchenbüchern). Für den größten Teil von Österreich sind die katholischen bis 1938 über die Datenbank Matricula zugänglich (bei den Taufen gibt es aber eine 100-Jahr-Sperre), die evangelischen erst teilweise. In Tschechien befinden sich die Matriken in regionalen Staatsarchiven (digital

6 Bildhaft gesprochen, kam es darauf an, zumindest eine Art Skelett errichten zu können und ausreichend „Knochen" (Material) aufzufinden, damit das Gebilde „standfest" ist.

7 Bei den gerichtlichen Personalakten gibt es vom Prinzip her drei Ebenen: Beschäftigungsgericht, übergeordneter Gerichtshof und Oberlandesgericht und damit drei Personalakten. Bei einem „Aufrücken" zum übergeordneten Gerichtshof bzw. Oberlandesgericht werden die Akten vereinigt. Jetzt werden die Personalakten digital geführt. Die „Papierakten" des Oberlandesgerichts Wien wurden und werden an das ÖStA / AdR abgegeben. Bei Richtern des Obersten Gerichtshofs befinden sich die Akten aller Ebenen dort. Das gilt sinngemäß für Staatsanwälte.

8 Diese Akten befinden sich ebenfalls im ÖStA / AdR.

9 Im ÖStA / AVA / Justizministerium. Das Justizministerium hat, soweit ersichtlich, zu den Richtern keine eigenen Personalakten (oder dergleichen Sammelakten) geführt, vielmehr wären gegebenenfalls die jeweiligen Vorgänge einzeln zu erheben, was ich nur in wenigen Fällen gemacht habe.

10 Sie befinden sich im ÖStA / KA, teilweise über die Datenbank Family Search digital zugänglich.

11 Wurzbach von Tannenberg, Biographisches Lexikon.

12 Bei den Zeitungen gibt es eine Sperre von 70 Jahren; 2024 war 1953 der letzte „offene" Jahrgang.

13 Anekdotenhaft Zeitungs-Feuilletons von Gustav Morgenstern; anekdotenhaft auch zwei kleine Bücher: Pappenheim, Das Wiener Barreau; Pappenheim, Neues Dekamerone aus dem Gerichtssaale.

zugänglich), teils aber noch bei den Standesämtern. Das Militär hatte eigene Matriken geführt, die sich im Österreichischen Staatsarchiv / Kriegsarchiv befinden und weitgehend über die Datenbank Family Search digital zugänglich sind. Informationen ergeben sich ebenfalls aus den Adelskalendern (wie etwa die „Gothas"). Wertvoll sind auch Partezettel.[14] Die Stadt Wien betreibt die Datenbank Verstorbenensuche, in denen Gräber (nicht aber die lange aufgelassenen) auf den städtischen Friedhöfen und die dort bestatteten Personen verzeichnet sind. Auf den Grabsteinen finden sich oft ergänzende Informationen.

Wie schon gesagt, liegen bereits etwa 80 Kurzbiographien vor (teilweise noch in einer „Rohfassung"). Die Menge ist so groß, dass es im Rahmen der Tagung nicht möglich war, ins Detail zu gehen. Generell hat sich bislang ergeben:

Das, was allen Personen gemeinsam war, war, dass sie Präsidenten wurden. Die Laufbahnen waren ganz unterschiedlich; eine „Einheitslaufbahn" gab es nicht. Man gewinnt den Eindruck, dass jeweils derjenige ernannt wurde, der (und sei es als „Kompromisskandidat") am Besten ins Konzept gepasst hat. Dabei ist auch zu bedenken, dass es sich um „Verwaltungsposten" handelt und die Menge an Verwaltungsagenden rein faktisch wenig Möglichkeiten für eine Tätigkeit in der Judikatur lässt.

Zu bemerken war auch, dass der Posten als Präsident des Oberlandesgerichts Wien mehrfach ein „Rückzugsposten" für ehemalige Justizminister war (zuletzt Hans Kapfer 1958–1962).[15]

Der Adel spielte sichtlich keine entscheidende Rolle. Bei diesen rund 80 Personen gab es nur zwei Grafen, nämlich Eduard Graf Lamezan-Salins, zuletzt 1895–1903 Präsident des Landesgerichts Wien, und Carl Graf Chorinsky, zuletzt 1890–1897 Präsident des Oberlandesgerichts Wien. Freilich gab es Adelige, aber kaum aus „alten" Familien, wobei meist entweder ihre Väter oder sie selbst den Adel erworben hatten (verkürzt gesagt). Hier ist zu bemerken, dass (bis 1884) bestimmte Orden (Auszeichnungen), hier ist vor allem das Ritterkreuz des Leopold-Ordens zu nennen, den Anspruch auf Verleihung des Ritterstandes vermittelten (höhere Ordensgrade auch – soweit hier erheblich – des Freiherrnstandes).[16] Das war aber kein „Automatismus": Dem Ausgezeichneten stand es frei, den Anspruch (gleich oder später) geltend zu machen oder auch nicht. Nach 1884 war es freilich auch möglich, den Adel zu erlangen, was oft geschah. Die Adelsakten befinden sind im Österreichischen Staatsarchiv / Allgemeinen Verwaltungsarchiv und sind unterschiedlich gehaltvoll.[17]

Eine Altersgrenze für Richter gab es erst ab der Ersten Republik – 65 Jahre[18] (vereinfacht gesagt), mit Ausnahmen nach dem Zweiten Weltkrieg (70 Jahre). Anton Ritter v. Schmerling (1805–1893) trat als Präsident des Obersten Gerichtshofs 1891 im 63. Dienstjahr in den Ruhestand, Karl Freiherr v. Krauss (1789–1881) wurde 1881 als Präsident des Reichsgerichts im 71. Dienstjahr pensioniert.[19] Das waren freilich ganz außergewöhnlich lange Dienstzeiten. Andererseits gab es auch mehr Todesfälle während der aktiven Dienstzeit als heutzutage.

---

14 Verwendet wurden die Sammlungen im HHStA und in der heraldisch-genealogischen Gesellschaft Adler in Wien.

15 Ehemalige Minister gelangten auch unmittelbar zum Obersten Gerichtshof, wobei diese Daten noch näher aufzubereiten sind.

16 Im Detail waren die Regelungen komplizierter. Diese Ansprüche wurden mit kaiserlichem Handschreiben vom 18. 7. 1884 aufgehoben, abgedruckt in der Wiener Zeitung v. 5. 8. 1884, 1, auch in der Neuen Freien Presse v. 6. 8. 1884, 5, mit Wiedergabe der aufgehobenen Bestimmungen.

17 Manche sind geradezu „leer", andere enthalten informative Lebensläufe.

18 Beginnend mit dem Gesetz vom 22. 11. 1918, StGBl. 38; Ausnahmen nach dem Zweiten Weltkrieg für (aus politischen oder „rassischen" Gründen) „gemaßregelte" Beamte (wie das genannt wurde); bis Ende 1949 konnten auch ausnahmsweise Richter des Ruhestandes beschäftigt werden (BGBl. 9/1947, zuletzt in der Fassung BGBl. 241/1948).

19 Siehe Wiener Zeitung v. 22. 1. 1881, 5. 3. 1881, 6. 3. 1881 (S. 1, 15, 2).

Zu den Präsidenten als Privatpersonen hat sich wenig ergeben, zu ihren Ehefrauen noch weniger. Immerhin: Pauline (1806–1840), die Ehefrau von Anton Ritter v. Schmerling, war eine bedeutende Blumenmalerin.[20] Die Tätigkeit der Zivilrichter fand in den Zeitungen wenig Beachtung, wohl aber die erstinstanzliche der Strafrichter – und ihrer Eigenheiten. Anekdoten gibt es auch von manchen Präsidenten. Herausgegriffen:

Dr. Moriz Freiherr v. Streit (1826–1890) war 1881–1890 Präsident des Oberlandesgerichts Wien. Er kannte sich im Geschäftsgang bestens aus und war ob seiner Strenge im Dienst gefürchtet. In einem Nachruf[21] heißt es, der zudem an Schlaflosigkeit leidende Präsident habe auch entferntere Gerichte durch Inspektionen in früher Morgenstunde überrascht. Bekannt sei ein Vorfall im Einreichungsprotokoll (= Einlaufstelle) eines Wiener Gerichtshofs: Die Amtsstunden begannen um 9 h. Zu dieser Zeit hatte sich Streit eingefunden, auch Parteien warteten schon, nur der Beamte fehlte, sodass Streit dessen Platz einnahm und dessen Geschäfte bis 9.30 h erledigte, als der Beamte endlich erschien und zu seinem Schrecken den gefürchteten Präsidenten seine Arbeit verrichten sah; er kam aber mit einem Tadel davon.

Dr. Emil Tursky (1872–1936) war von 1929 bis 1936 Präsident des Landesgerichts für Strafsachen Wien I. Ein Nachruf[22] verwies auf seine Liebe für Gesang und Musik – vollendeter Klavierspieler, Mitglied des Wiener Männergesangsvereins. Vor allem habe er die Blumen geliebt. Er habe das Gärtchen vor dem „Grauen Haus" (Gebäude des Straflandesgerichts I – heute [2024] gibt dort nur die Ödnis einer U-Bahn-Baustelle) mit Blumen bestellen lassen, habe selbst die Samen beschafft, und dort ein kleines Gartenhäuschen errichten lassen, in dem er an warmen Nachmittagen häufig gesessen sei.

Anhang

Präsidenten und Leiter, von denen bereits Kurzbiographien erstellt wurden (beim Oberlandesgericht noch als „Rohfassung") – in Klammern deren Amtsdauer

Oberlandesgericht Wien

Franz Freiherr von Sommaruga (1850–1857); Dr. Anton Ritter von Schmerling (1857–1860); Dr. Theobald (1866 Freiherr von) Rizy (Leiter 1860–1861); Joseph Edler von Schulheim (Leiter 1861–1865); Dr. Franz Ritter von Hein (1865–1881); Dr. Moriz Freiherr von Streit (1881–1890); Carl Graf Chorinsky (1890–1897); Karl Ritter Krall v. Krallenberg (1897–1898); Alois Freiherr Kallina v. Urbanow (1898–1909); Dr. Paul von Vittorelli (1909–1918); Emmerich Gernerth (1919–1922); Dr. Rudolf Paltauf (1922–1927); Dr. Robert Pieta (1928–1929); Dr. Otto Leonhard (1930–1935); Dr. Gustav Schuster (1936–1938); Dr. Friedrich Schober (1938–1943); Dr. Gustav Tamele (1943–1945); Dr. Adolf Seitz (zunächst Leiter, 1945–1949); Dr. Josef Gerö (1950–1954); Dr. Ludwig Viktor Heller (1955–1957); Dr. Hans Kapfer (1958–1962); Dr. Wilhelm Malaniuk (1963–1965); Dr. Arnold Sucher (1966–1968); Dr. Hugo Dworak (1969–1973); Dr. Heinrich Bröll (1974–1976), Dr. Felix Sinzinger (1977–1979); Dr. Heribert Dienst (1980–1987); Dr. Erwin Faseth (1988–1991); Dr. Erwin Felzmann (1992–1998); Dr. Alois Ramoser (1999–2003); Dr. Harald Krammer (2004–2007); Mag. Dr. Anton Sumerauer (2008–2014); Dr. Gerhard Jelinek (2015–2021). Voraussichtlich wird es in einem Vorwort biographische Daten zu der nun amtierenden Präsidentin, Mag. Katharina Lehmayer, geben.

---

[20] Österreichische Akademie der Wissenschaft, Österreichisches Biographisches Lexikon, 4, 165, ad Koudelka Pauline.

[21] Neue Freie Presse v. 22. 3. 1890, 2.

[22] Neues Wiener Tagblatt v. 15. 12. 1936, 12.

Handelsgericht Wien

Dr. Franz Freiherr von Raule (1850–1866); Thaddäus Freiherr von Merkl (1867–1876); Karl Wagner Ritter von Inngau (1876–1887); Peter Freiherr von Mitis (1887–1895); Dr. Rudolph Edler von Decret (1895–1901); Dr. Emil Haller Edler von Ennsleiten (1901–1906); Dr. Friedrich Sack (1906–1907); Adolf Lemayer (1908–1918); Dr. Friedrich Edler von Némethy (1918–1919); Dr. Friedrich (Edler von) Engel (1920–1932); Dr. Franz Chlanda (1933–1936); Dr. Paul Herz (Heerz) (1936–1938); Dr. Emil Schindler (Leiter 1938–1939?); Dr. Karl Wahle (1945–1948); Dr. Theodor Dürnbauer (1948–1949); Dr. Richard Sommer (1950–1953); Dr. Anton Mayr (1954–1961); Dr. Hugo Dworak (1962–1968); Dr. Felix Sinzinger (1969–1975); Dr. Friedrich Ruttar (1976–1982); Dr. Alfred Obermayer-Marnach (1983–1984); Dr. Otto Deimbacher (1985–1990); Dr. Hans Adam (1991–1995); Dr. Paul Traxler (1996–2001); Dr. Rainer Geißler (2002–2009); Mag. Peter Hadler (2010–2015).

Das Landesgericht Wien war bis 1920 ein einheitliches Gericht, bestand aber aus der Zivil- und der Strafabteilung. Vom Prinzip her leitete der Präsident das gesamte Gericht und die Zivilabteilung; der Leiter der Strafabteilung (ab 1859 mit einer eingeschränkten Selbständigkeit) führte zunächst den Titel Senatspräsident, dann ab 1854 Vizepräsident, ab 1873 Zweiter Präsident (sofern ihm nicht schon aus anderen Gründen, wie auf Grund früherer Verwendungen, der Titel Präsident zukam). 1898 erhielten die beiden Abteilungen die Bezeichnungen Landesgericht in Zivilrechtssachen (ZRS) und Landesgericht in Strafsachen (die schon früher gebräuchlich waren), und demgemäß der Präsident und der Zweite Präsident die Titel Präsident des Landesgerichtes in Zivilrechtssachen bzw. in Strafsachen. 1920 wurde das Landesgericht in die selbständigen Landesgerichte für Zivilrechtssachen, für Strafsachen I und für Strafsachen II geteilt. 1929 wurde der Jugendgerichtshof errichtet. Mit 1. Mai 1939 wurden die drei Landesgerichte (damals Landgerichte), das Handelsgericht und der Jugendgerichtshof zum Landgericht Wien vereinigt, das bis Ende April 1945 bestand.

Landesgericht Wien 1850–1920 (seit 1898 mit der Bezeichnung Landesgericht in ZRS), sowie Landesgericht für ZRS Wien 1920–1939

Georg Freiherr von Mitis (1850–1863); Dr. Franz Ritter (1872 Freiherr) Scharschmid von Adlertreu (1863–1874); Franz (1877 Ritter) von Babitsch (1874–1881); Joseph Ritter von Weittenhiller (1881–1889); Franz Ritter von Schwaiger (1889–1894); Eduard Graf Lamezan-Salins (1895–1903); Peter Freiherr von Fellner-Feldegg (1903–1910); Ludwig Ritter von Kumpfmiller-Pluschk (1910–1918); Dr. Robert Pieta (1918–1928); Dr. Franz Schreiber (1928–1935); Dr. Adolf Seitz (1936–1939).

Strafgerichtliche Abteilung des Landesgerichts Wien (seit 1898 mit der Bezeichnung Landesgericht in Strafsachen) 1850–1920; Landesgericht für Strafsachen Wien I 1920–1939. * bedeutet: anschließend Präsident des „gesamten“ Landesgerichts

[Florian Philipp 1850–1851 – Senatspräsident, war zuvor der letzte Präses des Kriminalgerichts der Stadt Wien – Vorläufer der strafgerichtlichen Abteilung des Landesgerichts]. Eduard (1857 Ritter) Wittek von Salzberg (1850–1859); Franz Ritter Scharschmid von Adlertreu (1859–1863)*; Alexander von Boschan (1864–1872); Franz von Babitsch (1872–1874)*; Josef Ritter von Weittenhiller (1874–1881)*; Franz Schwaiger (1881–1889)*; Eduard Graf Lamezan-Salins (1889–1895)*; Julius von Soos (1895–1903); Dr. Paul von Vittorelli (1903–1909); Dr. Johann Feigl (1909–1918); Karl (von) Heidt (1918–1919); Dr. Ludwig Altmann (1920–1929); Dr. Emil Tursky (1929–1936); Dr. Philipp Charwath (1937–1938); Dr. Ferdinand Fuhrmann (kommissarischer Leiter 1938/39).

Landesgericht für Strafsachen Wien II 1920–1939

Dr. Franz Schreiber (1920–1928) (anschließend Präsident des Landesgerichts für ZRS); Dr. Friedrich Aichinger (1928–1932); Dr. Philipp Hotter (1933–1937); Edmund Hellmer (1938); Dr. Hans Hanel (Vizepräsident als kommissarischer Leiter 1938).

Jugendgerichtshof Wien 1929–1938

Dr. Philipp Hotter (1929–1932) (anschließend Präsident des Landesgerichts für Strafsachen II); Dr. Franz Butschek (1933–1938).

Landgericht Wien

Dr. Ernst Endlicher (1939–1944); Dr. Paul Lux (1944–1945).

Korrespondenz

Dr. Alfred Waldstätten
Wickenburggasse 19/14
1080 Wien

Abkürzungen

AdR	Archiv der Republik
AVA	Allgemeines Verwaltungsarchiv
HHStA	Haus-, Hof- und Staatsarchiv
KA	Kriegsarchiv
ÖStA	Österreichisches Staatsarchiv
ZRS	Zivilrechtssachen

Siehe auch das allgemeine Abkürzungsverzeichnis: [https://www.oeaw.ac.at/fileadmin/kommissionen/rechtsgeschichte/pdf/abk.pdf]

Literatur

Österreichische Akademie der Wissenschaft (Hg.), Österreichisches Biographisches Lexikon, Bd. 4 (Wien 1993).

Alfred Pappenheim, Das Wiener Barreau. Dekamerone aus dem Gerichtssaale (Wien 1897).

Alfred Pappenheim, Neues Dekamerone aus dem Gerichtssaale (Wien 1904).

Alfred Waldstätten, Die Präsidenten des Handelsgerichtes Wien 1850–2015 (Druck Bundesministerium für Verfassung, Reformen, Deregulierung und Justiz, Wien 2019).

Alfred Waldstätten, Die Wiener Landesgerichtspräsidenten 1850–1945 (Eigenverlag des Bundesministeriums für Justiz, Wien 2024).

Alfred Waldstätten, Staatliche Gerichte in Wien seit Maria Theresia. Beiträge zu ihrer Geschichte. Ein Handbuch (= Forschungen und Beiträge zur Wiener Stadtgeschichte, Bd. 54, Innsbruck–Wien–Bozen 2011).

Constant Wurzbach von Tannenberg, Biographisches Lexikon des Kaiserthums Österreich, 60 Bde. (Wien 1856–1891).

BRGÖ 2025
Beiträge zur Rechtsgeschichte Österreichs

Anita ZIEGERHOFER, Graz

Leopoldine Schmidt

„Fräulein Schmidt ist die erste Dame, die an der Grazer Juridischen Fakultät den Doktorgrad erlangt.“[1]

Leopoldine Schmidt
„Miss Schmidt is the first lady to obtain the doctoral degree at the Graz Faculty of Law.“

Leopoldine Schmidt was the first female graduate of the Faculty of Law in Graz. She graduated on 14 July 1923. By chance, the author came across Leopoldine Schmidt's personal file and, after researching other archives, was able to reconstruct her life almost completely. Born in the monarchy, Leopoldine Schmidt was one of the first women to study law and then entered the service of the state of Lower Austria. She retired with the title of a court counsellor „Hofrat“ in 1963.

Keywords: *civil service careers of women – first graduate – female students – legal studies*

1. Einleitung

Im Jahr 1778 erfolgte die Gründung der Rechtswissenschaftlichen Fakultät an der Universität Graz. 245 Jahre später, am 14. Juli 1923, promovierte Leopoldine Schmidt als erste Frau an der Grazer Universität zur Frau „Dr. iur.“. Über Leopoldine Schmidt waren nur die spärlichen biografischen Eckdaten, die man in der Nationale bzw. in ihrem Studienakt im Universitätsarchiv Graz findet, bekannt. Die Spuren endeten mit der Exmatrikulation im Jahr 1923. Just in dem Jahr, in dem die Rechtswissenschaftliche Fakultät der 100. Wiederkehr der Promotion von Leopoldine Schmidt gedenken konnte, stieß die Verfasserin – einem großen Zufall geschuldet – auf den Personalakt von Leopoldine Schmidt. Dieser befindet sich im Niederösterreichischen Landesarchiv. So war es möglich, das Leben von Leopoldine Schmidt nachzuzeichnen; weitere Funde in unterschiedlichen Archiven komplettieren das Bild der ersten Juristin an der Universität Graz.

2. Kurze Darstellung der Quellenrecherche

Bei einer zufälligen Namenssuche im österreichischen Amtskalender stieß die Verfasserin auf den Namen Leopoldine Schmidt. Da die dort genannte Leopoldine Schmidt mit

[1] Promotion, in: Grazer Volksblatt, Nr. 188 v. 12. 7. 1923, 4.

https://doi.org/10.1553/BRGOE2025-2s479 *This article was peer-reviewed*

einem akademischen Titel angeführt war, die zeitliche Verortung ebenfalls stimmte, erfolgte eine Anfrage an das Niederösterreichische Landesarchiv nach dem Personalakt von Leopoldine Schmidt. Innerhalb einiger Stunden kam die Antwort – ein Blick in den Personalakt bestätigte, dass es sich bei Leopoldine Schmidt um die gesuchte erste Absolventin der Rechtswissenschaften der Universität Graz handelt. Somit konnte anhand des Personalaktes ihr (Berufs-)Leben rekonstruiert werden. Entsprechende Akteneinträge führten zu Archivrecherchen in den Stadtarchiven von Graz und Baden, wo Meldezettel gefunden werden konnten. In den Diözesanarchiven der Erzdiözese Wien, St. Pölten und Eisenstadt wurde hinsichtlich des Ehrenamtes von Leopoldine Schmidt recherchiert, im Diözesanarchiv Graz in Bezug auf deren Mitgliedschaft in einer studentischen Verbindung. Um Einblick in die Arbeiten der „Frau Hofrat" zu erhalten, wurden die Akten und Verzeichnisse der Bestände der Bezirkshauptmannschaft Baden (Mündelakten) sowie des Amtes der Niederösterreichischen Landesregierung, Landesamt VIII/2, im Niederösterreichischen Landesarchiv eingesehen. Die Recherche in den entsprechenden Zeitungen via ANNO vervollständigte das Bild von Leopoldine Schmidt. Die Spurensuche endete schließlich in der Pfarre Großebersdorf, wo nicht nur wichtige Hinweise auf den Lebensabend von Leopoldine Schmidt gefunden wurden, sondern auch eine Fotografie der ersten Absolventin der Grazer Rechtswissenschaftlichen Fakultät. Die nun folgenden Ausführungen sind dem 2024 erschienenen Büchlein über Leopoldine Schmidt entnommen.[2]

3. Leopoldine Schmidt (1898–1983)

Leopoldine Schmidt wurde am 22. April 1898 in der Nähe von Prag geboren. Wann sie mit ihrer alleinerziehenden Mutter nach Graz gekommen ist, kann man den hier verwendeten Quellen nicht entnehmen. Da in Österreich Frauen erst ab 1989 die alleinige Vormundschaft über ihre ledigen Kinder übernehmen durften,[3] scheint der Reichsbahnbeamte Franz Schmidt, es könnte sich um ihren Onkel oder Großvater gehandelt haben, als Leopoldines Vormund auf.[4] Ihr leiblicher Vater war schon sehr früh an einer Lebererkrankung verstorben.[5]

Die kleine Familie lebte in einer Wohnung nur wenige Schritte von der Universität Graz entfernt, wo Leopoldine Schmidt – nach der Matura am Mädchenlyzeum[6] – im Wintersemester 1917/1918 zunächst an der Philosophischen Fakultät die Fächer Germanistik und Romanistik inskribiert hatte. Diese Fächer studierte Leopoldine Schmidt bis ins Wintersemester 1919/1920. Erst im Sommersemester 1920 wechselte sie zu den Rechtswissenschaften. Ein Auslöser dieser Entscheidung könnte die am 22. April 1919 erlassene Vollzugsanweisung des Staatsamtes für Inneres und Unterricht über die Zulassung der Frauen zu den rechts- und staatswissenschaftlichen Studien[7] gewesen sein. Leopoldine zählte zur Avantgarde jener Frauen, die seit Öffnung des Studiums der Rechtswissenschaften für Frauen dieses Studium inskribierten. Übrigens, Ilse Jaksche und Elly Feuerstein, jene beiden Frauen die 1923 nach Leopoldine zum „Dr. iur." an der Karl-Franzens-Universität Graz promovierten, hatten bereits im Wintersemester 1919/1920 Rechtswis-

2 ZIEGERHOFER, Leopoldine Schmidt. Alle Zitate bis auf die Zitate 37, 38, 76 bis 87 und 96 stammen aus diesem Buch.

3 Kindschaftsrecht-Änderungsgesetz BGBl. 162/1989, siehe auch FLOSSMANN, KALB, NEUWIRTH, Österreichische Privatrechtsgeschichte 155.

4 Universitätsarchiv Graz (UAG), Promotionsakt, abgedruckt in: KERNBAUER, ZIEGERHOFER, Frauen in Rechts- und Staatswissenschaften 71.

5 NÖLA (St. Pölten), ANÖLR, LA I/P MF, Sch156, Schmidt Leopoldine Dr., Bd. 1, Amtsärztliches Zeugnis, 18. 2. 1930, 0043.

6 Promotionsakt, KERNBAUER, ZIEGERHOFER, Frauen in Rechts- und Staatswissenschaften 71.

7 Vollzugsanweisung des Staatsamtes für Inneres und Unterricht vom 22. 4. 1919, betreffend die Zulassung der Frauen zu den rechts- und staatswissenschaftlichen Studien, zu den theoretischen Staatsprüfungen und zum Doktorate der Rechte und der Staatswissenschaften, StGBl. 1919/250, siehe dazu ZIEGERHOFER, Zulassung der Frauen zum rechts- und staatswissenschaftlichen Studium 28–29.

senschaften inskribiert.[8] Ein weiterer Grund für den Studienwechsel könnte auch der Gedanke gewesen sein, als Juristin bessere Verdienstmöglichkeiten zu haben als als Lehrerin. Immerhin musste Leopoldine Schmidt auch ihre Mutter versorgen, die als „Private" vermutlich nur ein kleines Einkommen hatte. Wohl deshalb ging Leopoldine Schmidt in den ersten vier Jahren ihres Studiums einer Beschäftigung nach (von 1. September 1918 bis 30. Juni 1921) und arbeitete in einer Obst-, Gemüse- und Mostgroßhandels-Genossenschaft.[9] Als Jusstudentin begann sie sich bereits 1921 (frauen)politisch zu engagieren. Gemeinsam mit der Medizinstudentin Hilde Rathausky gründete sie die katholische Verbindung „Hochland für Studentinnen". Die Gründungssitzung fand am 27. Jänner 1921 in einem Hörsaal der Universität Graz statt. Im Zuge dessen hielt Leopoldine Schmidt einen Vortrag, in dem sie die Ziele und das Programm der Hochland-Verbindung erklärte: Vertiefung des religiösen Innenlebens, Ausbildung wahrhaft sozialer Gesinnung, soziales Verantwortungsgefühl und sittliche Lebensführung sowie Abstinenz von allen unsozialen Genüssen, insbesondere von alkoholischen Getränken, Nikotin und unedlen Vergnügungen.[10]

Weitere Vorträge folgten, so z.B. für den Verein „Österreichs Völkerwacht. Verein zur Bekämpfung der öffentlichen Unsittlichkeit",[11] der von dem steirischen Reformpriester und Universitätsprofessor DDDr. Johannes Ude[12] gegründet worden war. Dieser war auch bei der Gründung der studentischen Hochschulverbindung anwesend gewesen. Ihren ersten Vortrag über Frauenthemen hielt Leopoldine Schmidt im Juli 1921, sie sprach über „Die Frau im Kampfe gegen die Unsittlichkeit".[13] Im Oktober desselben Jahres referierte sie wieder im Rahmen des Vereins „Völkerwacht" über „Deutschland erwacht. Ein Appell an die Jugend Deutschösterreichs".[14]

Zwischen 1922 und 1923 gibt es keine Hinweise auf weitere Vorträge der Jusstudentin. Sie dürfte sich nun wohl voll und ganz auf den Abschluss ihres Studiums konzentriert haben. Schließlich legte Leopoldine Schmidt am 18. April 1921 die rechtshistorische Staatsprüfung mit gutem Erfolg ab und erhielt eine Auszeichnung in den Fächern Römisches und Kanonisches Recht.[15] Die Staatsprüfungskommission[16] bildeten der bereits emeritierte Ordinarius für Deutsche und Österreichische Reichs- und Rechtsgeschichte Arnold Luschin-Ebengreuth,[17] sein Nachfolger Max Rintelen,[18] weiters Arnold Pöschl,[19] Ordinarius für Kirchenrecht sowie Gustav

---

8 Siehe Kernbauer, Kurzbiographien der Doktorinnen der Rechtswissenschaften 72–73. Ilse Jaksche promovierte am 20. 10. 1923, Elly Feuerstein am 3. 11. 1923.

9 NÖLA (St. Pölten), ANÖLR, LA I/P MF, Sch156, Schmidt Leopoldine Dr., Bd. 2, Amt der niederösterreichischen Landesregierung, 27. 6. 1962, 0361.

10 Gründung der katholischen neustudentischen Verbindung „Hochland" für Studentinnen, in: Grazer Volksblatt (Morgenblatt), Nr. 47 v. 30. 1. 1921, 30.

11 Farkas, „Völkerwacht" und „Weißes Kreuz" 185–208.

12 Höflechner, Karl-Franzens-Universität Graz 325. Ude zählte zu Recht, so Höflechner, zu den außergewöhnlichsten Erscheinungen an der Universität Graz. Er hatte vier Doktorate erworben: Theologie, Psychologie, Staatswissenschaften und Philosophie. Ude hat 1926 eine eigene Partei gegründet und war politisch hochaktiv, trat gegen Alkoholismus ein und kämpfte gegen den Sittenverfall.

13 Österreichs Völkerwacht, in: Grazer Volksblatt (Morgenblatt), Nr. 319 v. 17. 7. 1921, 9.

14 Vortrag, in: Grazer Volksblatt (Morgenblatt), Nr. 483 v. 23. 10. 1921, 4 und Vortrag, in: Grazer Mittags-Zeitung, Nr. 224 v. 24. 10. 1921, 2.

15 NÖLA (St. Pölten), ANÖLR, LA I/P MF, Sch156, Schmidt Leopoldine Dr., Bd. 1, Abschrift Rigorosen-Zeugnis, 14. 2. 1930, 0033.

16 Ebd.

17 Luschin-Dreier, Arnold Luschin Ritter von Ebengreuth; Wesener, Arnold Luschin von Ebengreuth 255–257; Ziegerhofer, Grazer Rechtswissenschaft 58.

18 Wesener, Max Rintelen 642–643; Ziegerhofer, Grazer Rechtswissenschaft 72.

19 Höflechner, Karl-Franzens-Universität Graz 335; sowie Kurzbiografie und weiterführende Literatur Ziegerhofer, Grazer Rechtswissenschaft 58, 120.

Hanausek,[20] Ordinarius des Instituts für Römisches Recht und früherer Rektor der Karl-Franzens-Universität Graz. Am 18. April 1923 absolvierte Leopoldine Schmidt die judizielle Staatsprüfung mit gutem Erfolg und dem Zusatz „mit Auszeichnung aus sämtlichen Prüfungsfächern".[21] Präses dieser Kommission war Gustav Hanausek. Von den weiteren drei Mitgliedern der Prüfungskommission ist lediglich der Name des Zivilrechtsprofessors Maximilian Hendel[22] überliefert; in der im Personalakt befindenden Abschrift findet man die Information hinzugefügt: „zwei Unterschriften sind unleserlich".[23]

Die Abfolge der Prüfungen aus den judiziellen, politischen und rechtshistorischen Fächern konnten die Studierenden frei wählen.[24] Bereits am 19. April 1923 legte Leopoldine Schmidt das erste Rigorosum aus den justiziellen Fächern mit ausgezeichnetem Erfolg ab.[25] Einen Monat später, am 17. Mai 1923, folgte das zweite Rigorosum aus den rechtshistorischen Fächern, ebenfalls mit ausgezeichnetem Erfolg.[26] Nach einer kurzen „Verschnaufspause" absolvierte Leopoldine Schmidt am 10. Juli 1923 die staatswissenschaftliche Staatsprüfung mit gutem Erfolg und dem Hinweis „mit Auszeichnung aus allen Prüfungsfächern".[27] Die Staatsprüfungskommission[28] bildeten Heinrich Mayrhofer von Grünbühel,[29] Norbert Wurmbrand,[30] Arnold Pöschl[31] und Adalbert Drasenovich von Posertve.[32] Tags darauf, am 11. Juli 1923, legte Leopoldine Schmidt das dritte Rigorosum aus den staatswissenschaftlichen Fächern ebenfalls mit ausgezeichnetem Erfolg – mit Stimmenmehrheit der Kommissionsmitglieder – ab.[33]

Zwei Tage vor der Promotion als erste Frau, die an der Grazer Rechtswissenschaftlichen Fakultät das Studium abgeschlossen hat und somit die erste promovierte Juristin der Universität Graz ist, berichtete das Grazer Volksblatt über das bevorstehende akademische Ereignis:

„Samstag den 14. d. M. um 12 Uhr mittags findet in der Universität die Promotion des Fräuleins Leopoldine Schmidt, Mitgliedes der katholischen neustudentischen Hochschülerinnenverbindung ‚Hochland' zum Doktor der Rechts- und Staatswissenschaften

20 Höflechner, Karl-Franzens-Universität Graz 333–334; Wesener, Geschichte der Rechtswissenschaftlichen Fakultät der Universität Graz 98–101.

21 NÖLA (St. Pölten), ANÖLR, LA I/P MF, Sch156, Schmidt Leopoldine Dr., Bd. 1, Abschrift Rigorosen-Zeugnis, 14. 2. 1930, 0031.

22 Höflechner, Karl-Franzens-Universität Graz 342.

23 NÖLA (St. Pölten), ANÖLR, LA I/P MF, Sch156, Schmidt Leopoldine Dr., Bd. 1, Abschrift Rigorosen-Zeugnis, 14. 2. 1930, 0031.

24 Kernbauer, Lebenstüchtig 58.

25 NÖLA (St. Pölten), ANÖLR, LA I/P MF, Sch156, Schmidt Leopoldine Dr., Bd. 1, Abschrift Rigorosen-Zeugnis, 14. 2. 1930, 0025.

26 Ebd. 0027.

27 Ebd. 0035.

28 Ebd. Die Mitglieder der Staatsprüfungskommission mussten nicht ausschließlich Angehörige der Universität sein – so etwa war Heinrich Mayrhofer von Grünbühel u.a. in der Statthalterei als Hofrat tätig oder Adalbert Drasenovich von Posertve ein hoher Finanzbeamter. Ich danke Andreas Golob, Universitätsarchiv Graz, herzlichst für diese wichtigen Informationen.

29 Wiesflecker, „Das ist jetzt unsere Ordnung!" 206, 208. Für diesen Hinweis danke ich Andreas Golob, Universitätsarchiv Graz, herzlichst.

30 Höflechner, Karl-Franzens-Universität Graz 346. Wurmbrand prüfte Staatslehre, Verfassungsrecht und Verwaltungsrecht.

31 Ibler, Geschichte der Rechtswissenschaftlichen Fakultät der Universität Graz 66–68.

32 N.N., Adalbert Drasenovich von Posertve 706. Für diesen Hinweis danke ich herzlichst Andreas Golob, Universitätsarchiv Graz.

33 NÖLA (St. Pölten), ANÖLR, LA I/P MF, Sch156, Schmidt Leopoldine Dr., Bd. 1, Abschrift Rigorosen-Zeugnis, 14. 2. 1930, 0029.

statt. Fräulein Schmidt ist die erste Dame, die an der Grazer Juridischen Fakultät den Doktorgrad erlangt."[34]

Die Promotion erfolgte am 14. Juli 1923. Als Rektor fungierte der Kriminologe Adolf Lenz,[35] als Dekan Ivo Pfaff,[36] Professor für Römisches Recht, und als Promotor Gustav Hanausek.

Im Herbst 1923 startete Leopoldine Schmidt ihre berufliche Laufbahn. Sie beabsichtigte zunächst, eine klassische juristische Karriere einzuschlagen: In der Zeit von 5. Oktober bis 16. November 1923 arbeitete sie als Rechtspraktikantin zunächst am Bezirksgericht Graz, dann wechselte sie zum Landesgericht Innsbruck und scheint schließlich am Jugendgericht Wien (dort arbeitete sie von 15. September 1924 bis 8. November 1924) auf. Im Dienstzeugnis wird sie als beliebte und gute Juristin bezeichnet.

Die Entscheidung, in die Verwaltung zu gehen, dürfte möglicherweise der Tatsache geschuldet gewesen sein, einerseits als Frau im Bereich der klassischen juristischen Berufe wenig Chancen zu haben, andererseits bot eine derartige Stelle die Aussicht auf eine sichere Beamtenlaufbahn. Vielleicht beeinflusste Leopoldine Schmidt auch der Umstand, dass damals der Beruf der Fürsorgerin bereits etabliert war, der auch der „gebildeten Frauenwelt [...] in Staat und Gemeinde und bei den großen Fürsorgeorganisationen mehr und mehr Lebensstellungen [eröffnen sollte], die eine befriedigende Berufstätigkeit verheißen und eine günstige soziale Position versprechen."[37] Immerhin engagierte sich Leopoldine Schmidt schon als Studentin sozial, hier kam ihr eine Stelle bei der Landesregierung im Fürsorgewesen zupass. Damals suchte man Fürsorgerinnen, es war ein zukunftsträchtiger Beruf für Frauen.[38]

Leopoldine Schmidt trat am 10. November 1924 im niederösterreichischen Bezirk Berndorf ihren Dienst als Jugendamtsjuristin im Jugendfürsorgedienst an. Anfang Oktober 1929 legte sie die politisch-praktische Prüfung mit gutem Erfolg vor der Prüfungskommission ab, die beim Amte der niederösterreichischen Landesregierung eingesetzt wurde.[39] Darüber berichtete sogar das „Grazer Volksblatt": „Frau Dr. Leopoldine Schmidt, die seinerzeit an der hiesigen Universität als erste Frau zum Doktor der Rechts- und Staatswissenschaften promoviert wurde, hat in Wien die politische Verwaltungsprüfung mit sehr gutem Erfolg abgelegt."[40] Die Zeitungsredaktion war wohl so stolz auf die Leistung von Leopoldine Schmidt, dass man das Prüfungsergebnis von gutem auf sehr guten Erfolg anhob!

Bereits vier Jahre zuvor (1925) hatte Leopoldine Schmidt versucht, in den „Konzeptdienst des Landes" aufgenommen zu werden, sie strebte eine Pragmatisierung an. Dazu benötigte sie entsprechende Kontakte, die sie bereits seit Beginn ihrer Studienzeit aufgebaut hatte. Wohl über die Hochschülerinnen-Verbindung Hochland trat sie mit der Frauenbewegung in der Steiermark in Kontakt. So verwundert es nicht, dass die steirische Bundesrätin Olga Rudel-Zeynek (1871–1948) sich für Leopoldine Schmidt einsetzte. Die anerkannte und erfolgreiche Parlamentarierin Rudel-Zeynek pries Dr. Schmidt als eine

---

34 Promotion, in: Grazer Volksblatt, Nr. 188 v. 12. 7. 1923, 4.

35 Höflechner, Karl-Franzens-Universität Graz 343–344; Probst, Geschichte der Rechtswissenschaftlichen Fakultät der Universität Graz 56–61.

36 Höflechner, Karl-Franzens-Universität Graz 332; Wesener, Ivo Pfaff 23–24.

37 Wiener Stadt- und Landesarchiv, 1.3.2.116.A4, Kart. 1919, Ordner Konskriptionsamtliche Fachprüfung, Rudolf Hornek, Wiener städt. Akademie für soziale Verwaltung. Veranstaltungen im Studienjahr 1918/19 (Wien 1918) 7. Zitiert bei Irene Messinger, Doppelqualifiziert. Diese Powerpoint-Präsentation wurde mir von der Verfasserin zur Verfügung gestellt. Dafür danke ich Irene Messinger herzlichst.

38 Siehe Messinger, Doppelqualifiziert.

39 NÖLA (St. Pölten), ANÖLR, LA I/P MF, Sch156, Schmidt Leopoldine Dr., Bd. 1, Prüfungskommission für die politisch-praktische Prüfung beim Amte der niederösterreichischen Landesregierung an Dr. Leopoldine Schmidt, 5. 10. 1929, 0017.

40 Personalnachrichten, in: Grazer Volksblatt (6-Uhr-Blatt), Nr. 242 v. 23. 10. 1929, 11.

„außerordentlich bewährte, verlässliche unserer Parteirichtung angehörende Kraft."[41] Allerdings scheiterte ihre Intervention daran, dass Schmidt eine der jüngsten Angestellten war. Dies wäre gegenüber jenen Juristen, die schon länger im Dienst waren, ungerecht, lautete die Begründung. Ein weiterer Grund war der Tatsache geschuldet, dass Leopoldine Schmidt in dem „schwierigen Bezirk Berndorf" so gut eingearbeitet war, sodass man nur mit großem Aufwand einen Ersatz für sie finden würde.[42]

Mittlerweile leitete Leopoldine Schmidt die Jugendfürsorgestelle des oben erwähnten Bezirkes Berndorf-Pottenstein. Im April 1930 erfolgte ihre Versetzung nach Wiener Neustadt, was man durchaus als beruflichen Aufstieg bezeichnen kann.[43] Zwei Monate zuvor, im Februar 1930, schien der Wunsch von Leopoldine Schmidt in Erfüllung zu gehen – sie sollte in ein definitives Dienstverhältnis übergeleitet werden. Damals hatte die steirische Landtagsabgeordnete Fri(e)da Mikola (1881–1958)[44] für sie interveniert.[45]

Allerdings erfolgte vorerst bloß ihre Pragmatisierung. Erst 1936 übermittelte ihr Landeshauptmann Josef Reither die so sehr begehrte Nachricht: Mittels Beschlusses der niederösterreichischen Landesregierung vom 15. Juli 1936 wurde sie als „Beamter des Rechtskundigen Jugendfürsorgedienstes in den bleibenden Landesdienst übernommen".[46] Damit war eine höhere Einstufung und die Verwendung des Amtstitels Jugendanwalt verbunden. Der Beschluss wurde rückwirkend mit 1. Juli 1936 wirksam.[47] Zu diesem Zeitpunkt war Leopoldine Schmidt bereits mit der Leitung des Fürsorgewesens des Bezirkes Baden betraut worden. Dorthin war sie am 1. September 1933 versetzt worden, man traute u.a. einer Frau die Leitung des großen Bezirkes Wiener Neustadt nicht zu.[48]

Anhand von Zeitungsrecherchen konnte nachgewiesen werden, dass Leopoldine Schmidt im Jahr 1930 auf Einladung der katholischen Frauenbewegung in Graz Vorträge gehalten hat. Sie trat abermals 1936 und 1937 als Referentin auf, im Rahmen von Veranstaltungen, die von der Katholischen Frauenbewegung oder von der „Vaterländischen Front-Frauenschaft" veranstaltet wurden.[49] 1937 unterrichtete sie in der Frauenoberschule der ehrenwerten Schulschwestern im 2. Wiener Bezirk das Fach „Fürsorge".[50]

Das beschauliche Leben der Beamtin Leopoldine Schmidt, der engagierten Rednerin für die Frauenschaft der Vaterländischen Front bzw. auch Lehrerinnenschaft, endete für sie wie für so viele Österreicher:innen abrupt mit dem 13. März 1938! Ab nun war Österreich kein souveräner Staat mehr. Nach dem am Vortag erfolgten Einmarsch deutscher Truppen in Österreich, verkündeten die neuen Machthaber am 13. März das Gesetz

---

41 NÖLA (St. Pölten), ANÖLR, LA I/P MF, Sch156, Schmidt Leopoldine Dr., Bd. 1, Olga Rudel-Zeynek an Landesrat, 22. 10. 1925, 0047.

42 Ebd. 0045.

43 NÖLA (St. Pölten), ANÖLR, LA I/P MF, Sch156, Schmidt Leopoldine Dr., Bd. 1, Niederösterreichische Landesamtsdirektion an Leopoldine Schmidt, 19. 3. 1930, 0053.

44 Siehe u.a. Kogler, Für Kirche, Partei und Vaterland; sowie Schmidlechner u.a., Geschichte der Frauen in der Steiermark 28–32, 268–269.

45 NÖLA (St. Pölten), ANÖLR, LA I/P MF, Sch156, Schmidt Leopoldine Dr., Bd. 1, N.N. an Karl Buresch, Aktenvermerk, 8. 2. 1930, 0056.

46 NÖLA (St. Pölten), ANÖLR, LA I/P MF, Sch156, Schmidt Leopoldine Dr., Bd. 1, Präsidium der Landeshauptmannschaft Niederösterreich an Leopoldine Schmidt, 20. 7. 1936, 0135.

47 Ebd.

48 NÖLA (St. Pölten), ANÖLR, LA I/P MF, Sch156, Schmidt Leopoldine Dr., Bd. 1, Niederösterreichische Landesregierung an die niederösterreichische Landesamtsdirektion, 28. 7. 1933, 108. Siehe dazu auch Ziegerhofer, Leopoldine Schmidt 37–45.

49 Frauen sprechen zu Frauen, in: Badener Zeitung, Nr. 92 v. 20. 11. 1937, 1.

50 NÖLA (St. Pölten), ANÖLR, LA I/P MF, Sch156, Schmidt Leopoldine Dr., Bd. 1, Leopoldine Schmidt an die Landeshauptmannschaft Niederösterreich, 14. 9. 1937, 0141–0143.

zur Wiedervereinigung mit dem Deutschen Reich.[51] Zu diesem Zeitpunkt gab es in Niederösterreich 20 Landesvormundschaften. Zwölf wurden von Männern ohne akademischen Titel geführt, fünf von Männern mit einem Doktorat und nur drei von promovierten Akademikerinnen, darunter Leopoldine Schmidt.[52] Wie so viele Beamt:innen bekam auch Leopoldine Schmidt sehr schnell mit voller Wucht die neue Politik der nationalsozialistischen Machthaber am eigenen Leibe zu spüren. Bereits am 27. April 1938 teilte ihr das Präsidium der Landeshauptmannschaft Niederösterreich mit, vom Dienst enthoben zu sein mit einer Kürzung der Bezüge ab 1. Mai 1938 um ein Drittel.[53] Mitte Februar 1939 erhielt die erst 41-jährige Leopoldine Schmidt die Mitteilung, dass sie mit Ende Februar 1939 in den Ruhestand versetzt würde, basierend auf § 6 der Verordnung zur Neuordnung des österreichischen Berufsbeamtentums, RGBl. I 1938, 607.[54] Nach insgesamt 15 Jahren im Landesdienst wiesen die neuen Machthaber ihr einen monatlichen Ruhegenuss von 304,13 RM zu.[55] Ihre Aktivitäten in der Katholischen Frauenorganisation und die damit verbundene Nähe zur Vaterländischen Front dürften Gründe gewesen sein, sie aus dem Amt zu entlassen.

Leopoldine Schmidt übersiedelte nun von Baden nach Wien, wo sie in der Villa der Kaufmannsfamilie Esders in Wien-Döbling eine Wohnung bezog. Hier dürfte sie auch Familienanschluss gefunden haben. Leopoldine verbrachte die Zeit während des Krieges nicht nur in Wien, sondern auch im Ferienhaus der Esders in Locarno oder am Grünbichlhof in Salzburg-Aigen (Ziegelstadelstraße 19), der sich damals im Besitz der Tochter von Stefan und Maria Esders, Maria, befand.[56]

1946 erhielt Leopoldine Schmidt von der Landeshauptmannschaft Niederösterreich die Nachricht, sie wieder in den Dienst einstellen zu wollen.[57] Allerdings war sie zu diesem Zeitpunkt schwer erkrankt, weshalb die Juristin erst am 27. Oktober 1947 ihren Dienst bei der niederösterreichischen Landesregierung antreten konnte.[58] Gleichzeitig hatte sie einen Antrag auf Rehabilitierung gestellt. Diesem stimmte das Bundeskanzleramt am 24. Dezember (!) 1947 zu.[59] Damit verbunden war die Ernennung von Dr. Schmidt zum Landesregierungsrat mit Wirksamkeit vom 1. Jänner 1940. Der Juristin wurde somit die Zeit ihres unfreiwilligen und durch die Nationalsozialisten erzwungenen Ruhestandes (von 1. März 1939 bis 27. Oktober 1947) für die Vorrückung und Bemessung des Ruhe- und Versorgungsgenusses angerechnet. Eine Nachzahlung der entgangenen Bezüge wegen des Ruhestandes wurde ihr jedoch nicht genehmigt. Allerdings erhielt sie dann doch eine finanzielle Entschädigung nach dem Beamtenentschädigungsge-

---

51 Bundesverfassungsgesetz über die Wiedervereinigung Österreichs mit dem Deutschen Reich, BGBl. 1938/75.

52 Verlag Österreich der Österreichischen Staatsdruckerei, Österreichischer Amtskalender. Als Leiterin der Berufsvormundschaft Baden unterstanden ihr die Jugendfürsorgestelle in Pottenstein und die Mütterberatungsstellen in Alland, Altenmarkt, Baden, Berndorf, Blumau, Gainfarn, Grillenberg, Heiligenkreuz, Hernstein, Hirtenberg, Klausen-Leopoldsdorf, Leesdorf, Leobersdorf, Pottenstein, St. Corona, St. Veit a. d. Triesting, Teesdorf, Traiskirchen, Vöslau und Weißenbach a. d. Triesting.

53 NÖLA (St. Pölten), ANÖLR, LA I/P MF, Sch156, Schmidt Leopoldine Dr., Bd. 1, Präsidium der Landeshauptmannschaft Niederösterreich an Leopoldine Schmidt, 27. 4. 1938, 0146.

54 NÖLA (St. Pölten), ANÖLR, LA I/P MF, Sch156, Schmidt Leopoldine Dr., Bd. 1, Reichsstatthalter an Leopoldine Schmidt, 14. 2. 1939, 0149.

55 NÖLA (St. Pölten), ANÖLR, LA I/P MF, Sch156, Schmidt Leopoldine Dr., Bd. 1, Präsidium der Landeshauptmannschaft Niederdonau, 29. 9. 1939, 0159.

56 Dafür haben wir 24 Jahre gearbeitet, in: Salzburger Tagblatt, Nr. 88 v. 15. 4. 1950, 5.

57 NÖLA (St. Pölten), ANÖLR, LA I/P MF, Sch156, Schmidt Leopoldine Dr., Bd. 1, Landeshauptmannschaft Niederösterreich an das Präsidium der Landeshauptmannschaft Niederösterreich, 21. 1. 1946, 0163.

58 NÖLA (St. Pölten), ANÖLR, LA I/P MF, Sch156, Schmidt Leopoldine Dr., Bd. 1, Dienstzettel, 28. 10. 1947, 0193.

59 NÖLA (St. Pölten), ANÖLR, LA I/P MF, Sch156, Schmidt Leopoldine Dr., Bd. 1, Bundeskanzleramt an das Amt der niederösterreichischen Landesregierung, Beförderungsantrag, 24. 12. 1947, 0202.

setz in der Höhe von 1.315,60 Schilling. Dieser Betrag wurde in einer Summe und zwar am 1. Juni 1953 ausbezahlt.[60]

Nun ging es Schlag auf Schlag die Beamtenkarriereleiter hinauf: Mit Wirksamkeit vom 1. Jänner 1948 wurde Leopoldine Schmidt zum Jugendoberanwalt in der IV. Rangklasse in der Verwaltungsgruppe A befördert.[61] In der Sitzung der niederösterreichischen Landesregierung vom 5. Mai 1948 bestimmte man schließlich, dass mit Wirksamkeit vom 1. Jänner 1947 (!) Leopoldine Schmidt zum Jugendoberanwalt (Dienstgruppe III des rechtskundigen Fürsorgedienstes) ernannt wird.[62] Somit war ihre Bestellung auch seitens der Politik bestätigt.

Im September 1948 erfolgte der Antrag, Leopoldine Schmidt den Titel „Landesoberregierungsrat" zu verleihen[63] – was erst mit 1. Jänner 1950 geschehen sollte.[64] Wenngleich man bereits im Dezember 1954 dafür eintrat, Leopoldine Schmidt den Amtstitel „Hofrat" zu verleihen, erhielt sie zunächst (1957) den Titel Oberregierungsrat[65] und war ab 1. Jänner 1957 in die Verwendungsgruppe Dienstklasse VII übergeleitet, was ein Aufrücken in die Gehaltsstufe 5 bedeutete.[66] Die Verleihung des wohl begehrten Hofratstitels erfolgte erst fünf Jahre später, am 16. September 1959 (!) durch den damaligen Bundespräsidenten Adolf Schärf.[67]

Leopoldine Schmidt war ehrenamtlich tätig, so etwa im Zuge der „Ungarnkrise" 1956. Dafür wollte man sie auszeichnen und so erfolgte 1958 der Antrag um Verleihung des päpstlichen Ordens „Pro Ecclesia et Pontifice".[68] Allerdings dürfte es dazu nicht gekommen sein, denn weder im Wiener Erzbischöflichen Archiv noch im Diözesanarchiv St. Pölten findet man entsprechende Dokumente noch weiß man im Vatikan darüber Bescheid.[69] Dafür belegen Dokumente im Diözesanarchiv Eisenstadt, dass „Sig. ra Leopoldina Schmid [sic!]" die Auszeichnung „Medaglia Benemerenti" bekam.[70]

Aus ihrem Personalakt geht hervor, dass Leopoldine Schmidt während ihrer Amtszeit Studienreisen und Seminare ins Ausland unternahm. So etwa befand sie sich von 25. Ap-

60 NÖLA (St. Pölten), ANÖLR, LA I/P MF, Sch156, Schmidt Leopoldine Dr., Bd. 1, Präsidium des Amtes der niederösterreichischen Landesregierung an Leopoldine Schmidt, 28. 5. 1953, 0243–0244; Abänderung und Ergänzung des Beamtenentschädigungsgesetzes, BGBl. 1953/110. Dieses Gesetz ist am gleichen Tag in Kraft getreten wie die 12. Opferfürsorgegesetz-Novelle, BGBl. 1962/91, die auf Grund der zwischen Österreich und der Bundesrepublik Deutschland getroffenen Vereinbarung über die Bedeckung des Aufwandes dieser Novelle BGBl. 283/1962, erlassen wurde, siehe NÖLA (St. Pölten), ANÖLR, LA I/P MF, Sch156, Schmidt Leopoldine Dr., Bd. 1, Amt der niederösterreichischen Landesregierung, Bescheid, 14. 11. 1962, 0375.

61 NÖLA (St. Pölten), ANÖLR, LA I/P MF, Sch156, Schmidt Leopoldine Dr., Bd. 1, Präsidium des Amtes der niederösterreichischen Landesregierung an Leopoldine Schmidt, 29. 1. 1948, 0203–0204.

62 NÖLA (St. Pölten), ANÖLR, LA I/P MF, Sch156, Schmidt Leopoldine Dr., Bd. 1, Amt der niederösterreichischen Landesregierung an Dr. Leopoldine Schmidt, 1. 6. 1948, 0213.

63 NÖLA (St. Pölten), ANÖLR, LA I/P MF, Sch156, Schmidt Leopoldine Dr., Bd. 1, Amt der niederösterreichischen Landesregierung an das Präsidium des Amtes der niederösterreichischen Landesregierung, 20. 9. 1948, 0205.

64 NÖLA (St. Pölten), ANÖLR, LA I/P MF, Sch156, Schmidt Leopoldine Dr., Bd. 1, Niederösterreichische Landesregierung an Leopoldine Schmidt, Tag unbekannt 12. 1949, 0208.

65 NÖLA (St. Pölten), ANÖLR, LA I/P MF, Sch156, Schmidt Leopoldine Dr., Bd. 1, Amt der niederösterreichischen Landesregierung an Leopoldine Schmidt, 15. 10. 1957, 0299.

66 NÖLA (St. Pölten), ANÖLR, LA I/P MF, Sch156, Schmidt Leopoldine Dr., Bd. 1, Amt der niederösterreichischen Landesregierung an Leopoldine Schmidt, 10. 4. 1957: Als nächster Vorrückungstag wurde der 1. 1. 1958 in Betracht gezogen.

67 NÖLA (St. Pölten), ANÖLR, LA I/P MF, Sch156, Schmidt Leopoldine Dr., Bd. 1, Amt der niederösterreichischen Landesregierung, Präsidium an Leopoldine Schmidt, 9. 10. 1959, 0328.

68 Siehe Ziegerhofer, Leopoldine Schmidt 69–71.

69 Auskunft von Andrea Singer, Diözesanarchiv der Erzdiözese Wien (E-Mail an die Verfasserin, 26. 6. 2023).

70 Dieser Orden wird katholischen Laien verliehen, die sich in ihren Pfarrgemeinden und Pfarreien „wohlverdient" – daher bene merenti – gemacht haben, siehe Päpstliche Orden [https://www.erzdioezese-wien.at/site/menschenorganisation/menschen/ehrungenorden] (4. 8. 2025).

ril 1949 bis 30. April 1949 in der Schweiz auf Studienreise „zur Schulung führender Persönlichkeiten des österr. Fürsorgewesens", veranstaltet von der Europahilfe.[71] Im Juli 1950 erhielt sie ein Stipendium von den Vereinten Nationen für eine „3 monatliche [sic!] Studienreise in die Benelux-Länder". Diese Reise trat Leopoldine Schmidt am 9. September 1950 an und kehrte am Heiligen Abend 1950 zurück.[72] Im Spätherbst 1951 erholte sie sich wohl von ihren beruflichen Strapazen in Schärding, wo sie in der Kurliste Erwähnung findet.[73] Im Juni 1952 erfolgte die Freistellung für Leopoldine Schmidt von ihrer Amtstätigkeit, um an einem Seminar über Kinder, die ihre Eltern verloren hatten, in London von 8. bis 18. Juni 1952 teilzunehmen.[74] Leopoldine Schmidts berufliches Engagement ging gar soweit, dass, als die Landesregierung die Kosten für den Besuch einer Internationalen Werktagung in Salzburg (von 31. Juli bis 4. August 1962 veranstaltet vom Institut für Vergleichende Erziehungswissenschaft) nicht tragen konnte, Sonderurlaub beantragte, der ihr genehmigt wurde.[75]

Die Suche nach Spuren von Leopoldine Schmidts Tätigkeiten etwa in den Akten der Bestände „Mündelakten" der Bezirkshauptmannschaft Baden für die Zwischenkriegszeit im Niederösterreichischen Landesarchiv blieb erfolglos. Hingegen konnten einige wenige Spuren im stark skartierten Aktenbestand des Amtes der Niederösterreichischen Landesregierung, Landesamtsdirektion – Zentralregistratur, für die Jahre 1957 bis 1963, gefunden werden.[76] Man erfährt, dass Leopoldine Schmidt oftmals zu Sitzungen des Präsidiums des „Vereins zur Berufsvorbereitung" eingeladen wurde und daran auch teilgenommen hat[77] und über die Pfingstsammlungen zugunsten der Ferienaktion für Kinder.[78] Zu ihren weiteren Aufgaben gehörte es, Kandidatinnen für die Berufsvorbereitungskurse vorzuschlagen und sie stimmte der Einstellung von Erzieher:innen in Feriencamps bzw. in den Jugendheimen des Landes Niederösterreich zu. In einem Runderlass an alle Bezirkshauptmannschaften und Magistrate des Landes Niederösterreich sowie an die Statutarstädte teilte Leopoldine Schmidt die Absicht des Niederösterreichischen Landesverbandes der österreichischen Gesellschaft „Rettet das Kind" mit, das Schülerinternat Schloß Judenau, das bis dato nur ungarische Flüchtlingskinder aufnahm, nun auch für österreichische Kinder zu öffnen. Nach Beendigung des Ungarnhilfswerkes sollte das Schülerinternat zur Gänze für niederösterreichische Kinder „dienstbar gemacht werden."[79] Dies deshalb, um „Sozialbedürftigen, oft in abgelegenen Ortschaften wohnenden begabten Mündeln und Pflegebefohlenen den Besuch von Haupt- und Mittelschulen und damit den sozialen Aufstieg zu ermöglichen."[80] Die Tatsache, dass „Sozialbedürftigen" oft der Zugang zur Bildung verwehrt blieb, bereitete der Amtsvormundschaft große Sorgen, denn „reale Förderungs-

71 NÖLA (St. Pölten), ANÖLR, LA I/P MF, Sch156, Schmidt Leopoldine Dr., Bd. 1, Amt der niederösterreichischen Landesregierung an das Präsidium des Amtes der niederösterreichischen Landesregierung, 24. 3. 1949, 0215.

72 NÖLA (St. Pölten), ANÖLR, LA I/P MF, Sch156, Schmidt Leopoldine Dr., Bd. 1, Amt der niederösterreichischen Landesregierung an das Präsidium des Amtes der niederösterreichischen Landesregierung, 18. 7. 1950, 0221.

73 Kurliste für die Zeit von 6. bis 12. 10., in: Innviertler Volkszeitung, Nr. 42 v. 18. 11. 1951, 7.

74 NÖLA (St. Pölten), ANÖLR, LA I/P MF, Sch156, Schmidt Leopoldine Dr., Bd. 1, Präsidium des Amtes der niederösterreichischen Landesregierung an Landeshauptmannstellvertreter Franz Popp, 21. 5. 1952, 0229.

75 NÖLA (St. Pölten), ANÖLR, LA I/P MF, Sch156, Schmidt Leopoldine Dr., Bd. 1, Amt der niederösterreichischen Landesregierung an Leopoldine Schmidt, 26. 6. 1962, 0359.

76 NÖLA (St. Pölten), Amt der Niederösterreichische Landesregierung (ANÖLR) Landesamtsdirektion-Zentralregistratur (LAD) VIII/2 von 1957 bis 1963 GS6. Insgesamt neun Schuber. Ich danke Stefan Eminger für die Bereitstellung der Akten.

77 NÖLA (St. Pölten), ANÖLR, LAD, VIII-2, 1959, Einladung Wien, 12. 6. 1958.

78 NÖLA (St. Pölten), ANÖLR, LAD, VIII-2, 1959 oder NÖLA (St. Pölten), ANÖLR, LAD, VIII-2, 1963.

79 NÖLA (St. Pölten), ANÖLR, LAD, VIII-2, 1959, Einladung Wien, 2. 2. 1959.

80 Ebd.

möglichkeiten sind sehr begrenzt; Geldhilfen sind hiefür nur in bescheidenem Umfange erreichbar."[81]

Entsprechende Meldungen über Zustände[82] bzw. auch Vorgänge in Jugendheimen ergingen an Leopoldine Schmidt, die bei Problemen auch vermitteln musste.[83] Einigermaßen umfangreich ist die Korrespondenz mit einem Gastwirt, der seine Räumlichkeiten über die Sommermonate als Ferienerholungsheim führen wollte. Leopoldine Schmidt erteilte zunächst, unter entsprechenden Auflagen, die Bewilligung,[84] im Jahr darauf jedoch eine Absage.[85]

Zu ihrem Arbeitsbereich gehörte es auch, etwa zur Durchführungsverordnung der von der Landesregierung zu erlassenden Richtlinien zur Bewilligung von Pflegekinderheimen und die Voraussetzungen der Anerkennung von Fürsorgekinderheimen Stellung zu nehmen[86] oder Bericht über die Jugendschutzmaßnahmen in Bezug auf die einheitliche Festsetzung einer Altersgrenze in den Veranstaltungsgesetzen, Kino- und Lichtspielschauspielgesetzen der Länder zu erstatten.[87]

Im Mai 1963 musste Leopoldine Schmidt aufgrund einer Grippe Krankenstand nehmen und trat im Anschluss daran ihren Gebührenurlaub an.[88] Nach dem Urlaub sah sie sich aus gesundheitlichen Gründen nicht mehr imstande, den Dienst weiter zu führen und bat am 21. Juni 1963 um Versetzung in den dauernden Ruhestand.[89] Oberregierungsrätin Hofrat Dr. Leopoldine Schmidt war damals im Landesamt VIII/2 (Jugendfürsorge, finanzielle Angelegenheiten der Anstaltsfürsorge, Verpflegungskosteneinbringung) die einzige promovierte Juristin und wohl auch stellvertretende Leiterin, in einem Team von drei promovierten Juristen, einem Mediziner, der als Sanitätsrat eingestuft war, sowie einem Oberregierungsrat und einem Regierungskammersekretär. Zwei promovierte Geisteswissenschafterinnen fungierten als wissenschaftliche Assistentin bzw. Vertragsbedienstete.[90]

Im Jahr 1955 war Leopoldine Schmidt aus der Villa Esders ausgezogen, sie hatte eine Wohnung in der Silbergasse 14, ebenfalls im 19. Bezirk (Döbling) gekauft. Dort befand sich auch ein Lebensmittelgeschäft, das sie für ihr Patenkind Leo Pöllabauer erworben hatte. Bis zu dessen Großjährigkeit ließ Leopoldine Schmidt das Geschäft von Angestellten betreiben.[91]

Das zweite Patenkind, Ernst Pöllabauer, war ab 1962 Pfarrer in Großebersdorf, weshalb sich Leopoldine Schmidt entschied, ihren Lebensabend in dieser kleinen Ortschaft nördlich von Wien im Weinviertel im Pfarrhof zu verbringen.[92] Die Zeit von 1963 bis 1980 dürfte für Leopoldine Schmidt eine schöne und erfüllende gewesen sein, sie hatte „Familienanschluss" und eine Aufgabe. Die bald liebevoll „die Patin" genannte erste Absolventin der Grazer Rechtswissenschaftlichen Fakultät war bis 1980 als „einfache Haushälterin

[81] Ebd.

[82] NÖLA (St. Pölten), ANÖLR, LAD, VIII-2, 1958, 20. 5. 1958.

[83] NÖLA (St. Pölten), ANÖRL, LAD, VIII-2, 1958, Niederschrift einer Vernehmung über die Verhältnisse in einem Mütterheim, 28. 4. 1958.

[84] NÖLA (St. Pölten), ANÖLR, LAD, VIII-2, 1961, 18. 7. 1961.

[85] NÖLA (St. Pölten), ANÖLR, LAD, VIII-2, 1962, 8. 8. 1962.

[86] NÖLA (St. Pölten), ANÖLR, LAD, VIII-2, 1956, 2. 1. 1956.

[87] NÖLA (St. Pölten), ANÖLR, LAD, VIII-2, 1960, 20. 6. 1960.

[88] NÖLA (St. Pölten), ANÖLR, LA I/P MF, Sch156, Schmidt Leopoldine Dr., Bd. 2, Leopoldine Schmidt an das Amt der niederösterreichischen Landesregierung, 13. 3. 1963, 0385.

[89] NÖLA (St. Pölten), ANÖLR, LA I/P MF, Sch156, Schmidt Leopoldine Dr., Bd. 2, Leopoldine Schmidt an das Präsidium der niederösterreichischen Landesregierung, 21. 6. 1963, 335.

[90] Verlag Österreich der Österreichischen Staatsdruckerei, Österreichischer Amtskalender 86, Niederösterreich.

[91] Siehe Ziegerhofer, Leopoldine Schmidt 76.

[92] Ebd. 76–77.

und Helferin der Seelsorge"[93] tätig! Neben der Führung des Pfarrhaushaltes stand sie an den Samstagen und Sonntagen bis 14 Uhr zur Verfügung, übernahm entsprechende Tätigkeiten in der Pfarrkanzlei und Telefondienste.[94]

Im Jahr 1980 entschied sich Leopoldine Schmidt aus gesundheitlichen Gründen für die Rückkehr nach Wien in die Silbergasse 14. Ihr gesundheitlicher Zustand verschlechterte sich zunehmend, sodass sie nicht mehr alleine wohnen konnte und in das Pflegeheim der Caritas der Erzdiözese Wien, Haus St. Elisabeth, in die Nußwaldgasse 10–12, einer Nebengasse der Silbergasse, umziehen musste.

Am 27. Jänner 1983 starb Leopoldine Schmidt im Alter von 85 Jahren.[95]

4. Würdigung

Leopoldine Schmidt war nicht nur die erste Absolventin der Rechtswissenschaftlichen Fakultät der Universität Graz, sondern sie zählte auch zum „Elitekorps in den Legionen der Frauenbewegung – die erste Generation österreichischer Juristinnen (Ilse Reiter-Zatlokal)"[96]. Die Rechtswissenschaftliche Fakultät Graz ehrt ihre erste Absolventin: Ein zentraler Besprechungsraum auf dem Weg ins Dekanat erhielt den Namen „Leopoldine Schmidt Raum". An der Wand befindet sich ein Sgraffito mit dem Titel „Groundbreaker" von der steirischen Künstlerin Marianne Lang. Damit soll auf die Unterrepräsentation von Frauen in den Rechtswissenschaften hingewiesen werden. Dieses Kunstwerk sowie zwei weitere Sgraffiti von Marianne Lang auf den Säulen vor dem „Leopoldine Schmidt Raum" sowie ein dort befestigter Schaukasten, das Bildnis und eine Informationstafel über Leopoldine Schmidt wurden am 1. Oktober 2024 von der ersten Dekanin der Rechtswissenschaftlichen Fakultät Graz (seit 2023), Gabriele Schmölzer, feierlich eröffnet.

Korrespondenz

Prof. Dr. Anita Ziegerhofer
Universität Graz
Institut für Rechtswissenschaftliche Grundlagen
Universitätsstraße 15 Bauteil A1
8010 Graz
Anita.Ziegerhofer@uni-graz.at
ORCID-Nr. 0000-0002-4839-4083

Abkürzungen

ANÖLR	Amt der Niederösterreichische Landesregierung
LA	Landesamt
LAD	Landesamtsdirektion-Zentralregistratur
RM	Reichsmark
UAG	Universitätsarchiv Graz

Siehe auch das allgemeine Abkürzungsverzeichnis:
[https://www.oeaw.ac.at/fileadmin/kommissionen/rechtsgeschichte/pdf/abk.pdf]

93 Pfarrblatt für Großebersdorf mit Eibesbrunn und Putzing, Nr. 89 v. 1983.

94 Pfarrblatt für Großebersdorf mit Eibesbrunn und Putzing, Nr. 7 v. 1980.

95 NÖLA (St. Pölten), ANÖLR, LA I/P MF, Sch156, Schmidt Leopoldine Dr., Bd. 2, Parte 351.

96 Zitiert bei Messinger, Doppelqualifiziert.

Quellen

NÖLA (St. Pölten), Amt der Niederösterreichische Landesregierung (ANÖLR) Landesamtsdirektion-Zentralregistratur (LAD) VIII/2 von 1957 bis 1963 GS6.

NÖLA (St. Pölten), Amt der Niederösterreichische Landesregierung (ANÖLR) Landesamtsdirektion-Zentralregistratur (LAD) VIII/2 von 1957 bis 1963.

Literatur

Reinhart Farkas, „Völkerwacht" und „Weißes Kreuz". Katholisches Vereinswesen um Johannes Ude und Max Josef Metzger, in: Zeitschrift des Historischen Vereins für Steiermark 107 (2016) 185–208.

Ursula Flossmann, Herbert Kalb, Karin Neuwirth, Österreichische Privatrechtsgeschichte (Wien 92023).

Walter Höflechner, Geschichte der Karl-Franzens-Universität Graz. Von den Anfängen bis in das Jahr 2005 (= Allgemeine Wissenschaftliche Reihe 1, Graz 2006).

Hermann Ibler, Geschichte der Rechtswissenschaftlichen Fakultät der Universität Graz, Teil 2: Nationalökonomie (= Publikationen aus dem Archiv der Universität Graz 9/2, Graz 1985) 66–68.

Alois Kernbauer, Anita Ziegerhofer, Frauen in den Rechts- und Staatswissenschaften der Universität Graz. Der Weg zur Zulassung und die ersten Doktorinnen von 1919 bis 1938 (= Publikationen aus dem Archiv der Universität Graz 49, Graz 2019).

Alois Kernbauer, Lebenstüchtig, in: Kernbauer, Ziegerhofer, Frauen in den Rechts- und Staatswissenschaften 51–69.

Nina Kogler, Für Kirche, Partei und Vaterland. Zur politischen und kirchlichen Organisation katholischer Frauen Österreichs in der ersten Hälfte des 20. Jahrhunderts am Beispiel von Frieda Mikola (1881–1958) (= Grazer Gender Studies 12, Graz 2009).

Marianne Luschin-Dreier, Arnold Luschin Ritter von Ebengreuth. Ein Leben im Zeichen der Rechtsgeschichte (iur. Diss., Univ. Graz 1992).

Irene Messinger, Doppelqualifiziert als Juristin und Fürsorgerin, unerwünscht am Wiener Jugendamt. Präsentation am 15. Österreichischen Zeitgeschichtetag (Graz 2024) [Powerpoint-Präsentation].

N.N., Adalbert Drasenovich von Posertve, in: Hof- und Staats-Handbuch der Österreichisch-Ungarischen Monarchie für das Jahr 1918 (Wien 1918) 706.

Österreichischer Amtskalender für das Jahr 1938 und 1963.

Karl Probst, Geschichte der Rechtswissenschaftlichen Fakultät der Universität Graz. Teil 3: Strafrecht – Strafprozessrecht – Kriminologie (= Publikationen aus dem Archiv der Universität Graz 9/3, Graz 1987) 56–61.

Karin M. Schmidlechner u.a., Geschichte der Frauen in der Steiermark. Von der Mitte des 19. Jahrhunderts bis zur Gegenwart (Graz 2017).

Gunter Wesener, Arnold Luschin von Ebengreuth (1841–1932), Rechtshistoriker und Numismatiker, in: Karl Acham (Hg.), Rechts-, Sozial- und Wirtschaftswissenschaften in Graz (Wien 2011) 255–257.

Ders., Ivo Pfaff, in: Österreichisches Biografisches Lexikon, Bd. 8 (Wien 1983) 23–24.

Ders., Max Rintelen, in: NDB, Bd. 21 (München 2003) 642–643.

Ders., Geschichte der Rechtswissenschaftlichen Fakultät der Universität Graz, Teil 1: Römisches Recht und Naturrecht (= Publikationen aus dem Archiv der Universität Graz 9/1, Graz 1978) 98–101.

Peter Wiesflecker, „Das ist jetzt unsere Ordnung!". Der innerösterreichische Adel zwischen 1918 und 1945, in: Zeitschrift des Historischen Vereins für Steiermark 101 (2010) 195–246.

Anita Ziegerhofer, Grazer Rechtswissenschaft im Porträt 1778 bis 2021 (Graz 22024).

Dies., Leopoldine Schmidt. Die erste Frau „Dr. iur" an der Universität Graz (Wien 2024).

Dies., Zulassung der Frauen zum rechts- und staatswissenschaftlichen Studium, in: Alois Kernbauer, Anita Ziegerhofer, Frauen in den Rechts- und Staatswissenschaften der Universität Graz. Der Weg zur Zulassung und die ersten Doktorinnen von 1919 bis 1938 (= Publikationen aus dem Archiv der Universität Graz 49, Graz 2019) 28–29.

Zeitungen

Frauen sprechen zu Frauen, in: Badener Zeitung, Nr. 92 v. 20. 11. 1937, 1.
Gründung der katholischen neustudentischen Verbindung „Hochland" für Studentinnen, in: Grazer Volksblatt (Morgenblatt), Nr. 47 v. 30. 1. 1921, 30.
Österreichs Völkerwacht, in: Grazer Volksblatt (Morgenblatt), Nr. 319 v. 17. 7. 1921, 9.
Personalnachrichten, in: Grazer Volksblatt (6-Uhr-Blatt), Nr. 242 v. 23. 10. 1929, 11.
Promotion, in: Grazer Volksblatt, Nr. 188 v. 12. 7. 1923, 4.
Vortrag, in: Grazer Volksblatt (Morgenblatt), Nr. 483 v. 23. 10. 1921, 4.
Vortrag, in: Grazer Mittags-Zeitung, Nr. 224 v. 24. 10. 1921, 2.

Pfarrblatt für Großebersdorf mit Eibesbrunn und Putzing, Nr. 7 v. 1980.
Pfarrblatt für Großebersdorf mit Eibesbrunn und Putzing, Nr. 89 v. 1983.